广视角·全方位·多品种

权威·前沿·原创

皮书系列为
"十二五"国家重点图书出版规划项目

中国传媒国际竞争力研究报告（2013）

REPORT ON THE INTERNATIONAL COMPETITIVENESS OF CHINESE MEDIA (2013)

主　编／李本乾

图书在版编目(CIP)数据

中国传媒国际竞争力研究报告.2013/李本乾主编.—北京：社会科学文献出版社，2013.9
（传媒竞争力蓝皮书）
ISBN 978-7-5097-5081-0

Ⅰ.①中… Ⅱ.①李… Ⅲ.①传播媒介-国际竞争力-研究报告-中国-2013 Ⅳ.①G219.2

中国版本图书馆 CIP 数据核字（2013）第 224550 号

传媒竞争力蓝皮书
中国传媒国际竞争力研究报告（2013）

主　　编／李本乾

出 版 人／谢寿光
出 版 者／社会科学文献出版社
地　　址／北京市西城区北三环中路甲29号院3号楼华龙大厦
邮政编码／100029

责任部门／社会政法分社　（010）59367156　　　责任编辑／李兰生
电子信箱／shekebu@ssap.cn　　　　　　　　　　责任校对／师军革
项目统筹／王 绯　　　　　　　　　　　　　　　责任印制／岳　阳
经　　销／社会科学文献出版社市场营销中心 （010）59367081　59367089
读者服务／读者服务中心 （010）59367028

印　　装／北京季蜂印刷有限公司
开　　本／787mm×1092mm　1/16　　　　　　　印　张／26.25
版　　次／2013年9月第1版　　　　　　　　　　字　数／425千字
印　　次／2013年9月第1次印刷
书　　号／ISBN 978-7-5097-5081-0
定　　价／88.00元

本书如有破损、缺页、装订错误，请与本社读者服务中心联系更换
▲ 版权所有　翻印必究

本研究报告由以下项目提供资助，特此鸣谢！

国家社会科学基金重大项目"提升中国文化产品国际竞争力的路径与策略研究"（12 & ZD0027）

教育部哲学社会科学发展研究报告培育项目"中国传媒国际竞争力研究报告"（11JBG045）

《中国传媒国际竞争力研究报告》编委会

主　任　张　杰

委　员　(按姓氏拼音字母排序)

陈敬良　陈清河　崔斌箴　段京肃　杜骏飞
冯应谦　郭　可　黄　旦　黄　瑚　胡智锋
李本乾　雷跃捷　孟　健　倪　宁　欧阳宏生
石长顺　吴　飞　熊澄宇　严三九　严文斌
〔英〕约翰·唐尼　张国良　张　昆　郑保卫
郑　涵　吴予敏

摘　要

本研究报告由"主题研究报告"、"传媒竞争力评价"、"两岸传媒探索"、"涉华舆情分析"和"国际经验借鉴"等五篇共十四个报告组成。各篇包含的报告内容如下。

"主题研究报告"篇以《国际传媒变革及中国传媒竞争战略的转型》为题进行了研究。该报告通过对传媒发达国家历史数据的统计分析，揭示了国际传媒未来发展趋势，进而提出了中国传媒竞争战略转型的建议。

"传媒竞争力评价"篇包括三个子报告。其中，《中国电影产业国际竞争力评价研究》建构了由外显竞争力、基础竞争力和创新竞争力三大类变量构成的评价模型，对中外电影产业国际竞争力进行对比分析。《中国数字出版国际竞争力研究》从生产要素状况、需求状况、相关产业状况、政府行为与产业管理、国际市场拓展五个方面对我国数字出版产业进行了分析。《当代电视剧创作的问题与反思》从创作模式与题材选择两个大方向分析了我国目前电视剧创作所存在的问题及导致的结果，提出了对于电视剧题材、创作、意义、真诚方面的反思。上述三个子报告的结尾部分，作者都对进一步改革提出了各自的建议。

"两岸传媒探索"篇包括四个子报告。其中，《香港及澳门网络游戏产业市场调查报告》是香港中文大学新闻与传播学院院长冯应谦教授开展的一项大规模调查的结论。该报告系统梳理了香港、澳门规模企业数量、市场规模、发展趋势。最后，研究者们也为政府和产业提供了具体的可操作建议。《两岸文化产业创意化之国际竞争力分析》分析了两岸的文化创意产业园区，特别对"上海田子坊"、"北京中关村"和"华山1914文创园区"进行了个案分析，概括出各自的发展特色和差异性。最后，研究者揭示了文化经济取代工业经济以及文化强国的趋势。《提升上海数字内容产业竞争力的政策研究》，经过分析三网融合以及数字内容产业发展的趋势，为上海发展数字内容产业提出可操作的一整套方案，即一个指导思想、两种发展机制、三个发展方向、四个政策着力点、五个落地政策。《提升上海新闻出版业产业竞争力研究报告》分三层拟定19个具体指标对上海出版业进行了调研，进而从制度创新、企业家队伍成长、政府项目扶持、资本运作、行业标准体系、营销能力、多元化经营、品牌工程、数字化转型、版权经营高地等10个方面提出建议。

"涉华舆情分析"篇由三个报告组成。其中，《美德法三国报纸涉华国际舆情研究（1992~2010年）》通过对1992~2010年的美德法三国的三份报纸内容的分析，系统总结和概括出美德法报纸涉华舆情的主要特征。《国际自媒体涉华舆情报告（2012年）》对八个国际自媒体网站2012年涉华舆情进行了全年监测，总结出其涉华舆情的焦点、关注点、态度、信息源等特征。上述两个研究报告，为中国对外传播提供了决策参考意见。《中国对外传播战略的现实困境与适时转向》在对美国、西欧、日本、印度四个国家（地区）深入分析后发现，看似同样的"中国威胁论"论调下，隐藏的其实是各个国家（地区）的不同想象和各种诉求。为此，研究者认为：我们应实施区别化、区域（国别）化、精准化的对外传播战略来提升我国对外传播的针对性和有效性，从而为中华民族的伟大复兴营造良好的国际舆论环境。

"国际经验借鉴"篇旨在介绍发达国家传媒发展的先进经验，以期对提升我国传媒国际竞争力有所启发和借鉴。该篇包括三篇论文，其一总结了美、英、法、加、日等国政府推动各自国家出版产业"走出去"的主要措施和经验，其二总结了英国支持数字文化产业发展的政策与实践，其三介绍了英国高校探索产学研国际合作的新方式。

Abstract

This blue book is composed of fourteen reports on five themes: "Thematic Studies", "Evaluation of Media Competitiveness", "Media Industry in the Mainland, Hong Kong, Macau and Taiwan", "Analysis of Global Public Opinion on China" and "Global Media Experience".

The "Thematic Studies" involves the study titled "The Change of International Media and the Strategic Restructuring of China's Media for International Competition". Through analyzing the historical statistics of countries with well-developed media industries, this report reveals the future trend of international media and further provides suggestions for the strategic restructuring of China's media industry.

The "Evaluation of Media Competitiveness" section includes three reports. The first one "On the Evaluation of the International Competitiveness of China's Film Industry" constructs an evaluation model based on three variables: external competitiveness, basic competitiveness and innovation competitiveness. The international competitiveness of film industry both at home and abroad is compared and analyzed using this model. The second report "On the International Competitiveness of China's Digital Publishing Industry" carries out a research into China's digital publishing industry from five aspects: factors of production, demand situation, related industries, government behavior and industry management, as well as the expansion of international market. The last report in this section "Issues and Reflections on the Production of Modern TV Dramas" analyzes the existing problems and consequences in terms of production model and the choice of themes. It also sheds light on the subject, production, significance and integrity of modern TV Dramas in China. At the end of the above three reports, authors all provide suggestions on further reform in respective fields.

There are four reports in the section of "Media Industry in the Mainland, Hong Kong, Macau and Taiwan". "Reports on the Online Game Industry Market in Hong Kong and Macau" is a large scale study carried out by Professor Feng

Yingqian, dean of the School of Journalism and Communication at The Chinese University of Hong Kong. This report systematically summarizes the number of enterprises, market scale and trend of development in Hong Kong and Macau. Feasible proposals for government and industry are also made in the final part of this report. "The Analysis of the International Competitiveness of Cross-strait Cultural and Creative Industries" is a report that focuses on the cultural and creative industrial parks on both sides of the Taiwan Strait. It draws special attention to the case studies of "Shanghai TianZi Fang", "Beijing Zhongguancun Village" and "Huashan1914 Creative Park". The features and diversities of each park are introduced. The researchers conclude that cultural economy will replace industrial economy and point out the trend of invigorating the nation through culture. "Policy Research in Improving the Competitiveness of Shanghai's Digital Content Industry" puts forward a feasible solution package through analyzing the trend of convergence and the trend of digital content industry. The solution package consists of one guiding principle, two mechanisms, three directions, four policy focuses and five policies. The next one "Report on Enhancing Shanghai's Industrial Competitiveness in Press and Publication Industry" conducts the study from three dimensions and proposes nineteen specific indicators to investigate the publication industry in Shanghai. It then presents methods and strategies to improve the competitiveness of Shanghai's press and publication industry in ten aspects, including system innovation, overall enhancement of entrepreneurship, government support for projects, capital operation, industry standards, marketing capabilities, diversified operation, brand-building, digital transition and the formation of Shanghai's copyright management highland.

The section of "Analysis of Global Public Opinion on China" involves three reports. The first one, "Report on International Public Opinion on China in Newspapers in the United States, Germany and France (1992 – 2010)" analyzes the content of three newspapers in the United States, Germany and France between 1992 to 2010, summarizing and generalizing the main characteristics of China-related reports within those newspapers. The second report, "Report on Global We-media Coverage on China (2012)" monitors eight global we-media websites for the whole year of 2012, concluding the general focus, emphasis, attitude and information sources of their coverage of China. The last report "The Dilemma and Transformation of China's International Communication Strategy" probes into the

US, western Europe, Japan and India and reveals the hidden and diversified imaginations and appeals of each country under the identical tone of "China Threat". As a result, the researchers believe that we should implement differentiated, regional and precise strategies so as to make China's international communication more specific and effective, thus creating a favorable environment of public opinion to realize the great rejuvenation of the Chinese nation.

The last section, "Global Media Experience" aims to introduce the advanced experience of media development in developed countries to shed lights on improving the international competitiveness of China's media industry. This section composes of three reports. The first one summarizes the major steps and experiences of how governments in the US, the UK, France, Canada and Japan promote their publishing industries to "go global". The second report recapitulates, reflects and evaluates the latest progress of policy and practice in the UK's digital cultural industries. The last one explores new models for the international cooperation between British universities and industries.

目录

BⅠ 主题研究报告

B.1 国际传媒变革及中国传媒竞争战略的转型 …………… 李本乾 / 001

BⅡ 传媒竞争力评价

B.2 中国电影产业国际竞争力评价研究 ………………… 杨 柳 / 016
B.3 中国数字出版国际竞争力研究 ……………… 莫林虎 张 聪 / 073
B.4 当代电视剧创作的问题与反思 ……………… 欧阳宏生 姜 海 / 106

BⅢ 两岸传媒探索

B.5 香港及澳门网络游戏产业市场调查报告 ………………… 冯应谦 / 123
B.6 两岸文化产业创意化之国际竞争力分析 ………………… 陈清河 / 139
B.7 提升上海数字内容产业竞争力的政策研究 …… 李本乾 牛盼强 / 160
B.8 提升上海新闻出版业产业竞争力研究报告 ……………… 任 健 / 203

BⅣ 涉华舆情分析

B.9 美德法三国报纸涉华国际舆情研究（1992～2010年）
　　…………………………………………………… 郭　可 / 278
B.10 国际自媒体涉华舆情报告（2012年）………… 相德宝　张人文 / 342
B.11 中国对外传播战略的现实困境与适时转向……… 孟　建　董　军 / 354

BⅤ 国际经验借鉴

B.12 世界主要国家出版业"走出去"政府推动因素研究 …… 崔斌箴 / 368
B.13 英国支持数字文化产业发展的政策与实践
　　…………………………………………〔英〕约翰·唐尼 / 380
B.14 创意无国界：诺丁汉大学影视产业研究中心产学研国际合作
　　新形式 ………〔英〕詹卢卡·塞尔吉　〔英〕朱利安·斯金格 / 394

CONTENTS

B I Thematic Studies

B.1 The Change of International Media and the Strategic Restructuring of China's Media for International Competition　　*Li Benqian* / 001

B II Evaluation of Media Competitiveness

B.2 On the Evaluation of the International Competitiveness of China's Film Industry　　*Yang Liu* / 016

B.3 On the International Competitiveness of China's Digital Publishing Industry　　*Mo Linhu, Zhang Cong* / 073

B.4 Issues and Reflections on the Production of Modern TV Dramas
　　Ouyang Hongsheng, Jiang Hai / 106

B III Media Industry in the Mainland, Hong Kong, Macau and Taiwan

B.5 Reports on the Online Game Industry Market in Hong Kong and Macau　　*Feng Yingqian* / 123

B.6 The Analysis of the International Competitiveness of Cross-strait Cultural
and Creative Industries *Chen Qinghe* / 139

B.7 Policy Research in Improving the Competitiveness of Shanghai's Digital
Content Industry *Li Benqian, Niu Panqiang* / 160

B.8 Report on Enhancing Shanghai's Industrial Competitiveness in Press
and Publication Industry *Ren Jian* / 203

B IV Analysis of Global Public Opinion on China

B.9 Report on International Public Opinion on China in Newspapers
in the United States, Germany and France (1992-2010) *Guo Ke* / 278

B.10 Report on Global We-media Coverage on China (2012)
Xiang Debao, Zhang Renwen / 342

B.11 The Dilemma and Transformation of China's International
Communication Strategy *Meng Jian, Dong Jun* / 354

B V Global Media Experience

B.12 Government Promotion: "Go Global" of Overseas Publishing
Industries *Cui Binzhen* / 368

B.13 State Policy and Practice in the Digital Cultural Industries in the
United Kingdom *John Downey* / 380

B.14 Creativity across Borders: China, the United Kingdom, and New
Forms of Collaboration between Media Practitioners and Academics
at the Institute for Screen Industries Research
Gianluca Sergi, Julian Stringer / 394

主题研究报告

Thematic Studies

B.1 国际传媒变革及中国传媒竞争战略的转型

李本乾*

摘　要：

　　本研究通过对美国、日本等发达国家传媒业历史发展数据的统计分析，总结了这些国家传媒的发展阶段及特征，进而揭示了国际传媒未来的发展趋势，即传统媒体、新媒体发展的趋势。在此基础上，研究者就网络、新媒体条件下，中国传媒的战略转型提出了一些对策和建议，譬如，传媒资源从垄断向开放的转型、传播媒介从载体到软件的转型、传媒市场从简单人口统计

---

* 李本乾，上海交通大学媒体与设计学院副院长、教授、博士生导师；国家社科重大项目首席专家，被列入教育部"新世纪优秀人才计划"；我国第一批传播学博士、管理学博士后；曾任教育部新闻教学指导委员会委员、中国传播学会常务理事；获得教育部高校科学研究（人文社会科学）优秀成果奖、教育部高校艺术教育科研论文奖、商务部"全国商务发展研究优秀成果奖"和上海市社科研究成果奖以及上海交通大学"校长奖"等20多项奖励；主持国家社科重大项目《提升中国文化产品国际竞争力的路径与策略研究》、国家社科重点项目《中国特色政治传播的战略理论与策略体系研究》，并主持国家社科一般项目以及国家广电总局、上海市人民政府、上海市人大常委会、上海市发展和改革委员会等课题30多项。

学划分向潜在受众属性划分转型、传播业务从采编专业化向大数据挖掘转型。

关键词：

国际传媒　传媒变革　中国传媒　竞争战略

随着网络的迅猛发展，传媒业正在进行着一场深刻的变革！事实上，当人们尚未从报纸发行量锐减、电视开机率骤降的惊魂中解脱，诸如微博客、自媒体、云计算、大数据等一波又一波的风暴席卷全球！在此条件下，中国传媒竞争战略将如何转型，才能应对网络、新媒体带来的挑战呢？

在某种意义上讲，国际传媒未来的变革趋势，将是中国传媒制定竞争战略的基础和前提条件；然而，由于新媒体发展的历史并不算太长，因而要准确揭示国际传媒未来的发展趋势，绝非易事。但这并非说我们在新媒体变革中就无能为力了；相反，通过对相关数据的分析，我们不难从一些侧面揭示国际传媒未来变革的重要趋势。

一　网络冲击下出版产业的重要变革趋势

由于尚无权威机构发布全球报业数据，因此，研究者只能选择有代表性的国家——美国、日本的报业来分析。之所以如此，其一，美国是互联网发祥地，其互联网水平居世界第一，其报业首当其冲在所难免。其二，日本是全球报业最发达的国家之一，其千人日报拥有量居世界前列。通过对日本报业的分析，或许能为世界报业的生存提供一些参考。为此，我们不妨用上述两国作为观察世界报业发展的两个参照点。此外，我们也对欧盟图书出版发展趋势作一介绍。

（一）美国报业发行量变化趋势

图 1 显示了 1940～2011 年美国各类报纸的发行趋势①，其中包括早报、晚报、星期天报以及日报总数。从图 1 中不难发现，美国报纸发行量大致经过了三个重要的发展阶段，接连遭受了四次发行量狂跌的冲击。上述特征基本概括了美国报纸发展的总体趋势。

---

① 本文中 1940～2012 年美国报业发行量统计数据中，均缺失 1941～1945 年、2010 年六年的数据，特此说明。

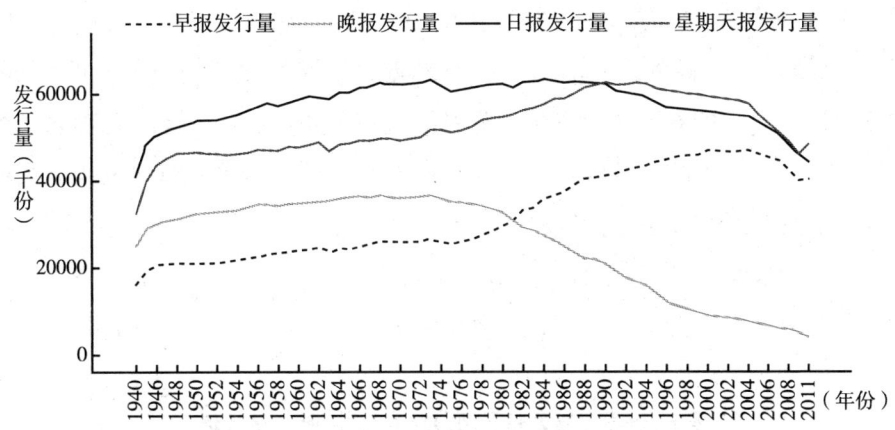

图 1　1940～2011 年美国各类报纸发行量变化趋

1. 1940～1980 年是美国报业的黄金期。这一时期美国各类报纸发行量的主要特征是：其一，早报、晚报、日报、星期天报都呈平稳增长的态势；其二，各类报纸发行量大小的排序始终未变，其图像特征近似于四条平行线，其中日报发行总数居首，星期天报发行量居第二，晚报发行量居第三，早报发行量垫底。

2. 1981～2003 年是美国报业结构调整期。20 世纪 80 年代后，美国报业结构发生了巨大的变化，其图像特征可以形象地用"X"来表示，即星期天报与日报、早报与晚报分别构成了一个"X"图形。在这个"X"型中，从左上角到右下角的线表示日报、晚报的下降趋势，而从左下角到右上角的线表示星期天报、早报增长趋势。

3. 2004 年以后是美国报业全面衰退期。2003 年美国早报发行量达到 4693 万份的历史最高水平，而 2004 年却开始出现了下降态势，其图像特征是抛物线形。自此之后，不论是早报还是晚报，抑或日报、星期天报，美国报业发行量全面进入快速下降通道。

4. 引领美国报纸发行量下跌的四大狂潮。在美国各类报纸中，晚报掀起了美国报纸发行量下降的第一潮。从 1940 年起，美国晚报发行量几乎持续增长，至 1968 年达到 36697 千份的历史高峰。1973 年美国日报发行量为 36623 千份，几乎接近上述历史高峰。虽然 1968～1973 年，美国晚报的发行量出现了微弱的下降趋势，但还是维持在 36000 千份以上的历史高位上。从 1973 年起，美国晚报发行量可谓一泻千里，从而掀起了美国报纸发行量狂跌的第一潮。从1984年起,美国日报发行量从63340千份开始持续下降,开启了美国报纸发行量持续下跌的第二潮。从1993年起,星期天报发行量下跌可谓美国报纸发行量下跌的第三潮。2003年美国早报从46930千份起,持续下降到2011年的40321千份。早报掀起的美国报纸发行量第四次下降的浪潮,成为危及美国报纸生存的重要事件。

(二) 美国报纸发行量的回归模型分析

以1940～2011年美国日报发行数据为例,研究者对其进行了回归分析。

表1 美国日报发行量回归模型汇总和参数估计值

单位:千份

方程	模型汇总					参数估计值		
	R方	F	df1	df2	Sig.	常数	b1	b2
二次	0.931	434.767	2	64	0.000	46240.346	981.465	-14.347

注:因变量:日报总发行。
数据来源:E & P Yearbook。

根据上述回归方程:$Y = -14.347X^2 + 981.465X + 46240.346$,我们可以绘制出如图2所示的美国日报发行量回归方程图像。因为1941～1945年、2010年数据缺失,因此,横坐标轴上的时间序列1代表1940年、2代表1946年、3代表1947年,以此类推;65代表2009年、66代表2011年。此外,小圆圈代表了美国日报发行统计值,抛物线是美国日报发行量回归方程的图像。

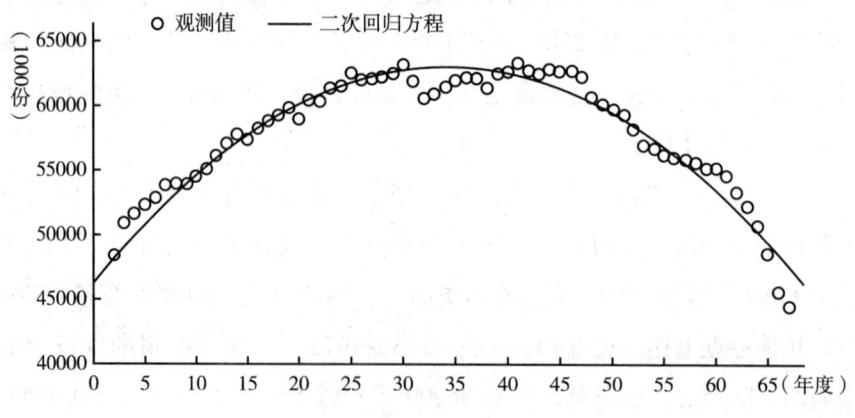

图2 1940～2011年美国日报发行总量回归模型

从图 2 不难看出，2008 年后美国日报发行量几乎直线下降。若令 Y=0，则可解出其回归方程正根为 100，若从 1940 年起计算，则其对应 2040 年。由于原始数据缺乏 1941～1945 年、2010 年六年的数据，因而实际对应的年度应为 2046 年。换言之，若按照现有的趋势发展，美国日报的发行量将于 2046 年归零。

（三）美国报业广告总收入分析

图 3 显示了 1950～2012 年美国报纸广告总收入变化趋势。

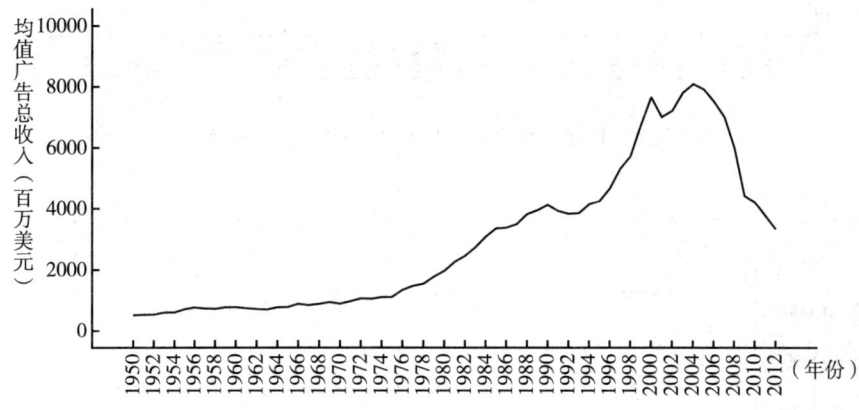

图 3　1950～2012 年美国报纸广告总收入

尽管美国报业经历了发行量四次连续下降的过程，但从图 3 发现，似乎前三次对美国报纸广告收入的冲击并不十分显著。不仅如此，而且 2004 年美国报纸广告总收入创造了 80.83 亿美元的历史最高纪录。显然，美国报纸发行量对其收入的影响，具有一定的滞后效应。即便如此，2005 年之后，美国报纸广告收入步入了负增长时代！

图 4 显示的是 1950～2012 年美国报纸广告收入增长率变化趋势。

从 2005 年起，美国报纸广告收入全面进入负增长时代。若纵向比较，2012 年美国广告收入大致维持在 1985 年、1986 年的水平上。

二　日本报纸产业发展的重要变动趋势

（一）日本报业发行量变化趋势

图 5 显示的是 1995～2012 年日本各类报纸发行量变化趋势，其中套报包含早报、晚报，但统计时只算作 1 份。

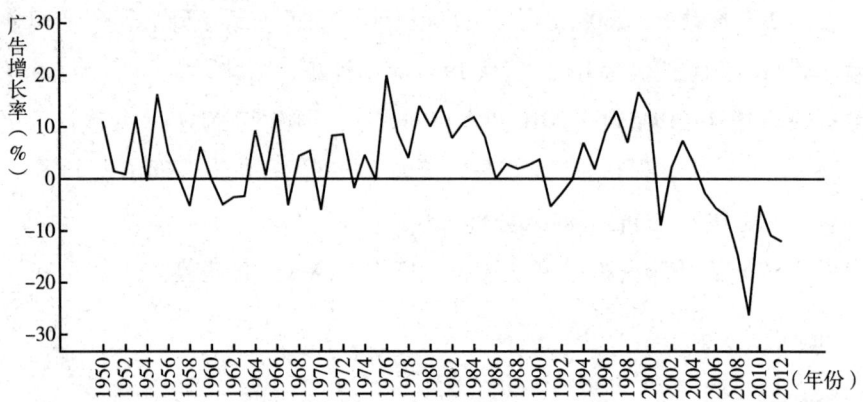

图4　1950～2012年美国报纸广告收入增长率

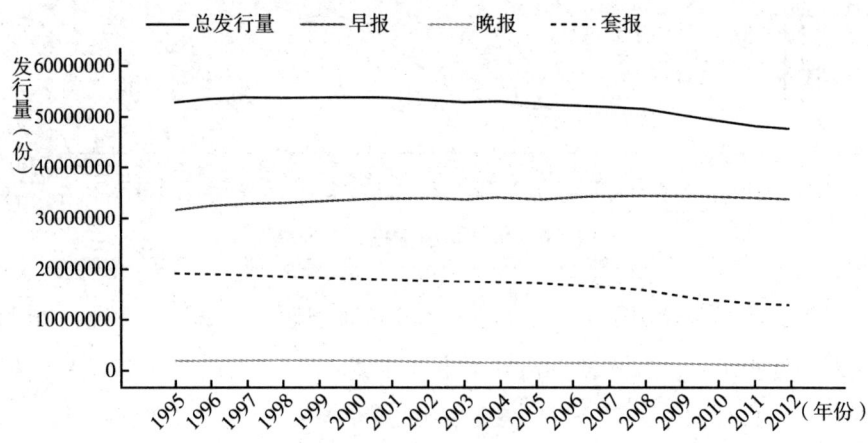

图5　1995～2012年日本各类报纸发行量变化趋势

1. 日本晚报发行量下滑严重，占整个报业比重偏低。在图5中，日本的晚报发行量从1995年的2017290份，下降到2012年的1074154份，仅为1995年的53.25%；晚报占总发行量比重也从1995年的3.82%，下降到了2012年的2.25%。显然，日本晚报发行量特征，其一是严重下滑，其二是在日本报业中已无足轻重。

2. 日本套报发行量进入下滑通道，降幅比较明显。从日本独特的套报发行量来看，其从1995年的19192139份下降到2012年的12876612份，降幅为32.9%。

3. 日本早报发行量逆势上扬，总体保持上升态势。与晚报、套报下降趋势不同的是，日本的早报发行量不降反升，其从1995年的31645109份增长到2012年的33827147份，增长率为6.9%。

4. 日报报业受晚报、套报拖累，总体呈下降态势。由于受晚报、套报下降严重拖累，日本报纸总发行数还是从1995年的52854538份下降到了2012年的47777913份，降幅为9.6%。

（二）日本报业经营收入及广告量分析

表2是1999～2011年日本报业公司收入构成的调查统计结果。

表2　1999～2011年日本数家报业公司收入情况调查

单位：亿日元，%

年度	被调查公司的数目	报纸总数	份额	销售收入	份额	广告收入	份额	其他收入	份额
2011	93	19529	100	11643	59.6	4403	22.5	3483	17.8
2010	94	19375	100	11841	61.1	4505	23.3	3029	15.6
2009	96	20024	100	12087	60.4	4785	23.9	3152	15.7
2008	97	21387	100	12317	57.6	5674	26.5	3396	15.9
2007	97	22490	100	12428	55.3	6646	29.9	3416	15.2
2006	96	23323	100	12521	53.7	7082	30.4	3720	15.9
2005	96	24188	100	12560	51.9	7438	30.8	4191	17.3
2004	96	23797	100	12573	52.8	7550	31.7	3674	15.4
2003	98	23576	100	12640	53.6	7544	32	3392	14.4
2002	99	23721	100	12747	53.7	7709	32.5	3265	13.8
2001	98	24890	100	12858	51.7	8687	34.9	3345	13.4
2000	96	25223	100	12839	50.9	9012	35.7	3372	13.4
1999	96	24688	100	12876	52.2	8448	34.2	3365	13.6

注：本调查自2002年以后是以财年统计，但2002年前是以自然年统计（财年是指从每年4月到次年3月的12个月）。

数据来源：NSK年度调查。

1. 广告收入下滑态势明显。从表2可以看出，1999～2011年，日本被调查报业公司的广告收入出现了明显的下滑趋势，即从1999年的8448亿日元，下降到2011年的4403亿日元，降幅高达47.88%。

2. 报纸销售收入所占比重提高。报纸销售收入总量呈下降趋势，但报纸销售收入占总收入的比例却有所提高,即报纸销售收入的比重从1999年的52.2%提高到2011年的59.6%。显然,报纸销售收入在报业公司总收入中的比重正在提高。

3. 报纸其他收入及比重都略有提高。2011年被调查公司的其他收入为3483亿日元,比1999年的3365亿日元略有增长,但其占总收入的比重从1999年的13.6%提高到2011年的17.8%,涨幅相对明显。

此外,我们还可以分析日本报纸广告与总广告量的变化趋势。图6显示的是1999~2012年日本报业广告与总广告量变化趋势,其中,2007年对数据统计方法进行了调整,2005年以前的数据已往前追溯进行了调整。

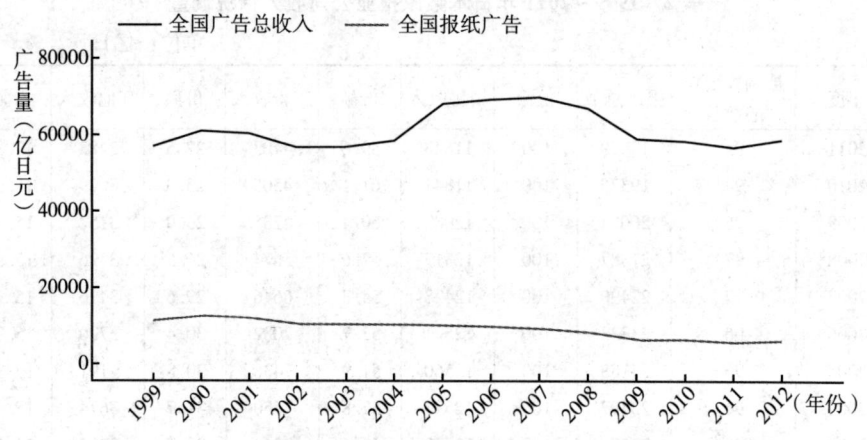

图6 1999~2012日本广告量与报纸广告量

数据来源:NSK. Dentsu Inc。

从图6可以看出,从2007年起,日本全国广告总收入有所下降,但相比而言,虽然日本报纸广告额也呈现下降趋势,但相对而言,其下降趋势比较平缓。

(三)欧盟图书出版发展的重要趋势

图7显示的是2007~2011年欧盟图书出版产业收入变化趋势。从图7中可以看出,2007~2011年欧盟出版收入已从245亿欧元下降到了228亿欧元。总体而言,欧盟图书出版业已出现一定的下滑趋势。倘若分析欧盟出版重要因素分析,则发现欧盟图书出版的如下一些特征。

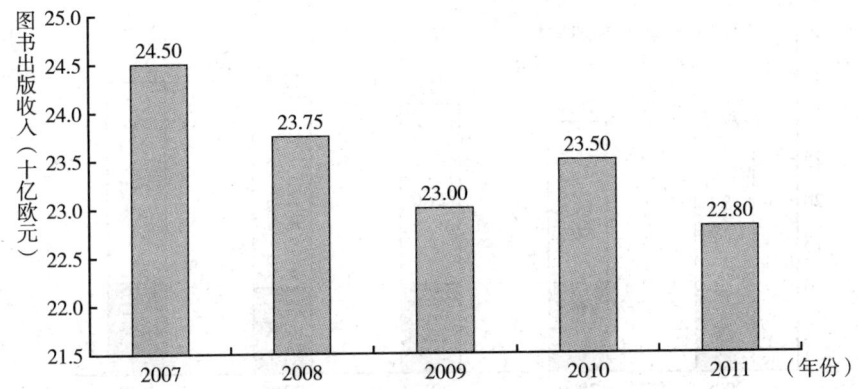

图7　2007～2011年欧盟图书出版业收入趋势分析

数据来源：FEP。

在欧盟图书出版收入下降的同时，其图书出版规模却在不断地扩大，譬如，其在印图书数目从2007年的560万种增长到2011年的850万种。从发行渠道来看，图书出版国内销售比例从2007年的82.7%下降到了2011年的80.5%；而图书出口却从2007年的17.3%提高到了2011年的19.5%。简而言之，欧盟图书出版的特征是"两高""两低""一稳定"，即在印图书规模不断扩大，图书出口比重逐步提高；图书出版总收入下降、国内销售收入比重下降，近年来图书出版从业者人数基本稳定在135000人。

二　网络冲击下的影视业重要变革趋势

（一）全球电影票房收入变化趋势

图8显示了2008～2012年全球电影票房收入的变化趋势。

从图8可以看出，全球票房收入从2008年的277亿美元持续增长到2012年的347亿美元。其中美国、加拿大的票房收入比较稳定，大致维持在100亿美元左右；而除美国、加拿大之外的国家，其票房收入增长态势明显，即使增加率最低的2009年也比上年增长了64%。显然，全球票房新兴市场正在形成之中。表3显示的是2012年国际票房收入前10大市场。

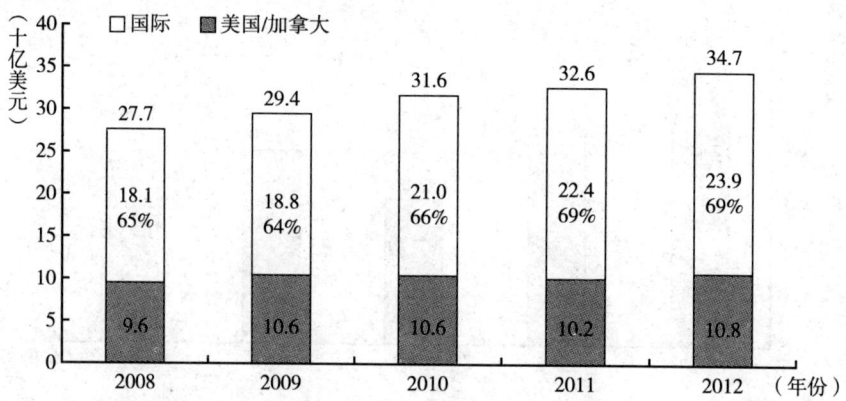

图 8　2008～2012 年全球电影票房收入

数据来源：MPAA.

表 3　2012 年国际票房收入前 10 大市场

单位：十亿美元

国家	票房收入	国家	票房收入
中　国	2.7	德　国	1.3
日　本	2.4	韩　国	1.3
英　国	1.7	俄罗斯	1.2
法　国	1.7	澳大利亚	1.2
印　度	1.4	巴　西	0.8

数据来源：IHS Screen Digest, local sources。

在表 3 中，中国以 27 亿美元居国际票房前十之首，日本以 24 亿美元位列第二；其后依次是英国、法国、印度、德国、韩国、俄罗斯、澳大利亚和巴西。

图 9 表示 2008～2012 年美国各类银幕构成。

从图 9 可以发现，尽管 2008～2012 年美国银幕数量变化不大，但其结构却发生了巨大变化。这些变化主要表现在：数字 3D 银幕从 2008 年的 1427 块增长到 2012 年的 13559 块，数字非 3D 银幕从 2008 年的 4088 块增长到 2012 年的 19972 块；而模拟银幕却从 2008 年的 33319 块下降到了

2012 年的 6387 块。因此，表面上美国银幕数量总体变化不大，但数字技术升级非常快。

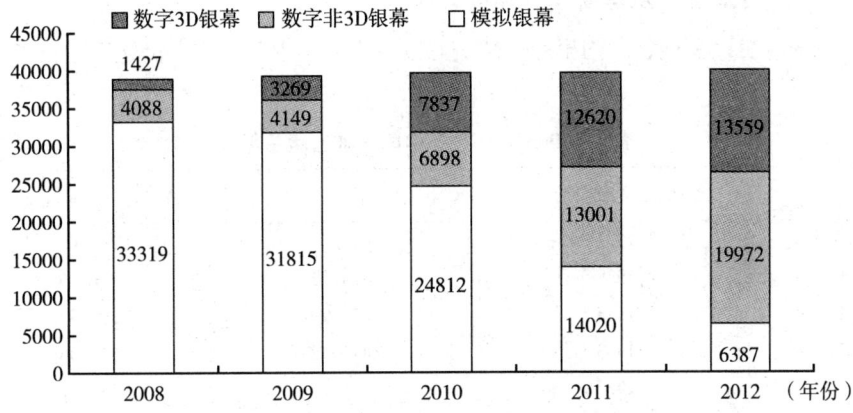

图 9　2008~2012 年美国各类银幕结构变化趋势

（二）电视在线收入变化趋势

鉴于全球电视没有统一的数据可比，因此，我们不妨选择美国电视地方在线广告收入来观察。

从图 10 可以看出，虽然电视地方在线广告的规模还不大，但其保持增长态势，我们认为它是未来电视产业的新的增长点。

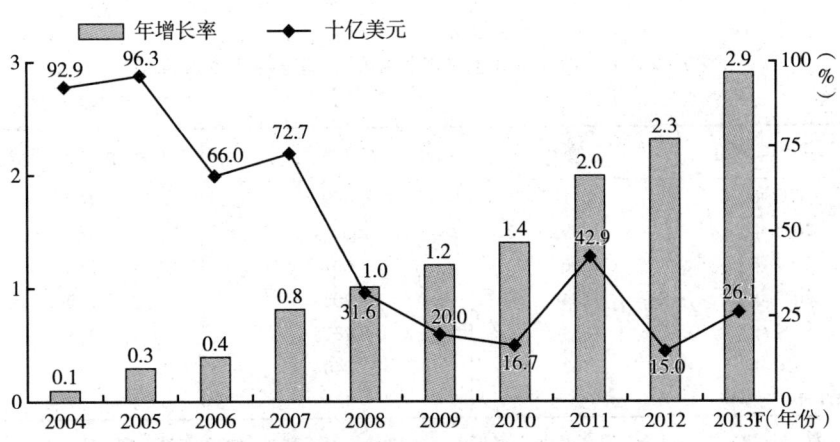

图 10　2004~2012 年美国电视的地方在线广告收入及 2013 年预测

三 应对国际传媒变革的中国传媒竞争战略转型

（一）传媒资源从垄断向开放的转型

从表4可以发现，中国出版、印刷和发行服务实现营业收入仍处于增长态势。

表4 2005~2010年中国报纸出版总量*

	出版报纸（种）	总印数（亿份）	定价总金额（亿元）
2005年	1931	412.6	261.02
2006年	1938	424.52	276.09
2007年	1938	437.99	306.53
2008年	1943	442.92	317.96
2009年	1937	439.11	351.72
2010年	1939	452.14	367.67
2011年	1928	467.43	400.44
2012年	1918	482.26	434.39

* 转引自胡正荣编《全球传媒产业发展报告（2012）》，社会科学文献出版社，2012。
2011、2012年数据来源：新闻出版总署：《全国新闻出版业基本情况（2011~2012）》，www.gapp.gov.cn。

从表4可以发现，2005~2012年，不论是出版报纸的种数还是总印数、定价总金额，中国报纸出版都呈现增长态势。

表5 2005~2011年（上半年）中国广播电视业收入状况*

单位：%，亿元

	总收入	广告收入	有线电视收视费
2005年	931	469	160
2006年	1099	527	184
2007年	1316	601	212
2008年	1584	702	250
2009年	1853	782	285
2010年	2302	940	323
2011年（上半年）	/	538	167

* 转引自胡正荣编《全球传媒产业发展报告（2012）》，社会科学文献出版社，2012。
数据来源：《全国广播电视收入情况》，《"十一五"时期广播电视发展状况》，www.sarft.gov.cn，2011年9月12日。

国际传媒变革及中国传媒竞争战略的转型

从表5可见，2005～2011年（上半年），中国广播电视总收入、广告收入、有限电视收视费等，都呈现增长态势。显然，中国传媒与西方发达国家相比，有自己的独特性。换言之，在西方传媒尤其西方报纸发行量大幅下降的时期，中国传媒却仍然保持增长态势，说明中国传媒发展有自己的特殊性。

尽管与西方传媒相比，中国传媒业保持增长态势，但若与市场化程度较高的百度、腾讯等新媒体相比，中国传统媒体便黯然失色。

表6 百度、腾讯年度收入对比表

单位：千元 （币种：人民币）

年度	百度	腾讯	年度	百度	腾讯
2012	22306026	43893711	2007	1744425	3820923
2011	14500786	28496072	2006	837838	2800441
2010	7915074	19646031	2005	319215	1426395
2009	4447776	12439960	2004	117451	1143533
2008	3198252	7154544			

数据来源：腾讯、百度公司年报。

从表6不难发现，2012年百度、腾讯公司总收入分别是2004年的190倍、38.4倍。这是任何一家传统媒体都望尘莫及的。传统媒体应从过去垄断资源的惯性思维中解放出来，在开放环境中积极参与竞争。为此，传统媒体从过去资源垄断型向未来开放竞争型转型，是传统媒体发展的根本出路之一。

（二）传播媒介从硬件资源到软件创新的转型

以往的传统媒体泾渭分明，但随着网络技术、计算机技术和数字技术的迅猛发展，传媒愈来愈向融合方向发展。在媒体融合趋势下，传媒业将会出现硬件趋同化，而软件差异化。在未来衡量传媒的竞争优势，已不是单纯按照硬件资源占有来考虑，而更重要的是软件的研发和创新水平。其实，目前世界上竞争优势明显的传媒公司，其突出优势是在软件的个性化、独特性、创新性、人性化等方面更胜一筹，苹果公司的奇迹，谷歌公司的优势，无不表现出其一流的软件开发能力。因此，未来传媒竞争将从过去的硬件资源占有向软件创新转型，软件一流即媒介一流。

（三）传媒市场从受众到受众属性深化的转型

由于过去传媒资源的垄断性，传媒经营往往是粗放型的，譬如，简单地按照工人、农民、知识分子等人口统计学变量划分。殊不知，在网络和新媒体条件下，传媒市场的划分将更加细致、更加隐蔽。以腾讯公司为例，其大量的业务并不盈利，但在为庞大受众群体提供免费平台服务的同时，造就了为数众多的"屌丝"群体。这个特殊的群体并非能够简单地用人口统计学变量划分，而是通过更加抽象、隐蔽的属性来划分。譬如，总有一些"屌丝"的某些欲望难以在现实中满足，而网络游戏的虚拟空间恰好提供了他们自我价值实现的天地。为此，貌似"游戏经济"，实则是一种"欲望经济"。显然，类似"欲望"这样的人的属性，将为网络新媒体提供无限发展空间。为此，传媒市场应从过去受众人口统计学划分，向人的某些属性细分方面深化，以创造出新的市场需求。

（四）传播业务从采编专业化向大数据挖掘转型

随着网络新媒体的发展，人类迎来了一个全新的时代——大数据时代。在此时代中，记者、编辑甚至主编的昔日特权已荡然无存，取而代之的是一种全透明、水平化大数据传播的模式。事实上，在移动新媒体高度发达的今天，网民发帖，市民爆料，甚至当事者自报家门，使过去素有"无冕之王"的编辑、记者感受到巨大挑战。显然，过去编辑、记者的职业化即将普及化。为此，传统编采业务势必向大数据挖掘、大数据传播转型。

（五）从"完美中国"向"完整中国"的战略转型

长期以来，我国传媒坚持正面报道、正面引导的重要原则，这与西方传媒、西方受众习惯性思维大相径庭。为此，我国对外传播战略应从以往的"完美中国"向"完整中国"进行战略性调整。通过"完整中国"的战略性实施，既要让世界充分了解中国取得的辉煌成就，又要让世界理解由于历史和国情的诸多原因，我们和世界发达国家还有一定的差距，减缓"中国威胁论"的压力。同时我们也不应回避人类社会面临的共同难题，譬如，犯罪、失业、腐败……"完整中国"战略既符合我国发展阶段和实际，又符合国际传播潮流和受众思维习惯。为此，从"完美中国"向"完整中国"的战略性调整，是提高中国内容产业竞争力的又一个重要措施。

The Change of International Media and the Strategic Restructuring of China's Media for International Competition

Li Benqian

Abstract: Through collecting and analyzing the statistics of the history and development of media industries in developed countries like the United States and Japan, this study summarizes the stages and characteristics of media development in these countries, and further reveals the future trend of international media: namely, the trend of the traditional media and the new media. On this basis, some countermeasures and suggestions are provided for the strategic restructuring of China's media against the backdrop of the internet and the new media. Such restructurings, for instance, include the change from monopoly to opening in terms of media resources, the change from physical carrier to software in terms of the medium, the change from simple demographics to the nature of potential audience in terms of media market segmentation standards, and the change from professional news gathering and editing to big data mining in terms of media business.

Key Words: International Media; Strategic Restructuring; China's Media; International Competition

传媒竞争力评价

Evaluation of Media Competitiveness

B.2
中国电影产业国际竞争力评价研究

杨 柳*

摘 要：

尽管近年来我国的电影产业飞速发展，但由于其产业化改革滞后，受文化折扣等因素的影响，我国电影产业的国际竞争力还很薄弱，因此提升我国电影产业竞争力迫在眉睫。

首先，本研究在分析电影产业竞争过程和竞争结果的基础上，建构了由外显竞争力、基础竞争力和创新竞争力三大类变量构成的电影产业国际竞争力评价理论模型，以更加全面、客观地反映电影产业的经济效益与社

---

* 杨柳，上海交通大学媒体与设计学院工商管理学媒介管理专业博士，中国传媒大学传播研究院传播学博士后流动站博士后。研究方向：媒介经济与管理，电影产业研究。近五年来先后主持及参与科研项目6项，独立主持上海交通大学985三期研究生创新项目1项，参与包括国家社科重大项目在内的项目5项；发表《基于层次分析法电影产品创新性评价》，英文论文 Wisdom of crowd: how an individual can make better decision by aggregating multiple guesses（被ISTP收录）等论文5篇。论文《艺术教育跨学科教学平台建设的理论与实践探索》（第三作者）获教育部全国高校艺术教育科研论文三等奖、上海市高校艺术教育科研论文一等奖，参与课题《推进上海文化大繁荣与民主法治建设关系研究》获上海市人大常委会课题研究成果二等奖。

会效益的双重属性。其次，通过层次分析法确定权重，建立了电影产业国际竞争力评价指标体系，进而运用其计算出 40 个国家（地区）电影产业国际竞争力评价结果。再次，通过对评价结果的进一步聚类分析与相关分析，将全球 40 个国家（地区）电影产业按照其竞争力水平划分为五大阵营。最后，根据电影产业国际竞争力评价结果，对我国电影产业在全球所处的位置进行了全景式分析。结果显示：我国在电影产业国际竞争中存在着外显竞争力薄弱、基础竞争力喜忧参半和创新竞争力有待提高的问题。针对我国电影产业国际竞争力发展的现状，研究者提出了提升我国电影产业国际竞争力的三大战略路径、五大策略体系和三大政策体系。

关键词：

电影　电影产业　国际竞争力　评价研究

第一节　电影产业国际竞争力评价模型及评价

一　电影产业国际竞争力评价理论模型

通常来说，产业国际竞争力评价的理论模型建构有两种视角：一种是以竞争结果为评价出发点，一种是以竞争力影响因素为评价出发点。以竞争力结果为基础的典型评价模型包括 IMD 和 WEF 等机构所发布的国际竞争力研究报告，以竞争力影响因素为出发点的理论体系包括 Porter（1990）的"钻石模型"、Rugman 和 Cruz（1993）的"双钻石模型"、Zanakis 和 Beccerra-Fernandez（2004）的"知识创新竞争力模型"等。这两种类别的评价模型各有优缺点：以竞争结果为出发点的评价模型多采用可以直接测量的指标，能够较为直观地显示各国的国际竞争力水平现状和强弱，缺点在于缺乏对竞争力本质和影响因素的分析，很难有针对性地提出有效的对策建议；而以影响因素为出发点的国际竞争力评价模型虽然可以较为全面地检测出竞争力各环节的要素增长和衰弱情况，便于找出影响竞争力大小的制约因素，但较难测量，同时也不具备对所有产业的适用性和针对性，在概念界定上相对也比较笼统。

因此笔者认为，在构建电影产业国际竞争力评价理论模型时，需要把这两类评价模型的思路相结合，方能最大限度地准确、有效地反映出电影产业国际竞争力的竞争过程、竞争力影响因素与竞争结果。现有的对文化产业、电影产业的国际竞争力理论评价模型的研究中，多是从电影产业某一方面的属性出发建立评价模型，如蓝庆新、郑学党（2012）的研究偏重于对电影产业各项经济指标的测量，李晓玲（2011）等人的研究则侧重于从文化维度对电影产业国际竞争力进行解析，而这些研究缺乏从电影产业经济属性和文化属性两方面出发的国际竞争力评价模型。

笔者认为，电影产业竞争力主要来源于基础竞争力与创新竞争力，而这两种竞争力的形成又是以电影产业的价值链、技术链和文化链相互作用为基础的，并贯穿于国际竞争的整个过程中。基础竞争力与创新竞争力是影响电影产业国际竞争力的重要因素。然而在进行产业国际竞争力全面评价时，需要将国际竞争力的竞争结果作为评价依据。因此，本研究将电影产业国际竞争力界定为外显竞争力、基础竞争力和创新竞争力三者间的合力。

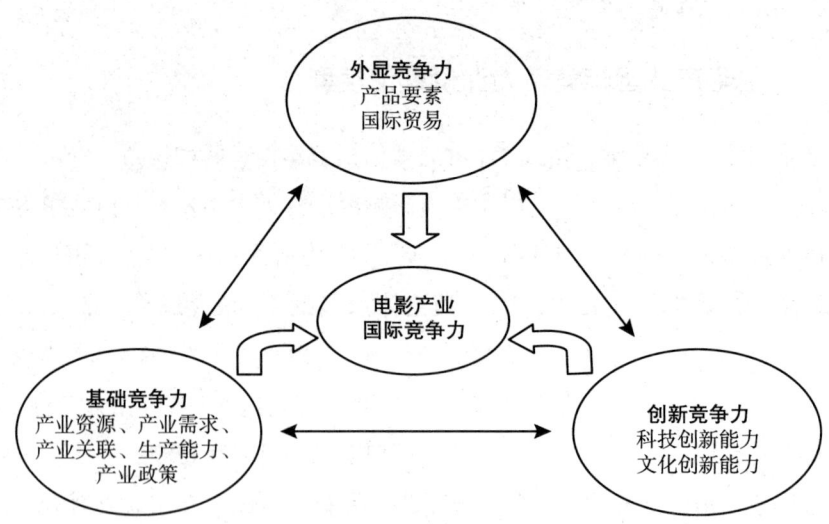

图 1　电影产业国际竞争力评价模型

电影产业外显竞争力是竞争力最为直接的外部呈现，也是竞争力的结果；电影产业基础竞争力是一国的电影产业发展的条件和基础，也是电影产业国际竞争力的重要影响因素；电影产业创新竞争力是电影产业发展的内在动力，是电影内容生产的源泉，也是电影产业实现价值增值、获得竞争优势的重要途径。这三力之间相互联系，相互影响，共同构成了电影产业国际竞争力。外显竞争力是基础竞争力和创新竞争力直接作用的结果，受到基础竞争力和创新竞争力的制约；基础竞争力是电影产业国际竞争力的重要组成部分，是电影产业发展的直接驱动因素；创新竞争力是电影产业发展的激励性因素，同时也是提升电影产业竞争力的关键。

二 电影产业国际竞争力评价指标体系构建

（一）指标体系设计原则

设计电影产业国际竞争力评价指标体系需要遵循一定的原则，具体原则如下。

（1）科学性。

评价一国的电影产业国际竞争力的目的是为决策者制定政策提供借鉴，以及为后续研究者提供参考。本研究的出发点也是为我国政府相关管理部门以及电影集团提供决策参考，因此科学性是最重要的。为了保证科学性，本研究以经济学、管理学和文化产业学等相关理论为依据，一方面采用规范的研究方法去设计电影产业国际竞争力评价指标体系；另一方面将一般性与特殊性相结合，根据具体事物的具体情况，实时实地地设计指标体系。此外还要能够突出重点，排除干扰因素，找出能够反映电影产业国际竞争力实质的因素。

（2）客观性原则。

客观性原则从大的方面讲，要求设计的电影产业国际竞争力评价指标体系能够准确反映一国电影发展的真实水平；从指标的选择上讲，要以一些客观性的指标为主。

（3）系统性原则。

电影产业国际竞争力涉及国内和国外，政治、经济和文化等领域，是一个复杂、开放的巨系统。这个系统同时还包括许多子系统，各个子系统之间相互作用，相互影响。因此本研究在设计指标体系时需考虑各个子系统之间有物质和信息等的交换。同时在设计电影产业国际竞争力评价指标体系时要考虑体系的各个方面。

(4) 经济效益与社会效益相结合的原则。

与其他产业不同,电影产业具有经济属性和文化属性双重属性,因此在构建电影产业国际竞争力评价指标体系时需要考虑它的经济属性和社会文化属性,把电影产业的发展与其对社会文化的影响相结合。

(5) 可比性与可测性原则。

设计电影产业国际竞争力评价指标体系时,应该注意到指标须具备可比性,即有大小和好坏之分,并且保证设计的评价指标可以进行纵向和横向的对比分析,以便于排序。具体来说,要求不同国家(地区)对同一电影产业的范围和统计具有可比性;不同国家(地区)同一电影产业的同一指标计算口径保持一致。可测性原则要求设计的指标能够被观测和量化,这样才具备可操作性。

(6) 指标的相对稳定性和动态性相结合的原则。

在进行指标评价时需要同时考虑稳定性与动态性相结合,并且很好地平衡二者之间的关系。稳定性是指每年的电影国际竞争力评价指标不能变动太大,指标的内涵和衡量的标准应该一致,应该保持整体指标体系逻辑框架的稳定不变性。同时,由于当今科技的飞速发展以及人们理念的不断更新,也要求电影国际竞争力评价指标要有所变化,以适应社会的发展。

(二)指标体系建构

本研究基于电影产业国际竞争力评价理论框架,在电影产业国际竞争力指标体系构建原则的指导下,建立电影产业国际竞争力评价指标体系。

1. 电影产业国际竞争力评价指标体系总体框架

电影产业国际竞争力由电影产业外显竞争力、电影产业基础竞争力和电影产业创新竞争力构成,这三力是电影产业国际竞争力评价的第一层,即竞争力模块(一级指标);每一个竞争力模块下面由不同竞争面构成(二级指标);每一竞争面下面有不同的竞争力指标(三级指标)。整个指标体系由竞争力模块、竞争面和竞争力指标共同组成。

2. 外显竞争力指标体系

电影产业外显竞争力由产品要素和国际贸易两大类别构成。

(1) 对产品要素的评价。

产品要素指电影产品直观呈现出的各项要素与特点,如影片数量、明星效应、影片所蕴涵的商业性与艺术性等。它是一国（地区）的电影产品参与国际竞争的直接表现。在全球价值链的背景下，企业之间通过合作研发实现了产业价值链的拓展和价值创造，电影产业国际合作成为提升各国电影产业发展、获得国际竞争优势的主要途径。以好莱坞电影为例，近年来其投资结构有了许多变化，投资范围和投资类型都有了很大扩展，许多影片都有中国、韩国等亚洲国家的演员和制作人员参与其中。因此，合拍片情况无疑成为反映一国（地区）电影产品要素的重要指标。

由于电影产品的体验性，消费者对电影产品的评价和喜好没有完全客观而统一的标准，在电影产品的发行阶段，发行商无法准确地预计消费者最终对影片的喜好程度，会将电影产品所呈现的产品因素作为发行议价的重要考虑因素。所以，一国（地区）电影的发行能力也是评价其电影产品要素的重要指标。

根据以上分析，可用以下指标来评价电影产品要素：①反映一国（地区）电影产量和国际合作情况的指标，包括国产电影所占比例、国产电影影片产量、国际合拍片数量。②反映一国（地区）电影发行水平的指标，包括本国（地区）发行商数目、由本国发行市场份额前三位的发行公司所占市场份额。

（2）对国际贸易的评价。

国际贸易水平是反映一国（地区）电影产业国际竞争结果的重要方面，体现了该国（地区）电影产业参与国际分工的情况。国际贸易的本质是产品在不同国家和区域间的流动，各国（地区）之间通过贸易往来可以实现优势互补，实现产业链不同环节的价值转移，最终获得更有效的资源配置，提升产业劳动生产率。

本研究选取以下三种指标评价一国（地区）的电影国际贸易水平：①显示性比较优势指标（简称 RCA），该指标能比较准确地反映一国（地区）在电影进出口贸易中的比较优势。其计算模型是：

$$RCA_i = \frac{X_{ij}^k}{\sum_i X_{ij}^k} \bigg/ \frac{\sum_j X_{ij}^k}{\sum_i \sum_j X_{ij}^k}$$

其中 i 表示第 i 类传媒产业或产品，j 表示第 j 个国家（地区），k 表示第 k 个国家（地区），X_{ij}^k 表示第 j 国（地区）的 i 类传媒产品对第 k 国（地区）的出口。

②贸易竞争力指数（TC指数）。它表示一国（地区）进出口贸易的差额占进出口贸易总额的比重，该指标作为一个相对值，减少了包括通货膨胀在内的宏观因素的影响，相对比较稳定。③出口市场份额指数。该指标是指一国（地区）电影产业出口总额占世界电影产业出口总额的比例。该指标能够比较直观地反映出电影产业的国际竞争力大小，同时计算相对简单。

3. 基础竞争力指标体系

电影产业基础竞争力指标体系由产业资源、产业需求、产业关联、生产能力和产业政策五部分构成。

（1）对产业资源的评价。

任何产业的发展都与该国（地区）的整体经济实力和综合国力休戚相关，因此一国（地区）的宏观经济情况是反映电影产业资源情况的晴雨表。近年来中国、韩国、巴西等国（地区）电影产业的飞速发展，都与该国（地区）经济水平持续增长密切相关。此外回顾历史可以得知，电影产业的发展伴随着全球的城市化进程，因此城镇化水平也是衡量一国（地区）电影产业资源情况的指标。最后，一国（地区）电影基础设施的建设也对该国（地区）电影产业的发展起到了不可忽视的作用。

根据以上分析，可用以下指标来评价电影产品要素：①反映一国（地区）经济发展总量的指标，包括GDP总量、GDP增长率。②反映一国（地区）城镇化水平的指标，包括城镇人口比例、超100万的城市群中人口占总人口比例。③反映一国（地区）电影基础设施水平的指标，包括电影院数、屏幕数、座位数和3D屏幕数。

（2）对产业需求情况的评价。

产业需求是影响电影产业基础竞争力的又一重大因素。波特（1990）认为，本国需求市场如果大于海外市场，则能够形成规模经济效应，有利于该产业建立国际竞争优势。因此，本国需求市场情况是衡量电影产业需求的重要指标。此外，电影产业作为文化产业的分支，其产业发展也与该国（地区）文化需求水平密切相关，文化需求的扩大势必带动电影和其他相关产业的发展。

根据以上分析，可用以下指标来评价电影产品要素：①反映一国（地区）整体需求水平的指标，包括人均GDP、人口总数。②反映一国（地区）文化需求水平的指标，包括服务等附加值占 GDP 比例、文化消费占 GDP 比例。③反映一国（地区）电影产业需求水平的指标，包括总票房、票价、平均观影人数。

（3）对产业关联的评价。

产业关联是指不同产业间以各种投入品和产出品为中介的经济关联，体现着不同产业间的供给与需求关系。产业关联也是实现产业价值链拓展和价值增值的重要途径。目前与电影产业相关度极高的产业分别是互联网产业、动漫产业、旅游产业、唱片产业等。考虑到数据搜集难度和可信度等因素，本研究最终选择了如下指标反映电影产业的关联情况，分别是：互联网用户（每100人）、信息通信技术（简称ICT）产品出口、信息通信技术服务出口、日报份数（每千人）。

（4）对生产能力的评价。

任何产业的发展都是以企业发展为基础的。电影生产主体主要是影片制作、发行、放映环节的企业。这些企业的生产能力直接影响着电影产业的生产率，反映着产业发展水平。因此，生产能力是指这些企业在一定时期为社会提供某种产品或劳务的能力。本研究选择如下指标评价企业生产能力：电影企业的创造性指数、电影企业态度分指数、电影企业活动分指数和电影企业激励分指数。

（5）对产业政策的评价。

由于电影产业的经济、社会、文化属性，产业政策成为影响电影产业价值转移的重要因素。产业政策可以帮助优化产业资源的配置，培植产业竞争力；产业政策也可以起到优化产业结构的作用，促使产业技术进步，并最终获得经济效益。本研究选择如下指标评价产业政策：产业政策有效性指数、政府效率指数、法律健全度指数、政府监管力度指数。

4. 创新竞争力指标体系

电影产业创新竞争力指标体系由科技创新能力和文化创新能力两部分组成。

（1）对科技创新能力的评价。

科学技术是社会变革和发展的主要动力，因而创新最为重要的是科技创新。通过对电影技术链分析可知，当今电影产业的飞速发展得益于电影制作、放映技术的不断创新。本研究选择如下指标评价科技创新水平：研发支出（占本国 GDP 比例）、版税与许可费、R&D 人员（每百万人）。

（2）对文化创新能力的评价。

电影产业的文化创新是一个动态过程，可以被解释为原有的文化因素被保留而新的文化因素生成的过程。原有文化的保留与一国（地区）的文化积累能力有关，一国（地区）的历史、文字、语言等均可以成为电影内容创作的源泉，为不同类型电影的制作提供充足的养分。此外，创意阶层的形成与流动为电影产业的发展提供了新理念、新科技、新内容，促进了电影产品的多样性和包容性。因此，本研究选择如下指标评价文化创新水平：创意指数、创意阶层分布指数、世界遗产数目、语言、文化包容指数。

从以上分析可以看出，电影产业国际竞争力评价指标体系共分三层，分别是竞争力模块、竞争面和竞争力指标。本研究设计的指标体系也以这三层为基础，构建了 3 个一级指标、9 个二级指标及 43 个三级指标，指标体系框架如表 1 所示。

表 1 电影产业国际竞争力评价指标体系

竞争力模块	竞争面	竞争力指标名称	权重	数值
外显竞争力 A	产品要素 A_1	国产电影所占比例	W_1	X_1
		国产电影影片产量	W_2	X_2
		国际合拍片数量	W_3	X_3
		本国（地区）发行商数目	W_4	X_4
		三大发行公司所占市场份额	W_5	X_5
	国际贸易 A_2	显示性比较优势指标(简称 RCA)	W_6	X_6
		贸易竞争力指数(TC 指数)	W_7	X_7
		出口市场份额指数	W_8	X_8
基础竞争力 B	产业资源 B_1	GDP 总量	W_9	X_9
		GDP 增长率	W_{10}	X_{10}
		城镇人口比例	W_{11}	X_{11}
		超 100 万的城市群中人口占总人口比例	W_{12}	X_{12}
		电影院数	W_{13}	X_{13}
		屏幕数	W_{14}	X_{14}
		座位数	W_{15}	X_{15}
		3D 屏幕数	W_{16}	X_{16}

续表

竞争力模块	竞争面	竞争力指标名称	权重	数值
基础竞争力 B	产业需求 B_2	人均 GDP	W_{17}	X_{17}
		人口总数	W_{18}	X_{18}
		服务等附加值占 GDP 比例	W_{19}	X_{19}
		文化消费占 GDP 比例	W_{20}	X_{20}
		总票房	W_{21}	X_{21}
		票价	W_{22}	X_{22}
		平均观影人数	W_{23}	X_{23}
	产业关联 B_3	互联网用户（每 100 人）	W_{24}	X_{24}
		ICT 产品出口	W_{25}	X_{25}
		ICT 服务出口	W_{26}	X_{26}
		日报份数（每千人）	W_{27}	X_{27}
	生产能力 B_4	电影企业的创造性指数	W_{28}	X_{28}
		电影企业态度分指数	W_{29}	X_{29}
		电影企业活动分指数	W_{30}	X_{30}
		电影企业激励分指数	W_{31}	X_{31}
	产业政策 B_5	产业政策有效性指数	W_{32}	X_{32}
		政府效率指数	W_{33}	X_{33}
		法律健全度指数	W_{34}	X_{34}
		政府监管力度指数	W_{35}	X_{35}
创新竞争力 C	科技创新能力 C_1	研发支出（占本国 GDP 比例）	W_{36}	X_{36}
		版税与许可费	W_{37}	X_{37}
		R&D 研究人员（每百万人）	W_{38}	X_{38}
	文化创新能力 C_2	创意指数	W_{39}	X_{39}
		创意阶层分布指数	W_{40}	X_{40}
		世界遗产数目	W_{41}	X_{41}
		语言	W_{42}	X_{42}
		文化包容指数	W_{43}	X_{43}

5. 比较对象的选取与数据采集

（1）比较对象选取。

本研究的研究内容为电影产业国际竞争力评价研究。为了更好地梳理全球电影产业的国际竞争现状与特点，明确中国电影产业在国际竞争中的位置，本研究选取 40 个国家（地区）的电影产业发展作为比较对象。在选取原则上，考虑了国家（地区）的综合实力、电影产业发展水平以及不同区域代表性等因素，最终选择了中国、美国、加拿大、英国、法国、意大利、韩国、日本、印度等 40 个国家（地区）作为评价对象，其中欧洲国家 20 个、亚洲国家

（地区）8个、美洲（包含南美洲和北美洲）国家10个、非洲国家1个、大洋洲国家1个。这里需要说明的是，当前一些非洲国家（如尼日利亚）在电影产业发展上拥有自己独特的发展模式，但因为缺乏相应的统计数据，因此未能列在评价范围之内。

（2）数据采集。

考虑到此次评价范围的广泛性，以及为了保证此次评价的客观性和科学性，本研究将电影产业国际竞争力评价指标设定为硬指标和软指标两种。硬指标主要由各类统计资料构成，是客观指标。此类的数据来源主要有：联合国贸易数据库（UN COMTRAE）、联合国教科文组织数据库（UNESCO Institute for Statistics）、世界银行数据库（The World Bank）。软指标即主观指标，是各大机构和组织发布的关于各国（地区）某一具体指标的评价（企业创造性指数、创意阶层指数等），这部分指标的数据来源主要有 WEF 发布的《全球竞争力报告》（*The Global Competitiveness Report*）、欧洲工商学院（INSEAD）《全球创新指数报告》（*The Global Innovation Index*）、欧洲视听协会（European Audiovisual Observatory）发布的《全球电影市场趋势》（*World Film Market Trends*）等。本研究选用的大部分为2011年数据，部分为2009年数据，对个别缺失数据采取了平均值法进行估算。

三 基于层次分析法（AHP）的电影产业国际竞争力评价

（一）现有评价方法比较

国际竞争力评价的方法主要有两类：单因素评价法和多因素评价法。单因素评价法以国际贸易理论和进出口数据为基础，多用来评价产业国际竞争力的结果，而多因素评价法需要从多方面对竞争力的影响因素和结果进行评价。在现有研究中，大部分评价研究选取多因素评价方法对国际竞争力进行评价，因为该方法能够比较全面、系统地对竞争力影响因素进行测量，进而帮助竞争力的提升；同时该方法所需的大部分数据资料可以通过现有的统计资料获得，大大增强了研究的可操作性与客观性。

现有的多因素评价法归纳起来主要有以下几种。

（1）基于运筹学视角。

运筹学是一门将数学与统计学结合起来的交叉学科，用来研究如何选用数学模型解决生产、管理中的决策问题。基于该学科视角的研究竞争力评价的方法主要是 DEA 法。DEA 法主要研究在生产和社会活动中如何评价相同类型的部门或单位（称为决策单元）优劣的问题。其评价依据是决策单元的"输入"（投入）数据和"输出"（产出）数据。其中输入数据是指决策单元在某种活动中所需要耗费的"资源"数量，例如资金、劳动力、能源和原材料数量等；输出数据是指该决策单元在一定的输入后的结果，这些结果是表明该活动成效的某些信息，例如产品数量、质量、利润以及各种经济效益的指标等。① 但该方法在实际操作过程中存在一些局限。首先，该方法是以竞争力评价结果作为评价出发点，而缺乏对竞争力影响因素的评价；其次，使用该方法需要较强的数学理论功底，在一定程度上限制了其使用者范围。

（2）基于统计学视角。

基于统计学视角的方法主要是指因子分析法。该方法是竞争评价中较为常用的一种方法，通过对原始变量的相关矩阵的分析，将相关性较强的指标归为一类，每一类变量代表一个"共同因子"。使用因子分析法进行竞争力评价时，可以完全从数据出发确定权重，具备客观性和科学性。但因子分析法的使用需要大样本的数据支持，这也在一定程度上限定了该方法的使用范围。

（3）系统工程学视角。

基于该视角的分析方法主要是指层次分析法（AHP）及模糊综合评价法等。层次分析法是指将一个复杂的多目标决策问题作为一个系统，将目标分解为多个目标或准则，进而分解为多指标（或准则、约束）的若干层次，通过定性指标模糊量化方法算出层次单排序（权数）和总排序，以作为目标（多指标）、多方案优化决策的系统方法。模糊综合评价法则是一种基于模糊数学的综合评标方法，该综合评价法根据模糊数学的隶属度理论将定性评价转化为定量评价。

现有的评价方法各有优劣，具有不同的适用范围。鉴于本研究构建的电影产业国际竞争力评价指标体系有几个层次，涉及多个指标，因此选择多因素综合评价方法更为合适。本研究已经经过一个科学的逻辑和理论分析，如

---

① 李忠尚主编《软科学大辞典》，辽宁人民出版社，1989，第 271~272 页。

果采用因素筛选综合评价的主成分和因子分析,势必造成指标体系的变化。而 DEA 法多用来评价一个区域、产业或组织在技术创新方面的效率,也不适合本研究。因此,本研究选择层次分析法作为构建电影产业国际竞争力指标体系的方法。

(二)基于层次分析法(AHP)的电影产业国际竞争力评价

1. 层次分析法(AHP)实现过程

层次分析法(Analytic Hierarchy Process,AHP)是一种目标决策方法,最初由美国运筹学家 T. L. Saaty 在 20 世纪 70 年代提出。该方法具有系统化、层次化、合理化的特点,是一种定性与定量相结合的方法,被广泛应用于经济生活中。在决策过程中决策者的主观选择起着十分重要的作用,而主观选择的各因素的重要性却难以被量化。层次分析法有效地解决了这一问题,它将数学方法和主观判断有效结合,对决策者的经验进行量化,对目标决策问题的本质影响因素和各因素之间的相互关系进行深入分析。层次分析法把一个复杂问题分解成组成因素,并按支配关系形成层次结构,然后在德尔菲法①的基础上,使用两两比较的方法确定决策方案的相对重要性。② 层次分析法包含以下几个过程。

(1)将目标问题层次化。

首先依据目标问题的层次与内在逻辑,将整个问题分解成不同的要素,再依据要素属性与要素间的相互关系将要素分解成若干层次。一般分为目标层、准则层与方案层,其中上一层要素对下一层要素起着支配作用。

(2)确定各层次因素,构建判断矩阵。

对同属一级的要素以上一级的要素为准则进行两两比较,根据评价尺度确定其相对重要度,据此构建成对比较矩阵。上述比较是两两因素之间进行的比较,比较时取 1~9 尺度(见表 2)。用 $A = (a_{ij})_{n \cdot n}$,A 被称为成对比较矩阵,其中 A_{ij} 表示因素 i 和因素 j 相对于目标重要值。

---

① 德尔菲法是采用背对背的通信方式征询专家小组成员的预测意见,经过几轮征询,使专家小组的预测意见趋于集中,最后做出符合市场未来发展趋势的预测结论的方法。
② 危佳:《基于 AHP 层次分析法的工程造价"三超"风险控制的研究》,江西理工大学出版社,2010,第 27 页。

表2 层次分析法重要性排序

序号	重要性等级	A_{ij}赋值
1	i,j两元素同等重要	1
2	i元素比j元素稍重要	3
3	i元素比j元素明显重要	5
4	i元素比j元素强烈重要	7
5	i元素比j元素极端重要	9
6	i元素比j元素稍不重要	1/3
7	i元素比j元素明显不重要	1/5
8	i元素比j元素强烈不重要	1/7
9	i元素比j元素极端不重要	1/9

注：$A_{ij} = \{2, 4, 6, 8, 1/2, 1/4, 1/6, 1/8\}$表示重要性等级介于$A_{ij} = \{1, 3, 5, 7, 9, 1/3, 1/5, 1/7, 1/9\}$。这些数字是根据人们进行定性分析的直觉和判断力而确定的。

（3）进行矩阵求解并检验单排序及一致性，确定各矩阵权重。

计算出某层次因素相对于上一层次中某一因素的相对重要性，这种排序计算称为层次单排序。具体地说，层次单排序是指根据判断矩阵，计算对于上一层某元素而言本层次与之有联系的元素重要性次序的权值。① 在构建判断矩阵时，我们将矩阵的每一列视为一个权向量，但由于受到主观取值的影响，判断矩阵的一致性难以精确，因此在实际操作中只能选取近似权向量。具体方法为：将矩阵 A 的各列向量进行几何平均，然后归一得到权向量。

$$W = (W_1, W_2, \cdots, W_n)^T, 其中：W_i = \frac{[\prod_{i=1}^{n} a_{ij}]^{\frac{1}{n}}}{\sum_{k=1}^{n}[\prod_{i=1}^{n} a_{ij}]^{\frac{1}{n}}}$$

已知 n 个元素 $u_1, u_2, \cdots, u_n$。对于准则 C 的判断矩阵为 A，求 $u_1, u_2, \cdots, u_n$ 对于准则 C 的相对权重 $W_1, W_2, \cdots, W_n$ 写成向量形式即为 $W = (W_1, W_2, \cdots, W_n)^T$

权重计算方法为：将判断矩阵 A 的 n 个行向量归一化后的算术平均值，近似作为权重向量②，即 $W_i = \frac{1}{n}\sum_{j=1}^{n}\frac{a_{ij}}{\sum_{k=1}^{n}a_{kj}}$。

---

① 杜栋、庞庆华、吴炎：《现代综合评价方法与案例精选》，清华大学出版社，2008，第18页。
② 朱建军、王梦光、刘士新：《一种新型不确定AHP的研究及应用》，《管理科学学报》2005年第5期，第47页。

所谓判断一致性是指专家在判断指标重要性时,各种判断之间协调一致,不致出现相矛盾的结果。随机一致性指标 RI 的数值如表 3 所示。①

表 3　随机一致性指标

1	2	3	4	5	6	7	8	9
0.00	0.00	0.58	0.90	1.12	1.24	1.32	1.41	1.45

(4) 计算整体层级的权重。

在各层级要素之权重计算后,再进行整体层级权重计算,然后依据各替代方案之权重决定最终目标之最适宜的替代方案。

2. 指标数据的标准化处理

鉴于每个指标的单位不同,需要对三级指标中的每个指标进行标准化处理,即消除量纲,使各指标具备比较分析的基础。无量纲化处理公式为:

$$I_{ij} = 100 \times \frac{X_{ij} - \min(X_j)}{\max(X_j) - \min(X_j)}$$

其中 I_{ij} 表示第 i 个地区第 j 个指标标准化结果,X_{ij} 为第 i 个地区第 j 个指标;$\min(X_j)$ 是第 j 个指标的所有样本最小值;$\max(X_j)$ 是第 j 个指标的所有样本最大值。② 已经经过标准化处理的数据,具有统一的量纲,因此所有的数据的取值范围都调整到 0~100。数据标准化的几何意义是将坐标原点移动到最大(小)值,其变量间的相关程度不变。

3. 权重确定过程

本研究按照层次分析法的原理,借助 Yaahp 分析软件,以电影产业国际竞争力为准则指标,将电影产业外显竞争力、基础竞争力和创新竞争力 3 个一级指标进行两两比较,随后将每个一级指标下面所属的 9 个二级指标和 43 个三级指标进行两两比较,随后根据 7 位专家意见,选用群决策方式建立判断矩阵,进行一致性检验以判定判断矩阵是否被接受,以此确定各指标权重值,最终得出电影产业国际竞争力评价指标权重。

---

① 肖雄辉、陈昕:《基于 AHP 的大型连锁超市竞争力评价》,《商品与质量·科学理论》2011 年第 2 期,第 23 页。

② 王岚:《地区文化产业竞争力评价研究》,天津大学博士论文,2007 年 5 月。

表4 电影产业国际竞争力权重表

目标	AHP赋权值	竞争力模块	AHP赋权值	竞争面	AHP赋权值	指标权重	AHP赋权值
电影产业国际竞争力	1.0006	外显竞争力 A	0.1588	产品要素 A_1	0.0659	W_1	0.0176
						W_2	0.0187
						W_3	0.0091
						W_4	0.0116
						W_5	0.0089
				国际贸易 A_2	0.0929	W_6	0.0278
						W_7	0.0391
						W_8	0.0260
		基础竞争力 B	0.5735	产业资源 B_1	0.1184	W_9	0.0087
						W_{10}	0.0129
						W_{11}	0.0114
						W_{12}	0.0092
						W_{13}	0.0267
						W_{14}	0.0211
						W_{15}	0.0160
						W_{16}	0.0124
				产业需求 B_2	0.1225	W_{17}	0.0162
						W_{18}	0.0082
						W_{19}	0.0155
						W_{20}	0.0329
						W_{21}	0.0167
						W_{22}	0.0149
						W_{23}	0.0181
				产业关联 B_3	0.107	W_{24}	0.0397
						W_{25}	0.0181
						W_{26}	0.0293
						W_{27}	0.0199
				生产能力 B_4	0.1489	W_{28}	0.0612
						W_{29}	0.0318
						W_{30}	0.0335
						W_{31}	0.0221
				产业政策 B_5	0.0767	W_{32}	0.0285
						W_{33}	0.0170
						W_{34}	0.0151
						W_{35}	0.0161
		创新竞争力 C	0.2683	科技创新能力 C_1	0.0977	W_{36}	0.0368
						W_{37}	0.0339
						W_{38}	0.0270
				文化创新能力 C_2	0.1706	W_{39}	0.0395
						W_{40}	0.0531
						W_{41}	0.0196
						W_{42}	0.0140
						W_{43}	0.0444

（三）电影产业国际竞争力评价结果

电影产业国际竞争力（FIC）计算公式如下：

$$A_i = \sum_{k=i}^{8} W_k I_{ik}$$

$$B_i \sum_{k=9}^{35} W_k I_{ik}$$

$$C_i = \sum_{k=36}^{43} W_k I_{ik}$$

$$FIC_i = A_i + B_i + C_i$$

式中：A_i、B_i、C_i分别为第i个国家（地区）电影产业外显竞争力、基础竞争力和创新竞争力模块数据，I_{ik}为第i个国家（地区）第k个指标标准化结果，W_k为第k个指标的权重；FIC_i则表示第i个地区文化产业竞争力指数。

表5　电影产业国际竞争力评价结果

排名	国家（地区）	产品要素	国际贸易	产业资源	产业需求	产业关联	生产能力	产业政策	科技创新能力	文化创新能力	FIC
1	美国	4.11	6.84	10.40	8.06	5.84	12.99	7.13	6.59	13.08	75.03
2	英国	2.47	4.54	2.57	5.91	4.85	8.74	7.18	4.78	14.17	55.22
3	加拿大	1.36	3.84	2.20	5.11	5.09	12.91	6.40	4.17	14.56	55.14
4	瑞典	1.55	2.43	2.16	5.76	6.39	11.38	5.80	3.38	14.35	53.20
5	挪威	1.73	1.09	1.86	6.61	5.91	11.76	7.43	4.00	12.76	53.17
6	澳大利亚	2.77	2.36	2.70	6.63	3.87	12.98	4.79	3.74	13.03	52.88
7	德国	3.46	3.60	3.03	5.32	4.83	7.02	6.78	4.43	12.79	51.26
8	法国	2.80	2.10	3.39	4.82	3.97	9.64	6.19	4.39	13.50	50.79
9	比利时	1.89	3.19	2.02	5.02	4.11	10.26	6.49	3.07	13.87	49.42
10	瑞士	1.58	3.43	1.73	5.86	4.97	11.15	5.06	3.60	11.56	48.94
11	中国香港	2.41	3.11	3.11	4.98	5.04	8.85	6.12	3.65	11.19	48.46
12	荷兰	1.50	1.38	1.80	5.37	5.87	11.11	6.45	1.53	11.82	46.82
13	西班牙	3.36	3.91	2.27	4.92	3.46	6.92	5.61	1.45	13.81	45.61
14	意大利	2.14	4.33	2.42	4.39	3.01	8.16	5.68	2.81	11.90	44.84
15	奥地利	1.77	0.46	1.68	5.90	4.61	8.96	7.29	3.99	9.20	43.86
16	日本	2.84	3.80	2.94	6.42	4.02	7.28	4.83	5.33	5.93	40.79
17	韩国	3.16	3.67	2.53	4.37	4.54	8.23	4.02	2.03	7.76	40.33
18	中国	3.24	3.26	4.82	3.53	3.05	3.89	4.53	2.55	8.41	37.27
19	捷克	2.16	0.88	1.77	4.54	4.52	7.23	6.36	2.89	6.39	36.74
20	印度	4.79	3.02	3.05	3.58	2.83	2.53	4.81	3.07	6.85	35.15
21	匈牙利	2.23	2.74	1.55	3.40	4.29	3.77	5.52	3.48	6.32	33.28
22	葡萄牙	1.94	0.57	1.39	3.79	2.78	7.11	6.40	0.88	7.95	32.80

续表

排名	国家	产品要素	国际贸易	产业资源	产业需求	产业关联	生产能力	产业政策	科技创新能力	文化创新能力	FIC
23	波 兰	1.59	2.38	1.71	3.61	3.58	4.63	5.93	1.91	6.74	32.08
24	拉脱维亚	2.30	0.02	1.83	4.38	3.84	5.94	5.39	1.67	6.69	32.06
25	阿根廷	1.90	2.12	2.84	3.30	2.48	3.97	3.76	2.03	6.89	29.29
26	智 利	1.89	0.19	2.33	2.94	2.24	6.06	5.83	1.21	6.49	29.18
27	希 腊	1.76	0.31	0.84	4.47	2.33	4.15	4.41	1.73	8.16	28.17
28	俄罗斯	2.17	2.87	2.60	1.93	2.31	2.02	3.00	2.18	8.21	27.22
29	乌拉圭	1.95	0.42	2.68	2.39	2.39	4.33	3.54	1.55	7.82	27.07
30	阿联酋	1.06	0.22	1.25	2.73	3.27	7.09	3.42	1.26	6.72	27.00
31	巴 西	2.19	1.90	2.75	3.05	1.77	1.20	3.63	2.75	6.12	25.36
32	墨西哥	2.27	3.26	2.83	2.88	2.34	2.50	2.34	1.28	5.52	25.22
33	南 非	0.99	0.38	2.09	2.16	0.72	3.70	3.35	3.56	6.52	23.46
34	土耳其	2.40	0.64	2.51	2.61	1.84	4.04	3.23	1.29	3.88	22.44
35	哥伦比亚	0.32	0.73	2.20	2.38	1.71	4.56	4.34	1.26	4.48	21.98
36	罗马尼亚	2.00	0.59	0.99	1.44	2.94	3.06	4.91	1.27	4.32	21.51
37	秘 鲁	1.65	0.20	2.21	2.37	1.46	4.13	2.46	1.29	3.91	19.68
38	泰 国	1.20	3.09	1.32	2.32	2.15	2.15	3.16	1.16	1.84	17.75
39	委内瑞拉	1.48	0.23	2.30	2.29	2.09	0.83	2.38	1.84	3.02	16.46
40	印度尼西亚	0.79	0.16	1.63	1.54	1.01	1.54	4.23	0.90	0.30	12.09

第二节　电影产业国际竞争类型和结构分析

一　电影产业国际竞争力聚类分析

（一）电影产业国际竞争力评价结果概述

电影产业国际竞争力评价的最终结果，如表5所示。

从最终的 FIC（电影产业国际竞争力）指标得分情况来看，美国以 75.03 分高居榜首，英国以 55.22 分紧随其后，加拿大以 55.14 分名列第 3 位。在亚洲国家地区中，中国香港的得分最高，以 48.46 分排在第 11 位，日本、韩国、中国三国排名相邻，分别位列第 16 位（40.79）、第 17 位（40.33）和第 18 位（37.27），印度排名为第 20 位（35.15）。澳大利亚作为唯一参评的大洋洲国家，以 52.88 分排在第 6 位；南美洲排名最高的是阿根廷，以 29.29 分排在第 25 位；南非作为非洲唯一参评的非洲国家，以 23.46 分排在第 33 位。

从各大洲情况来看，北美洲和欧洲的综合实力最强，美国和加拿大分居最终排名的第1位和第3位。在排名前20名的国家（地区）中，共有12个欧洲国家上榜，居各大洲之首，体现了欧洲电影产业的综合实力。亚洲在六大洲中整体实力居中游，而南美洲和非洲电影产业的整体竞争力相对比较低，没有一个国家（地区）的排名超过前20名（见表6）。

表6　40个国家（地区）电影产业国际竞争力得分排名

排位	国家（地区）	FIC得分	排位	国家（地区）	FIC得分
1	美国	75.03	21	匈牙利	33.28
2	英国	55.22	22	葡萄牙	32.80
3	加拿大	55.14	23	波兰	32.08
4	瑞典	53.20	24	拉脱维亚	32.06
5	挪威	53.17	25	阿根廷	29.29
6	澳大利亚	52.88	26	智利	29.18
7	德国	51.26	27	希腊	28.17
8	法国	50.79	28	俄罗斯	27.22
9	比利时	49.42	29	乌拉圭	27.07
10	瑞士	48.94	30	阿联酋	27.00
11	中国香港	48.46	31	巴西	25.36
12	荷兰	46.82	32	墨西哥	25.22
13	西班牙	45.61	33	南非	23.46
14	意大利	44.84	34	土耳其	22.44
15	奥地利	43.86	35	哥伦比亚	21.98
16	日本	40.79	36	罗马尼亚	21.51
17	韩国	40.33	37	秘鲁	19.68
18	中国	37.27	38	泰国	17.75
19	捷克	36.74	39	委内瑞拉	16.46
20	印度	35.15	40	印度尼西亚	12.09

研究电影产业国际竞争力的最终目的是要通过了解全球各国（地区）电影产业综合竞争能力的大小，对电影产业国际竞争力影响要素进行识别，在了解各国（地区）电影产业发展的特点与共性的基础上分析当前我国电影产业发展的优势与劣势、机会与威胁，以便针对我国的电影产业发展制定相应策略。而上述电影产业国际竞争力排名只是在一定程度上反映各国（地区）之间竞争力的排序位差，不能完全说明各个国家（地区）之间的实际差距，也

很难反映出一国（地区）电影产业发展与其他国家（地区）电影产业发展的相似性和相异性。为了进一步对各国（地区）的电影产业竞争情况进行探究，本研究将采用聚类分析的方法，对上述全球40个国家（地区）的竞争力进行聚类实证分析。

（二）电影产业国际竞争力聚类分析

聚类分析又称"群分析"，是一种多元统计分析方法，被广泛应用于竞争力研究之中。聚类分析的原理与现实生活中"物以类聚"的道理相似，即在一批样本（或观测指标）中，找出样本与样本（或者指标与指标）之间的相似程度的统计量，构成一个对称的相似性矩阵，在此基础上进一步寻找各样本（或变量）之间或样本组合之间的相似程度，按相似程度的大小，把样本（或变量）逐一归类，关系密切的聚集到一个小的分类单位，关系疏远的聚集到一个大的分类单位，直到所有样本或变量都聚集完毕，形成一个亲疏关系谱系图，以更自然和直观地显示分类对象（个体或指标）的差异和联系。① 聚类分析可以分为Q型聚类和R型聚类，对案例的分类通常被称为Q型聚类，而对变量的分类被称为R型聚类，本研究采用Q型聚类的方法。

本研究依据产品要素、国际贸易、产业资源、产业需求、产业关联、生产能力、产业政策、科技创新能力、文化创新能力等9个二级指标的分析结果，运用SPSS19.0分析软件，以平方欧氏距离（Square Euclidean Distance）衡量组间距离，采用Ward法度量类间距离，对40个国家（地区）进行聚类分析，最终得到聚类树形图，变量记录数统计结果和聚集过程见表7、表8。

表7　个案处理摘要[a,b]

有效		缺失		合计	
数目	百分比	数目	百分比	数目	百分比
40	100.0	0	0	40	100.0

注：a. 平方欧式距离（Squared Euclidean Distance Undefined）。
　　b. 离差平方和法（Ward Linkage）。

---

① 倪鹏飞、刘高军、宋旋涛：《中国城市竞争力聚类分析》，《中国工业经济》2003年第7期，第34~39页。

表8 40个国家（地区）的凝聚过程

步骤	聚类合并		系数	首次出现的阶聚集		下一步
	群集1	群集2		群集1	群集2	
1	2	4	4.755	0	0	12
2	26	28	9.830	0	0	9
3	9	11	16.452	0	0	8
4	37	38	23.496	0	0	29
5	33	35	30.893	0	0	18
6	32	34	38.574	0	0	32
7	24	27	47.123	0	0	14
8	9	12	56.032	3	0	21
9	26	29	65.176	2	0	17
10	1	3	74.855	0	0	25
11	6	7	84.771	0	0	26
12	2	5	95.705	1	0	25
13	19	22	108.317	0	0	24
14	23	24	121.009	0	7	27
15	39	40	133.722	0	0	29
16	17	18	148.236	0	0	33
17	26	30	163.873	9	0	23
18	33	36	182.417	5	0	28
19	14	16	201.269	0	0	30
20	15	20	220.505	0	0	24
21	9	13	242.025	8	0	26
22	8	10	267.183	0	0	30
23	25	26	295.122	0	17	27
24	15	19	327.086	20	13	31
25	1	2	361.800	10	12	36
26	6	9	400.816	11	21	33
27	23	25	441.213	14	23	37
28	31	33	484.153	0	18	32
29	37	39	528.422	4	15	35
30	8	14	580.784	22	19	34
31	15	21	659.217	24	0	38
32	31	32	739.766	28	6	35
33	6	17	851.980	26	16	34
34	6	8	1025.058	33	30	36

续表

步骤	聚类合并		系数	首次出现的阶聚集		下一步
	群集1	群集2		群集1	群集2	
35	31	37	1249.740	32	29	37
36	1	6	1600.965	25	34	38
37	23	31	2025.657	27	35	39
38	1	15	2686.576	36	31	39
39	1	23	7022.894	38	37	0

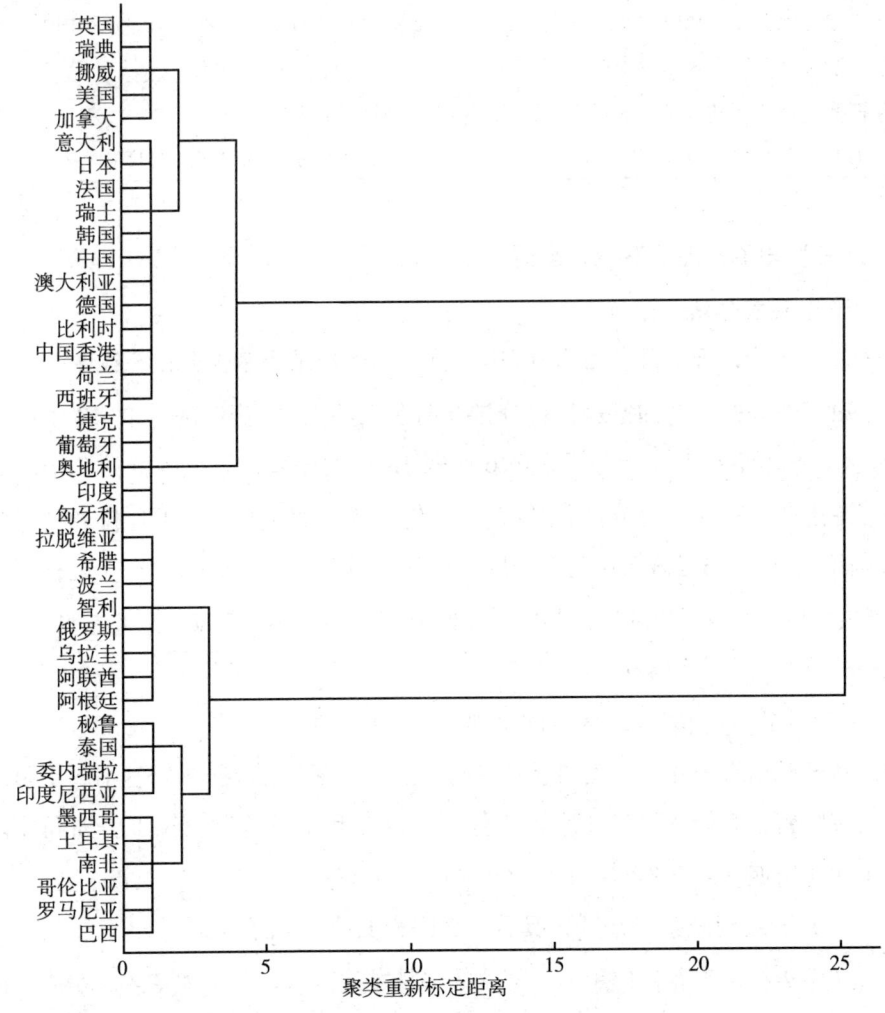

图2　40个国家（地区）的离差平方和法聚类树形图

根据相关数据，可以将参与电影产业国际竞争力评价的40个国家（地区）分成五个阵营，表9为电影产业五大阵营分类情况，表10为五大阵营国家（地区）各项二级指标平均值。下面具体分析各阵营国家（地区）的电影产业国际竞争力特征。

表9 五类国家（地区）阵营表

阵营类别	国家名
第一类	美国、英国、加拿大、瑞典、挪威
第二类	澳大利亚、德国、法国、比利时、瑞士、中国香港、荷兰、西班牙、意大利、日本、韩国、中国
第三类	奥地利、印度、捷克、匈牙利、葡萄牙
第四类	波兰、拉脱维亚、阿根廷、智利、希腊、俄罗斯、乌拉圭、阿联酋
第五类	巴西、墨西哥、南非、土耳其、哥伦比亚、罗马尼亚、秘鲁、泰国、委内瑞拉、印度尼西亚

（三）电影产业国际竞争类型

1. 聚类整体结果分析

（1）电影产业国际竞争力（FIC）排名与聚类结果基本存在一致性。

第一阵营的5个国家就是得分排在前5位的国家；第二阵营的12个国家（地区）基本上是FIC得分排在第6至第18位的国家；第三阵营的5个国家中，除去奥地利FIC得分排名第15位之外，剩下的4个国家FIC排名分列第19到第22位；第四阵营中的8个国家的FIC得分排在第23到第30位；第五阵营中的10个国家分别排在FIC得分榜中的第31到第40位。由此可见，FIC总得分排名与聚类结果基本存在一致性。

（2）同区域国家（地区）间呈现一定的相似性。

从聚类结果来看，北美国家基本属于第一阵营，而欧洲国家基本属于第二和第三阵营，而亚洲国家（地区）也属于第二和第三阵营，拉丁美洲和非洲国家属于第四和第五阵营。

（3）同级别国家（地区）具有一定的相似性。

从聚类结果来看，位于第一阵营的都是发达国家，其中加拿大、瑞典、挪威三国2012年的人均GDP均排在世界前10名，美国和英国也在GDP总量上位居世界前 10 位。第二阵营中的国家（地区）大多是传统的电影强国（地区）和亚洲文化强国（地区），法国、意大利、西班牙电影产业的发展有着悠久的历史，而中国、日本和韩国作为东亚文化的代表，近年来电影产业发展迅猛。而第五阵营中的国家多为拉丁美洲的发展中国家，如巴西、墨西哥等。

表 10 五大阵营国家（地区）各项二级指标平均值

阵营类别	产品要素	国际贸易	产业资源	产业需求	产业关联	生产能力	产业政策	科技创新能力	文化创新能力	FIC 得分
一	2.25	3.75	3.84	6.29	5.62	11.56	6.79	4.58	13.76	58.35
二	2.59	3.18	2.73	5.14	4.23	8.79	5.55	3.21	11.03	46.45
三	2.58	1.53	1.89	4.24	3.81	5.92	6.08	2.86	7.34	36.37
四	1.83	1.07	2.01	3.22	2.80	4.77	4.41	1.69	7.22	29.01
五	1.53	1.12	2.08	2.30	1.74	2.77	3.40	1.66	3.99	20.60

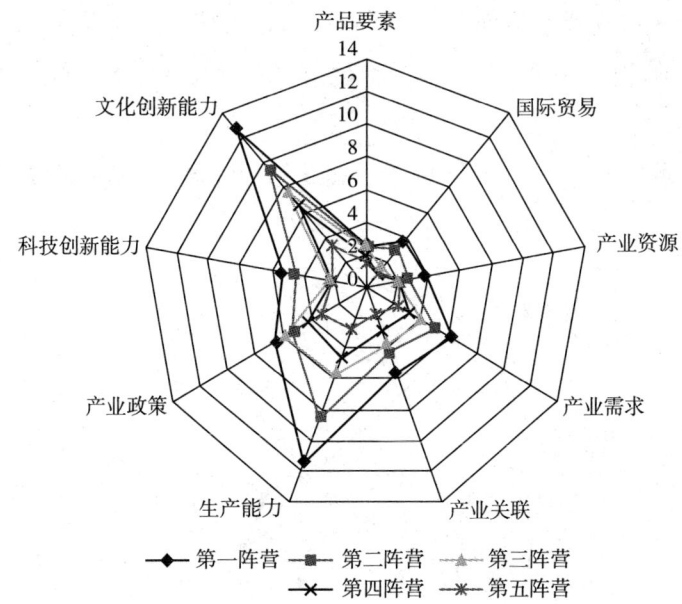

图 3 五大阵营国家（地区）结构图

2. 聚类国家类型分析

除了从宏观视角对聚类结果分析以外，以下我们将借助五大阵营国家

（地区）各项二级指标平均值分别阐述各阵营特征。

（1）第一阵营。

第一阵营国家有5个，分别是美国、英国、加拿大、瑞典和挪威，这五个国家在国际竞争力的总排位中排在第1到第5位，可见这5个国家是综合水平最强的5国。在第一阵营中，美国一枝独秀，FIC得分超过其他四国20分左右，其在几乎所有指标上都排名第1位，无疑代表了世界电影产业最高发展水平。从分项得分来看，美国在国际贸易、产业资源、产业需求、生产能力等指标上得分都远远高于其他国家。英国以55.22分排名第2位，这主要得益于英国良好的电影工业基础以及近年来英国独立电影业的迅猛发展。值得注意的是，第一阵营中有两个北欧国家，分别是瑞典和挪威，尽管这两国在产业资源和国际贸易等方面得分平平，但其在创新能力和生产能力上显现出了强劲的竞争实力。近年来在全球经济疲软的情况下，北欧成为表现抢眼的经济实体，在社会福利、人均GDP等方面名列世界前茅，这使得北欧国家整体的竞争实力迅速提升，在2012年WEF发布的全球竞争力排名中，瑞典和挪威分居第3位和第16位。

从第一阵营的各项指标平均得分来看，第一阵营的FIC平均得分超过其他

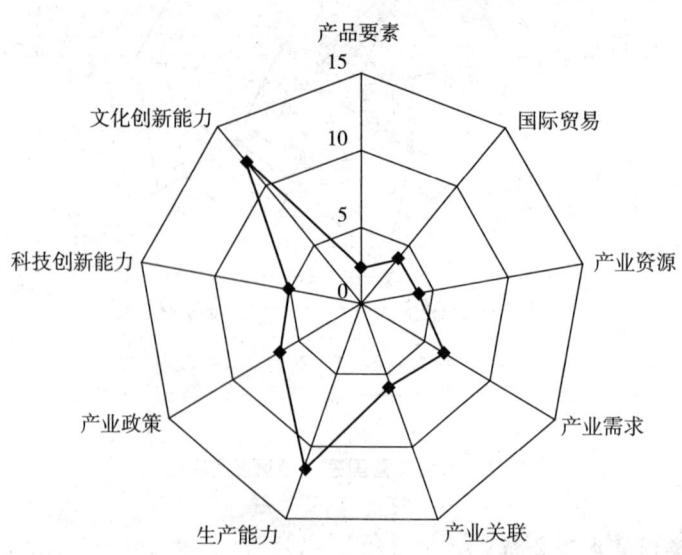

图4　第一阵营国家结构图

阵营 11.9 分以上，尤其是在文化创新能力（平均分 13.76）上体现了超强的竞争实力；此外在其他指标得分上，第一阵营国家的平均得分均领先于其他阵营国家（地区），也体现了整体的竞争优势。总之，第一阵营国家电影产业国际竞争力特点是：整体实力均衡领先，创新能力突出。

(2) 第二阵营。

第二阵营的国家（地区）有 12 个，分别是澳大利亚、德国、法国、比利时、瑞士、中国香港、荷兰、西班牙、意大利、日本、韩国、中国。这一阵营由欧洲、大洋洲和亚洲三大洲的国家（地区）共同构成。这一阵营的特点在于，国家（地区）与国家（地区）之间的 FIC 分数差距不大，其中个别国家（地区）（如瑞士和中国香港）之间的分数差距仅为 0.48 分。中国香港超过中、日、韩成为亚洲得分最高的地区，主要是因为其文化创新能力（11.19）和产业关联（5.04）两项的得分领先于中、日、韩，体现了香港作为"亚洲创意之都"的特点。中国 FIC 得分为 37.27，排在第 18 位，国际贸易、产业需求等多项指标得分均低于日本和韩国，然而在产业资源和文化创新能力这两项得分中，中国得分高于日、韩两国，这主要得益于我国这几年来电影基础设施的飞速发展以及消费环境的不断拓展，同时作为一个历史悠久、多元文化共

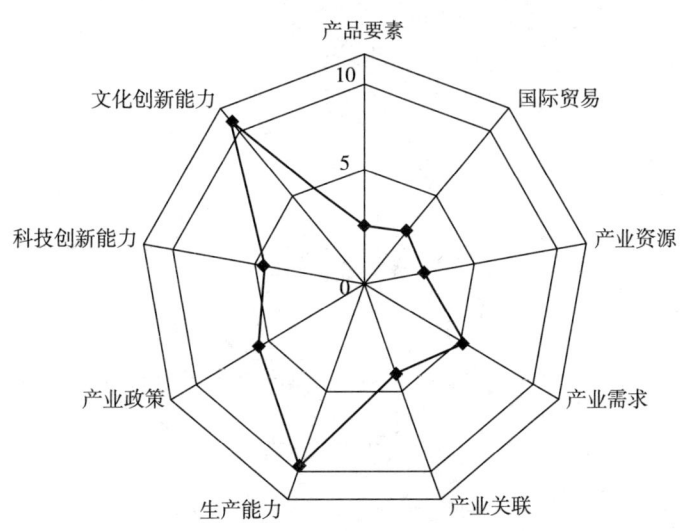

图 5　第二阵营国家（地区）结构图

存的文明大国，我国在文化积累、传承和创造上也拥有天然的优势。德国、法国、意大利等老牌电影强国均在第二阵营内，从各项指标得分情况来看，三国在科技创新能力和文化创新能力上获得了相对较高的得分，而在其他各项指标上与其他电影强国相比并无明显优势，这也说明了这些国家近些年电影产业发展增速缓慢，整体实力已经无法与电影强国相抗衡。总之，第二阵营国家（地区）电影产业国际竞争力特点是：整体竞争力相较于第一阵营有较大差距，各项指标相对均衡。

（3）第三阵营。

第三阵营中只有5个国家，为奥地利、印度、捷克、匈牙利、葡萄牙，来自亚洲和欧洲。与其他阵营不同，第三阵营中的5个国家并不是完全排名相近的国家。奥地利的FIC得分为43.86分（排名第15位），与其他第二阵营中国家（地区）得分相类似，然而该国被归入第三阵营国家，这主要是因为奥地利在产品要素（1.77）、国际贸易（0.46）、产业资源（1.68）等项目上远低于第二阵营国家，而与第三阵营国家更相近。第三阵营的FIC平均得分为36.37，与第一阵营（58.35）和第二阵营（46.45）相比有着较大的差别，这些国家的电影产业发展整体处于世界中游水平，各项竞争力指标表现平庸，并

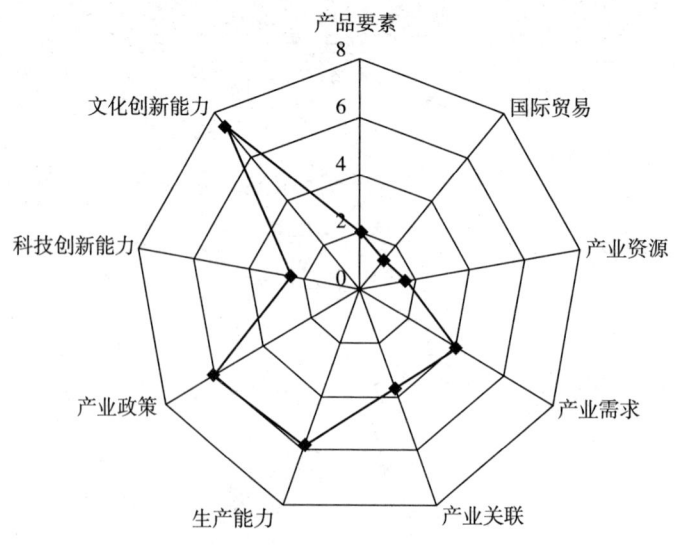

图6　第三阵营国家结构图

没有特别突出之处。印度以35.15分排名第20位，位于第三阵营中。2012年印度的电影总产量和观影人数均列世界首位，然而这样一个电影大国还不能被称为电影强国，在9个竞争力指标得分上并无明显优势，在生产能力（2.53）和产业关联（2.83）两项中得分相对较低，而这两项二级指标是电影产业潜在竞争力中的重要影响因素，这说明印度电影产业发展模式比较单一，整个电影产业的推动力不足。总之，第三阵营国家电影产业国际竞争力特点是：各项指标基本处于世界平均水平，并无突出特点。

（4）第四阵营。

第四阵营国家共8个，包括波兰、拉脱维亚、阿根廷、智利、希腊、俄罗斯、乌拉圭、阿联酋，这些国家主要来自欧洲和南美洲。这8个国家除阿联酋以外，其余7国的人均GDP排名均在全球第50名到第70名之间。这说明第四阵营主要由发展中国家构成，综合国力相对薄弱。尽管阿联酋2012年人均GDP达到66625美元排在世界第6位，但该国FIC得分仅为27分，排在参评的40个国家之中的第30位。阿联酋在国际贸易（0.22）、产业资源（1.25）等得分上远低于其他第四阵营的国家，这说明尽管在大多数情况下一国电影产业的发展会与该国经济发展程度相关，但与其他基础产业不同，电影产业的发

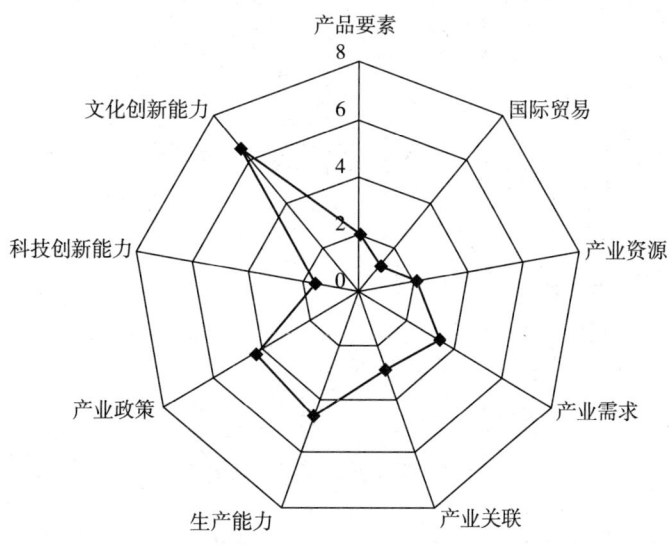

图7 第四阵营国家结构图

展需要社会、文化和经济之间的共同作用，经济发展不能完全等同于电影产业的发展。第四阵营中有3个拉丁美洲国家，拉丁美洲在电影发展上相对滞后，远不如北美洲、欧洲及亚洲，但拉丁美洲在电影发展上显示了较大的发展潜力，尤其是在产业需求、国际贸易方面。

（5）第五阵营。

第五阵营共有10个国家，包括巴西、墨西哥、南非、土耳其、哥伦比亚、罗马尼亚、秘鲁、泰国、委内瑞拉、印度尼西亚，这10个国家来自亚洲、非洲、北美洲和拉丁美洲，分布比较广泛。第五阵营基本由发展中国家构成，电影产业整体发展水平不高。第五阵营中的各项指标远低于其他四个阵营，但科技创新能力（1.66）、产品要素（1.53）和国际贸易（1.12）这3项平均得分与第四阵营相近，甚至在国际贸易这一类别得分高于第四阵营。在外显竞争力层面，第五阵营与第四阵营基本持平，而在基础竞争力和创新竞争力层面还存在着较大差距。因此这一阵营的国家可以通过加快电影基础设施的建设、制定有效的产业政策、刺激电影消费等方式来提升自身的竞争能力。

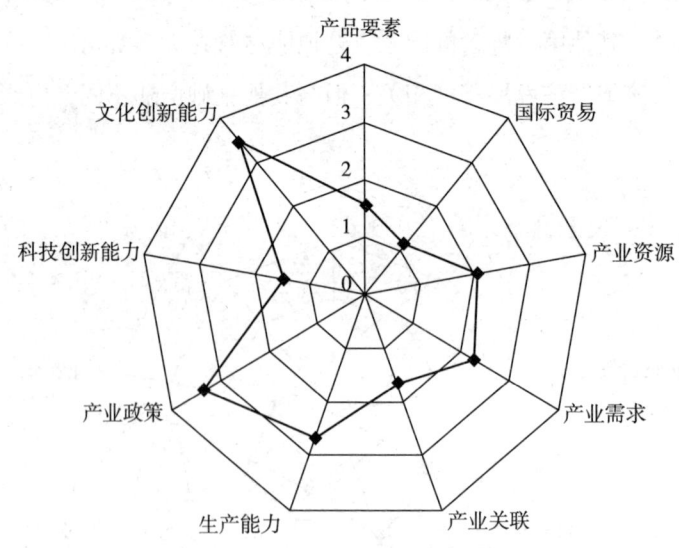

图8　第五阵营国家结构图

从以上分析可以看出，当前全球电影产业国际竞争版图为"葫芦形"，即第一和第三阵营的国家数目较少（均为5个），第四阵营国家数目适中（8

个),而第二和第五阵营国家较多(分别为12个和10个)。"葫芦形"结构的特点是:顶层和底层阵营相对比较固定;但是中间阵营层次结构不够稳定;第二阵营、第三阵营和第四阵营的整体区分度不够大;层级之间的流动较为缓慢。笔者认为,未来全球电影产业的竞争版图应该逐渐从"葫芦形"向"金字塔形"过渡。金字塔结构是等边三角形结构,具有良好的稳定性,符合当前的全球化、融合化和数字化趋势。

(四)竞争力核心要素识别

通过以上分析可知,在9个二级指标中,产业需求、产业关联、生产能力、文化创新能力这4个指标与其他指标呈显著相关和中度相关的次数较多。依据网络分析理论,我们可以将整个竞争力指标体系视为一个网络,每个竞争力指标都是网络中的节点,各个指标之间相互连接。不同节点的功能和作用不同,在网络中的位置不一样,对整个网络产生的影响亦不同。我们可以将一些与其他节点关联性更强,存在于网络中其他节点与节点之间通信的必经之路上的节点视为中心节点。中心节点在整个网络中扮演着重要角色,决定着网络的结构与稳定性。通过对各项二级指标的相关分析,我们可以将产业需求、产业关联、生产能力和文化创新能力这4项指标视为整个电影产业国际竞争力网络中的中心节点,同时也是影响电影产业国际竞争力的核心要素,如果能在这4个要素上取得竞争优势,将会极大地提升整体的电影产业国际竞争力水平。

生产能力是整个电影产业发展的根本。无论技术如何发展,电影的内容与传播介质如何变化,电影的基本生产和制作过程并未改变。生产能力与产业需求紧密相连,不同的创意和创新可以通过生产这个实体环节实现,同时其他相关产业的发展与创新也对电影产业的发展起到了推进作用。

产业需求是影响电影产业国际竞争力的重要因素。供给关系的调整和变化会改变产业发展模式与路径;消费者收入、消费者素质以及电影产品的生产都会影响电影产业需求。在当前全球经济相对疲软的情况下,很多消费者转向对文化产品的消费,而各国的发展战略也逐渐调整为扶植文化产业,这无疑都刺激了各国(地区)电影产业的发展。同时,电影产业需求的提升可以刺激创新,而广告效应、从众效应、网络效应是影响创新努力的程度和方向以及产业集中度的重要因素。① 各国在发展电影产业的时候，应该注意平衡好需求和供给的关系，最大限度地激发消费者需求。

有别于其他产业，电影产业作为文化产业中的核心产业可以拉动许多相关产业的发展。而从前面电影产业国际竞争力二级指标相关性分析结果来看，产业关联与产业需求、生产能力与创新能力都有着显著的相关性。如今，许多国家开始注重对电影产业链的拓展，通过电影衍生产品的营销创造更大的经济价值，衍生产品所占的利润份额也在逐渐增长。因此，如何更好地挖掘电影产业链各部分价值，加强电影产业与其他产业之间的经济技术联系，是电影产业获得竞争优势的有效途径。

文化创新能力是产业获得竞争优势的源泉。电影产业的创新拥有多种形式，包括内容创新、技术创新、发行与营销方式的创新等。

综上所述，在电影产业国际竞争力中，产业需求、产业关联、生产能力和文化创新能力这4项指标应作为核心竞争力来积极培育。

第三节 中国电影产业国际竞争力要素的国际比较

一 产品要素

产品要素是外显竞争力的重要组成部分，它指电影产品直观呈现的各项要素，如影片数量、明星效应、影片所蕴涵的商业性与艺术性等。对一国（地区）产品要素的衡量，主要由两方面入手，一方面是对一国（地区）电影产量和国际合作情况的评价，另一方面是对一国（地区）发行水平的评价。

我国在产品要素这一项上的得分为3.24分，高于40国（地区）平均得分（2.13分），在亚洲国家（地区）中名列第二，但与欧美等电影强国及印度在该项上的得分依然有着一定的差距（美国4.11分，印度4.79分）。具体来看，我国在电影国际合作等指标上的得分高于世界平均水平，这得益于我国

---

① 谭洪波、郑江淮、张月友、黄永春：《需求对战略性新兴产业的拉动作用研究综述——兼论需求和创新对产业结构演变的作用》，《华东经济管理》2012年第5期。

近年来推行的电影产业化改革以及相关产业政策的支持与引导;但在电影发行能力等相关指标上,我国得分并不高,这与我国当前电影发行格局以及发行和院线之间的矛盾有关。

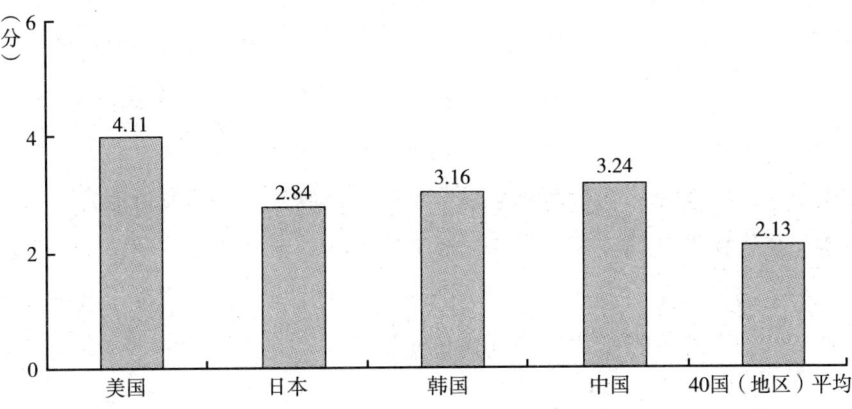

图 9　产品要素得分比较

在全球价值链的背景下,企业之间通过合作研发实现了产业价值链的拓展和价值创造,电影产业国际合作成为提升各国电影产业发展、获得国际竞争优势的主要途径。根据中国电影合作制片公司提供的数据,我国在 2002~2012 年合拍影片共计 428 部①,平均每年接近 50 部,从 2011 年开始,合拍片比例和类型都有着扩容趋势,合作国家和地区包括美、英、日、韩、港等。国际合拍片成为让世界了解中国电影的重要途径,不仅每年为国内电影市场贡献着 50% 左右的票房,同时也是电影海外销售中的主力军。鉴于我国合拍政策的逐渐放宽以及中国电影市场整体的强势崛起,合拍片逐渐从"中港合拍"转型为"中美、中韩联姻"。多元合拍主体的出现可以更好地实现各国家和地区之间的资源整合以及优势互补,增进不同国家(地区)文化之间的沟通与了解,消除隔阂;此外,国际合作也带动了我国电影创意、制作、发行和营销水平的提升。然而,在中国电影国际合作日渐繁荣的背后也存在问题,最为突出的是我国在国际合拍片中主体性和话语权并不强,一些国外制片方为了规避我国电

---

① 詹庆生:《产业化十年中国电影合拍片发展备忘 (2002~2012)》,《当代电影》2013 年第 2 期,第 39 页。

影的配额制度而选择合拍片这一形式,但其控制了影片融资、制作、发行和放映的流程,一些"合拍片"不幸沦为"贴拍片"。未来我国在国际合拍片领域将面临更大的机遇与挑战。

"电影发行"是电影产业链中的必备环节,也是衡量一国电影国际竞争水平的指标之一。我国在发行结构、发行公司数量等方面的得分与其他电影强国相比存在着明显差距。我国电影产业的上游制片和下游院线终端,都有着庞大的格局,然而作为中游的发行环节却相对脆弱,这与美国以发行业为核心的行业结构形成巨大反差。发行市场结构单一也是造成我国电影发行能力不强的重要原因,尽管民营公司在发行专业化等方面不断创新,但当前我国发行市场仍以国有发行公司为主。近年来我国电影产量呈现井喷状,而能否让市场真正消化这些影片,需要发行模式不断创新与变革。

二 国际贸易

国际贸易水平是反映一国电影产业国际竞争结果的重要方面,体现了该国电影产业参与国际分工的情况。国际贸易的本质是产品在不同国家和区域间的流动,各国之间通过贸易往来可以实现优势互补,实现产业链不同环节的价值转移,最终获得更有效的资源配置,提升产业劳动生产率。

我国在国际贸易这一项目上的得分为3.26分,高于40国(地区)平均水平,在参评的40个国家(地区)中,与墨西哥并列第10位,高于中国电影产业国际竞争力的总排名。但从亚洲范围来看,这一得分落后于日本(3.80)、韩国(3.67),在亚洲排名第3。不容置疑,美国在全球电影国际贸易中占据着明显优势,得分高达6.84,远高于其他参评的国家(地区)。好莱坞早在20世纪五六十年代便形成了巨大规模经济效应,具备了高度的竞争力。进入80年代,全球电影产业出现创意匮乏的局面,美国市场已经不能满足该产业的经营规模,因此好莱坞开始将其经营目标投放到全球,制定了一系列的战略,包括在流通发行渠道和区域人力生产方面进行全球化的整合。

我国电影产品在参与国际竞争的过程中主要暴露出以下问题。

(1)电影叙事能力不强,电影题材缺乏跨文化意识。

我国电影的叙事能力已经成为制约国产电影品质提升和参与国际竞争

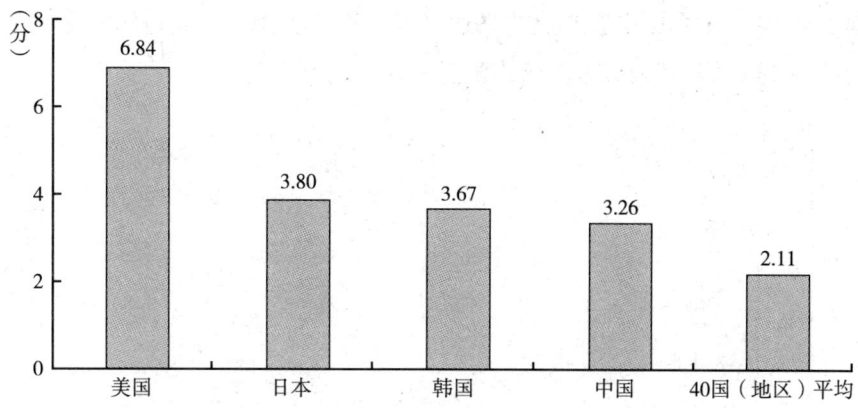

图 10　国际贸易得分比较

的一个瓶颈。当前我国电影普遍缺乏文化穿透力，跟风之作盛行，缺乏多样化的现实主义题材。与其他工业产品不同，电影产品在国际营销中受到文化折扣与文化距离的影响，因此在电影题材上要拥有跨文化元素，注重用国际化的语言和方式讲述中国的故事。以好莱坞为例，其在电影制作中注重跨领域的发展，整合了全球多样化的技术手段与创意，增强了自身的竞争力。同时海外市场的扩展，各种不同文化受众的反馈，也为好莱坞内容生产提供了更多的养分，借此能够制造出适合不同目标市场的产品，增强了竞争力。

（2）在电影海外营销上缺乏国际化渠道与团队。

中国电影在"走出去"的过程中，除了内容生产的制约以外，营销渠道的制约也是关键性因素。美国好莱坞代表的是一种大投入、大制作、大营销、大市场的"四大"商业电影模式，其核心是用营销决定制作，在制作过程中设置未来可以营销的"概念"，用大资本为大市场制造影片营销的"高概念"，以追求最大化的可营销性。反观中国电影在海外销售中则缺乏明确的定位，这无疑限制了我国电影走向世界。

三　产业资源

产业资源是电影产业基础竞争力的核心组成部分，我国在该项上的得分为4.82分，远高于40国（地区）平均水平，在亚洲国家中排名首位，这也充分反映了近10年来我国电影产业的高速发展。产业资源互补是电影产业价值创造的核心要素，对产业资源的恰当配置可以帮助创造价值。

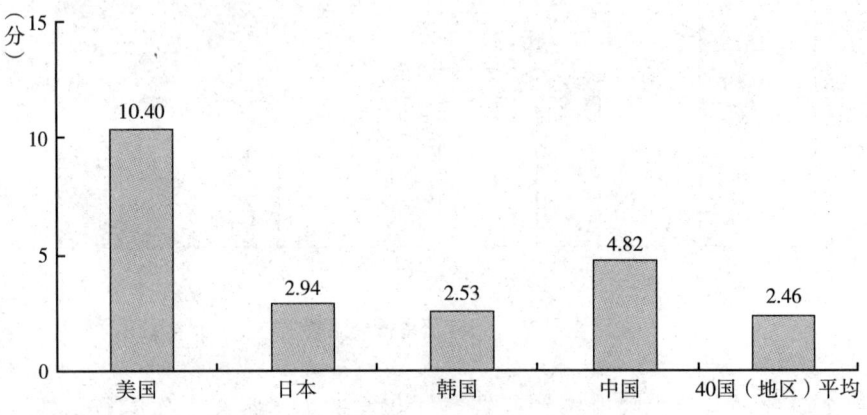

图11　产业资源得分比较

当前，我国已经成为世界第二大经济体，GDP总量和GDP增长率在参评的40个国家（地区）中名列前茅。我国社会经济正处于转型时期，我国努力从经济大国转化为经济强国，当前的社会经济环境无疑成为中国电影发展的重要保障。然而在城镇化水平、人口的得分上，我国的得分远低于世界平均水平，排在参评的40个国家（地区）中的第30位。提升我国的城镇化水平，有利于释放产业资源，在有限的经济半径内为消费者提供更为丰富的文化娱乐服务，使之成为电影产业发展的助推器。

近年来，我国电影基础设施建设呈几何级数增长，我国的影院数、屏幕数、座位数量均位居世界前列。2012年，我国电影院发展持续高速增长，全国新建影城880家[①]，总影院数达到3680家，电影院总数仅次于美国，居世界第二位。2011年，在法国、德国、西班牙、日本等国的屏幕总数都出现负增长的情况下，我国的电影屏幕数增长率突破了48.4%，达到了9286块，居世界第三位。而美国在此项排名上依然占据第一的位置，屏幕数达到39641块，较2010年略微增长0.4%；印度的屏幕数为10020块，与2010年持平，排在

---

① 艺恩：《2012~2013年中国电影产业研究报告》，艺恩咨询公司，2013。

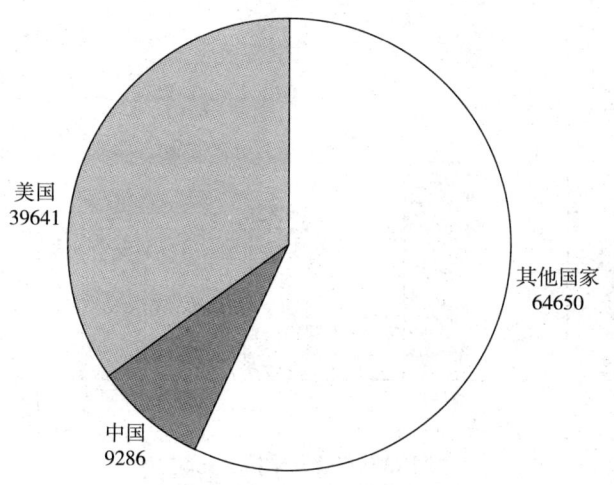

图 12　2011 年世界电影屏幕分布

全球第二位。值得注意的是，中国的 3D 屏幕数为 4400 块，仅次于美国，居世界第二位，从世界范围来看，2011 年总屏幕数 113577 块，其中 3D 屏幕 35479 块，超出 2D 屏幕 8000 余块，而在 2007 年全球 3D 屏幕数仅为 1297 块，5 年间增加 26 倍多，这些数据充分说明了电影 3D 技术近年来迅猛发展，成为电影产业发展的支柱与先导。

四　产业需求

产业需求是电影产业基础竞争力的又一重大因素。电影产业作为文化产业的分支，其产业发展也与一国（地区）文化需求水平密切相关，文化需求的扩大势必带动电影和其他相关产业的发展。

我国在产业需求这一项上的得分较低，仅为 3.53 分，低于 40 国（地区）平均分（4.08 分），在参评的 40 个国家（地区）中，排在第 24 位，落后于日本（6.42 分）、韩国（4.37 分）、印度（3.58 分）三国。本研究从以下三个方面来评价电影产业需求情况，分别是：①反映一国（地区）整体需求水平的指标，包括人均 GDP、人口总数。②反映一国（地区）文化需求水平的指标，包括服务等附加值占 GDP 比例、文化消费占 GDP 比例。③反映一国（地区）电影产业需求水平的指标，包括总票房、票价、平均观影人数。

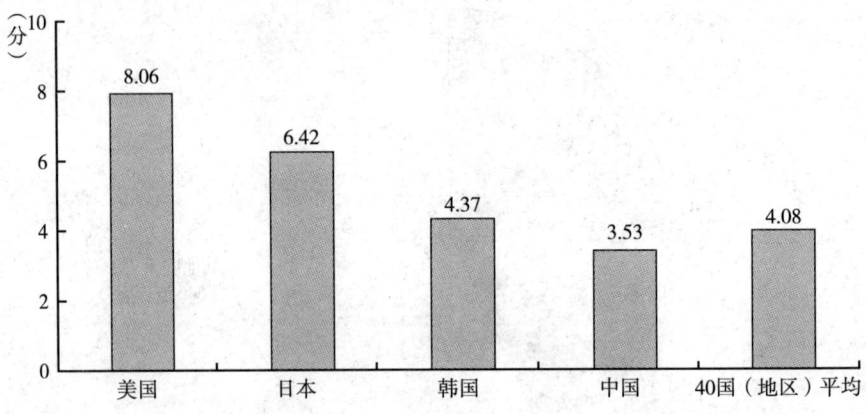

图 13　产业需求得分比较

造成在产业需求这一项目上得分较低的原因主要为当前我国人均 GDP、文化消费比例较低。2012 年我国的人均 GDP 为 6094 美元,在参评的 40 个国家(地区)中排位比较靠后;同时 2012 年我国的人均文化消费的金额仅为 753 元人民币①,与其他电影强国相比存在着较大差距。以美国为例,该国 2012 年的人均 GDP 为 48112 美元,同时服务和文化类消费占 GDP 总量 70%。根据发达国家的一般规律,人均 GDP 超过 4000 美元便是文化类消费大幅度提升的标志性起点,由于受到固有消费习惯等因素的影响,我国的文化消费比重在人均 GDP 达到 5000 美元的时候才发生了一些变化。因此,我国的文化消费与现在的人均 GDP 相比差距较大,仍有巨大潜力可挖。与普通消费不同,文化消费需求需要叠加文化消费能力、文化消费机会才能够使需求真正实现。三种要素同时具备的时候才是现实中的文化消费活动,文化消费能力除了具备支付能力以外,还包括消费者的文化素养和欣赏水平。

尽管我国在文化消费能力上的得分较低,但在票房收入这项指标上获得了较高的得分。票房收入是衡量电影产业发展状况的晴雨表。2011 年全球电影总票房为 326 亿美元,相较 2010 年上涨 5.6 个百分点。我国无疑成为近年来票房增长速度最快的国家,五年来保持着平均 47.1% 的增长率,2011 年我国

---

① 江林:《文化消费活动需要具备三种要素》,http：//www.ce.cn/culture/gd/201303/01/t20130301_24158425.shtml。

票房收入达到131亿元，2012年的票房收入更是高达170亿元。值得注意的是，近三年全球票房收入前十名中，中国、日本、韩国和印度四个亚洲国家纷纷上榜，这也充分证明了亚洲国家电影产业的发展速度和良好的前景。

五 产业关联

我国在产业关联这一指标上的得分为3.05分，低于40国（地区）平均得分（3.44分），在该项得分上，我国与欧美强国有着较大差距，在亚洲范围内也低于韩国（4.54分）、日本（4.02分）。产业关联这一项上得分较低，是造成我国电影产业缺乏较强国际竞争力的重要因素。

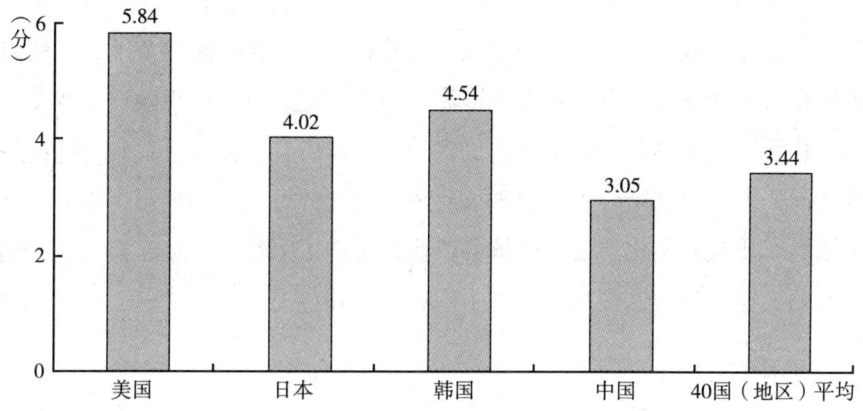

图14　产业关联得分比较

产业关联是指不同产业间以各种投入品和产出品为中介的经济关联，体现着不同产业间的供给与需求关系。产业关联也是实现产业价值链拓展和价值增值的重要途径。目前与电影产业相关度极高的产业分别是互联网产业、动漫产业、旅游产业、唱片产业等。随着全球经济的转型，各国均重视文化创意相关产业的发展，采取了一定的鼓励措施，文化相关类产业之间的界限被不断打破；同时，数字技术的不断发展，整合了各类媒体的传播终端，构建了新的传播平台，同一电影内容可以在不同载体上放映，各种媒介呈现了融合的态势。

2012年我国电影产业总收入达到209亿元，其中票房收入为170亿元，占产业总收入的81%，而对比电影强国美国，好莱坞70%的收入来自影院之外，包括衍生产业、关联产业、辐射产业等。不言而喻，过度依赖影院收入成为制约中国电影产业发展的重要原因。当前我国面临着电影产业上下游产业开发不足，电影衍生产品匮乏的局面，在真正成熟的电影产业框架中，影院的发展只是其中的一个环节。过度依赖票房收入的根本原因在于当前我国电影产业价值链较为单一，导致了制片方对发行方与放映方的过度依赖。

当下，全球电影产业无论在制作、发行还是放映环节上，都突破了原有的空间和时间限制。在制作环节上，电影产业更多地吸收了其他行业的人才与创意，同时其他行业的资金也进入了电影投资领域，丰富了电影产业的投资结构；在发行环节上，电影发行公司一贯的销售方式受到挑战，一些电影发行企业使用多种不同的发行渠道，比如直接提供电影下载服务，使用者可根据不同价格自行选择下载版本，如租用版或永久储存版本；在放映环节上，消费者可以更加自由地选择多种方式来观看影片，如电影院、付费电视频道、DVD、互联网、移动通信工具等。为了生产更多的多媒体内容，并且寻找到合适的平台播放，同一个公司须结合很多原来彼此相互独立的行业，如电影、唱片、动画等。电影产业成为文化产业中的核心产业，带动了唱片、广告、演艺业、动漫等产业的发展，也为这些产业提供了内容资源和传播平台。

六 生产能力

任何产业的发展都是以企业发展为基础的，电影生产主体是影片制作、发行、放映环节的企业。这些企业的生产能力影响着电影产业的生产率，反映着产业发展水平。因此，电影生产能力是影响电影产业国际竞争力的重要因素。我国在生产能力上的得分为3.89分，低于40国（地区）平均水平（6.47分），美国在该项上的得分高达12.99分，在参评的40个国家（地区）中遥遥领先，在亚洲，韩国以8.23分拔得头筹。

与世界电影强国相比，我国在电影生产中所呈现出的问题主要有以下几点。

①影片内容过于单一，造成观众审美疲劳。电影内容是影片取得成功的关键，类型片的确立是电影走向工业化的核心。电影制片商为了与受众建立观看习惯上的连结，制作了许多内容与范式上类似的影片，因此越来越多的受众能够持续接受某种影片类型。然而从我国的电影生产来看，存在着在影片制作上

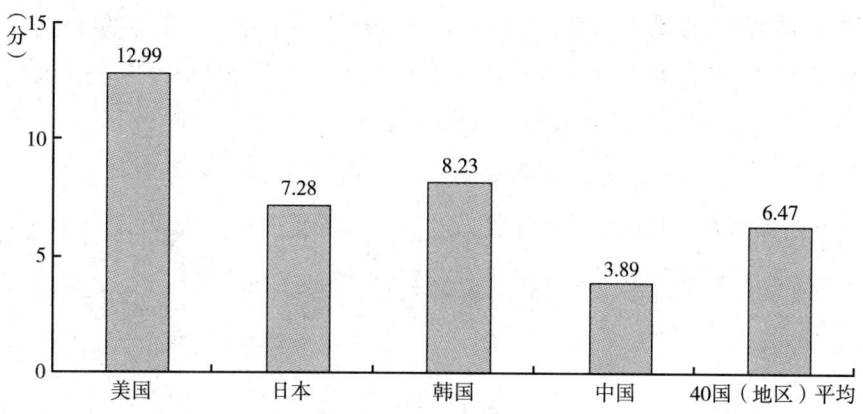

图 15　生产能力得分比较

过于注重技术而忽视创作环节的问题，以致在电影题材找寻、故事来源与电影类型的发展上缺少宏观的视野与市场洞察力。

②当前电影生产中存在着"重视制作"而"忽视创作"的局面。近年来许多资金盲目涌进电影行业，导致中国电影市场出现了产量多却精品少的情况，许多电影制作公司过于注重对经济价值和高票房的追逐而忽视了影片应有的人文关怀和精神内涵。

③专业制片人才的缺乏也是制约中国电影生产的重要因素。电影的生产过程包括资金募集、创意构思、作品制作、营销发行等，而掌握整个运作核心的人物应该是"制片人"，由于缺乏专业的制片制度与人才，在某些影片制作上出现了导演一人独大的局面，从而诱发了行业矛盾。电影是一项集体的艺术，电影制作分工的专业化和标准化是一国（地区）电影工业化的重要标志。好莱坞的大型商业电影一般都遵照一个标准化生产程序，而"制片人"无疑是保证影片标准化和专业化的不二人选。如何整合现有的电影人力资源，生产出有稳定质量标准的电影是中国电影在国际化激烈竞争中站稳脚跟的关键。

七　产业政策

由于电影产业的经济、社会、文化属性，产业政策成为影响电影产业价值转移的重要因素。学者 Monaco（1981）指出，如果说经济因素决定了电影的下层结构，也决定了电影产业依此发展的基础和可繁衍的潜力，那么政策因素则决定了电影产业的整体结构。产业政策可以帮助优化产业资源的配置，培植产业竞争力；产业政策也可以起到优化产业结构的作用，促使产业技术进步，并最终获得经济价值。我国在产业政策上得分为 4.53 分，低于 40 国（地区）平均水平（5.00 分），而在亚洲国家中，日本以 4.83 分排在首位。从产业政策得分情况来看，我国在政府监管力度等指标的得分上高于 40 国（地区）平均水平，而在政策有效性上略低于 40 国（地区）平均水平。

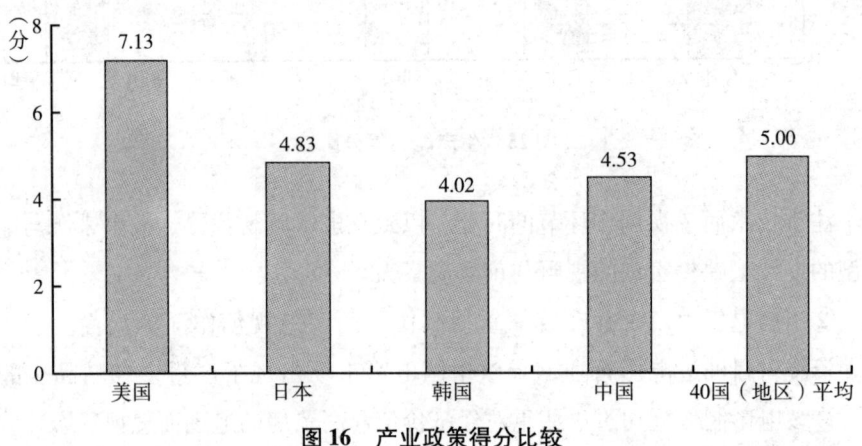

图 16　产业政策得分比较

近年来我国出台了一系列电影专项政策，这些政策以电影行业发展过程中面临的具体问题为切入点，对促进我国电影产业的发展起到了作用。然而，一些电影产业促进政策仍然缺乏相应的前瞻性、稳定性与系统性，产业主管部门还缺乏明确的战略规划。

从世界范围来看，不同国家选用不同的电影产业政策体系。好莱坞电影大多遵循着"民间主导，官方支持"政策模式，在开拓海外市场上政府扮演重要的沟通桥梁的角色，尽管美国政府没有专门的文化机构，但其一直选择其他政策工具，使其电影产品与服务成为当今全球化的重要战略布局之一。相反，欧洲电影则呈现一种开放性结构，电影叙事充满内省倾向，所以欧洲各国政府在制定电影政策上必须以此作为参考，目前欧洲各国制作的电影产品中仍保有文化独特性的传统。

八　科技创新能力和文化创新能力

科技创新能力和文化创新能力是电影产业创新竞争力的组成部分。通过对电影技术链分析可以得知，当今电影产业的飞速发展得益于电影制作、放映技术的不断创新。电影产业的文化创新是一个动态过程，可以被解释为原有的文化因素被保留而新的文化因素生成的过程。原有文化的保留与一国（地区）的文化积累能力有关，一国（地区）的历史、文学、语言等均可以成为电影内容创造的源泉，为不同类型电影的制作提供充足的养分。此外，创新阶层的形成与流动为电影产业的发展提供了新理念、新科技、新内容，促进了电影产品的多样性和包容性。

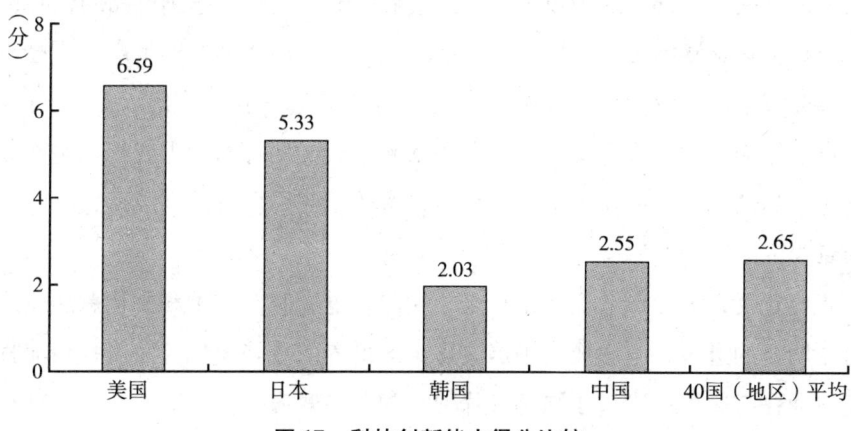

图17 科技创新能力得分比较

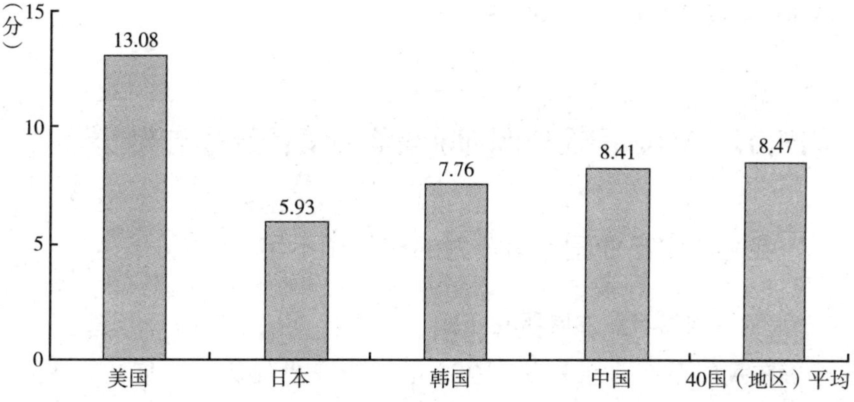

图18 文化创新能力得分比较

我国在科技创新能力上的得分为2.55分，在文化创新能力上的得分为8.41分，这两项得分均接近40国（地区）平均水平（2.65分和8.47

分)。从欧美情况来看,美国在科技创新力和文化创新力上的得分遥遥领先于世界上其他国家,而英国、法国等电影大国在创新能力上的得分同样较高。从亚洲情况来看,中、日、韩三国在科技创新能力和文化创新能力上得分相近。

科技与文化创新是对各种与电影产业相关资源的有效整合。科学技术是社会变革和发展的主要动力,因而创新最为重要的是科技创新。技术创新与产业发展休戚相关,结合电影产业发展史来看,无论在创意、制作、发行还是营销层面,每次的变革都是因为技术发展的直接影响。此外,电影产品的核心价值之一便是文化意涵的传递,作为一种抽象概念,文化在创造、生产、传播与消费的各环节中均与价值链和技术链紧密相连。文化根植于社会,反哺于社会,电影产业作为一种介质将文化与社会联系起来。文化意涵的生成与表达直接影响电影产品的创作与制作水平,文化与技术的相互结合可以有效提升电影产品的质量。

不容置疑,电影产业化十余年来,我国在电影制作技术和文化意涵表达上都有了明显的进步,电影成为中国文化走向世界的重要窗口。然而,当前我国一些企业在电影生产中过于强调影片数量和明星效应,忽略对剧本原创性和艺术效果的追求,因此我国电影在文化价值传达环节上还比较弱,这也是导致我国在该项目上得分不高的重要原因。

第四节 我国电影产业国际竞争力路径选择与提升策略

一 我国电影产业国际竞争力的现状和不足

(一)我国电影产业发展环境分析

电影在我国已有百余年的历史,电影产业也经历了不同的发展阶段。目前我国电影产业正处于黄金发展时期,2007~2011年五年间票房收入平均增长达到47.1%,观影人次平均增长达到29.9%[①],年复合平均增长率达

---

① 数据来源:Focus 2012 World Film Market Trend, *European Audiovisual Observatory*, 2013。

到 30%①,显示出极大的产业活力与发展潜力。以下将从外部影响和内部影响两方面分析我国电影产业当前发展环境。

1. 外部影响

全球化无疑是影响中国电影产业发展最重要的外部因素。从 1978 年开始实行改革开放政策,中国便逐渐融入这一以传播和媒体科技的发展为助力的全球化过程中,走向国际政治经济文化的舞台。全球化为我国电影带来了机遇与挑战:一方面,它为我国电影产业的发展提供了前所未有的机遇,同时也为中国文化的推广与传播提供了更好的空间和平台;另一方面,随着全球化进程,以好莱坞为代表的西方电影占据了我国电影市场的很大份额,这对保护我国文化和价值观提出了挑战。如何能保持自身的民族和文化不受侵蚀,维护自身的文化传统和多元文化性是我国电影产业发展所面对的重要挑战。在全球化的影响下,近年来我国电影产业发展呈现出以下的特点。

(1) 内容创作上的文化融合。

在全球化的影响下,我国一些影片在内容创作上呈现出将中国元素与西方类型片制作相结合的现象。类型片的确立是世界电影走向工业化的核心,由于制作了许多内容与形式上类似的影片,电影制片商为受众建立了观看习惯上的连接,因此受众可以持续接受某种影片类型。类型片的优势在于保证了题材的选择、风格、选用的明星的连贯性和一致性。当前我国的一些影片在制作上尝试借鉴类型片的创作模式,同时将代表中国传统文化的元素融入其中,增添了影片的文化内涵,也保证了电影的观赏性和商业性。与此同时,一些外国电影制片商发现了我国电影市场的巨大潜力。为了拓展其海外市场,许多好莱坞公司在制作电影时将中国的文化资源作为题材使用于影片中,如电影《功夫熊猫》等,而像《碟中谍4》等影片也将拍摄地选在中国。

(2) 跨国制作。

自 2001 年中国入世以来,中国进口电影的配额在逐步增加,同时允许外商在与国有电影制片单位合资的制片公司中注资(注册资本不超过 49%),并

---

① 许耀文:《传媒行业:电影产业星光灿烂》,《证券导刊》2013 年第 8 期。

允许在一定条件下从事电影院建设、整修和经营。这些政策的出台为我国电影开展跨国制作提供了条件。近年来我国的合拍片数量每年呈几何级数增长，大量合拍片涌入电影市场。电影跨国制作在一定程度上提升了影片质量与国际化程度，带动了电影产业的整体发展。但是由于境外电影制作公司在创意研发、管理流程、人力资源等方面具备一定的优势，因此在这些合拍片的制作、发行与放映过程中，境外公司起到了决定性作用。所以，能否在跨国制作中学习借鉴当今全球最新的创作理念、内容创意、制作技术，结合我国的实际情况建立自身优势，是我国电影制作企业在国际合作中面临的重要议题。

2. 内部影响

影响电影产业发展的内部因素主要有政策因素、经济因素和社会文化因素，以下分述之。

（1）政策因素。

唐榕（2010）认为，改革开放以来我国电影体制改革可以分为四个时期：转折时期（1978～1979）、改良时期（1980～1993）、全面改革时期（1993～1999）和全面开放时期（1999年至今）。不容置疑，从1999年至今是中国电影产业发展的黄金时期，这期间国家相关政策的出台无疑成为电影产业发展的原动力。

这期间政策对电影产业发展的影响，主要有以下几个方面：①在电影投融资方面，实施开放策略，吸引各类资本进入电影业（如2003年出台的《电影企业经营资格准入暂行规定》等）；②鼓励电影产品出口，加快"走出去"步伐，广泛开拓海外电影市场（如2006年出台的《关于鼓励和支持文化产品和服务出口若干政策的通知》以及2011年出台的"十二五规划纲要"等）；③电影制片厂集团化改革，实现电影制作、发行、放映、衍生产品开发一条龙运作（如2001年出台的《关于进一步推进组建电影集团的原则意见》等）；④对电影发行和放映机制改革，实施院线制度，改进分账制度，更好地实现电影制片、发行与放映三方的协调发展（如2011年出台的《关于促进制片发行放映协调发展的指导意见》等）。

从以上分析可以看出，这些政策的制定以电影行业发展过程中面临的具体问题为切入点，层层推进，显示了政府深化电影产业改革的决心。2011年正值"十二五"规划的第一年，党中央"十二五"规划中明确提出：繁荣发展文化事业和文化产业，计划将文化产业打造成国民支柱产业。这无疑为电影产业的未来发展提供了更多的机遇与保障。

（2）经济因素。

从世界电影的发展轨迹来看，一国（地区）电影产业生存的基础是经济的稳定发展。近年来我国经济的整体增长是电影产业发展的最重要的内在动力之一。在我国，电影能从一种大众艺术的表现方式发展成为一种拥有较为成熟商业模式的现代产业，与GDP的高速增长以及其他产业的带动发展紧密相关。2008年金融危机之后，许多国家步入经济增长停滞的状态，各国的电影产业都在不同程度上受到影响。反观中国电影产业，却在2008年之后迈入了高速发展时期，这主要是由于我国电影产业一直以来对外资投资的限制以及相应政策的扶持。从经济层面分析，我国当前电影产业发展呈现出以下特点：①产业转型的需要。当前我国面临经济转型与产业升级，我国在传统产业上的优势不再明显，需转变经济发展方式，而电影产业非常符合这一发展战略。②投资环境优良。由于我国在电影产业上的不断开放，一些民营资本和境外资本进入电影产业，同时各大银行也出台一些政策扶持电影产业发展。③从消费链来看，电影产业作为消费升级的重要产业，发展潜力巨大。由于口红效应①的存在，经济增速的放缓将使电影市场产生更大的消费需求。

（3）社会文化因素。

我国在经济、科技等方面的硬实力不断增强，而软实力还相应落后，因此我国将提升国家软实力作为当前的战略重点。国家软实力的实现在最高层面上体现的是核心价值与文化理念的输出，而从基础层面上看，体现在文化产业和文化消费获得广泛而持久的成功上。近年来我国在提升软实力上采取了很多举措，如在全球几十个国家开办孔子学院以及提升媒体的国际影响力，这些都无疑成为中国电影走向世界的助推器。中国电影作为文化软实力的重要资源，肩负着对外宣传和交流的责任，通过电影传达中华民族特有的民族精神，让更多人能够了解和接受中华民族的核心价值观念。

---

① "口红效应"源自海外对某些消费现象的描述。每当经济不景气，人们的消费就会转向购买廉价商品，而口红虽非生活必需品，却兼具廉价和粉饰的作用，能给消费者带来心理慰藉。

综上所述，影响当今中国电影发展的因素是多方面的。随着全球化的蔓延，经济和社会开放程度的加深，政策的不断推进，我国电影产业正处于黄金发展时期，与此同时，在电影产业链发展各环节也存在着很多问题，呈现出机遇和挑战并存的局面。

（二）我国电影产业国际竞争力评价结果

我国电影产业国际竞争力总分为37.27分，在参评的40个国家（地区）中排名第18位，高于40个国家（地区）的平均得分（36.73分）0.54分，在参评的亚洲国家（地区）中排名第3（低于日本与韩国）。

为了更好地了解我国在各项指标上的得分情况，分析我国在电影产业国际竞争力方面的优势与劣势，我们将对我国在三大基础面上的得分以及在9项二级指标上的得分情况与参评的40个国家（地区）的平均水平进行比较。

表11　我国FIC得分与40国（地区）平均水平比较

单位：分

	外显竞争力	基础竞争力	创新竞争力
40国（地区）平均值	4.24	21.45	11.04
中国	6.50	19.80	10.96

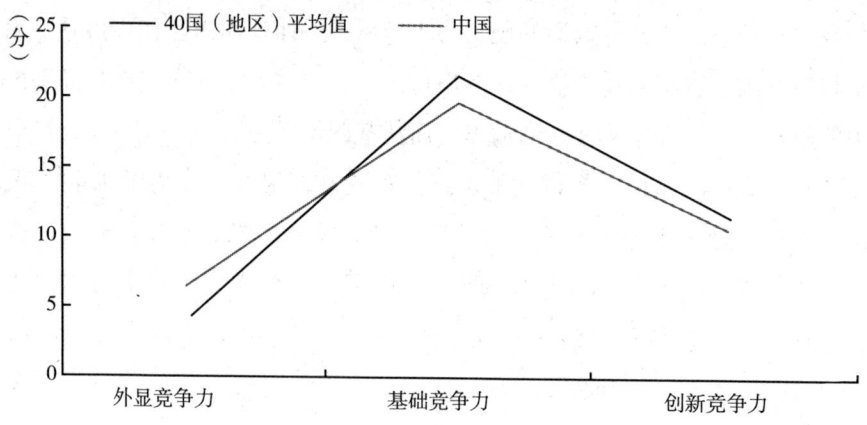

图19　我国FIC得分与40国（地区）平均水平折线图

表 12　我国电影 9 大竞争面与 40 国（地区）平均水平比较

单位：分

竞争面	产品要素	国际贸易	产业资源	产业需求	产业关联	生产能力	产业政策	科技创新能力	文化创新能力
40国（地区）平均值	2.13	2.11	2.46	4.08	3.44	6.47	5.00	2.65	8.47
中　国	3.24	3.26	4.82	3.53	3.05	3.89	4.53	2.55	8.41

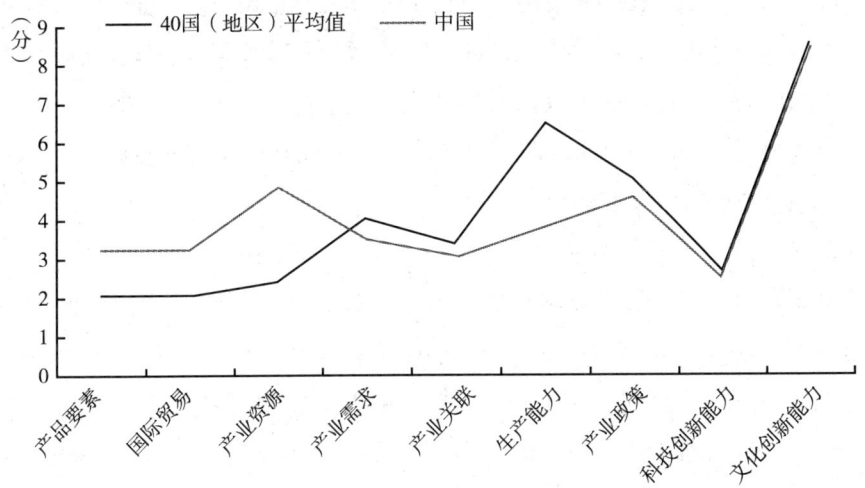

图 20　我国电影 9 大竞争面与 40 国（地区）平均水平折线图

从表 11 中可以看出，中国在外显竞争力上的得分（6.50 分）略高于 40 国（地区）平均水平（4.24 分），而在基础竞争力（19.80 分）和创新竞争力（10.96 分）上均低于 40 国（地区）平均水平。

从 9 个二级指标的单项得分情况来看，中国在产品要素（3.24 分）、国际贸易（3.26 分）、产业资源（4.82 分）三项上得分高于 40 国（地区）平均水平。而在产业需求（3.53 分）、产业关联（3.05 分）、生产能力（3.89 分）、产业政策（4.53 分）和科技创新能力（2.55 分）、文化创新能力（8.41 分）的得分上均低于 40 国（地区）平均水平。归纳起来，我国当前电影产业在参与国际竞争中，呈现出以下特点。

1. 外显竞争力有待提高

外显竞争力是电影产业参与国际竞争的最终结果，是具体的外在体现。电影产业国际竞争力的外显竞争力由产品要素和国际贸易2个二级指标构成。在这两项得分中我国得分均高于40国（地区）平均水平。

许多学者认为我国电影产品贸易呈逆差①局面，这是造成我国电影缺乏国际竞争力的最重要原因。诚然，与美国、英国等发达国家相比，我国在电影产品国际贸易上不具备明显的竞争优势，但与其他国家（地区）二级指标的得分情况相比较，我国在国际贸易上的相对得分并非最低。纵观全球电影贸易情况，美国一枝独秀占有绝对优势，许多国家都在为发展本国电影、摆脱好莱坞的垄断局面而做着尝试。笔者认为，电影产业外显竞争力是电影基础竞争力和创新竞争力共同作用的结果，只有从根本上提升电影产业的核心竞争力，才能在国际竞争中获得主动和优势。

2. 基础竞争力喜忧参半

基础竞争力是电影产业国际竞争力的基础，由5个二级指标构成，是二级指标最多的竞争力模块。我国在基础竞争力这一项目上的得分为19.80分，低于40国（地区）平均水平。然而在产业资源这一指标上的得分高于平均得分，这得益于近年来我国电影基础设施的快速发展，自2007年以来，我国每年新建电影院数和屏幕数居世界首位。我国电影产业的产业需求、产业关联、生产能力和产业政策4项得分均低于平均水平，而产业需求、产业关联、生产能力是电影产业国际竞争力中的核心要素。我国在电影产业国际竞争力核心要素上的得分相对较低，这是造成我国电影产业国际竞争力得分不高的重要原因。

3. 创新竞争力仍是软肋

随着科学技术与社会文化的紧密结合，创新竞争力已经成为影响电影产业国际竞争力的关键要素。我国在创新竞争力上的得分为10.96分，低于40国（地区）平均水平。科技创新能力与文化创新能力共同构成了创新竞争力，在这两项的得分上，我国均低于40国（地区）平均水平。创新竞争力是电影生

---

① 贸易逆差是指一国在一定时期（如一年、半年、一季、一月）内进口总值大于出口总值。

产的灵魂，我国电影产业在创新能力上处于薄弱局面已是不争事实，提升我国电影产业整体的创新能力是取得国际竞争优势的关键。在文化创新方面，我国拥有良好的文化历史资源，将文化创新与科技创新有效结合，发挥各自优势，用创新带动整个产业发展，是未来中国电影产业的必然选择。

（三）我国电影产业发展的问题与不足

前文分析了我国在电影产业国际竞争力评价中的得分情况。从分析中可以看出，当前我国电影产业国际竞争力还相对薄弱。全面而准确地识别我国电影产业发展中的问题，对于提升电影产业的国际竞争能力至关重要。只有对症下药，从问题出发制定相应的战略决策，才能最直接有效地发展我国的电影产业。

从电影产业国际竞争力评价结果，我们可以得出，外显竞争力薄弱并非造成我国电影产业缺乏国际竞争力的唯一原因和最重要原因。在基础竞争力层面，我国面临着产业关联、产业需求和生产能力三项得分较低的情况，在创新竞争力层面，存在着创新能力薄弱的情况，而这些指标都与电影产业价值链密切相关。因此，我们将从电影产业价值链内部出发对电影产业发展的问题与不足进行识别。竞争力的形成是个价值增值过程，以下将以电影产业价值链为分析框架，找出价值链各环节中所存在的问题，试分析如下。

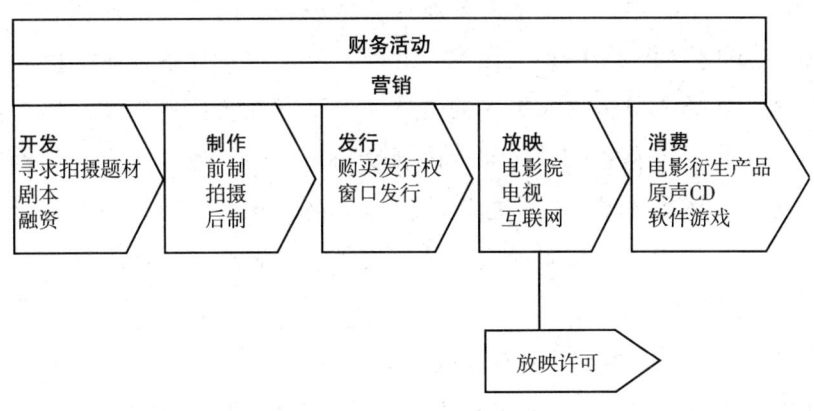

图21　电影产业竞争力图

1. 开发层面：融资方式单一，资本与产业难以直接对接

电影融资是开发层面最重要的环节。良好的资金来源和储备是保证电影生

产和产业良性有序发展的重要因素。目前我国电影产业的融资方式比较单一，尽管由于国家政策的扶持，民营资本和境外资本有条件地被准许进入电影投资领域，但有效投资不够稳定。同时由于我国电影产业化程度不高，电影行业至今肩负着政治宣传与舆论引导的职能。因此在电影产业化运作的过程中存在着体制、机制与市场本身的结构性矛盾，这也造成了很多时候资本与产业很难有效而直接地对接。这些问题直接影响了我国电影生产水平，也是造成生产能力这一指标得分不高的重要原因。

2. 制作层面：企业主体性不强，缺乏原创性内容以及文化价值表达

制作层面指的是电影的前制、拍摄和后制，是电影产业链中与艺术性关联最强的过程。制作部分与开发部分一脉相承，开发环节存在的问题也会对制作环节造成影响，其中最重要的就是投资结构对电影内容创意的影响。企业是参与电影制作的主体。目前参与我国电影制作环节的企业中存在鱼龙混杂的问题，导致电影产业专业化水平较低，缺乏具备专业性的有品牌影响力的企业。此外，一些企业在电影生产上过于强调对"明星效应"和"大制作"的追求，而忽略对剧本原创性和艺术效果的追求。众所周知，创意与创新就是电影产业最大的资产与能力，创意需要不断更新并且拥有无限潜能。随着3D技术的流行，许多制片商过于追求对最新技术的使用而忽略对电影内容的要求。然而，技术需要通过叙事展现，内容本身的创意才是消费者最终选择购票进场的重要因素。此外，电影本身具备商业价值和社会文化价值，如果说票房收入更多的是代表电影商业价值的体现，那么反映当今社会现实，传递生活方式与价值观反哺于社会，最后完成文化价值传达，是电影传播的关键，也是电影价值的最高体现。当前，我国电影承载文化价值传达环节还比较弱，这也是导致我国电影产业国际竞争力不强的重要原因。

3. 发行、放映层面：行业之间矛盾突出

电影的发行与放映环节是电影产品走向市场的过渡与实现，影片发行更是贯穿整个电影行业。在电影产业改革之前，我国电影的发行和放映机构按照行政区域设置。各省、市、县之间实行条块分割，行政区域和电影企业的自我利益保护机制阻碍了电影市场机制的良性运行。尽管近年来出台了对发

行和放映机制的改革,建立了发行商与院线制度,但发行方与院线方为了争取自身的利益最大化,在分账比例、排片制度等方面一直存在着矛盾与争议。2012年年底,五大电影发行公司向院线发出通知,要求贺岁档9部电影分账比例不低于45%,引起业界一片哗然。有专家和业界人士建议,未来中国可以效仿其他国家实行"阶梯式分账",进一步适应市场机制的发展趋势。

4. 消费层面:消费群体单一,对"后电影"市场开发不足

消费环节同样是影响电影产业发展的重要环节。从消费结构来看,我国电影的主要消费群体是大中城市18岁到45岁的中青年。消费群体的相对同质化与单一化,阻碍了电影市场的全面良性运转。培养更广泛、多元化的消费群体,尤其是培育中小城市以及乡镇居民的电影观影习惯,是我国在近几年面临的挑战之一。有数据显示,随着二、三线城市居民收入水平的提高以及院线建设的扩展,这些地区的观影人数呈显著增长。电影产业国际竞争力评价结果显示,我国在产业需求得分上较低,这与我国的电影消费结构密切相关,因此扩大电影消费区域和消费人群,是我国电影参与国际竞争的重要条件之一。在消费环节存在的另一问题是对"后电影"市场开发不足,我国电影产业的盈利模式相对单一,主要依靠票房收入、植入性广告等,而其他电影强国更加注重对电影衍生产品的生产和经营,这样可以获得更高的产业利润,也是与其他产业关联的有效体现。

二 提升我国电影产业国际竞争力路径选择

从以上分析可以看出,我国电影产业发展呈现出两头弱、中间乱的问题。两头弱是指在电影的开发环节、制作环节和消费环节弱,我国电影产业存在着投资结构不合理、缺乏专业制作内容和消费结构单一、衍生品开发不足等问题;而在中间的发行和放映环节,我国电影产业存在结构性矛盾突出、行业规范性不强等问题。这些都成为制约我国电影产业参与国际竞争,获取竞争优势的现实问题。因此,对我国电影产业国际竞争力的提升迫在眉睫。

路径选择分析是制定合理发展战略的前提。与其他国家不同,我国在电

影产业发展过程中有着自己的特点，潜在竞争力和创新竞争力的缺乏是造成我国电影产业国际竞争力不强的重要原因，在当前电影国际贸易美国一家独大的局面下，提升自身的产业竞争能力是获得国际竞争优势的根本，而对创新能力的培育以及扩展其他产业与电影产业之间的相连程度均可作为有效的路径选择。基于此，本研究建构了提升我国电影产业国际竞争力的三大路径。

（一）从资源优势向创新优势的价值链转化路径

当前我国主要依靠电影基础设施的兴建和较高的票房收入来拉动整个电影产业的发展。由于我国社会经济的全面发展以及国家相应政策的支持，我国在电影基础设施上的增速已经位居全球首位，同时由于我国人口众多，电影消费群体基数庞大，2012年我国票房总收入位居全球第二，仅次于美国。这些都使我国在电影产业资源上具有相对的竞争优势。然而，相比其他优势来说，资源优势不是获得国际竞争优势的根本途径。电影产业竞争优势主要是依靠价值增值获得的，而创新能力是重要的产业进入壁垒，创新能力对应的产业链环节通常成为价值链中的高附加值环节，也是获得竞争优势的核心来源。因此，中国电影产业未来的发展应该遵循从资源优势向创新优势的价值链转化发展模式。

（二）从电影产业向其他产业扩散的产业集群升级路径

电影产业作为文化产业的核心产业，与许多产业有着天然的关联性。对电影产业上游和下游领域的价值拓展是当前电影产业的发展方向。好莱坞的成功在很大程度上取决于其对上下游产业的价值的拓展，通过电影主题公园的兴建、衍生产品的销售、版权的售卖，好莱坞不仅获得了很高的产业利润，同时也赢得了全球影响力。从电影产业国际竞争力评价得分来看，我国在产业关联项目上的得分较低，这也成为制约我国电影产业发展的重要因素。因此笔者认为，我国应选择从电影产业向其他产业扩散的产业集群升级路径，以电影产业为轴心向其他相关产业扩散。电影产业可以通过消费—生产、收益—投资、技术—文化等多个渠道将产业价值传递到其他产业，从而形成集群效应，带动自身的发展。

(三) 从电影本土化向全球化逐步扩展的战略路径

相比外显竞争力，我国在基础竞争力和创新竞争力上的得分并不高。这说明提升自身电影产业竞争优势是在国际竞争中取得一席之地的根本与基础。诚然，文化壁垒和文化折扣等因素成为限制我国参与国际竞争的重要因素，在现今好莱坞电影具有绝对优势的情况下，从提升国内电影产业整体水平入手，积累实力参与全球电影产业竞争也不失为明智之举。因此我国电影产业应选择从本土化战略向全球化战略逐步推进的路径，通过内部一体化和外部一体化实现电影产品全球化。

三 提升电影产业国际竞争力策略

在分析提升国际竞争力路径选择的基础上，本研究构建了提升电影产业国际竞争力的策略。

(一) 实施资源整合策略，提高电影产业集约化水平

市场主体的强弱和活性是检验产业发展的重要因素。电影产业的市场主体包括电影投资方，电影制作、发行、放映企业和消费者等。我国电影市场主体较为分散，企业经营规模小，整体产业集中度不高，这些都造成企业抗风险能力弱。鉴于此种情况，我国电影产业应实施资源整合策略，通过建设统一的投融资平台，实现不同规模和地域电影企业的兼并与重组，培育一些在各方面更具备核心竞争能力的大型电影企业。通过这些大型企业的示范效应，带动其他中小型企业的发展，提高电影产业的整体集约化水平。

(二) 加速产业融合，实行"大电影"策略

我国面临着电影产业上下游产业开发不足、电影衍生产品匮乏的局面，因此实施"大电影"产业发展策略，促使电影与相关产业融合发展是提升我国电影产业竞争力的重要举措。电影产业可以通过与电视、互联网、唱片、动漫、旅游等产业之间的结合，形成电影、电影衍生品、电影相关产品在内的"大电影"产业的发展格局。"大电影"产业策略可以使电影产业在上游与创意、视觉设计、电视、互联网等产业相互对接，在下游与动漫、旅游、广告等产业相连，形成各产业协同发展的模式，扩大电影产业的规模经济，使之成为我国文化产业的核心产业。

（三）实行创新能力培育策略，提升电影产业创新性

提升电影产业的创新能力，是我国电影产业发展策略体系中的重中之重。通过推行创新能力培育政策，可以最大限度地调动电影企业创新的自主性；同时通过相关政策、立法的制定，可以保证各电影企业之间的良性的合作与竞争，使创新成果能够最大限度地实现共享并形成扩散效应。此外，可以从完善电影人才培养机制入手，建立一个从学生选拔、教育培养，到拍摄实践的全方位人才培育体系，提升我国电影的专业化水平。

（四）推进国际合作，实行本土化与国际化相结合策略

提升我国电影产业竞争力的最终目标，是实现中国电影"走出去"，提升我国的文化软实力。我国在电影产业基础设施建设、产业需求等方面具有良好的发展势头，因此在充分挖掘国内潜力的基础之上，采取项目合作、对外交流、合资经营等国际合作措施，可以学习国际最先进的电影产业经营模式，为我所用，实现从本土化优势向国际化优势的转型。同时也可以在国家相应政策的支持之下，通过并购等方式，吸收国际有价值的产业资源，推动我国电影产业的发展。

四 构建提升我国电影产品国际竞争力政策体系

本研究以三大战略路径和四大推进策略为政策着力点，以培育电影产业国际竞争力为政策目标，构建提升我国电影产品国际竞争力政策体系。整个政策体系以一个主体和两套机制共同构成。一个主体是指培育市场竞争主体，两套机制是指建立市场竞争机制和建立政府管理机制。

（一）培育市场竞争主体：优化企业竞争优势培育政策

电影的制作、发行、放映企业是电影市场的经营实体，为适应当前激烈的国际竞争，必须深化电影企业内部机制的改革，加快制度创新，培育企业竞争优势。具体包括：

①完善支持电影产业相关企事业单位转型升级政策体系。通过实行国家专项资金支持，鼓励发放商业贷款等措施，扶持电影企业技术创新与内容创新，实现我国电影企业从要素驱动转向创新驱动。

②提高电影人才的教育培训能力。加快对人才资本的培养，选拔和培育一

批专业性、技术性和经营管理方面的人才，同时鼓励高校与电影制作企业间的合作模式，为电影产业发展提供合格的人才储备。

（二）建立市场竞争机制：电影产业市场环境优化政策

我国电影产业发展是在政策扶植和市场机制调节下发展的。市场运行机制是指通过市场价格、供求关系等进行市场经济运行活动的机制，是产业成长过程中的保障和重要的驱动因素。通过制定相应的财政税收政策和货币金融政策，可以优化电影产业市场环境，为我国电影产业发展提供政策保障。具体包括：

①通过税收政策引导更多的市场主体参与电影产品的制作、发行、放映和衍生产品的开发，完善产业发展市场格局，优化产业资源配置，实现电影产业的转型与结构升级。提升我国电影产品的数量与质量，为更好地参与国际竞争奠定基础。鉴于电影产业的二元属性，可以对电影产业实行差别税收政策，调整和优化电影产业结构。

②通过价格杠杆调节电影市场中的供求关系，以此平衡电影产品数量与质量、电影产品商业性与艺术性之间的关系。对不同放映场所、不同类型影片实行不同的价格，力求最终实现供求平衡。

③建立完善的市场竞争机制，消除电影市场中的恶性竞争、不正当竞争。通过价格竞争等方式，按照优胜劣汰法则调节电影市场竞争。保持电影产业活力，鼓励民营企业等参与市场竞争，促进电影产业发展。

（三）建立政府管理机制：电影产业创新发展扶持政策

当前，"新政府—市场观"成为全球各国定位其资源运行机制的主流，市场调节与政府调节双向并行成为全球化进程中各国电影产业发展的主流。创新发展是我国电影产品获得国际竞争优势的关键。建立有效的创新发展扶持政策包括以下内容：

①建立电影创新公共服务平台。为不同电影企业在产品制作、发行、放映环节提供公共服务平台。鼓励创新技术成果交易，为电影从业人员提供创新咨询平台。

②建设电影产业创新经济集群。以电影产业为主题，有效整合其他相关文化产业，建立电影产业创新基地和文化创意孵化基地，转变竞争方式，提升产业内在创新能力。

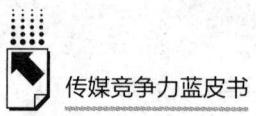
传媒竞争力蓝皮书

On the Evaluation of the International Competitiveness of China's Film Industry

Yang Liu

Abstract: In recent years, China's film industry is showing a rapid growth. However, due to the insufficiency of film industrial reform and the cultural discount, the international competitiveness of China's film industry is still very weak. Therefore, it is urgent to enhance the competitiveness of China's film industry. The innovation of this paper is mainly reflected in: firstly, by taking full account of the competition process and outcome, the author builds a theoretical model of international competitiveness of the film industry, which includes basic competitiveness, external competitiveness and innovation competitiveness. This theoretical model comprehensively objectively depicts the dual properties of the film industry. Secondly, it builds the evaluation index system of the international competitiveness of the film industry, selects 40 countries as the objects of the research, and determines the weights by using AHP to finally get the results of the evaluation. Furthermore, the paper analyzes the evaluation results statistically, using cluster analysis and correlation analysis to divide the 40 countries into five levels according to their level of competitiveness. Lastly, by using the results of the evaluation, an analysis is taken panoramically regarding the position of China's film industry in the world. The result shows the problems of China's film industry: its external competitiveness is still weak, its basic competitiveness is a mixed story, and its innovation competitiveness should be enhanced immediately. According to status quo of the international competitiveness of China's film industry, the paper proposes three strategic paths, five strategy systems and three policy systems.

Key Words: Film; Film Industry; Competitiveness; Evaluation

B.3 中国数字出版国际竞争力研究

莫林虎　张聪*

摘　要：

根据中国新闻出版研究院发布的数据，我国数字出版产业总体收入从2006年的213亿元，迅速提高到2012年的1935.49亿元。但从生产要素状况、需求状况、相关产业状况、政府行为与产业管理、国际市场拓展五个方面分析的结果显示，我国数字出版产业与西方发达国家有较大差距。为此，需要政府加大改革力度，通过完善数字出版产业市场机制来提升产业发展水平。

尽管我国数字出版企业中已经涌现出一些领军企业，如盛大集团、中国知网、完美世界、A8音乐等，但从国际竞争力来审视，除完美世界外，大多还处于弱势。从中国数字出版产品国际竞争力来看，完美世界的电子游戏、盛大文学的部分网络小说有较强的竞争力。总体来看，我国具有国际竞争力的数字出版产品数量有限。

研究者建议，在政府政策层面，要进一步加强版权保护，营造良性的数字出版社会法律环境；通过政策引导促进数字出版产业链上下游之间合理的利益分配机制的形成；在传媒政策上进一步放宽尺度，使国有资本与民营资本在数字出版领域实现更顺畅的融合，实现强强联合。在企业层

---

* 莫林虎，中央财经大学教授，中央财经大学文化与传媒学院副院长，中央财经大学出版经济研究中心主任；主要从事出版产业研究、财经新闻研究，近年来，与中国新闻出版研究院合作进行了"国外新闻出版业财税政策研究""中国出版集团建设世界一流出版传媒集团发展战略研究""西方传媒集团并购活动的经济分析""外国国民阅读调查研究""日本、英国主要出版物发行零售企业研究"等课题，承接了北京市新闻出版局委托的"北京建设数字出版产业基地的必要性、可行性及实施方案研究""北京市图书发行业和实体书店发展扶持政策研究""国内外高新技术产业园区投融资模式对北京国家数字出版基地的借鉴研究"，发表论文50余篇，出版论著10部。张聪，中央财经大学文化与传媒学院传媒经济硕士研究生。

面，应当加大技术研发投入，使企业具有强大的技术创新实力；追踪国内外数字出版发展潮流，创新数字出版商业模式，争取更多的企业成为世界数字出版领军企业；不断贴近顾客需求，推出创新产品与服务。

关键词：

中国　数字出版　国际竞争力

一　中国数字出版发展概述

进入21世纪，数字技术和互联网迅猛发展，为出版业带来重大的变革。建立在计算机技术、通信技术、网络技术等高新技术基础上，融合并超越了传统出版内容而发展起来的数字出版因其便捷性、海量性而深受用户的喜爱。根据原国家新闻出版总署《关于加快我国数字出版产业发展的若干意见》中的定义，数字出版是指利用数字技术进行内容编辑加工，并通过网络传播数字内容产品的一种新型出版方式，其主要特征为内容生产数字化、管理过程数字化、产品形态数字化和传播渠道网络化。在我国，数字出版产业发展势头强劲。根据中国新闻出版研究院历年发布的《中国数字出版产业年度报告》，2006～2012年，数字出版产业整体收入情况如下：2006年为213亿元，2007年为362.42亿元，2008为556.56亿元，2009年为799.4亿元，2010年为1051.79亿元，2011年为1377.88亿元，2012年为1935.49亿元。

从数字出版产业的角度来看，随着我国经济的发展、IT技术和互联网应用水平的持续提高、国民阅读习惯和阅读环境的变化等，国内数字出版产业蓬勃发展。以2012年为例，我国数字出版产业整体收入规模为1935.49亿元，比2011年整体收入增长了40.47%。其中：互联网期刊收入达10.83亿元，电子书（含网络原创出版物）达31亿元，数字报纸（不含手机报）达15.9亿元，博客达40亿元，在线音乐达18.2亿元，网络动漫达10.36亿元，手机出版（含手机彩铃、铃音、手机游戏等）达486.5亿元，网络游戏达569.6亿元，互联网广告达753.1亿元。① 未来数字出版的主要方向应该是以手机等为

---

① 郝振省：《2012～2013中国数字出版产业年度报告》，中国书籍出版社，2013。

阅读终端的移动出版。

从数字出版企业的角度来看，数字出版企业可以分为两类，即传统出版企业发展数字出版业务和新媒体数字出版企业。传统出版企业仍以纸质出版为主，同时以配套、互补等方式发展数字出版业务，但数字出版业务已成为企业提升核心竞争力不可或缺的业务类型。① 大型传统出版企业根据自身情况，依托自身内容资源和数字平台，生产制作数字出版产品或提供专业领域的信息服务，以发展数字出版业务，如知识产权出版社、法律出版社、中国出版集团、北京出版集团等；规模较小的出版社、期刊社等将内容或数字出版产品提供给北大方正、汉王、龙源期刊、苹果、中国移动等运营商，通过合作分成的方式发展数字出版业务。新媒体数字出版企业大多为民营高科技企业，建立了市场化运作的体制机制，具有较强的市场竞争力，如以网络出版为基础、已建立"内容＋平台＋终端"完整产业链的盛大集团；以向传统图书、报纸和期刊出版商提供数字出版技术为基础，并通过与其进行内容运营合作进行数字内容产品销售的中国知网、万方数据等；以及网络游戏企业完美世界、数字音乐运营商 A8 等。

从数字出版产品的角度来看，目前，数字出版产品形态主要包括电子图书、数字报纸、数字期刊、网络原创文学、网络教育出版物、网络地图、数字音乐、网络动漫、网络游戏、数据库出版物、手机出版物（彩信、彩铃、手机报纸、手机期刊、手机小说、手机游戏）等。② 丰富的数字出版产品满足了市场需求，也显示出强劲的市场竞争力，以盛大文学网络小说《鬼吹灯》为例，这部在起点中文网上有着过亿人气的文学作品，通过合作开发、版权转让的方式，以图书出版、电子阅读、网络游戏、电影、话剧等方式，大大提升了附加值，同时远销海外，形成了强大的影响力。

尽管我国数字出版发展迅速，但从国际数字出版市场的竞争态势来看，我国数字出版业还处于弱势，不具备与国际同行抗衡的能力。早在20世纪90年代初，英美等发达国家的专业出版商就在积极开发在线数据平台，并且取得了

---

① 黄孝章、杨昊、王佐：《数字出版产业发展模式类型概述》，《北京印刷学院学报》2012年第1期。
② 郝振省：《2010～2011中国数字出版产业年度报告》，中国书籍出版社，2012。

显著成绩。2002年，美国超过80%的出版企业进入了数字出版领域。2010年，美国数字出版占比已经达到GDP的7%，产值超过万亿美元。[①] 同时，国际上一些出版传媒大鳄凭借雄厚的资本实力、灵活的市场机制，通过重组、整合、兼并等手段，形成非常明显的优势。就规模与实力看，"发达国家的1个集团1年的销售额动辄上百亿、数百亿美元，而我们国内最大的出版集团刚刚突破百亿元人民币的大关"[②]。因此，我国数字出版业的国际竞争力亟须进一步提高。下文将从数字出版产业、数字出版企业及数字出版产品三个方面对我国数字出版的国际竞争力进行具体分析。

二 中国数字出版产业国际竞争力

在中国数字出版产业竞争力整体研究的基础上，本部分将进一步从生产要素状况、需求状况、相关产业状况、政府行为与产业管理、国际市场拓展等五个方面，对我国数字出版产业竞争力进行分析和评价，以求对我国数字出版产业竞争力状况有一个更加完整和准确的评价。

（一）生产要素状况

生产要素状况反映的是数字出版产业发展需要的各类生产要素的竞争实力，主要包括四大竞争面：人力资源、文化资源、资本资源和基础设施。[③] 下面将对各类生产要素竞争力的优劣势进行具体分析。

1. 人力资源竞争面的优劣分析

人力资源竞争面的竞争指标主要包括人力资源的数量指标、质量指标。人力资源数量选取的指标主要包括人口总数和城市人口比重；人力资源质量选取的指标主要包括成人识字率、大学生毛入学率等。[④] 我国在这些指标中占优势的只有人口总数、成人识字率（2008年中国15岁及其以上的成人识字率已达93.7%[⑤]）。尽管2012年末我国城镇人口占总人口比重已达到52.57%，超过50%[⑥]，但是

[①] 数据来自银河证券传媒行业分析，http：//tech.qq.com/a/20110422/000093.htm。
[②] 柳斌杰：《中国出版业的重构与展望》，《中国新闻出版报》2009年4月27日。
[③] 祁述裕：《中国文化产业国际竞争力报告》，社会科学文献出版社，2004。
[④] 祁述裕：《中国文化产业国际竞争力报告》，社会科学文献出版社，2004。
[⑤] 国家统计局：《国际统计年鉴2011》，中国统计出版社，2011。
[⑥] 国家统计局：《中国统计年鉴2012》，中国统计出版社，2012。

不可否认与发达国家70%~80%的比重相比仍有较大差距。根据教育部发布的《2011年全国教育事业发展统计公报》，我国2011年高等教育毛入学率为26.9%，已经实现从精英教育到大众教育的过渡（临界指标为15%）。但是与高等教育先进国家相比差距较大。2008年美国超过了82%，日本、英国、法国等发达国家都超过了50%。2008年日本的大学生毛入学率已经达到58.04%，美国则达到82.92%。① 即使是印度、菲律宾这些发展中国家也在30%左右。这种状况与我国人口基数大及高等教育发展时间较短有关，也与我国经济发展水平较低、教育经费投入不足有很大的关系。目前，人才仍是制约我国数字出版进一步发展的关键因素。传统出版企业信息技术方面的人才非常缺乏，特别是既懂出版又懂技术研发的人才；而在新媒体出版企业中，缺乏适应数字出版要求的编辑人才。

2. 文化资源竞争面的优劣分析

数字出版产业以信息和知识为生产对象，以创意为核心资源，因此文化资源的优劣程度对数字出版的发展有重要影响。文化资源竞争面的指标主要包括资源丰度、区位优势及开发利用。资源丰度选取的指标主要包括世界文化和自然遗产项数；区位优势选取的指标主要包括人文发展指数（将反映人类生活质量的三大要素指标出生时预期寿命、受教育程度、人均实际GDP，合成为一个复合指数，以此作为衡量人类发展的综合尺度，这个指数在0~1之间，指数越接近1，说明这个国家经济和社会发展程度越高）；文化资源的开发利用选取的指标主要包括对文化资源和自然遗产的开发利用程度等。② 截至2012年7月1日，中国已有43处世界遗产，仅次于意大利（45处），居世界第二位。其中文化遗产30项，自然遗产9项，文化和自然双重遗产4项。③ 2010年中国人文发展指数为0.616，超过中等国家水平，但仍与挪威（0.938）、美国（0.902）等世界前列水平有较大差距。④ 同时受资本和人力资源等方面的

---

① 佚名：《农村需要大学生，大学生是否需要到农村去?》，http://www.jyb.cn/job/jysx/200810/t20081031_204319_1.html。
② 祁述裕：《中国文化产业国际竞争力报告》，社会科学文献出版社，2004。
③ 侯杰、言省：《跨越时空，世界遗产的中国梦》，《中国文化报》2013年1月17日。
④ 联合国开发计划署《人文发展报告》2011年，http://www.stats.gov.cn/tjsj/qtsj/gjsj/2011/t20120712_402827785.htm。

制约,我国在现有文化资源的开发利用程度上存在较大不足,并没有将我国丰富的静态文化资源转化成动态的竞争优势。

3. 资本资源竞争面的优劣分析

资本资源竞争面的竞争指标主要包括政府投入、资本市场融资以及社会融资三大竞争指标。其中资本市场融资选取的指标主要指企业资本市场的融资能力,社会融资选取的指标主要包括本国文化对外资的吸引力,以及外国直接投资(FDI)等。[①] 目前我国政府对数字出版企业给予税收等优惠,同时又加大对数字出版基地建设的投资力度;自1993年以来,我国直接利用外资额一直位居世界第二和发展中国家的首位,不少新媒体数字出版企业也开始利用外资发展业务;但是"企业资本市场的融资能力"这一竞争指标明显处于弱势地位,尤其是传统出版企业,截至2012年年初,仅有时代出版、出版传媒、皖新传媒、新华传媒、中南传媒、凤凰传媒、中文传媒、大地传媒、天舟文化和粤传媒10家出版企业在我国证券市场上市,且规模有限,数字出版业资本市场的融资能力受到很大限制。

4. 基础设施竞争面的优劣分析

基础设施竞争面的竞争指标主要包括数字产业基础设施数,以及国家相对竞争力两大竞争指标。数字基础设施数选取的指标主要包括每千人拥有移动电话数、每千人拥有个人电脑数、一般基本建设、互联网普及率等。国家相对竞争力选取的指标主要包括社会价值观是否有利于本国数字产业竞争力提高,以及环境可持续发展等。[②] 根据工信部统计,截至2012年年底,我国的移动电话用户已达11.1亿户,每100人中拥有手机者达到82.6人,超过了全球80%的普及率,但与美国110%的普及率相比仍有差距;2009年中国每千人拥有个人电脑数已上升到1.67台,但早在2004年美国这一数据已达7.62台。[③] 另外,根据2013年7月17日中国互联网络信息中心发布的第三十二次《中国互联网络发展状况统计报告》,截至2013年6月底,我国网民规模达到5.91亿,互联网普及率为44.1%。尽管网民数量位列世界第一,但是与发达国家高达

---

① 祁述裕:《中国文化产业国际竞争力报告》,社会科学文献出版社,2004。
② 祁述裕:《中国文化产业国际竞争力报告》,社会科学文献出版社,2004。
③ 数据来源:http://telecom.chinabyte.com/460/1260/460.shtml。

70%的互联网普及率相比仍有较大差距。

目前，我国各级政府加快建立数字出版基地，这一举措有利于促进数字出版产业的进一步发展。

（二）需求状况

不断满足市场需求是数字出版产业发展的根本动力，需求状况对于数字出版产业的竞争力状况有重大影响。下面将从用户消费需求、出版产业需求两个方面对需求状况进行分析。

1. 用户消费需求

总体而言，我国用户数字出版消费需求优势较为明显。

首先，我国拥有全球最庞大的国内消费群体，具有明显的规模优势，同时这个消费群体具有相同的历史文化背景，具有共同的文化心理、传统价值观，因此我国数字出版企业在竞争中拥有明显的本土优势。

其次，随着数字新媒体的不断涌现，互联网、手机和便携终端等内容传播渠道的扩张演变，用户的阅读方式也随之改变，数字化阅读已成为阅读发展新潮流。中国新闻出版研究院组织实施的历年的全国国民阅读调查显示：2006年包括在线阅读、手机阅读、手持式阅读器阅读等方式的数字阅读开始普及，国民各类数字媒介阅读率为24.5%；2010年第八次全国国民阅读调查发现：国民各类数字媒介阅读比例达32.8%；2012年数字化阅读率为40.3%，截至2010年年底，中国手机阅读的用户比例占到手机网民总体的83.40%；2011年我国18~70周岁国民媒介综合阅读率为77.6%，人均每天电子阅读器时长1.75分钟，阅读电子书后愿购买纸版图书的读者少于20%；2012年新兴媒介的阅读情况是，手机阅读的接触时长在增长，上网时长和电子阅读器接触时长均有不同程度下降。[①] 总体来看，数字化阅读持续增长。

另外，我国人均经济总量偏小，居民文化消费有限、文化消费成熟度不高，会对数字出版造成不利影响，但是用户对于数字内容日益高涨的需求，必将推动我国数字产业的发展，增强其竞争力。

---

① 中国新闻出版网，http://www.chinaxwcb.com。

2. 出版产业需求

从国家角度来看，数字出版已成为"十二五"期间文化产业发展的重点。"十一五"期间，中国的数字出版快速增长，已经成为新闻出版业的新的增长点，并且也是新闻出版业中增长势头最猛、效果最好的重要方面。2010年1月25日，柳斌杰署长在全国新闻出版工作会议上的报告中明确提出，到2020年，我国数字媒体等新兴产业的发展达到世界先进水平是今后十年我国建设新闻出版强国的一个重要发展目标。国家和各级地方政府对数字出版产业的高度重视和强有力的政策支持对其发展有极大促进作用。从出版传媒机构的角度来看，数字与网络技术的发展改变了读者的阅读习惯，也相应改变了读者的消费需求，因此出版社想要满足读者需求，必然要进行数字化转型；同时随着文化体制改革及市场化程度的加深，以数字化技术为基础的图书报刊业、音像电子出版业、甚至广播影视业、互联网行业等媒体开始出现融合的趋势，传统出版业数字转型的需求更为迫切。

（三）相关产业状况

相关产业状况主要反映的是与数字出版密切相关的产业集群的竞争实力，主要包括传统图书出版业、传统报刊业、网络新媒体、广播电视电影业及音像业等。这些相关产业或是为数字出版产业提供优质内容，或是数字出版产业的延伸，因此提升相关产业集群的竞争力对我国数字出版产业的整体竞争力具有重要作用。

2010年度新闻出版行业数据显示：2012年中国图书销售近460亿元，动销品种破120万，同时出版业继续改革，国有图书出版社已经基本完成转企改制工作，截至2013年1月，全国已完成3271种非时政类报刊的转企改制工作；2010年互联网对中国经济增长贡献达20%。据原国家广电总局的数据，2012年广播电视收入为3135亿元，比2011年增长15.38%；2012年全国电影总票房达到170.73亿元，较2010年增长30.18%，而2013年上半年，全国电影票房收入已超过100亿元。上述相关产业的持续发展必然会推动数字出版的进一步发展，增强数字出版产业的竞争实力。

同时，相关产业融合发展态势更趋于明朗。随着工作生活节奏的加快，人们对信息的获取方式提出了新的诉求，单一的媒体不能满足人们对传播的速度、广度、深度及互动等的需要,因此各种媒体间业务逐步交叉、渗透、融合,并逐渐发展到媒体平台及市场的交汇相融。而更高层次的融合,将会在电信、IT界与传媒业等相关行业大汇流的基础上出现。此外,信息的传播趋向于向一个统一的移动终端靠拢。① 随着3G技术的成熟,传统报业、出版业、游戏动漫和广播电视业等将加速向手机等终端汇聚,移动出版必将步入快速发展的新阶段,手机或将成为集成性的移动媒体终端。

(四) 政府行为与产业管理

由于数字出版产业具有较强的意识形态属性,与一个国家的意识形态、宗教信仰、民族关系、传统文化价值观等有着密切的联系,因此需要正确评估政府在提升数字出版产业竞争力中的作用。就产业竞争力而言,政府的角色是正面还是负面,主要是看政府是否为数字出版产业的发展提供了一个具有竞争力的政策环境及对产业的监管情况。

1. 政策支持

2000年以来,我国政府在支持、鼓励和引导数字出版方面出台了一系列政策。2005年7月,新闻出版总署成功主办了首届数字出版博览会。2006年10月,新闻出版总署又主办了"2006年中国数字出版年会"。另外,2006年国家先后公布《中华人民共和国第十一个五年规划纲要》、《国家中长期科学和技术发展纲要》和《国家"十一五"时期文化发展规划纲要》,将数字出版技术、数字化出版印刷、复制和发展新媒体列为科技创新的重点。这些政策的出台直接促进了数字出版的发展:2012年年底数字出版规模已由2002年的15.9亿元增长到1935.49亿元,11年间产值增长了120多倍。2009年8月13日,新闻出版总署署长柳斌杰在第二次部市合作联席会议上提出,数字出版是新闻出版业的战略重点和未来发展方向,是我国文化经济的新增长点,根据中国新闻出版研究院发布的《2010年中国数字出版年会年度报告》,2009年我国数字出版总产值首次超过传统出版物的总值。②
2010年8月,新闻出版总署《关于加快我国数字出版产业发展的若干意见》

---

① 郝振省:《2010~2011中国数字出版产业年度报告》,中国书籍出版社,2012。
② 人民网,http://media.people.com.cn/GB/9853715.html。

提出,到"十二五"末,我国数字出版总产值要力争达到新闻出版产业总产值25%,整体规模居于世界领先水平;在全国形成8~10家各具特色、年产值超百亿元的国家数字出版基地或国家数字出版产业园区,形成20家左右年主营业务收入超过10亿元的具有国际竞争力的数字出版骨干企业;到2020年,传统出版单位基本完成数字化转型,其数字化产品和服务的运营份额在总份额中占有明显优势。[1] 2011年4月,新闻出版总署出台了《新闻出版业"十二五"时期发展规划》和《数字出版"十二五"时期发展规划》,将数字出版列为以提高新闻出版业整体实力和竞争力为目标的"五大产业"之一,突出强调要顺应数字化、信息化、网络化趋势,推进产业转型和升级,使数字出版与国际同步。2012年2月,《国家"十二五"时期文化改革发展规划纲要》正式发布,提出要进一步加快发展数字出版等文化产业。[2] 在政府政策的大力支持下,2012年我国数字出版总收入为1935.49亿元,我国政府为发展数字出版产业提供了有利的政策环境。

同时,为积极推动数字出版产业的发展,截至2013年2月,我国已经在上海、重庆、浙江、广东、湖南、湖北、陕西、天津、江苏、北京、安徽等地先后建立了11个国家级数字出版基地,数字出版集群式发展已初现端倪。国家和各级地方政府对数字出版产业发展的高度重视和强有力的政策支持,显示了数字出版产业对我国经济发展和文化建设的重要性。根据2012年新闻出版产业分析报告的数据,9家已经建成的国家数字出版基地共实现营业收入624.7亿元,同比增长40.2%,占数字出版全部营业收入的32.3%;实现利润85.1亿元,同比增长12.2%。这说明数字出版基地产业集聚已经产生了正面效应。

2. 产业监管

进入21世纪以来,我国政府对数字出版企业的准入资格制定了一系列的政策规定,以经营许可证和内容审查制度为核心,在网络音乐、数字印刷、影视传播、电子出版物等方面分别出台了《关于网络音乐发展和管理的若干意

---

[1] 李广宇:《我国数字出版产业现状及问题分析》,《现代出版》2011年第1期。
[2] 中国政府网,http://www.gov.cn/gongbao/content/2011/content_1987387.htm。

见》《关于规范利用互联网从事印刷经营活动的通知》《关于加强互联网传播影视剧管理的通知》《关于加强对进口网络游戏审批管理的通知》《电子出版物出版管理规定》等，详细规定了企业从事数字出版业务的审批程序；出台了《互联网等信息网络传播视听节目管理办法》《互联网文化管理暂行规定》，对互联网传播内容进行限制；出台《互联网站管理协调工作方案》，并成立全国互联网站管理工作协调小组，对互联网站内容进行监管。另外，在《国务院关于非公有资本进入文化产业的若干决定》、《外商投资产业指导目录（2007年修订）》以及《互联网等信息网络传播视听节目管理办法》中，还特别规定了外资的投资范围，限制外商投资音像制品和电子出版物的出版、制作和进口业务，限制外商从事信息网络传播视听节目业务。①

不可否认，版权问题依然是制约我国数字出版产业发展的一大难题。尽管在2005年国家版权局和信息产业部就已经联合颁布了《互联网著作权行政保护办法》，对利用互联网实施侵权盗版的行为进行制约，但是现阶段，数字出版的版权保护机制，包括技术手段、授权模式等，尚不完善，且适用于数字出版的现有法律也明显滞后，因此目前我国数字出版的版权保护机制尚未真正确立。数字期刊、网络原创文学、电子书等许多数字出版业务都面临版权问题。缺乏可靠的版权保护机制，必然会阻碍数字出版产业的健康发展。

（五）国际市场拓展

我国于2001年12月正式加入世界贸易组织，随着相关入世承诺条款的逐步兑现，我国融入全球化市场的进程也必将进一步加快。在经济全球化背景下，数字资源、资本、技术和人力资本等生产要素日益国际化，各国数字出版产业的竞争也会日趋激烈。同时，随着中国经济的不断发展，中国元素和中国形象正引起国际社会越来越强烈的关注，国际社会需要认识中国、解读中国，国际读者需要聆听中国故事，听取中国经验，感受中国文化，因此来自国际市场的强大需求也刺激中国数字出版产业开拓国际市场。

随着我国出版业改革的不断深化，传统出版业迈开了"走出去"的步伐。

---

① 黄先蓉、赵礼寿、刘玲武：《数字出版技术环境下的出版产业政策调整》，《编辑之友》2011年第7期。

国家新闻出版广电总局发布了《2012年新闻出版产业分析报告》，我国图书版权的输出数量已经从2004年的1314项提高到了2012年的9365项；版权输出、引进比由2002年的1∶15提高到了2012年的1∶1.9。数字版权出口大幅增长，2012年仅电子游戏就创造了35.625亿元人民币的海外销售收入，同比增长57.5%。① 2010年，期刊数据库的海外付费下载收入近千万美元，电子书海外销售收入达5000万元人民币，对外印刷加工达510亿元，在海外设立的分支机构超过300家。② 这些数字充分显示了中国出版业在国际市场上的良好发展态势。

但我们也要看到，与西方发达国家相比，我国数字出版在人才、资本及企业管理等方面还是有较大差距。美国苹果公司从数字出版产业赖以发展的IT技术入手，在10多年的时间里，介入数字出版产业的数字音乐、数字影视、数字报刊、电子图书等多个领域，并且以其电子设备硬件加应用程序加数字内容商店的商业模式，在很大程度上改变了传统的音乐、影视、报刊、图书产业的发展格局，成为美国乃至世界数字出版产业中的领军企业。因此，中国数字出版产业在国际市场机遇与挑战并存，要发展到国际先进水平，还有很长的路要走。

三 中国数字出版企业国际竞争力

中国数字出版企业大多数是民营高科技企业，体制机制较为健全，市场灵敏度及反应能力较强，具有较强的竞争能力。但是由于法律环境不甚理想，条块分割管理模式等传媒政策的限制，加之缺乏完整产业链，中国数字出版企业国际竞争潜力还有待发掘。本部分将从数字出版企业体制机制情况、资本运作情况、企业创新情况以及领军式企业的具体情况四方面对中国数字出版企业的国际竞争力进行具体阐述。

（一）数字出版企业体制机制情况

中国数字出版企业大多是民营企业，具有较为完善的法人治理结构，体制

---

① 书聿：《IDC：中国2012年游戏出口额突破35亿元》，http://tech.hexun.com/2013-06-04/154835036.html。
② 闫玉清：《中国出版"走出去"如何进一步增强影响力》，《红旗文稿》2011年第21期。

机制的市场化程度较高。民营数字出版企业也可以大致分为传统民营书业及新媒体民营数字出版企业。改革开放以来，民营资本开始进入出版物发行领域，并且逐渐介入出版领域，特别是随着新闻出版体制改革的不断深化，民营书业迅速增长。根据新闻出版总署发布的《2011年新闻出版产业分析报告》，在新闻出版行业中，民营企业数量已占81.2%，已成为新闻出版产业中一支重要的生力军。但是由于中国数字出版模式形态复杂、缺乏完整产业链以及数字出版版权问题，传统民营书业在数字出版方面顾虑较大，但也不乏取得一定成绩的企业，如山东星火国际传媒集团正由单一的纸质出版向多种介质的跨媒体复合出版转型，星火品牌延伸至数字出版的各个环节：移动通信、互联网、学习机、点读笔、数字图书馆、电子书店等。① 但是要想充分发挥传统民营书业在数字出版中的巨大作用，仍然需要政府的政策支持及企业自身的不断尝试。

　　新媒体民营数字企业多涉及网络出版、动漫游戏、网络音乐等行业，这类企业大多拥有先进的体制、灵活的机制、完善的内部管理、高端的技术平台、敏锐的市场触觉、强大的市场营销手段以及人才优势等，为其发展数字产业铺平了道路。以依靠游戏起家的盛大集团为例，2009年以来，盛大游戏就开始实行"游戏制作人"的游戏开发体制，加大人才整合力度。"游戏制作人"体制将盛大游戏这一平台效应充分发挥出来，对有潜力的制作人分别授权，制作人获得相应的权、责、利，得以自由整合项目组人力资源及其他资源，同时全程负责整个项目的研发、运营。"这样一个体制，既为具备创业精神和实力的优秀网络游戏人才提供了展示才华、发展事业的平台，又能够对这些人才有效控制，较好地实现了资源整合的多赢效果。"② 盛大文学则首创"微支付"和"全版权运作"的机制，完善了以创作、培养、销售为一体的电子在线出版机制，初步探索出了原创文学网站的盈利模式，同时通过全版权运营机制对一个产品的所有版权，包括网上及手机上的电子版权、线下的出版权、影视和游戏改编权以及一系列衍生产品的版权进行全方位运用。③ 由此可见，新媒体民营

---

① 资料来源：中国新闻出版网。
② 莫林虎：《从商业模式创新角度看我国数字出版企业的市场竞争》，《中国出版》2012年第16期。
③ 赵伯翰、潘敏：《盛大：数字出版垂直一体化的产业链布局》，《中国市场》2011年第45期。

数字企业依靠灵活的体制机制，其竞争力大大增强，随着国际市场的开拓，此类企业也必将迎来更大的挑战。

不仅是民营企业在体制机制上越来越健康，转制后国有出版企业在数字出版的拓展上也开始向市场化体制机制发展，天闻数媒就是这样一个例子。天闻数媒由中南出版传媒集团股份有限公司和华为技术有限公司合资设立，是中南传媒数字内容资源的唯一运营主体和数字资源对外合作的唯一窗口，通过海外数字出版平台、三网融合创新教学平台、电子书包技术试验及示范工程项目、运营商手机阅读业务等四大产品线的建立，天闻数媒已成功完成了中南传媒在数字媒体市场的重要战略布局。随着我国国有出版企业市场化程度的不断提高，在政府政策的大力支持下，其国际竞争力也将逐渐显现。

（二）数字出版企业资本运作情况

中国数字出版企业的高科技性质，符合传媒产业的发展方向，具有较好的市场前景，尤其是新媒体数字企业，体制机制健全，管理科学，发展前景广阔，因此吸引了不少国内外资本的介入。通过信贷融资、风险投资、产业投资基金以及上市融资等资本运作方式，我国数字出版企业获得了强大的资金支持，为其发展提供了有力保障。

以经营原创音乐出版的 A8 音乐为例，2004 年，华动飞天推出原创音乐互动平台（UGC），并正式更名为 A8 音乐，开始转型从事数字音乐出版，通过在网上推广原创音乐和发行音乐作品，依靠 mp3 下载和铃声下载获得收益。A8 音乐的商业模式得到了新加坡 TDF 资本、英特尔投资、JAFCO 亚洲、三菱 UFJ 证券以及 IDG 等风险投资商的认可，获得了 2000 万美元的投资。[①] 在获得风险投资基金之后，通过开发原创音乐及购买正版音乐内容，A8 音乐迅速发展，2008 年 6 月 12 日，A8 音乐在香港上市，成为香港第一只数字音乐概念股，上市创造了 128 倍超额认购，是 H 股 2008 年以来新股最高超额认购。[②] 汉王的发展壮大也离不开对资本的有效运作。2001～2005 年，汉王与北京银行合作，通过信贷融资累计得到贷款 2.85 亿元。2003 年 3 月，本土风投上海

[①] 中国信息产业网，http://www.cnii.com.cn/icp/content/2010-09/13/content_795267.htm。
[②] 莫林虎：《从商业模式创新角度看我国数字出版企业的市场竞争》，《中国出版》2012 年第 16 期。

联创以 360 万美元注资，获得汉王 25% 的股权，成为第二大战略投资者。2010 年 3 月 3 日，汉王成功登陆深交所中小板，融资额逾 10 亿元。网络游戏开发商和运营商完美世界在创业之初获得软银赛富亚洲投资基金，于 2007 年 7 月 26 日，成功登陆美国纳斯达克股票市场（NASDAQ：PWRD），并于 2009 年 1 月 2 日登陆纳斯达克全球精选市场（NASDAQ Global Select Market）挂牌交易，成为中国最出色的互动娱乐企业之一。

相比新媒体数字企业，受政策限制的传统出版业很难获得国外资金，但规模较大的出版企业如时代出版、出版传媒、皖新传媒、中南传媒等已通过上市获得资金支持。相比而言，美国一些传统出版商在向数字化转型过程中多采用与技术提供商合作或并购的方式进行。如哈珀·柯林斯出版集团选择与 Newstand 进行合作，并为此拥有其 10% 的股份；约翰·威立并购布莱克维尔和 Whatsonwhen 以进军数字出版；培生教育出版集团通过收购"电子大学"来扩大网络教育出版；兰登书屋购买 Vocel 公司部分股权来开发手机阅读等。[①] 我国现行管理体制决定了传统出版企业和高科技数字公司在合作方式上更多地停留在委托数字加工和委托数字产品分销的阶段，使其难以与拥有技术实力的数字公司结盟或互相融投资、参股等，更谈不上与新媒体数字出版企业有效整合，打破媒体分割，达到出版、电影、音乐、游戏等不同产业融合发展的效果。因此，只有通过打破传统条块分割管理模式，通过吸引风险投资基金、相互参股、上市融资等方式获得资金支持，才能进一步提升我国数字出版产业的国际竞争力。

可喜的是，中南出版传媒集团和华为技术有限公司合资设立天闻数媒公司就是这样一个跨行业资本、技术与文化资源合作的典型案例。中南出版传媒集团原本以传统图书出版业为主，2009 年综合实力名列全国出版集团第二，出版传媒主业营业收入位居全国出版集团之首。同时，中南出版传媒集团是湖南省文化领域的上市企业，是湖南省政府重点扶持的国有公司，具有深厚的政府行政资源。而其合作者华为是全球领先的信息与通信解决方案供应商，其产品和解决方案行销于全球 160 多个国家，服务全球运营商 50 强中的 45 家及全球

---

① 张立：《我国数字出版产业的发展趋势及对策分析》，《出版发行研究》2008 年第 10 期。

1/3 的人口。2012 年，华为年销售额高达 2202 亿元（约 354 亿美元），仅比位居世界大型电信设备制造商第一名的爱立信少 4 亿美元，而华为的净利润达到 154 亿元人民币，爱立信净利润仅 50 多亿元人民币。华为具有高科技企业的强大技术研发能力和民营企业的强劲市场竞争力，是《财富》杂志世界 500 强企业。这两家企业各有优势和不足，而合作设立的天闻数媒正好可以弥补各自的短板，相互借势，强势出击。根据我们对该企业的实地调研，该公司无论体制机制、企业战略、企业文化都初步显示出文化企业和高科技企业强强联合的实力，其未来发展潜力巨大。

同时，我们也要看到，正由于中南出版传媒集团和华为技术有限公司两家企业在所有制形式、企业所在行业、企业文化、管理模式等方面存在着巨大的差异，二者的合作，在领风气之先的同时，也一定会存在诸多需要磨合的地方。根据我们对该企业的实地调研，我们认为，天闻数媒的发展，无论是企业文化、经营管理、产品研发、市场开拓，都还存在着很多的不确定性。但不管天闻数媒的未来发展前景如何，它的建立、发展及其结局都会成为中国传统图书出版企业通过资本运作的方式进行数字化拓展的一个重要案例。

（三）数字出版企业创新情况

经济学所谓的创新，是由经济学家熊彼特第一次提出的，"他把创新界定为一种新的生产函数的建立，是企业家对生产要素新的组合，即把一种从来没有过的生产要素和生产条件的新组合引入生产体系，从而形成一种新的生产能力，以获取潜在利润"①。产业创新的重要基础之一是企业创新，在这个过程中，政府、科研机构、本产业和相关产业的企业也可能会介入，形成产业创新网络，共同推动某一产业的创新演化。产业创新从其内在的逻辑性分析，从生产经营的角度，可分为循序渐进的几个重要层次：技术创新——产品和服务创新——市场创新——产业融合。在这几个层次的创新中，一定会伴随着企业的组织结构创新、管理创新。随着我国数字出版产业的不断发展，一些优秀的民营数字出版企业已经由技术创新向企业的组织结构创新、管理创新转变，并且

---

① 王兆峰、杨卫书：《基于产权理论的民族文化旅游产业创新研究》，《中央民族大学学报》2009 年第 2 期。

已经形成独具特色的发展模式。

作为数字出版产业发展领跑者的新媒体数字出版企业，其主要模式是通过向内容提供商购买版权或合作、签约原创作者等方式汇聚内容，如中国知网的全文数据库、汉王的汉王书城、盛大文学的云中书城等都汇聚了海量的内容，它们同时依托其内容运营管理平台进行内容加工、内容产品制作和发布，并基于特定的商业模式进行内容发送和销售，如汉王的"内容+平台+汉王阅读器"，方正的"内容+平台+方正阅读器"，盛大的"内容+平台+Bambook"等。其中以盛大集团最为突出，通过先后成立盛大文学、盛大云中书城以及推出电子阅读终端Bambook，盛大建立了以"内容+平台+终端"的完整的垂直一体化数字出版产业链，获得巨大的成功。

在内容建设方面，盛大文学对其盈利模式进行创新，创立"微支付"模式，即微量支付的方式，用户为自己愿意阅读的文章或章节进行付费阅读，目前盛大文学年收入的60%~70%是通过付费阅读获得的，实现了良好的盈利目标。同时盛大文学创新版权管理模式，首先通过版权许可合同签约知名作家与培养年轻作者并重的方式获得了大量的版权，然后推行"全版权运营"的模式，即以文学网站为依托，建立一个完善的、规模巨大的内容资源库，然后进行版权运作，包括在线付费阅读、实体书出版以及影视、动漫、游戏改编等，实现一次生产、多次开发，在获得巨大收益的同时，保障了盛大数字出版的内容质量；在平台建设方面，盛大积极打造其开放平台——云中书城，其目标即建立一个连接数字版权所有者、电子书硬件厂商、用户、开放云服务的大平台。2011年2月，云中书城正式从盛大电子书官方网站中独立出来，并拥有一个全新的域名www.yzsc.com.cn，此举标志着盛大文学试图打造的全球最大的中文正版数字书城正式独立运营。云中书城构建了一个完全开放的平台，包括海量版权内容、渠道及软件和硬件解决方案，为其数字内容的发布打造了开放、统一的平台，预示着数字出版产业链的整合将进一步加强。在终端建设方面，2010年7月29日，盛大在第八届中国国际数码互动娱乐产品及技术应用展览会期间宣布推出电子书Bambook，正式进军电子阅读终端行业，最终以市场价999元正式进入电子书这一市场，将电子书的价格拉到了千元以下。与此同时，Bambook采取网络直销方式销售，节省约30%的渠道销售费用，因此 Bambook 以极高的性价比成为消费者电子阅读终端的首选。① 由上述可知，通过组织结构、管理等方面的不断创新，盛大文学、盛大云中书城、盛大电子阅读器 Bambook 共同打造了盛大集团在数字出版上、中、下游的核心竞争力，成功地建立了数字出版垂直一体化的产业链布局。且"内容＋平台＋终端"的成熟商业模式，在促使每个部分成功发展的同时，能够使其相互依存、相互影响、相互促进，共同推动盛大的发展，极大地提升了盛大的竞争力。

但 2013 年以来，盛大集团危机不断，包括预定的战略未能得到有效实施，高管和业务骨干纷纷出走，表明陈天桥在企业战略的制定与实施、团队建设与凝聚力等方面还存在较大问题。未来如何发展，还有待观察。

（四）领军式企业的具体情况

随着我国数字出版产业的不断发展，在电子图书、数据库出版、电子游戏、数字音乐、网络视频等相关行业都涌现出一批领军式企业，下文将对不同行业领军式企业的具体情况进行介绍。

电子图书行业。主要企业包括方正（方正阿帕比）、中文在线、书生公司、超星公司等。方正阿帕比公司是方正集团旗下专业的数字出版技术及产品提供商，自 2001 年起进入数字出版领域，自主研发了数字出版技术及整体解决方案，已发展成为全球领先的数字出版技术提供商。2011 年 4 月 21 日，方正阿帕比正式推出云出版服务平台，此平台可提供方便的电子书加工工具，帮助出版社自主完成统一格式转换、元数据标引、目录、页码及移动阅读内容制作等工作，从源头上为电子图书提供质量保障。该平台还可提供自主选择商业模式、发行渠道，及具有安全发行数字资源、透明结算运营收益等功能。截至 2011 年年底，方正阿帕比云出版服务平台已得到上百家出版企业、报业集团等出版单位的认可和加入，同时也得到了汉王、联想、歌华有线、华阅数码、腾讯网等众多数字内容运营商的支持，云出版联盟规模也在不断扩大。2011 年方正阿帕比加大了和海外出版商合作的力度，如世界知名出版商企鹅出版社，已通过使用方正阿帕比数字出版技术推出了 5600 余种电子书。同时其海外客户已达 200 多家，业务范围覆盖美洲、欧洲、亚洲和大洋洲。其中在香港

---

① 腾讯科技，http://tech.qq.com/a/20101027/000046.htm。

实现全覆盖，台湾地区高校占有率超过80%，欧美等多家知名高校、公共图书馆也纷纷采购阿帕比产品。① 方正阿帕比在世界市场也充分显示其强劲的竞争力。

数据库出版行业。主要企业包括中国知网、万方数据、龙源期刊等。专注于学术出版的中国知网，以技术为支撑，整合学术出版的内容，全面提供知识信息服务，其主要服务包括中国知识资源总库（包括CNKI源数据库，外文类、工业类、农业类、医药卫生类、经济类和教育类多种数据库）、数字出版平台、文献数据评价、知识检索等。中国知网收录了中国内地公开出版的90%以上的学术期刊资源，形成了源数据库、行业知识仓库等4个系列、40多种产品。其中，面向海外出版的产品有20多种，拥有中文简体、中文繁体、英文等多种语言版本。② 服务对象主要是国内外高等学校和研究院所，客户支付意愿强，市场共享规模大，产业链利润集中，拥有分布在全球40多个国家和地区的2600余万用户，形成了完整有效的商业运营模式。③ "在国际业务拓展方面，截至2011年年底，中国知网的数字出版产品已经进入了40多个发达国家和地区，拥有1200多个机构用户。中国知网2011年出口收入达到730万美元，占全国出版产品出口总额比例超过23%"④。

电纸书行业。主要包括汉王科技、盛大文学Bambook、爱国者等。汉王于2008年10月推出电纸书业务，其电纸书集成公司多项核心技术，实现了读与写的完美结合，当年销量1.32万台，销售收入1873万元。2009年，汉王推出全球首款手写电纸书，这款电纸书植入了手写识别技术，具有全屏手写批注、记事、文档检索等功能，其销量增长至26.63万台，实现销售收入3.9亿元，占主营业务收入的67.1%，汉王在国内电子阅读器市场的优势地位逐步确立。2010年，汉王与中国移动联合推出首款手写3G电纸书。⑤ 但是由于数字内容的陈旧、受盛大Bambook低价政策以及iPad等平板电脑的影响，汉王

---

① 新民网，http://tech.xinmin.cn/3c/2012/06/29/15337269.html。
② 赵琬微、赵仁伟：《中国数字化出版艰难"出海"》，《半月谈》（内部版）2012年第7期。
③ 熊玉涛：《论数字出版产业的运作与发展》，《编辑之友》2010年第7期。
④ 赵琬微、赵仁伟：《中国数字化出版艰难"出海"》，《半月谈》（内部版）2012年第7期。
⑤ 韩菲、赵铁柏：《资本市场能否持续给力电纸书?》，《现代出版》2011年第6期。

电纸书销量下滑,大幅降价后,利润被挤压导致亏损,股价也一落千丈。根据汉王科技公布的财报,该公司 2011 年销售额下降 73.65% 至 2.33 亿元,2012 年销售额再次锐减 70.31% 至 0.69 亿元,电纸书销售收入仅占汉王科技营收总额的 17.95%、利润的 4.49%。同时根据第三方市场分析机构易观国际发布的《2012 年第 2 季度中国电子阅读器市场季度监测》数据,二季度中国电子阅读器整体市场销量为 29.3 万台,排名第一的汉王电纸书市场份额下滑 49.9%,盛大文学 Bambook 上升到 28.4%。作为电纸书行业的领军企业,汉王现阶段的首要任务是控制成本,同时提升数字内容的质量,增强内容及服务的吸引力,打造出其核心竞争力,才能保持其行业领先地位。

电子游戏行业。主要包括完美世界、网易、金山、联众、搜狐畅游、巨人网络、第九城市以及由网络游戏业务发展成为综合性传媒公司的盛大集团等。完美世界(北京)网络技术有限公司(以下简称完美世界)成立于 2004 年,是中国领先的网络游戏开发商和运营商之一。公司主要凭借自主研发的 Angelica 3D 游戏引擎、Cube 引擎以及 Eparch 2D 引擎开发各类网络游戏,陆续推出了《完美世界》《武林外传》《完美世界国际版》《诛仙》《赤壁》《口袋西游》《神鬼传奇》《梦幻诛仙 2》《降龙之剑》《神魔大陆》《神鬼世界》等网络游戏产品。[①] 早在 2006 年,完美世界就开始尝试进行海外游戏出口,通过授权方式,完美世界把旗下的精品网络游戏授权到海外,通过海外的合作伙伴进行运营,取得了巨大的成功,赢得了海量用户的支持和喜爱。截至 2011 年年底,完美世界已经有 10 余款游戏出口到超过 100 个国家和地区,并在美国、日本、中国台湾以及荷兰设有全资子公司,为全球用户提供优质的互联网娱乐服务内容。2012 年年底,完美世界为网络游戏产品进出口打造了完美世界海外进出口平台,现在已有 180 余款产品入驻。完美世界海外出口连续六年名列全国第一,出口额占全国网游出口总额近 40%,涉及的海外用户接近 5000 万。鉴于完美世界在"走出去"方面的出色业绩,在"2012 年度中国十大海外拓展游戏企业奖"的评选活动中,完美世界再次获奖并位居第一。[②]

[①] 完美世界官方网站,http://www.wanmei.com/。

[②] 凤凰网,http://games.ifeng.com/netgame/yejiexiaoxi/detail_ 2012_ 07/25/16290251_ 0.shtml。

数字教育出版行业。主要包括天闻数媒、山东星火集团、世纪金榜等。作为中南传媒数字内容资源的唯一运营主体和数字资源对外合作的唯一窗口，天闻数媒核心业务之一就是数字教育出版。公司作为 CMMB 教育教学资源的内容引入方和产品设计方，携手中广传播集团打造三网融合创新教学平台，平台充分利用通信网、广电网、互联网三网资源共享优势，同时利用先进的云技术、终端技术、丰富的数字化内容，构建全面支持教育数字化的综合平台，为受众提供丰富的一站式教育教学服务。目前，我国的数字教育市场仍处于初级阶段，其产品和服务还在研发、试用期，大规模市场化运营还需要国家教育部门的政策许可，至于企业的国际竞争力则更是下一个发展时期的议题。

网络视频行业。主要包括优酷、土豆、酷六、百度奇艺、乐视、搜狐视频、新浪视频等。优酷网是中国领先的视频分享网站，是中国网络视频行业的第一品牌。优酷网以"快者为王"为产品理念，注重用户体验，不断完善服务策略，充分满足用户日益增长的多元化互动需求，成为中国视频网站中的领军势力。美国东部时间 2010 年 12 月 8 日，优酷网成功在纽约证券交易所正式挂牌上市。2012 年 3 月 12 日，优酷股份有限公司和土豆股份有限公司共同宣布协议，优酷和土豆将以 100% 换股的方式合并。合并之后，二者覆盖了中国 80% 的互联网视频用户，人口规模约为 4 亿。根据 2012 年财报，优酷 2012 年全年净收入人民币 18 亿元（约合美元 2.88 亿元），综合净亏损人民币 4.24 亿元（约合美元 6810 万元）。因此优酷需要持续加大投入，以扩大市场份额以及确保市场领先地位。网络视频行业由于受到语言差异的限制，其地域性较为明显，从目前情况看，进行国际市场拓展时机尚不成熟。

数字音乐行业。主要包括 A8 音乐、九天音乐、163888、巨鲸、酷狗、百度 mp3、新浪乐库等。A8 音乐以 SP（服务提供商）业务起家，前身为华动飞天网络技术开发有限公司，2004 年，公司推出原创音乐互动平台（UGC），并正式更名为 A8 音乐，开始转型从事数字音乐出版，通过在网上推广原创音乐和发行音乐作品，获得 mp3 下载和铃声下载收益。2005 年，A8 音乐与多普达合作，推出了无线音乐门户客户端 A8 BOX；2006 年，率先在中国提供互联网"正版音乐服务"；2007 年，发起"原创中国音乐基地工程计划"。A8 音乐在面对传统音乐产业困境时，抓住了优秀作品（优质版权资产）这个重要因素，并通过商业模式创新，再造产业格局。正因为如此，该公司很快就受到了听众和资本市场的热捧。2008年6月12日，A8音乐在香港上市。① 根据其2009年度财务报告，A8音乐全年营业额达到7.07亿元，2008年为7.06亿元；利润1.02亿元，较2008年增长27%，其中来自原创音乐平台UGC的收入约1.89亿元，占公司音乐及音乐相关收入的比重从2008年的38%提升至42%。由于互联网产业发展日新月异，智能手机日益普及，促使A8音乐加大力度布局移动互联网，进行商业模式的更新与转型。这一转型带来了相当大的成本。根据A8音乐历年的财报，从2010年开始，该公司的收入和利润就一直处于下降态势。2012年财报显示，该公司首次出现亏损。当年公司收入3.45亿元，同比下降28.6%。

电信运营商手机出版。主要包括中国移动、中国电信等。中国移动手机阅读业务于2010年5月5日正式启用，以手机（WAP、客户端）和移动电子书为主要形态，基于用户对各类题材内容的阅读需求，与具备内容出版或发行资质的机构合作，整合优质的图书、杂志、报纸、漫画等阅读内容，打造全新的图书发行渠道，成为国内最大的正版数字图书汇聚平台。据《人民邮电报》报道，2012年中国移动手机阅读基地业务收入已经达到了25亿元，用户数突破1亿户，日均网页访问量达到5.8亿次，拥有35万册正版图书。② 凭借其品牌、资金、技术等方面的优势，中国移动手机阅读的竞争优势将进一步凸显。

四 中国数字出版产品国际竞争力

数字出版产品，就是以数字出版方式出版的作品，包括数字化传媒商品和服务。随着我国数字出版产业的迅速增长，数字出版的新产品和新服务不断涌现，已形成包括电子图书、数字期刊、网络文学、电子游戏、网络音乐、手机出版物等在内的较为完备的内容体系。但是由于缺乏完善的版权保护机制、受传统政策限制等，中国数字出版产品的国际竞争力有待进一步提高。数字出版

---

① A8官方网站，http://www.a8.com/。
② 佚名：《中国移动手机阅读业务年入25亿元 数字阅读迎来发展春天》，《人民邮电报》2013年3月12日。

企业应当紧跟数字技术潮流,在准确把握国内外数字出版发展趋势和中国文化背景的基础上,创造出适合国内外客户消费能力、满足其消费需求的产品和服务。下文将介绍几种代表性的数字出版产品。

(一) 电子游戏:《完美世界》

2005年3月,完美时空(2011年初更名为完美世界)正式推出首款网游力作《完美世界》,凭借精湛的制作技术,完善的运营机制,独特唯美的游戏功能,《完美世界》获奖无数,被ChinaJoy中国优秀游戏评选为2005年度中国优秀游戏最佳原创网络游戏、2005年度中国优秀游戏中国最佳3D网络游戏,获得腾讯中国新势力所评选的2005年度受欢迎的网络游戏称号,成为当年国内玩家最喜爱的原创3D网游。

2006年,《完美世界》开始进行海外出口的尝试。该游戏以盘古开天地为引子,在中国上古神话传说的基础上营造了一个独特的历史空间,以史诗般的背景和波澜壮阔的剧情,为玩家展现了一个古老神秘、充满未知的奇幻世界,因此对海外游戏玩家产生巨大吸引力,赢得了海外各游戏运营商的青睐与信任。7月25日完美时空与台湾智冠科技签约,将《完美世界》推向台湾地区,《完美世界》进军海外市场的号角正式吹响。随后完美时空与日本著名网游平台公司C&C Media签约,成为国内首款正式进军日本的国产网络游戏。紧接着完美时空先后与越南光明D.E.C通信有限公司、菲律宾Level Up公司、韩国CJI公司等国家和地区的游戏公司签订合约,截至2006年年底,《完美世界》已经拥有繁体版、日语版、韩语版、越南语版以及英语版等多个版本,签约金额超过了1000万美元,不仅取得了双赢的局面,同时开中国网游出口的先河。① 2007年完美时空将《完美世界》进一步推广到泰国、印度尼西亚、俄罗斯以及其他俄语国家和地区。2008年约40个欧洲国家与完美时空签约,《完美世界》的影响力在世界范围内进一步扩大。并且在《完美世界》大获成功的带动下,其公司旗下其他产品如《武林外传》《热舞派对》《赤壁》《诛仙》《神鬼传奇》等也纷纷出口到马来西亚、新加坡、泰国、菲律宾、印度尼西亚、韩国、日本、俄罗斯、中国台湾、中国香港、中国澳门等国家和地区,

---

① 中国文化传媒网,http://www.ccdy.cn/chanye/shichang/201109/t20110926_77571.htm。

不仅促进了中国传统文化的海外传播，也进一步凸显我国电子游戏产品的国际竞争力。

（二）网络文学：《盗墓笔记》

《盗墓笔记》是南派三叔所著的盗墓题材小说，2007年首发于起点中文网。凭借悬疑惊险的故事构成、成熟老辣的情节设置、讨人喜爱的小说人物性格等多种创作优势，一直受到广大读者的爱戴和追捧。2011年12月19日《盗墓笔记捌：大结局（上、下）》上市，至此《盗墓笔记》系列完结，共出版实体书9部。《盗墓笔记》系列是南派三叔的代表作，堪称近年来中国出版界的神来之笔，长期占据国内各大图书销售排行榜榜首，获得百万读者狂热追捧，盛赞不断。《盗墓笔记》系列创造了出版界的一个神话，与《鬼吹灯》共同开启了中国通俗小说界的"盗墓时代"。《盗墓笔记》前1~7部获得销量近1000万册的好成绩，首印就达210万册的大结局上市首日就迅速跻身卓越网、当当网、京东网等各大网站销售排行榜首位，仅卓越一天销量就达到1.5万册，强压郭敬明的《小时代》和韩寒的《青春》。首周各大网站、新华书店、民营书店统计销量更突破100万册，南派三叔更是凭此在2011年度《华西都市报》的作家富豪排行榜上以1580万元高居前三甲。①

在盛大文学全版权运营的机制下，《盗墓笔记》不仅仅局限于网络阅读及实体书出版，同名网络游戏、中文广播剧、网络连续剧也受到读者的追捧。在台湾，自2009年开始成为台北市、高雄市图书馆里的借阅抢手书，每年均进入借阅前3强之列，其销量也位于畅销之列。2009年7月，由美国Concept Art House（简称CAH）筹备《盗墓笔记》漫画版本出版。CAH计划与美国顶级公司合作，共同将《盗墓笔记》打造成好莱坞品牌，形成游戏、电影、玩具等产业链。此外，《盗墓笔记》的英文版也将由美国Things Asian Press（亚洲风情出版社）筹备出版，目前正在紧张翻译中。② 另外，在《盗墓笔记》大结局上市后，美国派拉蒙影业也计划将其改编为电影。截至目前，以盛大文学为代表的网络文学推出了不少广受欢迎的作品，如《鬼吹灯》《步步惊心》

---

① 大众网，http://book.dzwww.com/news/2011/1231/55242.html。
② 中国经济网，http://comic.ce.cn/news/dmzx/200907/13/t20090713_19522349.shtml。

等,通过全版权运营,除实体书、有声读物出版之外,它们大多被改编为电视剧、游戏,获得巨大的收益及影响力。但是受到翻译水平及中外文化差异的影响,网络文学产品的国际竞争力受到一定限制。

(三) 数字音乐:A8音乐的试听服务及彩铃等下载

A8音乐集团是一家综合性数字音乐公司,通过A8音乐原创互动平台A8音乐网站,以及国际和国内唱片公司获取其音乐内容,主要通过无线网络提供试听服务及音乐产品等。A8音乐首先向网络手机用户提供在线免费试听的服务,以此聚集人气,一定程度上完成音乐作品市场推广的任务,然后依据试听次数、下载量等信息从中筛选出有商业运作价值的音乐,并与创作者签订版权协议,最后在网络上提供收费彩铃或铃声等产品的下载,以此获利。

2004年A8正式推出UGC原创音乐平台www.a8.com,供歌手和用户上传自己独立制作的原创歌曲。通过A8音乐平台及A8音乐原创歌曲大赛的推广和挖掘,截至2010年7月,A8音乐已经建成全球最大的中文音乐原创社区,通过结合全球最贴近消费趋势的中文唱片公司和多达12000名歌手,汇集了65000首原创歌曲,如此庞大的内容,使A8获得了传统唱片公司难以比肩的利益。其歌曲包括大众熟悉的《求佛》《彩云之南》《我不哭》《寂寞才说爱》等。2007年从A8平台上发布的原创音乐《不想让你哭》,仅手机下载量就达约780万次,收益约1610万元;而《我不哭》的手机下载量也达590万次,收益1110万元,这都是CD时代无法想象的业绩。①

而A8音乐的另一项重点产品——原创音乐人扶植计划,2011年也通过概念音乐合辑的形式得到了良好的反响。2011年上半年内地数字音乐领域的首张女声合辑《天使A计划》、男声合辑《怎么狠心说分手》强力问世,与以往唱片公司签约艺人收歌发片的传统模式不同,A8音乐为内地唱片公司、歌手、创作人及线上用户牵线搭桥构筑创作人平台,通过线上线下制作并推广作品。② 此外,2011年5月中旬A8音乐推出其长期战略产品——"音乐云",

---

① 网易科技,http://tech.163.com/08/0801/07/4I8AG4RC000915BF.html。
② eNet硅谷动力,http://www.enet.com.cn/article/2011/0913/A20110913908275.shtml。

旨在为用户提供一个虚拟的集中的空间来存储自己的音乐,该空间能与网站、手机、平板电脑、车载音响等平台对接,其数据可以在任意终端设备中同步,且操作简单,使用户不需下载便可以随时随地通过任何设备检索或收听音乐。①"音乐云"也是 A8 音乐在移动互联网音乐业务中的重要布局。随着 3G 技术的日臻成熟、版权管理的完善以及我国巨大的市场潜力的发掘,A8 音乐的国际竞争力必将进一步增强。

(四)电信运营商手机出版:中国移动手机阅读

2008 年年底,中国移动在浙江启动手机阅读基地建设,以"内容+通道+终端"的方式致力于建设全新的数字图书发行渠道,通过降低盗版冲击、减少中间环节、创新图书发行来实现规模发展。2010 年 5 月,中国移动手机阅读正式提供服务。截至 2012 年年底,中国移动手机阅读共汇聚 35 万种精品内容,涵盖杂志、漫画、图片等正版图书,覆盖 70% 以上的出版榜单图书、95% 以上的原创榜单图书,基本打造了国内收入规模最大的数字阅读。②

据中国移动手机阅读基地数据,2011 年中国移动手机阅读信息费收入 15 亿元;截至 2011 年年底,中国移动手机阅读基地已和中国作家协会、中国出版集团、蓝狮子财经书屋等 79 家出版策划单位进行战略合作,已有超过 30 万种图书入库。如此丰富的内容资源对用户产生极大的吸引力,截至 2012 年年底,中国移动手机阅读的用户数量突破 1 亿户,日均网页访问量达到 5.8 亿次。同时与中国移动手机阅读基地签约合作的内容提供商已经超过 160 家,很多作者因此受益。通过手机阅读分给一些出版单位的年收入是其自身数字出版收入的 2 倍,如 2011 年 8 月,作家出版社凭借向中国移动手机阅读基地授权的 300 部文学作品共获得了约 200 万元的收益,其中出版社向旗下作家支付了 100 万元的数字版税,有超过 10 位作者在手机阅读基地的收入比传统出版的版税还高。③

手机阅读推动了作者、读者及平台之间的互动创作及分享,截至 2011 年

---

① 中国新闻出版网,http://www.chinaxwcb.com/2011-09/26/content_230114.htm。
② 腾讯科技,http://tech.qq.com/a/20111019/000019.htm。
③ 中国经济网,http://www.ce.cn/culture/gd/201204/06/t20120406_23220058.shtml。

7月，中国移动手机阅读用户向平台回复了48万条书评、52万条留言，其中点击量最高的图书书评超过5.5万。同时手机阅读推动了经典好书的二次发行，如原创小说《盘龙》在互联网上已没有点击增量，但在手机阅读平台上仍存在市场，截至2011年6月底点击量超过2.33亿次。① 为了降低用户的阅读门槛，中国移动手机阅读免收用户的流量费用，只按用户的阅读内容收费。其中，按章标准资费根据不同书籍每章0.04元~0.20元不等，如单章低于1000字，则不收费；按本标准资费一般2~5元，原则上不高于10元；用户还可以进行包月选择，包月分为3元/月会员包和5元/月精品包两大类，中国移动提供30多个包月产品供用户自主选择。② 据统计，在中国移动手机阅读的平台上，最高的一本书已获得了1200万元的收入。伴随着移动互联网用户的高速增长，移动互联网市场规模的不断扩大，中国移动手机阅读凭借其品牌、资金、技术等方面的优势，以超过6亿数量的手机用户作为保障，其国际竞争力必定进一步增强。

五 提升中国数字出版产业国际竞争力的建议

在抓住了数字技术这一有利抓手，及有效利用国内外资金的形势下，中国数字出版很快成为中国传媒业的一个重要发展领域，且已经明显具有整合传媒业的势头。但盗版的猖獗、传媒政策的限制、产业链上下游之间利益分配不合理、原创技术缺乏、创新能力有待提高等问题使得我国数字出版产业还有较长的路要走。

（一）政府政策层面

（1）要进一步加强版权保护，营造良性的数字出版社会法律环境。

版权是数字出版企业核心竞争力中最重要的资源，但由于我国数字出版的版权保护机制尚不完善，很多数字出版企业仍处于版权困局之中。现阶段，包括技术手段、授权模式和保护体系等在内的数字出版版权保护机制尚不完善，适用于数字出版的现有法律也明显滞后。版权问题已成为阻碍数字

---

① 新华网，http://news.xinhuanet.com/jiadian/2011-07/06/c_121630043_2.htm。
② 腾讯科技，http://tech.qq.com/a/20111019/000019.htm。

出版发展的巨大瓶颈，严重阻碍了数字出版产业健康发展。因此需要政府不断完善数字出版产业相关的法律法规，制定政策，积极引导数字出版行业进行知识产权基础知识的学习，强化与数字出版关系密切的版权、专利、商标和技术机密保护的意识，对知识产权进行科学管理与运用，同时进一步打击盗版现象。这样才能为数字出版国际竞争力的进一步增强提供健康的法律环境。

（2）通过政策引导促进数字出版产业链上下游之间合理的利益分配机制的形成。

由于高新技术对数字出版产业的支撑和推进作用，技术提供商在数字出版中占据绝对强势地位，造成数字出版各业态发展的不均衡和产业链各环节利益分配的不公平。在产业链各环节利益分配方面，作为内容提供方的传统出版商在与通信或网络巨头的合作中，常处于弱势地位，这种利益分配格局十分不利于传统出版产业的数字化转型，也不利于数字出版产业的长远发展。因此，政府需要加大对传统出版业的支持，增强对其内容资源的保护力度，通过政策优惠、人才培养、技术支持等措施推动版权服务平台的建设，向数字出版企业提供版权登记、交易营销、信息服务、技术支持、法律保护等多种服务，以此增强传统出版业在产业价值链中的话语权。同时政府应当制定数字出版产业整体的发展战略，加强上下游企业间对话，对利益分配各方关系进行积极的协调，适度扶植产业链弱势环节，形成产业链上下游之间良好的合作机制。

（3）在传媒政策上进一步放宽尺度，使国有资本与民营资本在数字出版领域实现更顺畅的融合，实现强强联合。

尽管中国传媒产业的发展和文化消费的增长有效促进了传媒体制改革，且传媒政策对民营资本和国外资本的开放已屡有突破，但迄今为止，我国的传媒政策基本格局并未改变，传媒产业仍然是高度管制的行业，传媒产业的发展潜力尚未充分释放出来。我们建议，政府可在充分调研、试点的基础上进行政策创新，允许民营资本首先在数字出版领域完成产业链的打造，并在政府的政策引导和有效控制下，有条件地进入传统书报刊出版领域，使其成为推动传统出版业数字化的重要力量。

同时，搭建国有资本与民营资本的合作平台，建立及完善发展数字出版产业的产业基金、风险投资基金和投入机制，鼓励地方和社会各界采取多种形式对数字出版产业进行投资，加大产业资本投入等。通过这些措施扶持数字出版产业的创新与发展。①此外，政府在引导和促进数字出版产业发展的过程中，还应制定有利于数字出版高新技术企业进入资本市场的法规和实施办法，为其今后资金的筹集建立长效保障机制。

（二）企业层面

（1）加大技术研发投入，使企业具有强大的技术创新实力。

数字出版由高新技术与传统出版内容融合而成，计算机、通信、互联网等技术发展对数字出版的支撑、推动作用体现在产业链的各个环节和各种形态上。②近几年来我国数字出版的销售收入中，以高新技术为代表的手机出版、网络游戏在数字出版的利益格局中占据了绝对优势地位。因此，无论是传统出版业，还是新媒体数字出版企业都应当继续加大技术研发投入，构建企业技术研发平台，积极学习外国先进的数字出版技术；同时制定人才激励政策，吸引与培养优秀的数字出版技术人才，鼓励其技术创新及内容创新，不断提高核心技术研发能力，以促进数字出版企业国际竞争力的进一步提高。

（2）追踪国内外数字出版发展潮流，创新数字出版商业模式，争取更多的企业成为世界数字出版领军企业。

尽管数字出版势头强劲，但也应该看到，从整体看，数字出版的盈利能力仍然有限，究其原因，最关键的是除少数企业外，大多数数字出版企业还未形成有效的商业模式。

互联网专家谢文指出："从大数据的角度看去，整个网络业势必重组。产业的上游是一批能够掌握大数据标准、入口、汇集和整合过程的公司，它们在大数据储存、使用和分析的基础上推出个性化、精准化、智能化的机制，跨网站、跨产品、跨终端、跨平台，让人与人、人与物、物与物之间实现高效撮合与匹配，从而建立起崭新的商业模式。这些公司的理想目标是掌

---

① 黄先蓉、赵礼寿、刘玲武：《数字出版技术环境下的出版产业政策调整》，《编辑之友》2011年第7期。
② 熊玉涛：《论数字出版产业的运作与发展》，《编辑之友》2010年第7期。

握全部网络用户和全部网络服务提供商的全部网络行为。"① 领先的互联网企业则起到创造发布、使用、收费平台的作用,在这一平台中,领先的互联网企业平台起着聚合消费者、上下游产业链、产品与服务等作用。这种平台因为它的开放性(买家、卖家自由进入,发布信息,进行交易)和聚集作用,使得创新性(产品与服务、商业模式、管理模式)得以最充分地实现。这些领先的互联网企业可以对传统传媒产业进行重新洗牌,重构媒介产业格局。

美国的 Facebook、谷歌、苹果、亚马逊都是从社交网站、搜索引擎、硬件制造、电子商务,进入整合硬件、软件、内容的赢家通吃,打通上下产业链,创造新的商业模式的境界。在这样一个全新的互联网整合传统传媒业的大潮中,传统媒体被收购、改造是必然之势。在新的传媒价值链中,传统媒体的价值主要体现在内容的制作、提供上。

我国的百度、阿里巴巴、腾讯已经开始在通用平台方面发力,未来的数字出版巨头很可能从这些互联网大鳄中诞生。

把这样一个大势搞清楚,才能说到商业模式问题。商业模式说到底,就是企业根据自身所处产业的发展现状与趋势,根据目标受众的消费需求,结合自身的资源条件,发现市场机会并加以利用,从而打造出企业核心竞争力,获得稳定收入的过程。对于数字出版而言,由于技术条件、受众消费需求、消费方式、产业发展路径全都是新的,因此其商业模式也必须是全新的。这就要求进入这个产业的人必须在技术、产品研发、经营管理、市场拓展等方面都具备创新意识和创新能力。

令人遗憾的是,目前很多进入该行业的人恰恰不具备这一点。多数传统出版社习惯于用已经成功的传统出版的思维方式和赢利模式来经营数字出版产业,以为把传统的纸质出版物简单地放在互联网或手机平台上就完成了数字出版,但这样的方式往往不能给出版社带来真正的收益。② 随着出版社改制的推进及市场化的加深,传统出版单位应当积极开展与数字技术公司的深层次合

---

① 谢文:《大数据时代产业链将发生重组性巨变》,http://www.d1net.com/news/hydt/93873.html。
② 张立:《我国数字出版产业的发展趋势及对策分析》,《出版发行研究》2008 年第 10 期。

作,同时摆脱单一的以企业自身利润进行数字出版业务投资的方法,充分利用外部资本进行数字业务的探索,甚至与数字技术企业组成合资公司,利用双方优势发展数字出版业务,不断创造出适应中国社会经济条件的、满足中国受众文化消费需求的数字出版商业模式。同时加强不同传媒行业之间的合作,将出版、动漫、游戏、影视等有效结合,形成适应各种数字出版细分门类的多样化的商业模式。当然,拥有技术支持及内容资源的企业,如拥有"盛大文学+云中书城+Bambook"模式的盛大,则需要进一步完善其产业链,通过内容打造及终端建设不断优化升级其产业链。同样中国移动、中国联通等电信运营商也可以凭借其资金、品牌、技术等优势,打造"内容+通道+终端"的手机出版产业链。

(3) 不断贴近顾客需求,推出创新产品与服务。

数字出版内容不足一直是困扰数字出版发展的核心问题,传统出版单位虽然拥有大量内容资源,但能转化为数字产品、适合数字终端呈现、带来收益的内容却不多。目前传统内容资源的数字化可使用率偏低,原因在于传统出版社对新媒体及数字技术的认识不足,对用户需求把握不够,提供的数字产品及服务与市场需求存在很大偏差。因此,传统出版单位应加强数字出版市场需求调研,了解数字技术及终端的特性,针对用户需求进行数字产品开发,提高产品的市场契合度。并应加强对优质内容的深度开发与再利用,加强一种内容的不同类型的开发、多平台应用开发、强化电子书的开发及提供增值服务等,使有限内容发挥最大价值。同时生活节奏的加快导致时间被"碎片化",伴随而来的是阅读的碎片化,手机阅读凭借其移动、便携、私密、碎片、娱乐等特性越来越受到人们的青睐,移动出版将步入快速发展的新阶段。数字出版企业应当准确把握这一趋势,占领今后发展的制高点,以提高自身的竞争力。

由于目前和未来数字出版的受众以年轻一代为主,企业在对数字出版产品与服务进行研发时,首先应当更多地依靠70后、80后乃至90后的员工,在这些中青年员工中发现人才,建设人才队伍。同时要高度关注这些年轻层次的受众需求和消费习惯。只有这样,我们的数字出版产品和服务才可能具有竞争力。

On the International Competitiveness of China's Digital Publishing Industry

Mo Linhu   Zhang Cong

Abstract: There has been rapid development in China's digital publishing industry over the last decade. According to data published by Chinese Academy of Press and Publication, the total revenue of our digital publishing industry has seen a rapid growth from 21.3 billion yuan in 2006 to 193.549 billion yuan in 2012.

Our digital publishing industry, however, is still under-developed and weak compared with the competitive international publishing industry. To raise the international competitiveness of our digital publishing industry, we should make efforts on the following three dimensions: digital publishing industry, digital publishing companies and digital publishing products.

We still lag behind the developed western countries to a large extend in terms of conditions of production factors, demand, development of related industries, government behavior, industrial management and international market expansion. Our government should further the reform and support the advancement of digital publishing industry via market mechanism.

A number of leading companies have emerged concerning the international competitiveness of our digital publishing companies, such as Shengda Cooperation, CNKI, Perfect World, A8 Music, etc. It should be noted that those companies are still at a disadvantage within the international market, except for Perfect World.

In view of the international competitiveness of our digital publishing products, video games from Perfect World and some olnime novels at Shengda Literature are relatively competitive. However, the number of our competitive digital publishing products is still limited.

We thus recommend, from the perspective of government management, that copyright should be further protected to create a beneficial social and legal environment for digital publishing. With the guidance of government policies, a more appropriate distribution mechanism could be established along the digital publishing industrial chain. With the further loosening of media regulations, state-owned capital and private capital can cooperate more smoothly. A win-win situation will thus be realized.

Companies should invest more on technical advancement to equip themselves with stronger technical innovation power. They also ought to follow the trend of digital publishing industry both at home and abroad. New business model should be created in the industry to help cultivate more internationally leading companies. Companies could provide new products and services to better meet the demands of customers.

Key Words: China; Digital Publishing; International Competitiveness

B.4
当代电视剧创作的问题与反思

欧阳宏生 姜 海*

摘 要：

进入21世纪以来，我国电视剧创作的自身与环境均发生了巨大的变化，在繁荣发展的同时，其创作过程中出现了诸多问题和不足。本文系统总结了21世纪以来我国电视剧创作的成就，从创作模式与题材选择两个方面分析了我国目前电视剧创作所存在的问题及导致的结果，并结合电视剧文化研究的新成果，提出了对于其题材、创作、意义、真诚方面的反思。

关键词：

当代 电视剧创作 突破 创新 问题 反思

进入21世纪以来，中国电视剧创作发生了深刻的文化转向和模式变革。它在作品质量、视野形成、类型剧创作上所取得的巨大成就深深地烙上了时代变革的痕迹。审视和梳理21世纪以来的创作路径，电视剧经历了大繁荣大发展，而其创作也经历了从借鉴到原创、从孤立到融合、从引用到内化的过程，而就在这过程中，隐藏在电视剧创作繁荣背景下的是对于

---

* 欧阳宏生，高级记者、四川大学新闻传播研究所所长、教授、博士生导师，全国首届"十佳"广播电视理论工作者。先后主持"中国特色社会主义电视理论""中国电视产业与经营"等一系列国家重点、一般或部级课题。发表学术论文190多篇，三项成果获国家级奖励，六项成果获四川省人民政府社科成果奖。担任国家新闻出版广电总局中国广播电视协会学术委员会委员、中国传媒经济学会副会长、中国纪录片研究会副会长、中国高校影视学会副会长、中国广播影视大奖、中国广播电视新闻奖评委及评奖组长、国际纪录片金熊猫奖、中国电视艺术金鹰奖、中国新闻奖、长江韬奋奖等评委。任《哥伦比亚新闻评论（中文版）》编委、《中国广播电视学刊》编委、《新闻传播研究》主编、《西部电视》主编。获首届"全国'十佳'广播理论工作者"称号。姜海，四川大学文学与新闻学院硕士生。

文化意蕴、受众认同、题材选择等诸多方面的问题，促使我们做出相应的反思。

一

我国电视剧创作所形成的精品魅力，以及全球化视野，类型剧创作的文化生成等，建构起了电视剧的独特文化，形成了电视剧创作的繁荣景观。

据国家广电总局电视剧司数据，2012年全年全国生产完成并获得《国产电视剧发行许可证》的剧目共计506部17703集。现实题材剧目共计284部，历史题材剧目共计216部，重大题材共计6部，分别占比56.13%、42.69%和1.19%。相比2001年的8000余集，从数量、创意、产业等诸多方面我们都能看出中国电视剧产业的飞速发展。

回顾21世纪的第一个地支轮回，我国电视剧的创作从数量到质量都可谓是成果斐然。十二年里，我国电视剧在精品剧目产量、剧目全球视野以及类型剧的文化生成上都有着不同程度的突破与创新。

（一）艺术精品的永恒魅力

电视剧所体现的"精品质量"不能被简化为节目制作的某个具体方面（如工匠式的专业主义）或者某个具体节目品类。相反，所谓的"质量"是指如何利用公共服务的组织形式来提供满足公众社会、政治和文化需求的精品剧目。[①] 从2000年开始，几乎每年我国都会产生一些对公众影响巨大并且经得起时间磨砺的优秀剧目，这些剧目题材迥异，类型不同，风格多样，但不可否认的是，它们都获得了艺术和市场的双重认可，成为我国电视剧创作史上的艺术精品，带给我们美的欣赏与思考。

《激情燃烧的岁月》中革命青年用激情和爱展现了属于他们那一代人的青春，塑造了石光荣这样坚毅果敢、具有革命浪漫主义情怀的英雄人物；《康熙王朝》用宏大的历史叙事还原了一个真实的"千古一帝"，赋予了帝王属于人的喜怒哀乐与悲欢离合；《武林外传》则用戏谑和夸张的方式描述了人们心中

---

① 〔美〕詹姆斯·卡伦：《媒体与权力》，史安斌、董关鹏译，清华大学出版社，2006，第246页。

的另类江湖，通过特色鲜明的人物让观众感知生活的本质；《金婚》中携手一生的平凡夫妻，在磕磕绊绊中体会到人生的酸甜苦辣，以小见大，展现新中国五十年的历史；《潜伏》则利用影视语言与独特结构的双重构建展现了谍战剧独特的文化生成，突出了类型剧的创作模式与精品效应……它们所展现出来的魅力深深影响了当今的受众。它们的出现如同闪耀在天幕下的点点繁星，熠熠生辉，闪耀着艺术的光芒，共同组成和照亮了中国电视剧创作的盛世舞台。

这些艺术精品反映了宽泛范围内一系列有意义、值得花时间去进行行动和体现的事情，已经成为提升我国人民道德和文化水平的强大的中介力量，成为人们获取知识、积极培养兴趣爱好、开阔视野和思路的重要来源。正如一些学者所提出的，众多的精品电视剧目，已经成为突出民族、国家形象的符码，展现经过精心编辑的民族、国家的日常生活，以此在受众中培养起一种集体的身份认同和归属感的重要方式。

这些集观赏性与思想性、艺术品格与市场认同、细节描述与恢弘叙事于一身，多种艺术风格相互交融，体现出社会责任感与历史使命感的优秀作品体现了我国21世纪电视剧创作的高水平，展现了在全球化背景下，我国电视剧创作体系与创作风格的累累硕果，凸显了电视剧创作中多元发展且创新求变的景观。

（二）全球视野的开阔形成

2001年，中国加入WTO，开启了中国电视剧参与全球化竞争的时代。在这样的大背景下，中国电视剧也睁开眼睛看世界，不再闭目塞听，开始了从创作到发行、从制作到营销的全面整合，以正确的态度面对全球化的浪潮，以本土特色为亮点，兼顾世界电视剧的大潮流，提升了中国电视剧的全球化程度。

全球化作为不同国家和民族的共同化和一体化的发展，其所涉及的问题全面涉及经济学、社会学、法学、艺术、人文科学等各个知识领域和社会文化整体。① 事实上，对全球化的争论始终围绕它对"时间—空间"关系的改变，以及由此带来的受众自身理解。而中国电视剧创作的全球化趋势发展正是有着深刻的受众背景。

---

① 姚秉贤：《电视：全球化趋势下的本土化节目生产》，《新闻采编》2006年第6期。

正如美国社会学家迈克尔·舒德森简要概括的那样："艺术质量的高低并不取决于艺术品自身的内在质量，而是要看它是如何被接受的，或者说质量是如何在接受的语境中被创造的。"换言之，对所谓的"流行"或者"高雅"的评判就是对受众及其文化能力的判断。

纵观我国目前的电视剧创作，其体现全球化的方式主要是通过翻拍并融入本土特点等方式，借鉴世界上其他国家，尤其是欧美国家电视剧的创作模式和元素。如湖南卫视的《丑女无敌》翻拍自美国流行电视剧《丑女贝蒂》，《回家的诱惑》翻拍自韩国电视剧《妻子的诱惑》，《爱情公寓》翻拍自美国经典情景喜剧《老友记》，等等。虽然翻拍的方式与技巧有待商榷，但在一定程度上融入了本土化的特色与元素的翻拍却踏出了参与全球市场的试探的第一步，有助于中国电视剧创作者们学习国外的先进经验，也有助于中国电视剧创作的自我审视。

此外，则是直接参与全球电视剧的制作，直接与世界级的电视制作机构合作进行创作与拍摄，并进行海外发行。从最近的《媳妇的美好时代》在坦桑尼亚的热播，到《越王勾践》创下售至海外市场的内地电视剧的最高价以及《甄嬛传》在台湾的热播，从这一系列的现象都能够看出中国电视剧在创作上更加注重海外市场，也更加注重以全球化的视角来审视自身创作内容。这样的高屋建瓴，使得中国电视剧创作的视角发生了变化——完成了从本土化到全球化的视角转变与创作。

深入研究近些年的电视剧创作，其国际化的特征已经日趋显现。在与国外电视剧制作机构进行交流的过程中，中国电视剧在题材特点、剧本策划、制作水平、播出机制等各方面都有了一定的提升与发展。

（三）类型剧作的文化生成

媒体文本的多义性正是由市场的需求所产生的，是为了适应社会转型期充满异质性的受众群体的多样化口味而逐渐适应形成。经过多年发展，我国电视剧在此过程中已经形成了伦理剧、历史剧、魔幻剧、军旅剧等诸多类型剧，每一种类型剧都形成了自身独特的文化，而由此产生的社会、经济效益等已经远远超过了剧目本身，形成了令学界与业界共同关注的话语现象。

法国艺术史家丹纳说过："要了解一件艺术品，一个艺术家，一群艺术家，必须正确地设想他们所属的时代精神和风俗概况。"① 我国多种类型电视剧所形成的具有层次性、多样化、自主性与现代性的自身文化也离不开当代中国社会的文化语境，其文化生成是在与受众审美心理、大众媒介的互动与社会文化背景的交融实践中逐步形成并发扬光大的，每种类型剧在文化生成中所体现与融合的历史意义、价值深度与娱乐感性给中国电视剧的创作注入了新鲜的血液，也给中国电视屏幕带来了新的气象。

以家庭伦理剧为例，这类反映社会与家庭伦理道德的电视剧在广阔的社会背景下，展现了数十年来中国家庭、社会观念的变化。从前些年的《金婚》《中国式结婚》《结婚十年》到近期的《媳妇的美好时代》《金太狼的幸福生活》《婚姻保卫战》《满堂爹娘》《老牛家的战争》等，一时间中国荧屏充满"媳妇婆婆、家长里短"，在社会上引发极大的关注和讨论。这类电视剧凭借着"接地气"的影视表达、新颖的戏剧结构和类型化的方式，包含了爱情、偶像等诸多元素，兼容并突破其他类型电视剧的模式特点，兼顾主流文化与大众文化，因而吸引了各方关注。

其实仔细分析该种类型剧兴起的生成语境、文本话语、受众主体等，可以发现该类电视剧影响公众的首要方式并不是发动"宣传攻势"或者直白地劝说，而是对现实的常规性再现。媒体所具备的"下定义的权力"影响了受众对世界的理解，并且以间接的和偶然性的方式影响了受众的态度和行为。家庭伦理剧充分把握了受众接受的现实化心理，运用大众媒介形成其独特文化传播的社会氛围，不断制作出创作与收视的奇观。而另外一方面，人们又认可并运用其文化资源，使得媒介与文化形成了"种种中介的交互作用"，媒介"再现"于现代文化，而现代文化又反作用于媒介，形成受众貌似"亲身体验"过的感觉。

不仅仅是家庭伦理剧类型的文化生成，历史剧、谍战剧、魔幻剧、军旅剧等都形成了自身独特的文化现象，并影响了中国电视剧创作的潮流与趋势。这一切的背后既有着中华民族五千年所形成的、区别于其他民族的"伦

---

① 〔法〕丹纳：《艺术哲学》，傅雷译，人民文学出版社，1963，第7页。

理性"的文化范式，又有着受众主体意识的增强、主体地位的提高等动力元素，才造成了多种类型电视剧"你方唱罢我登场，各出精品耀荧屏"的现状。

二

创作模式的固化、文化意蕴的单薄、题材选择的偏执、受众认同的缺失、精品的日趋减少……看似繁荣的屏幕背后掩不住中国电视剧创作的问题与颓势。

电视剧由于其普遍性与草根性的媒体文本特征，使得其成为大众传播中最为普及的传播媒体。它需要一定的范式和类型才有益于传播，但我们需要明白，这并不意味着简单的概念化图解、公式化创作和模式化符号的堆砌和滥用，它需要从众多方面进行梳理和整合，并在此基础上创新与突破。

（一）创作模式的固化导致文化意蕴的单薄

1. 主题开拓——浅层的理想主义与盲目的乐观主义

一部优秀的影视作品需要展示人物生活的变迁，以及这个时代对于人物的思维方式、文化意识的多重影响。很多类型剧对于主题的挖掘和开拓还停留在表面上，无法做到深入解析其主题所蕴涵的政治、经济、社会等多重意义，仅仅停留在模式化的创作格式中，刻意地显示一种戏剧化的效果，突出其戏剧化而非现实化的矛盾冲突。

电视剧题材的选择其实是对该类题材政治、经济、文化、社会等诸多因素的研究与剖析，是主创人员在对于题材深入了解基础上用影视的语言进行呈现。在我国大多数的电视剧中，题材"跟风"现象严重：《金枝欲孽》火了宫斗剧，一时间屏幕便"尔虞我诈"；《潜伏》火了谍战剧，一时间屏幕便"谍影重重"。题材"跟风"的现象所折射的是对某一类题材的刻画不足，只是简单地将其剧情简单化、理想化，表现出的是一种浅层的理想主义，而忽视了题材本身所蕴藏的意义。

不仅如此，在后现代主义思潮的影响下，无论是创作者还是受众都倾向于"娱乐化"的体现，娱乐元素的运用使得类型剧少了严肃、大气、高端的视听呈现。在农村剧、英模剧、抗战剧等某些特定的类型片的主题开拓中，表现出的更是一种盲目的乐观主义，缺乏对于历史和客观现实的严肃对待，一味地以夸张、娱乐、戏谑的方式进行展现与演绎，并未展现其主题本身多层面、多角度、多方式的立体维度，盲目的乐观主义与浅层的理想主义描述带来的是受众对于历史的模糊与冷漠，失去对主题品味的余地与审美的空间。

2. 叙事策略——夸张的情节设置与固定的模式套路

我国目前大多数类型电视剧沿用的依然是中国传统戏剧式的叙事策略，强调情节化的叙事方式，以跌宕起伏的故事辅以悬念、铺垫等技巧，并带有一定的传奇色彩来凸显人物形象与性格。但不管叙事策略如何，大多数会是一个"大团圆"的结局来满足受众的接受心理和审美期待，这样的叙事策略已经形成了固定的模式套路。

在一些电视剧中，故事越编越离谱，场面越来越繁杂，却忽视了情节的合理性与真实性，叙事变成了片段式的戏剧表演，失去了剧情展开时本应有的冲突张力，无法唤醒题材对于观众的共鸣。近日，广电总局更是下发"第22条军令"，对抗日剧、涉案剧、古装剧等一系列电视剧题材的播出进行新的限制，尤其是对于抗战剧的过度娱乐化更是用了"人物偶像化、敌人脑残化、战争武侠化、抗日游戏化"来形容。除此以外，还要求加大现实题材剧，要创作播出更多贴近生活、贴近实际、贴近群众，能展现丰富多彩现实生活、表现改革开放时代精神、真正"接地气"的优秀电视剧作品。[①]

在我国的电视剧中，固定的叙事模式随处可见：只要是宫廷剧、穿越剧，就一定会有后宫争斗，涉及尔虞我诈，展现"古代厚黑学"；只要是农村现实题材电视剧，表现的多是农村物质条件改善，人民生活幸福的小片段，鲜有表现他们对于城市化的迷茫和痛苦；只要是抗战题材剧目，涉及的情节一定就是英雄人物智勇双全，总能化险为夷，甚至有人以一敌众，全歼鬼子，安全脱身……凡此种种，不胜枚举。因此，在对现有、预设的表现模式中形成一定的突破，使得叙事策略不再远离现实生活，成为"无根浮萍"，让其遵循现实的逻辑而非惯用的模式，是每个剧作家应该进行反思的问题。

---

① 见《信息时报》2013年5月21日。

3. 人物塑造——类型化的人物与单一的表现

在当代社会中，大众传媒所提示的"象征性现实"对人们认识和理解现实世界产生着巨大的影响。① 在电视剧中，真正能够打动人心，引发人性共鸣的是其塑造的一个个鲜活的人物，石光荣、白景琦、李云龙、许三多……一些有层次、有深度的经典人物给观众留下难以磨灭的印象。但从总体上看，我国电视剧人物塑造依然有着类型化的特征与单一的表现，缺乏多层次与复杂性的立体表现。

在追求整个社会和谐发展的更深层更艰巨的过程中，其包涵着社会结构、文化取向和价值系统的现代转变，而最根本的体现便是在人身上，即人通过这一过程从物质到精神达到理想的标准，实现人的价值观念、知识结构的根本转型。② 近年来，我国创作的众多电视剧人物千篇一律，缺乏个性的张力，更缺乏复杂意识形态中的矛盾，只是一味地进行类型化的创作，简单地赋予人物群体性特征，形成人物的简单化、类型化。

类型化的人物塑造造成了人物性格的单一表现与片面化，在众多剧作中，主人公往往扮演英雄、模范的角色，其人物的缺陷常常是无足轻重的，甚至进行了娱乐化的处理，但他们自身本该有的更加繁复的情感、心理历程和立体的性格层面却被平面化、娱乐化、片面化地进行了简单处理，其本身所具有的文化意义和个性特征被淹没。

4. 文化意蕴——缺失的本土气息与特色文化

在源远流长的中国文化的发展过程中，形成了独特的东北文化、京津文化、江浙文化、闽南文化、川渝文化、藏羌文化等，中国的文化底蕴深厚，其所独具特色的地方文化是我国电视剧创作取之不尽用之不竭的灵感源泉。但纵观我国的电视剧创作，具有本土化叙事风格、扎根于地方特色的作品少之又少，取而代之的是共同价值观框架中所展示的共同话语体系，仅仅是剧种的不同，缺乏优秀地方剧的"百花齐放"。

对于地方独特的生存观念和精神特质的挖掘缺乏深度，对于优秀的地方文

---

① 〔英〕詹姆斯·库兰、〔美〕米切尔·古尔维奇编《大众媒介与社会》，华夏出版社，2006。
② 孔朝蓬：《论模式的突破与文化意蕴的彰显——近年来东北农村题材电视剧创作反思》，《当代电视》2007年第4期。

化缺乏一种合理性的表现,使得地方文化在全国的电视剧市场"曲高和寡",得不到市场和受众的认可,这是区域题材电视剧需要进一步思考的问题。

同时,特色文化的缺失也是电视剧文本创作的一大问题。盲目地照搬西方文化,简单地拼凑,缺乏对于独具特色的中国文化的媒体呈现,既是中国电视剧自身的损失,也是传统文化的损失。更为重要的是,把电视剧的通俗性与商业性、思想性与艺术性之间的关系处理好,不以数量而以质量赢得观众的美誉,才是电视剧长期发展的立足之本。

(二)题材选择的偏执导致受众认同的缺失

选择一个好的题材对于一部电视剧的成功至关重要,它决定着电视剧的受众市场的认同程度,但如何将题材进行合理化的呈现则是对创作者功底的考验。目前我国电视剧市场已经形成了抗战剧、谍战剧、家庭伦理剧、军旅题材剧、宫廷剧、穿越剧、翻拍剧等数十种以题材划分的类型电视剧,在繁荣我国电视剧市场的时候,其带来的繁杂与定位不清、界限不明,造成了受众认同的缺失,无法起到电视剧所应有的教化与传播作用。

1. 主旋律电视剧:题材的狭隘与品格的单调

主旋律电视剧作为对国家有着纪念性意义的特殊种类,兼顾着政治性与商业性的双重标准。近年来,该种剧发展迅猛,已经有了《辛亥革命》《五星红旗迎风飘扬》《永远的忠诚》等诸多优秀作品,但迅速的发展却掩饰不了该类电视剧对于题材选择的狭隘以及呈现文本的单调性。

我们的主旋律电视剧的题材多为献礼剧、英模剧、抗战剧、谍战剧,其选择的叙事和人物无非就是影响巨大的历史性事件,有着非凡人格的英雄模范,或者就是优秀党员的形象塑造,简单地通过台词、表演、剧情等将英模符号化、平面化。宏观叙事配以特定人物细节,展示出主流价值观。一些自由派的学者,如布卢姆勒等主张,电视应该"更为深入地表达有关人类和社会状况的体验",从而有助于"社会各方面的呈现、团结和内部交流"。在主旋律电视剧中,其表现品格始终处于高端、模范的地位,缺乏一种平民性、亲近性的媒体呈现,让受众缺乏一种情感共鸣,也无法让受众感到一种交流与传播,更多的是一种说教与宣讲的"直线型传播",而非"双向传播与共鸣"。

人们对于节目的亲近感更多地来源于日常生活的体现,主旋律题材或许有一定的限制，但如何将其技巧性地表现，如何将其平民化地说明，如何在兼具教育性的前提下让受众更易接受，是所有创作者需要思索的问题。

2. 现实题材电视剧：乱象的夸张与叙事的繁杂

电视建构了"社会知识""社会影像"，透过这些知识与影像，我们才能对于"种种人们曾经生活过的实体"产生认知，透过这些，我们才能通过想象建构他们的及我们的生活，使之合并成为可资理解的"整体的世界"（world-of-world）。① 而现实题材的电视剧于此的功能更加明显。但我国目前不少现实题材电视剧所描述和展示的是社会乱象繁生，不少情节夸张到虚伪，不少人物低俗到低劣，这一切都对于构建"虚拟社会"中的和谐文明起到了极大的阻碍作用。

我国目前的现实题材剧类型丰富，家庭伦理剧、都市题材剧、工业题材剧、农村题材剧、军旅题材剧等层出不穷。但我们需要看到，繁杂背后是对于现实一定程度上扭曲的夸张表现和叙事层面的繁杂。大部分现实剧将婆媳关系、半路夫妻、大龄剩女、生活重压、子女关系等众多元素杂糅，叙事层面上本无可厚非，但在文本表现上则显得混乱而夸张，过多地凸显了一些人性的阴暗面来增加戏剧效果，过于夸张的情节增加了戏剧矛盾冲突，似乎只有这样才能让整个戏剧的情节得以推动。不仅如此，在一些农村题材剧或者工业题材剧中，只是片面地展示物质上的发展与繁荣，却缺乏对于物质发展中人性的奋斗、挣扎、彷徨等复杂而立体的过程的表现，缺乏对于人性真正的剖析与呈现。

可以明显感到目前现实题材剧已经遇到了创作瓶颈，但即使如此也依然有《北京爱情故事》《裸婚时代》等佳作问世，仔细分析这些作品，或许能从题材选择、叙述模式、情节表现、情感突出等方面给予创作者们一定的启迪。

3. 历史题材电视剧：扭曲的历史史实与娱乐化倾向

历史性电视剧凭借其恢弘的叙事和广泛的受众基础曾经广受欢迎，但近年来，越来越多的人在评价其流行文化特质的过程中，放弃了传统的文艺批评标准，取而代之的是一种以受众愉悦为基础的、为大家所默认的价值评判体系。

实际上，这一点几乎被公认为用于界定修正主义的"斯堪的纳维亚文化

---

① 〔美〕约翰·汤林森：《文化帝国主义》，上海人民出版社，1999。

研究"的重要特征。这类研究用于评价历史题材的电视剧创作恰到好处。该类型题材对于历史资源的过度开发和利用已经明显呈现出了娱乐化的倾向，甚至出现了扭曲历史真相、歪曲历史事实的剧情。一味地追求标新立异，带来的是对于历史文化的忽略与不尊重，是对中国优秀传统文化的践踏，也是对中国传统文化的扭曲。

在一些历史题材剧中，宫斗剧、穿越剧等层出不穷，甚至成为一种文化现象。该类电视剧围绕着后宫争斗，其描述的情节比历史都还要"精彩"，胡乱的情节设置，多个人的情感纠结，对于历史的胡乱篡改和单纯的娱乐化刺激，使其变成了仅仅只是穿着历史外衣的现代剧，而历史也只是呈现为一种符号化的故事背景。而翻拍剧也存在片面追求收视率而过度娱乐化的倾向。虽然该类剧在一定程度上有着创新与突破，但其的出现，更多的是源于市场规避风险的考虑，带来的是消费经典的倾向。

4. 受众认同的塑造：情感投射与心理归属的缺失

电视剧在勾勒社会的"地图"、提供概念类别和参考框架上具有很大的影响力，而人们正是通过这些来理解社会的，正像霍尔说的那样，媒体能够产生"意识形态"上的影响。电视剧对于受众认同具有重要作用。我国主旋律电视剧"宣教式"的选材与表现，缺乏一种平民化的呈现，让受众产生了抵触情绪；现实题材剧的乱象丛生与夸张叙述，过多地呈现了社会的阴暗一面，让受众在满足猎奇心理后产生了厌烦之心；历史题材胡乱编改与过度的娱乐化倾向，也让受众产生了对历史的迷茫，使原本优秀的传统文化所产生的凝聚力进一步削弱与减低，带来的是受众娱乐化历史的现状……

传播学研究证明，传媒可以通过有选择地强化或弱化文化中的某些元素，进而影响公众舆论。目前我国电视剧的繁杂现状带来的是受众的情感投射与心理归属的缺失，其刻意地凸显某些元素带来的是受众对于中国文化和社会现状的认同缺失，带来的是受众对于政府的公信力的轻视，带来的也是受众对于自身文化和存在意义的失望。

三

希望电视剧题材进一步松绑，期待创作者苦练内功，探索电视剧创作的意义的重构，寻觅艺术的真诚。在反思的基础上，才能进一步推动电视剧的发展。

新时期我国电视剧批评的主导话语，经历了从"改革开放"到"反资产阶级自由化"再到"时代精神"，最后到"积极、健康的内容"的变化。① 这一切变化无不寄托着电视剧创作者们对其更好发展、更优创作、更精播出的期待与渴望。

（一）期待题材松绑

电视剧的创作归根到底在于题材选择的呈现，一个好的题材选择很大程度上决定了电视剧的成功。电视剧题材的更新与拓展是其创作的基础。我们期待着电视剧题材的进一步松绑，期待着创作人员解放思想，不要仅仅局限在已有的类型剧中，而应该往更加宽阔的领域中去发现电视剧创作的优秀题材，以扎实的创作心态和发现美的眼睛去探索新的未知的领域。

上文提到的形成了较为完整的创作体系的类型剧，应当进一步挖掘其题材的深度与广度，进一步探求全新的创作角度，进一步去学会创新化的媒介语言呈现。在现有的政策空间内，仍有精耕细作的创作余地，对于其未完全探索的题材领域，应该大胆地创作，往真实化、草根化、性格化的方向去发展，创作出在与历史契合的基础上符合中国人传统或者新兴的电视剧价值观体系的电视剧。

广电总局在南昌的一次会议中指出，要进一步加强类型剧的创作。在这一方面可以向香港或者海外的电视剧创作机构学习，加强如职场剧、医疗剧、商战剧、科幻剧、情景喜剧、现实剧等方面的创作。有了空间，更要用足空间，学会探索新兴的类型剧的创作模式。

2011年热播的曾经激起无数年轻人共鸣的现实剧《裸婚时代》，对高房价下年轻人对于生活、爱情的态度进行了展现。鲜明的人物特点，平实的叙事风格，踏实的情节设置使得该剧引起了社会上的广泛关注。2005年结合了古典武侠与现代特色的《武林外传》，2012年火透大江南北的《爱情公寓》，都是具有中国特色的情景喜剧，也引起了广泛的关注与共鸣。

---

① 熊国荣：《电视剧批评话语中主旋律内涵的流变》，《现代传播》2012年第1期。

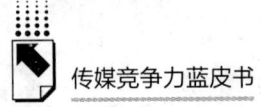

（二）苦练扎实的内功

除了题材的松绑以外，对于电视剧创作的"内功"还需要进一步的修炼与提升。凡是涉及传播的素材都要反复地推敲与核实，不能简单地在表面上匆忙理解后便开始创作。错误的素材传播很容易误导受众，造成文化的传承错误与文化的扭曲表现。

从文本的历史内容角度分析，目前大多数的电视剧都存在常识性的错误，究其原因是其创作者的不严谨与历史的盲点。2009年央视的开年大戏《走西口》在黄金时段播出，但里面众多常识性的错误让人愕然。有个情节是袁世凯复辟前，田青受包头县长诬陷入狱，但根据历史考究可知，包头于1926年（民国十五年）才设县，而袁世凯复辟是1915年，所以当时的包头根本不可能存在县长。诸多此类的常识性错误既是对观众的误导，也是对历史的忽视。

从文本的专业知识角度分析，一些电视剧编剧并非医学、法律等特殊领域的专业性的人才，甚至不曾彻底了解过相关专业的知识。因此，在编写该类类型化电视剧的时候则多多少少地存在一些专业类知识的盲区，也可以看做电视剧创作的不扎实。如2012年被称为"中国首部医疗励志电视剧"的《感动生命》里面的专业知识就广为人诟病：在抢救一名心脏衰竭的病人时，司马主任说："赶快准备10克速尿，抽200CC的血。"但在临床急救中，速尿的使用量在20毫克到80毫克之间，10克速尿足以致人于危险之中。①

从以上举例可看出，电视剧创作还需要进一步务实，不能浅尝辄止。电视剧虽然不是学术论坛，但起码应起到一些科普性的作用，而非误导受众。学会认真研读历史，学会踏实学习所编写的电视剧的相关领域知识，学会不为了情节而刻意地扭曲常识，这一切都需要创作者对创作内功的千锤百炼。

（三）意义重构的探索

作为一种大众文化样式，电视剧艺术往往通过特定的题材类型、特定的人物形象、特定的叙事结构等来净化大众生活中的郁闷和生存焦虑，并由此产生

---

① 《专家为医疗影视剧挑错　部分常识错误太低级》，《沈阳日报》2012年4月24日。

当代电视剧创作的问题与反思

情感共享和认同。① 对于电视剧创作而言，需要创作者独特的艺术风格，需要正确地设想属于这个时代的精神和面貌，才能创作一个完整的艺术品。这就需要探索意义的重构、寻觅这个时代失去已久的对于艺术的真诚。

创作文本与叙事模式的重构。从创作文本分析，电视剧的意义建构绝对不是简单靠"语境"就能完成的，在很大程度上与其叙事有关，其叙事题材的选择、叙事的技巧与完整、叙事的风格等等在一定程度上决定了受众的认同与意义的重构。在电视剧创作过程中，题材的选择往往决定了电视剧是否将受众引入其独特的叙事结构中，并成为最终将其某种价值观潜移默化地传播进观众意识里的决定因素。

对于传统的叙事模式，要学会摆脱类型化的叙事影响，要学会创造性地将多种叙事类型进行有效融合、多种蒙太奇的杂糅，通过这种方式来引导观众的收视兴趣。换言之，我们需要的是将受众日常生活中的元素"拟化"进入电视剧的创作文本中，使观众从文本中找到有益的历史记忆或者现实的体现，使其更加感同身受，形成对电视剧价值和主导思想的认同，这样的传播才是有效且合理的。

我们欣喜地看到我国的诸多电视剧已经开始了这样的尝试与创新：《潜伏》中除了保留原有的谍战剧类型特征外，还将言情剧、推理剧甚至偶像剧的元素纳入其中，实现了多种类型叙事的融合；而《奋斗》《我的青春谁做主》则采用了三条线索的多线叙事，通过三个主人公的故事的对比，推进整个故事情节。但从整体上分析，我国电视剧依然存在着叙事模式的差异，也有待进一步提升。

受众趣味与人物设置的重构。总体而言，新世纪热播电视剧对受众的心理补偿主要体现在对于娱乐诉求、爱与信任、归属与英雄主义情节的满足上。② 而受众的心理补偿不仅仅来自叙事模式、故事情节，更多的是集中于受众从自身出发的兴趣折射到剧中人物身上而反映出来的性质，即受众趣味的"投

---

① 邢虹文：《重建意义系统与受众认同塑造——对近年来我国电视剧创作繁荣的思考》，《当代电影》2010年第10期。
② 刘婷、赵晓倩：《集体心理寻唤：新世纪电视剧创作与受众心理互为关系研究》，《当代电影》2009年第7期。

射"。这种心理投射主要反映在剧中的主人公身上，观众通过欣赏与认同的过程来释放对于现实生活的压力和对于美好生活的向往。而在这个"投射"过程中，电视剧人物所凸显的个性、品质、风格、情感等对于受众的认同具有极为重要的影响。

需要注意的是，目前我国受众趣味正朝着低俗化、娱乐化、草根化的趋势发展，而电视剧人物也开始迎合受众口味而降低品位。我们需要对电视剧人物设置进行重构的思索。正如麦克卢汉所言，媒介对所承载的内容具有强烈的反作用，它是积极的，能动的。从某种程度上讲，人类在创造了媒介的同时，媒介也开始塑造这个社会，开始塑造我们。对于人物设置的重构在一定程度上能够重新提升受众的趣味，也在社会认同日趋降低的今天提升受众对于社会、对于自身文化的认同。从这几个方面分析，人物设置的重构具有极为重要的意义。

（四）艺术真诚的寻觅

在80年代、90年代的文化语境中，许多导演怀着一种强烈的民族身份的焦虑来热切地呼唤民族艺术的复兴。87版《红楼梦》、94版《三国演义》、98版《水浒传》等经典电视剧无一不是历时多年拍摄，凝聚了老一辈艺术家的心血，创作者的严谨与对于艺术的真诚让人动容。他们以坚强的信念、千锤百炼的创作技巧以及大胆的开拓进取精神为我们留下了一个时代的精品。

虽然在后新时期，影视作品表现出转型后的艺术特征，以草根和平民为叙事主体，以纪实为主体风格，但这并不表示电视剧导演可以忽略艺术的真诚。现在追求虚名、追求形式、追求短期效应的人越来越多。不少导演的"创作谈话"，其内容聚焦多是这部作品有如何的"大尺度"突破，什么样的题材容易获奖以及种种片场的花边绯闻等，其浮躁功利之心喧嚣尘上，其艺术真诚与传统精神丧失殆尽。

失去对艺术的真诚之心，失去对传统文化的敬畏之心，首先动摇的便是创作方向，使得一切环节功利化，所谓的题材撞车，情节雷同，归根到底在于对于艺术的"懒惰"——懒得去制作精品，畏惧其创作难度大，拍摄要求高，而对于鲜活的人物塑造，更是纸上谈兵，闭门造车，完全没有扎实的创作与构思，缺乏实地探索历史的热情，缺乏对于艺术的进取精神和真诚的态度，众多电视剧的胡编乱造现象自然也就浮现出来了。

如果说电视剧的创作是一次认识社会与重构环境的机会，那么中国的电视剧创作在一定程度上显得丰富而灵动。虽然存在着种种问题，但站在新的起点，我们依然可以期待今后电视剧创作者们用心记录下属于我们这个时代的进步与感动。我们真心祝愿，电视剧创作者们在行走的路上，看到、想到并记录下更多，将镜头向历史贴近，为我们的社会与国家"望闻问切"，继续怀揣梦想，继续展翅高飞，继续记录中国，面对这个世界的美与丑，记录下属于我们全社会的思考。

参考文献

宋洁：《论中国电视剧的崇高范畴》，中国传媒大学，2009。

奥利弗·博伊德·巴雷特、克里斯·纽博尔德：《媒介研究的进路》，新华出版社，2004。

麦奎尔：《大众传播理论》，清华大学出版社，2006。

欧阳宏生、李戈：《从法兰克福批判到大众文化建构——21世纪：中国电视文化理念的嬗变和趋向》，《山西大学学报》（哲学社会科学版）2012年第5期。

欧阳宏生、李戈：《21世纪以来中国电视批评的若干思考》，《现代传播》2010年第8期。

李城、欧阳宏生：《21世纪中国谍战剧的文化生成》，《现代传播》2013年第1期。

徐明卿、田义贵、欧阳宏生：《电视剧：创作突破与多元繁荣》，《中国广播电视学刊》第251期。

周涌、冯能彦：《电视剧创作的现实主义突围》，《现代传播》2005年第3期。

孔朝蓬：《论模式的突破与文化意蕴的彰显——近年来东北农村题材电视剧创作反思》，《当代电视》2007年第4期。

万镜明：《寻找失落了的传统文化精神》，《中国广播电视学刊》2007年第5期。

胡智锋、李立：《转型期影视创作的世俗化取向：对话录》，北京广播学院出版社，2001。

特伦斯·霍克斯：《结构主义和符号学》，瞿铁鹏译，上海译文出版社，1997。

崔刚：《重构中国"宏大叙事"——浅析当下部分电视剧创作的文本及价值指向》，《现代传播》2009年第2期。

邢虹文：《重建意义系统与受众认同塑造——对近年来我国电视剧创作繁荣的思考》，《当代电影》2010年第10期。

Issues and Reflections on the Production of Modern TV Dramas

Ouyang Hongsheng   Jiang Hai

Abstract: There have been dramatic transformation in both the production and larger social context of Chinese TV dramas since the beginning of the 21st century. Many issues and problems have emerged within the thriving market. This paper systematically recapitulates the achievement of Chinese TV dramas production since the 21st century. It also analyzes the existing issues and outcomes from two perspectives: production model and the choice of theme. Moreover, it combines new findings from the cultural studies of TV dramas and sheds light on the theme, production, significance and sincerity of modern TV dramas in China.

Key Words: Modern; Production of TV Drams; Breakthrough; Innovation; Issues; Reflections

两岸传媒探索

Media Industry in the Mainland, Hong Kong, Macau and Taiwan

B.5
香港及澳门网络游戏产业市场调查报告*

冯应谦**

摘　要：

根据韩国媒体资料显示，全球在线游戏产业规模已达8574亿港元。这个规模远比电影产业（价值6626亿港元）和音乐产业（价值1239亿港元）大得多。与此同时，游戏产业的发展势头也非常强劲，预计在2014年产值将达到11140亿港元。在全球，区域和地方层面，在线游戏都具备巨大发展潜力。换句话来说，在线游戏，连同动画电影产业和文化艺术产业已成为香港创意产业的三大支柱。鉴于在线游戏产业的发展潜

---

* 由于澳门的游戏玩家也是用香港的服务器，所以网游公司提供的销售数据是结合香港及澳门市场的。

** 冯应谦（Anthony Y. H. Fung）为香港中文大学新闻与传播学院教授、院长，在美国明尼苏达大学新闻与大众传播学院获得博士学位。其研究兴趣和教学领域为流行文化与文化研究、性别与青少年身份政治、文化产业与政策、传播政治经济学、新媒体研究。他在国际上发表的文章超过100篇，他曾编撰的中英文书籍有十余本，其近作为 *Global Capital, Local Culture: Transnational Media Corporations in China*（2008）、《歌潮·汐韵：香港粤语流行曲的发展》（2009）、*Policies for the Sustainable Development of the Hong Kong Film Industry*（2009）、《华人传播想象》（2012）、《悠扬·忆记：香港音乐工业发展史》（2012）和 *Asian Popular Culture: the Global (Dis) continuity*（2013）。

力，香港政府采取了多种措施激励其发展。本报告是香港研究资助局的战略公告政策资助项目的一部分，该项目是由香港中央政策组赞助的，同时也是香港政府鼓励创意产业发展的激励措施之一。这个项目的全名是："规划香港游戏产业：文化政策、创意板块以及亚洲市场"，它的最终目的是为政府提出支持产业发展的决策建议。在香港游戏产业协会的帮助下，香港中文大学新闻与传播学院的学者们于2011年对在线游戏开展了大范围的研究调查，他们访问了香港所有大型游戏公司的重要人员。基于我们从香港和澳门在线游戏产业中收集到的实验数据，撰写出了这份产业报告，为香港的公司和政府部门提供一些基础数据来支持香港游戏产业的发展。2010年，香港有36家颇具规模的公司，它们的资金总额达到了1320亿港元。我们估计市场规模已经达到6.3亿港元，而在2011年，预计市场规模将涨至7亿港元。然而其产业收益在国内生产总值中却占很小的比例（大概0.03%）。这同时也意味着该产业有很大的上升空间。香港和澳门的在线游戏产业规模也呈现增长趋势。在两个地区，大概有80万活跃在线的玩家。然而，台湾的人口大约2316万，其在线游戏市场规模大约为125.7亿台币（差不多33.8亿港元），相比之下，香港和澳门的游戏产业还欠发达。另外，当地市场智能手机的占有率已达48%，比2009年多8%，也几乎是国际评价值的两倍。这些智能手机，比如苹果和安卓系统，通常为使用者购买和下载程序、电子书和手机游戏提供数据平台。从智能手机的流行程度来看，手机游戏毫无疑问为在线游戏产业提供了新的机遇。在报告的尾声，研究者们也会为政府和产业提供具体的可操作建议。

关键词：

在线游戏产业　市场　香港　澳门

第一节　调查背景

网络游戏产业在全球、亚洲及本土具备庞大的潜力及可塑性，它与动漫电影、文化艺术成为推动香港文化及创意产业的三大支撑点。但是，香港及澳门网络游戏产业的基线研究仍未起步,只有部分对网络游戏产业与其他创意产业、人才和产品之间的协同效益的探讨,完全缺乏对网络游戏的市场潜力和社会效应的分析,同时两个特区的政府亦没有一个综合配套的文化政策,用以扶持和发展这一新兴产业。

香港中文大学新闻与传播学院始创于1965年。研究创意产业是新闻与传播学院的重要项目之一。在学士课程中,学生不但可专修新闻、广告及公关,而且更可选择创意及新媒体。与此同时,学院亦设立新媒体的硕士课程,为学员提供有关新媒体及创意产业的专业训练。是次研究获研究资助局(Research Grants Council)的支持,进行一项名为《香港游戏产业:文化政策、创意及亚洲市场》的研究。适逢香港游戏产业协会进行每年的香港网上游戏产业调查,研究者以第三者客观的立场和角度,撰写2010年香港及澳门网络游戏产业调查分析报告。

建基于对相关信息及政策的紧迫需求,本研究旨在从一种国际比较视野对香港的游戏产业进行一次综合性研究。我们将根据从香港、中国内地、亚洲及其他地区收集来的实证资料,为政府起草发展游戏产业及规范游戏业社会效应的文化政策方案。并且,基于游戏消费者的资料和游戏产业发展的成功案例,为香港游戏产业提供商业战略以扩大其运营范围,以及拓展其在中国内地和亚洲其他地区的市场份额。这些战略的重要性不仅在于刺激香港的经济发展、扩大对外出口,而且将对把香港塑造成为亚洲地区性创意产业的中心发挥巨大作用。简单来说,是次研究的目标包括向政府提出有助发展香港游戏产业的文化政策,为业界构思商业策略,发掘亚洲及中国内地游戏市场的潜力及提出平衡政策、商业及社会文化三方面的方案。长远来说,这次研究亦希望探索文化创意产业之间,甚至是创意产业与非创意产业如何进行跨产业的合作。

香港中文大学新闻与传播学院非常感激香港游戏产业协会和各成员的协助,从业界获取一些统计资料,并向公司做深入访谈。

第二节 调查进度

调查报告主要分《游戏市场报告》及《游戏用户报告》两份,调查分为六个阶段(见表1)。

表 1　调查阶段

第一阶段	2010 年 12 月开始,以筹备研究计划的方法及内容为主
第一阶段	2011 年 1 月开始,主要与香港游戏产业协会六位常务理事及协会召集人讨论研究细节
第三阶段	2011 年 2 月开始,进行资料搜集,向香港游戏产业协会 30 间会员公司发出问卷
第四阶段	2011 年 2 月到 5 月,向网游公司负责人做深入访谈
第五阶段	2011 年 4 月到 1 日,完成《游戏市场报告》
第六阶段	2011 年 5 月,通过随机的抽样方法抽出 800 样本,并以电话访问的形式调查香港现时网络游戏文化
第七阶段	2011 年 6 月展开,透过香港中文大学的传播研究中心抽出具有代表性的 300 样本,派出研究员到网吧访问玩家,并将在 7 月完成《游戏用户报告》

第三节　政府的政策:施政报告及 CEPA

香港回归后,受到了亚洲金融风暴的严峻考验,在 2001 年又受到美国"9·11"事件的影响,香港经济走入困境,恢复市民对前景的信心和使香港经济走出困境,成为特区政府的首要问题。

2002 年,在香港特区的立法会议上,有议员在讨论经济政策方面曾提出发展网络游戏可带领本港经济走出谷底。①

香港特区政府在 2003 年 1 月发表的施政报告《拓宽经济领域》中,提出将积极推动创意产业,为香港经济注入新的元素。同时为创意产业定义为:包括表演艺术、电影电视、出版、艺术品及古董市场、音乐、建筑、广告、数码娱乐、计算机软件开发、动画制作、时装及产品设计等行业。

在这年,香港爆发了 SARS,进一步打击香港的经济,国家为了稳定港澳两地的政经发展,分别在 6 月和 10 月签订了《内地与港澳关于建立更紧密经贸关系的安排》,即 CEPA,为内地、香港、澳门以及外国投资者带来新的商机;为三地产品及服务开拓庞大市场,大大加强内地与港澳两地之间已建立的紧密经济合作和融合。②

2005 年 1 月,特区政府的施政报告把"创意产业"改称为"文化及创意产业",试图以文化及创意产业带动香港经济的转型,亦借此清楚表明政府努

---

① 立法会 2002 年 10 月 16 日会议记录。
② 香港特区政府工业贸易署,http://www.tid.gov.hk/tc_chi/cepa/cepa_overview.html。

力的方向。其中并建议设立培育中心,推动电视游戏创作。同年在 CEPA 签订的补充协议三中,列明允许香港服务提供者在内地设立内地方控股的互联网文化经营单位和互联网上网服务营业场所。

在 2009 年 CEPA 的补充协议六中提出:在申请材料齐全的情况下,对进口香港研发的网络游戏产品进行内容审查(包括专家审查)的工作时限为 2 个月。

香港特区政府于 2009 年拨款 3 亿港元成立创意香港办公室,为香港创意产业提供协助,由香港游戏产业协会召集人施仁毅先生代表业界成为创意香港办公室审批委员会成员。

香港研发的网络游戏,经过多年的发展,获得初步发展。2009 年 10 月,香港特首曾荫权发表的 2009~2010 年施政报告中,把"文化及创意产业"列入香港六项优势产业之一,成为推动香港走向知识型经济的新动力。

特首曾荫权特别在这年参观本地游戏商之一的智傲控股,了解开发及产业情况,并表示将全力支持发展游戏。

2010 年香港游戏产业协会得到特区政府创意香港办公室拨款 400 多万港元赞助"亚洲网络游戏大奖",并得到九个地区支持,包括中国内地、中国台湾、韩国、菲律宾、越南、泰国、马来西亚、中国香港、新加坡,务求将香港打造成为亚洲游戏产业的交易平台。

同年,在 2010 年 CEPA 的补充协议七(10. A 文娱服务)中,进一步提出:允许香港服务提供者在内地设立内地方占主导权益的合作互联网文化经营单位和互联网上网服务营业场所。

第四节 香港及澳门网络游戏市场状况

一 市场环境

香港游戏产业协会在 2009 年进行的调查显示,香港网络游戏的总收入为 5.2 亿港元,并预计 2010 年为 6.3 亿港元及 2011 年为 7 亿港元。比较是次调查的结果,香港网游市场规模约 6.5 亿港元,正增长为 1.3 亿港元,较预期增长高出 2000 万港元,仍然只是占国内生产总值的 0.03%。预计香港网络游戏在 2011 年增长约 8000 万港元①，共约 7.3 亿港元。

参考《2010 年韩国游戏产业白皮书》，2009 年韩国游戏产业全球销售额为 442 亿港元，占国内生产总值的 0.6%，而同年网络游戏却占游戏产业的 56.4%。换句话说，网络游戏占韩国的国内生产总值的 0.3%。由此可见，香港游戏产业的可发展空间很大。

二 游戏分类及其市场占有率②

参考市场上的游戏产品，主要可分为角色扮演、休闲游戏③和网页游戏，其市场占有额以角色扮演为主（占 77%），其次为休闲游戏（占 16%），最后为网页游戏（占 7%）。

三 最受欢迎网络游戏

根据香港四大游戏媒体 2000fun 论坛、Nakuz 论坛、*PC Game Weekly* 游戏杂志及 *G-Zone* 游戏杂志提供的数据，2010 年度香港及澳门区十大最受欢迎网络游戏（排名不分先后次序)④ 如表 2 所示。

表 2　2010 年度香港及澳门十大最受欢迎网络游戏

游戏名称	网游公司
《魔兽世界》	智凡迪
《魔物猎人 Online》	新干线
《天龙八部 Online》	智傲控股
《CS Online》	游戏橘子
《龙之谷》	游戏橘子
《Fantasy Earth Zero》	游戏橘子
《跑 Online》	戏谷
《中华英雄 Online》	中华网龙
《SD 高达 Online》	智傲控股
《梦之希望》	天宇科技

---

① 由于所收到的问卷并不齐全，数据或与实际数字存在差距。
② 游戏分类的市场占有率是根据游戏代理商提供每项游戏占其全公司的总销售额的比例推算。
③ 传统的网络游戏，把休闲游戏再细分为：射击、冒险、运动、竞赛、战略、格斗、战略、益智类、战棋、音类、育成、教学等类。
④ 研究将稍后访问用户，调查香港及澳门区十大最受欢迎网络游戏。

四 市场实际销售收入与预测

香港及澳门区的网游销售正在增长。香港及澳门区网游活跃玩家的人数已由 2009 年的 60 万增加至 2010 年的 80 万,而人均付费[①]亦由 250 至 350 港元增加至 350 至 400 港元。然而,最高在线人数却保持 12 万的水平,与 2009 年相同。

香港及澳门的人口约有 807 万,以同样是中文繁体市场台湾作比较,台湾人口约为 2316 万人,2010 年台湾网上游戏市场规模为新台币 125.7 亿(即约 33.8 亿港元)。按人口比例,港澳与台湾是 1 比 3,2010 年港澳与台湾营业额比例为 1 比 19。目前台湾有 9 间游戏公司上市,包括中华网龙、华义、铃象、宇峻、欧买尬、智冠、大宇、昱泉及橘子。游戏公司上市在香港则尚未普遍。由此可见,游戏产业及市场在港澳还有很大的发展潜力。

五 中国内地、亚洲及海外市场的潜力

游戏产业是一个甚为全球化的产业,而其中亚洲更担当非常重要的角色。中国内地、中国台湾、日本和韩国等在网上游戏的研发上逐渐成熟,而东南亚国家则为正快速增长的市场,其中以越南和马来西亚的增长最为显著。此外,网络游戏为不同市场而本土化的版本亦渐渐普遍。

参考台湾资策会 MIC 在 2009 年提供的数据,台湾的游戏市场在 2008 年规模达 104 亿新台币,而新闻出版总署去年公布,中国内地、港、台三地在 2008 年的网游产业的实际销售收入超过 250 亿港元,为电信业、IT 业等带来直接收入高达 600 亿港元。在 2010 年,中国内地网游市场总值更高达 420.6 亿港元(人民币 349 亿元)。

其他亚洲市场(以韩国和日本最为显著)均已显示,网游产业与其他创意产业一样,游戏业及其二级市场和创意群聚是构成国内生产总值的重要推动力之一。根据韩国传媒提供的资料,世界游戏产业的规模高达 8574 亿港元,远远超于 6626 亿港元的电影市场及 1239 亿港元的音乐市场。与此同时,游戏产业的发展潜力相当庞大,预料将于 2014 年达到 1 兆 1140 亿港元。

---

① 人均付费是以每月总收入除每月付费人数计算出来的。

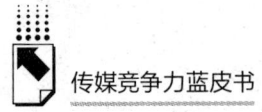

传媒竞争力蓝皮书

六 手机网络游戏的机遇

2010年，智能手机在香港市场的普及率为48%，较2009年高出8%，大约为国际的平均水平之2倍。[①] 这些智能手机大多提供数据平台，如iPhone和Android等。用户可以通过数据平台付费下载应用程序（Application）、电子书（E-book）以及手机游戏（Mobile Game）等。随着智能手机的普遍性及其用户的上升趋势，手机游戏无疑是网络游戏产业的一个新机遇。

第五节 香港及澳门本土的网络游戏产业状况

一 产业链：开发、代理、游戏渠道点及零售商市场

网游产业的产业链主要由开发、代理、游戏渠道点以及零售商市场组成。以下将分析产业链中的不同部分之营运状况。

1. 游戏开发与代理

目前业界较具规模的游戏公司已有36间，而它们的投入资本更高达1.32亿港元。

2010年的网游公司收入排名[②]与2009年相同（见表3）。

表3 按销售额首五间网游公司排名及其占市场的百分比

名次	销售额
第一位	游戏橘子
第二位	智傲控股
第三位	中华网龙
第四位	智凡迪
第五位	游戏新干线
首五家公司占整个市场的百分比	72%

[①] 市场咨询公司 Taylor Nelson Sofres (TNS) 在2010年之研究报告撮要可参考：http://tech.sina.com.cn/t/2010-06-03/11594267093.shtml。

[②] 由于智冠科技只是负责卖卡的销售，属于通路部分，因此它并没有包括在内。

香港及澳门网络游戏产业市场调查报告

以名列三甲的游戏橘子、智傲控股及中华网龙为例，3 间公司在市场各有定位。游戏橘子为台湾上市公司香港分公司，在香港成立十年，以产品多元化为比较优势，并多以韩国游戏为主，如龙之谷、CS online 等。至于智傲控股则是本地最具代表性的公司，擅长代言人及动漫品资源，集合代理、研发及媒体的优势，以营运中国内地研发产品为主，更获特首高度评价。中华网龙则是台湾最大研发公司的香港分公司，每年推出 4 至 5 套自主研发的游戏，内容多以武侠为题材，或以改编小说及漫画作品为主，作品包括《天子传奇 online》及《黄易群侠传 2》。按收入排名首 5 间公司的营业额占全港营业额的 72%。

与此同时，传播研究中心在各大网吧进行问卷调查，我们访问玩家，然后我们统计游戏的普及程度，并将数据按其代理公司归类，从而推测每间游戏公司的市场规模。

表 4　按市场规模首 5 间网游公司排名及其占市场的百分比

名次	市场规模
第一位	智凡迪(33%)*
第二位	游戏橘子(28%)
第三位	智傲控股(13%)
第四位	游戏新干线(2%)
第五位	中华网龙(0.6%)
首 5 间公司占整个市场的百分比	76.6%

＊我们预测智凡迪的市场规模较大，或是因为有些本地玩家玩不同版本的魔兽世界，而部分版本并非使用本地的服务器。

传媒研究中心根据玩家 2010 年最喜欢的网络游戏推论出各游戏公司所占市场的规模，以智凡迪最高，其次是游戏橘子，然后是智傲控股、游戏新干线及中华网龙。①

2. 游戏渠道点及零售商市场②

网吧作为网上游戏中的一个重要渠道点，在接近 100 万的玩家之中，有约

---

① 除了根据玩家最喜欢的网络游戏统计以外，传播研究中心亦根据受访者即将进行的网络游戏而作出推论。其结果为智凡迪占 35%，游戏橘子占 21%，智傲控股占 13%，新干线占 2%，而中华网龙则占 0.3%。首 5 间公司共占市场规模的 71.3%。比较两种推论方法，只是在百分比上有差异，然而在排名上却具连贯性。
② 游戏零售商市场主要包括游戏营运商及零售市场点。

10%的玩家选择在网吧玩网络游戏。全港的网吧共有141间，其中有28%属IONE，而阳光网络则约占20%。当中IONE占市场营业额二成，而阳光占一成多，其余则由小型的网吧占据市场。网吧顾客以学生为主，也有专业人士，情况则因地区而异。

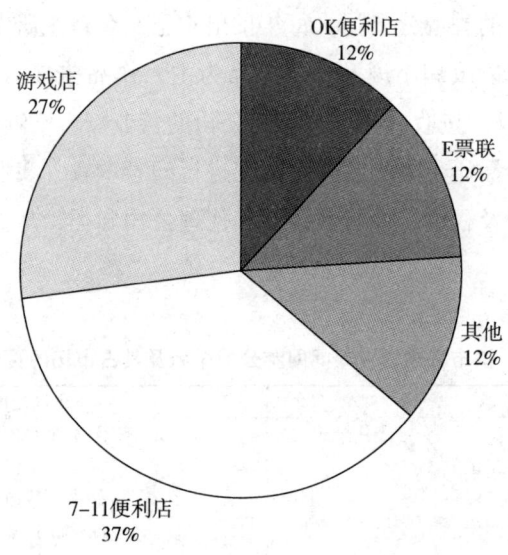

图1　港澳五大零售商市场占有率

根据网游公司提供的它们所预测的数据，港澳五大零售商市场的第一位是7-11便利店（共963间），占37%；第二位是游戏店（共77间），占27%；第三位是OK便利店（313间），占12%；第四位是E票联，占12%；其他[①]则占12%。

二　业界组织

目前在业界最具认同性的业界组织为香港游戏产业协会。协会在2004年成立，其创办人兼召集人为施仁毅先生。目前协会共有35个理事会员。

---

① 其他包括利源书报社有限公司、Now.com.hk、香港宽带、港铁有限公司、澳门电讯有限公司及Ba-bi。

协会不但促进会员之间的交流与协作，而且定期举办一些推广业界的活动，如亚洲游戏网络大奖等。香港游戏产业协会无疑对网络游戏产业具推动的作用。

三 行业优势及人才架构

调查结果显示，游戏产业目前聘请的员工约250人①，当中的年龄数多是20岁至36岁，平均年龄为28岁。由此可见，行业普遍以聘请年轻人为主。现时业界所聘用之员工的学历多是中学或以下（占49%），其次是大专程度（占30%），最后则是大学或以上（占21%）。虽然高学历人士的数目在增长，但是他们在业界占的比例并不算高。业界的人员工资中位数为12400港元，然而部分公司的人员工资中位数却高达22000港元。

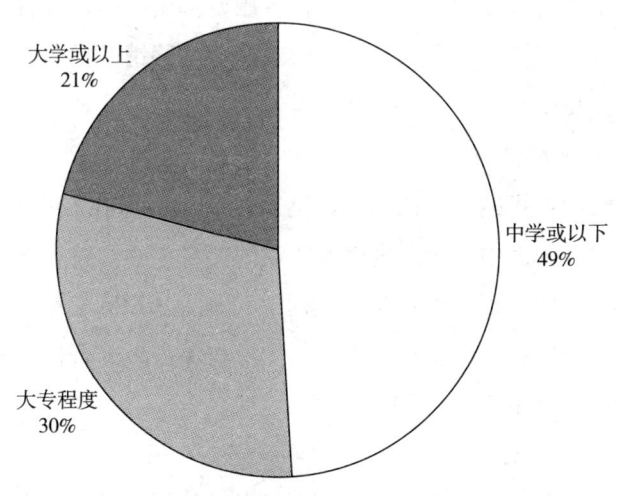

图2　业界员工的学历分布

四 自主研发网络游戏产品数量

港澳的游戏产业之中，主要以代理为主，而智傲集团在香港较为兼重研发

---

① 数据只包括营运和研发网络游戏的本地人手，并不包括网络游戏公司的非核心职员及游戏店与网吧的职员等。加上所收到的问卷并不齐全，数据或与实际数字存在差距。

与代理。目前由智傲集团研发的网络游戏共有5款，分别为《梦幻古龙》《古惑仔2》《古惑仔怀旧版》《十方魔道》及《龙虎乱舞K1》。其中的《龙虎乱舞K1》为在2010年推出市场的网络游戏。与此同时，游戏橘子在本年正式收购香港的另一游戏研发公司火狗工房。因此，香港在未来预期将有更多的本土研发网络游戏。

五 香港及澳门游戏产业的优势、挑战及局限

香港及澳门游戏产业的稳健增长显示香港及澳门在发展游戏产业方面存在一定的优势。与此同时，两地在网游产业的长远发展上却仍然面对一定的局限和挑战。

1. 市场推广优势

港澳地区正成为国际化的大都会和世界旅游休闲中心，设有国际级的展览中心，占着先进的展览场地和人才，在游戏产业的营销、推广方面，有能力成为亚洲地区的交易中心。

2. 游戏产业市场优势

据香港与台湾市场的人口比例，香港网游市场有望在五年内发展至10亿港元。香港可定位为大中华区和东南亚游戏的交易中心。首先是香港可借着两文三语的优势，发展多语言的市场，同时又可利用CEPA合法进入内地市场，加上香港与珠三角同属粤语文化，香港人才可与深广人才合作，开拓全新视野游戏产品，打造珠三角7000万人口市场。

3. 营运游戏业务的挑战

营运的高成本是香港及澳门代理游戏业务面对的最大挑战。首先宣传的成本高昂，如广告费或聘请代言人等，费用不菲。兼且不断攀升的高昂租金，令游戏公司的经营陷于困难。此外，人才方面亦是业界面对的另一难题。港澳地区的游戏产业正面形象尚未建立，有志在游戏业界发展的人才不多；专业学院的课程内容与业界脱轨，游戏公司较难聘请具相关技术、经验及知识的人才。

4. 研发游戏业务的困难

随着对游戏内容本土化的需求日增，部分企业开始在市场本土研发，

务求以当地的文化、历史及社会环境制作出一套广受欢迎及深入民心的网上游戏。碍于香港的市场狭小，加上人力资源成本相对其他地区较高，在香港作研发的企业数目不多，而大部分游戏公司主要以代理为主。然而，由于部分市场的司法系统的管束较严，在发展中市场进行研发仍然存在一定的风险。

第六节　对香港及澳门网络游戏产业发展的建议

一　落实 CEPA 计划，让游戏产业的公司能够真正受惠

业界普遍觉得虽然 CEPA 计划已为游戏产业提供一定的优惠，但是计划在落实方面仍有一定程度的限制。其中以游戏内容审查最具代表性。即使香港的游戏产品可通过 CEPA 到内地销售，然而其审查过程却是以对待外国游戏产品的标准量度，大大增加香港游戏进入内地市场的难度。政府应加强与内地政府的沟通，简便内容审查的过程，便利香港游戏产品进入内地市场的过程。

二　与业界沟通合作，利用香港大专学府培训相关人才

不少业界人士表示，招揽合适人才是他们面对的主要困难之一。究其原因，主要与目前缺乏适合业界需要的培训及游戏产业的形象尚未建立有关。纵使部分专业学府具专为游戏产业而设的课程，但是当中教授的内容及课程安排的重心，往往与业界的真正需要不符。因此，政府应安排香港的大专学府与业界多加沟通和合作，度身订造合适的培训课程。此外，政府亦应举办一些活动，如讲座等，协助游戏产业建立一个更加正面的形象，吸引更多人才。

三　配合文化优势，发展东南亚市场

东南亚为游戏产业的一个新兴市场。这为香港游戏产业带来两方面的机遇：第一是东南亚的华侨市场。由于东南亚的华侨多为粤语人口，所以香港游

戏产业可将与珠三角合作制成的游戏产品推广到东南亚的华侨市场。第二是利用东南亚的文化资源研发出合乎东南亚本土文化的游戏产品。观乎东南亚国家之间的地理邻近及文化相近，游戏公司可聘用当地人才，制作切合当地文化的游戏，打入当地市场。

四 结合研发技术，发展跨平台市场

随着智能手机逐渐普及，手机游戏将成为游戏产业未来的商业机会之一。与此同时，目前手机平台并未与网上游戏的平台连接。建议业界可与手机平台供货商合作，例如iPhone及Android等，发展出跨平台市场。

五 开发网上收费平台

网上游戏的主要客源为年轻人，然而网上收费平台需要信用卡方能付费，对大多数没有信用卡的年轻人并未能提供便利。因此，建议政府、业界及相关的商业团体合作，发展其他形式的网上收费平台，如以"易办事"（直接在银行户口过数）的方式缴费等。有关当局可参考内地的做法，如支付宝等。

策划：香港中文大学新闻及传播学院冯应谦教授（电邮：anthonyfung@cuhk.edu.hk）

协力：香港游戏产业协会

Reports on the Online Game Industry Market in Hong Kong and Macau

Feng Yingqian

Abstract: According to a source from the Korean press, the scale of the global online game industry reaches 857.4 billion Hong Kong Dollars (HKD), which are far more than film market (worth 662.6 billion HKD) and the music industry (worth 123.9 billion HKD). At the same time, the game industry demonstrates enormous potentials for further development and it is estimated to reach 1114 billion HKD by 2014. The online game industry possesses huge potential and room for further development at global, regional and local scale. In other words, the online game industry, along with animation and film as well as culture and art, become the three core pillars of the creative industry in Hong Kong. Given the enormous potential of the online game industry, the Hong Kong government has various initiatives to boost its development. This current report is part of the Strategic Public Policy Grant of the Research Grant Council of Hong Kong, funded by the Central Policy Unit of Hong Kong, which is precisely one of the government initiatives to support the industries. This project in full is named "Mapping the Hong Kong Game Industries: Cultural Policy, Creative Cluster, and Asian Markets", which ultimately aims to come up with policy recommendation for the government to develop the industry. With the assistance of the Hong Kong Game Industry Association, the researchers from the School of Journalism and Communication at Chinese University of Hong Kong conducted an extensive study of the online industries by interviewing the key people in all the big game companies in Hong Kong in 2011. Based on the empirical data we gathered from Hong Kong and Macau online game industries, we compiled this industry report to provide companies in Hong Kong and the Hong Kong Government with some baseline data for the purpose of development of the Hong Kong game industry. In 2010, there were about 36 sizeable companies in Hong Kong and their total capital investment has reached 132 billion HKD. We estimated that the market size reached 630 million HKD, and we predicted that the market size would go up to 700 million HKD in 2011. And yet the revenue only accounted for a very small portion (around 0.03%) of the GDP. This means that there is still room for improvement for the industry. The sales of online game are also seen growing in Hong Kong and Macau. There are approximately 0.8 million active gamers in the two regions. Comparing to Taiwan in which its population is about 23.16 million and the market size of online game is about 12.57 billion TWD (roughly around 3.38 billion HKD), Hong Kong and Macau's game industry is quite underdeveloped. Besides, the popularity of smart phones in the local market reaches 48 percent, which is 8 percent more than that of 2009 and almost a double than the international average. Those smart phones such as iPhone and Android phones usually provide data platforms for users to purchase and download applications, e-books and mobile games. In view of the growing popularity of smart phones, mobile games undoubtedly emerge as a new opportunity for the online game industry. At the end of the report, the researchers also listed out a few concrete recommendations for the government and the industry.

Key Words: Online Game Industry; Market; Hong Kong; Macau

B.6 两岸文化产业创意化之国际竞争力分析

陈清河*

摘　要：

> 本文旨在探讨起源于英国的文化创意产业如何在世界各国开花结果，尤其中华文化具有深厚的底蕴和悠久的历史，两岸在不同的政经环境中，同时都搭上这股文化创意产业的时代潮流。大陆自1998年起陆续在中央正式文件中，提出文化经济政策的概念与战略；台湾则从90年代进入小区总体营造等多个阶段，才使文化创意产业的概念成形。两岸随着各种文化产业政策的不断出台，从产业特色、发展基础、市场需求等方面来看，已进入发展的黄金期，文化产业总量及占GDP比重不断提升。
>
> 本文试图分析大陆与台湾文化产业的集群模式，以两岸的文化创意产业园区，如自发性生成聚落的"上海田子坊"、由下而上政府主导的"北京中关村"和具文创旗舰基地，强调美感创新、人文感动的台北"华山

---

* 陈清河，现任世新大学新闻传播学院院长，曾担任台湾政治大学广播电视学系专任教授兼任系主任，台湾政治大学政大之声电台台长，台湾广播电视基金会执行长以及台湾电视公司董事长兼总经理；在评审经历方面，曾担任过多种竞赛之评审委员，如金马奖执行委员会委员、电视金钟奖评审主任委员、有线电视金视奖评审委员、扶轮社公益新闻奖评审委员、新闻奖评审委员、消费者报道奖评审委员等。主要研究方向为广播电视电影内容产制与管理、新传播科技、电讯媒体经营、政府公关与营销、传播史研究、纪实片研究、大众传播概论、文化创意产业等，近几年研究包含"多媒体行动上网装置的应用趋势与采用行为分析——以智能型手机与平版计算机为例""台湾通讯传播普及服务就弱势族群近用之政策法规因应与建议研究""世界各国宽带政策研析""台湾通讯传播数字蓝图计划""新媒体时代舆情趋势与政府因应措施""两岸电影、电视、广播、出版相关互投资与合作之策略与影响分析""台湾数字电视发展蓝图规划构想"等，致力于将理论与实践相结合，以数字汇流、创新管理与精准沟通为主要教学与研究的主要方向。

1914文创园区"为例,探讨各自发展特色和差异性。

同时分析两岸具有文化创意潜力的三十六个城市,在加总"文化软、硬实力"模式后,获致的"城市文化创意竞争力"总指标所显示出的国际竞争潜力,从而促进文化创意产业的全面开展,以文化经济取代代工经济,利用中华文化悠久的历史资本,加上集群文化产业园区的聚焦,关切由下而上的在地美学经验的提升,以期进入一个新文化立国的时代。

关键词:

两岸 文化创意产业 国际竞争力

一 文化创意产业的定义

在全球化时代,随着经济体制的变迁,文化工业与创意工业不再只是为少数人服务的菁英艺术。创意是社会与经济变迁的驱动者,启动知识经济,结合信息传播科技,促进其他产业或相关服务的现代化,改变人们的日常生活与经验。因此,今日世界各国都把文化创意产业当成城市发展转型的重要指标。但"文化"(culture)如何转化为日常生活的一项生活习性?"创意"(creation)如何蜕变为心灵结构(mind structure)的一种成长元素?以及"产业"(industry)如何转型为一个具范畴规模的永续经营?

文化产业包含传统与现代的文化艺术,从生产到流通的过程,强调艺术工作的再生产性。而文化的创意精神,则着重在文化与企业经营的关系。创意工业源头可以溯及18世纪以来有关创意艺术和文化产业的的概念化,也涉及消费者和公民两个观念的长期变迁。较晚近则源自科技和世界经济的变化,1990年代以后,在新知识经济脉络下的新媒体科技,尤其是交互式媒体的快速发展。

文化创意产业通常是指将创造力与设计力,开发为智慧财产权并加以运用,再转换为工作机会与财富的产业。在全球化的消费社会背景中,它更具有低耗能高产出的产业附加价值,能让国家摆脱劳动力密集与仰赖低阶制造出口的危机。各国对文化创意产业的定义与内涵虽不完全一致,但从其成果来看,一般会涵盖商业化的传播媒体、传统的艺术商品部门与计算机化的新经济产业，如工业设计与软件设计。

文化创意产业必须选对的东西进行创意加值，以创造永久价值为目标。完成这个目标的过程中需要很多的精神与支应，因此如何能够比较轻易、多元地取得源源不断的养分，举一反三找到灵感，在旧东西上变出新把戏，便需要更多能量的积累，以适时酝酿，创造更多加值应用。唯有促进了信息流动和处理能力之发展的信息结构，开展反身性积累的结构性条件，符号与空间的经济才可能借此形成网络。

追溯源头，创意产业（creative industry）的概念是英国首倡，在当时刚胜选、由新任首相汤尼·布莱尔主导的工党政府下的文化媒体体育部最早提出文化创意产业的概念。被尊为世界创意产业之父的 John Anthony Howkins，曾在其著作 *The Creative Economy：How People Make Money from Ideas*（《创意经济：如何点脑成金》）中，对创意产业下了较细致的定义。他认为，创意经济与创意产业，是由版权、专利、商标和设计四个部分共同构成。世界各国也依本身的地理性、在地古迹和文化、经济特色等情况，纷纷提出相关概念，但略做调整英国"文化创意产业"的定义，以重新界定和划分自身的需求，主要包括版权产业、文化产业、休闲产业、体验经济、美学经济等概念。综观之，世界各国或地区对文化创意产业的理解分为三种类型：一是以美国为代表，没有明确文创定义的版权产业，二是以英国为代表的"创意性产业"，三是以中、韩为代表的"文化性产业"。有关国家及国际组织分类内容如表1所示。

表1 有关国家及国际组织对文化创意产业概念的界定和分类

主体	对文化创意产业概念的界定	对文化创意产业分类的界定
英国	1998年在《英国创意产业地图》中明确提出"创意产业"的概念是"那些从个人的创造力、技能和天分中获取发展动力的企业，以及那些通过对智慧财产权的开发，创造潜在财富和就业机会的活动"	英国对创意产业的界定已成为许多国家定义创意产业的参考。主要包括：建筑、艺术及古董市场、工艺、设计、流行设计与时尚、电影与录像、休闲软件与游戏、音乐、表演艺术、出版、计算机软件、广播电视

续表

主体	对文化创意产业概念的界定	对文化创意产业分类的界定
美国	未曾明确定义创意产业，多半使用版权产业的概念，因此可通过版权产业的概念来表述商业和法律意义上的文化创意产业。美国所指版权产业基本契合英国理解的"创意产业"，而其关注的焦点主要集中在专利权、商标权、专有技术和设计权等智慧财产权的创意经济中。其中以娱乐产业为主	按照版权产业分为四类：核心版权产业、交叉版权产业、部分版权产业和边缘版权产业
联合国贸发会议	创意产业是指使用创意与智力资本为最初投入的产品与服务创作、制造和销售的循环过程；由一系列以知识为基础的活动组成，不仅侧重于艺术，也从贸易与智慧财产权中创造潜在收入；包括有形产品和无形的拥有创意内容、经济价值和市场目标的智力与艺术服务；处于手工艺、服务和产业部门之间的交界处；在世界贸易中构成了一个新的充满活力的领域	联合国贸发会议将创意产业分成四大组别：文化遗产、艺术、媒体与功能创意，它们又被细分为9个子群
中国	文化创意产业是新兴产业，目前对文化创意产业还没有一个比较规范的定义，现有定义主要来自英国创意产业	《中国创意产业发展报告 2007》把中国创意产业划分为8类：影视文化类、电信软件类、工艺时尚类、设计服务类、展演出版类、咨询策划类、休闲娱乐类和科学教育类
澳大利亚	以内容产业为导向，展现信息和传播交流的特色	强调内容具备智慧财产权，并可数字化呈现的产品

二 大陆文化创意产业的发展与群聚模式

（一）大陆文化创意产业政策发展历程

大陆的文化产业发展大致经历了三个阶段，分别是起步阶段（1978~1992）、成长阶段（1993~2002）、全面扩张阶段（2002年至今）。第一阶段是改革开放之初，各大歌舞厅为主体的经营性文化场所，形成蓬勃发展的文化市场，娱乐业成为文化产业先导。1988年文化部、国家工商局联合发布了《关于加强文化市场管理工作的通知》，是在政府文件中首次出现文化市场的字眼，建立文化市场规范的局面。1991年，国务院批转《文化部关于文化事业若干经济政策意见的报告》，自此，正式提出文化经济政策的概念。1992年，江泽民在中共十四大报告中，明确提到要完善文化经济政策。

进入成长阶段的1998年，文化部设立了文化产业司，正式将文化产业纳入政府工作体系。这段时期以国有大型文化单位改革为标志，文化产业化带动了原来的文化领域，尤其是一批国有大型文化单位进行改革和转型，出现了以《广州日报》为主的报业集团、以北广传媒为主的传媒集团和许多大大小小的传播公司。进入千禧年的2000年10月，第一份重要文件是中国共产党第十五届五中全会通过的《中共中央关于制订国民经济和社会发展第十个五年计划的建议》，这是第一次在中央正式文件里提到了"文化产业"的概念，明确要求"完善文化产业政策，加强文化市场建设和管理，推动有关文化产业发展"。这些对于文化产业的承认、地位的认可和体制的改革，起了重大作用。

第二份重要文件则是在2001年中共中央批转的中宣部、广电总局、新闻出版总署《关于深化新闻出版广播影视业改革的若干意见》。意见提出文化体制改革要以发展为主题，以结构调整为主线，以集团化建设为重点和突破口，着重在宏观管理体制、微观运行机制、政策法律体系、市场环境、开放格局五个方面积极进行探索创新，以进一步壮大实力、增强活力、提高竞争力。

最后是自2002年至今的全面扩张阶段，2001年12月，中国正式加入世贸组织，国际文化竞争日益加剧，文化产业的战略地位得以真正确立。2002年11月，十六大召开，标示大陆文化产业进入全面启动、快速发展阶段，其中包括互联网的发展。2007年10月，十七大报告更加明确指出："大力发展文化产业，实施重大文化产业项目带动战略，加快文化产业基地和区域性特色文化产业群建设，培育文化产业骨干企业和战略投资者，繁荣文化市场，增强国际竞争力。运用高新技术创新文化生产方式，培育新的文化生态，加快构建传输快捷、覆盖广泛的文化传播体系。"其中为了新的文化产业发展空间，提到"深化文化体制改革，完善扶持公益性文化事业，发展文化产业，鼓励文化创新的新政策，营造有利于出精品、出人才、出效益的环境"。因此各界在更加宽松和谐的政策环境下，开始了文化产业的发展。

2012年，文化部印发《文化部"十二五"时期文化产业倍增计划》的通知（文产发〔2012〕7号），宣告文化经济产值的发展。2012年11月落幕的中共十八大报告中也提出，要推动文化产业快速发展，到2020年全面建成小康社会，文化产业成为国民经济支柱性产业。自中共十六大以来，随着文化体制改革的深入推进，合格文化市场主体数量不断增多，社会投入文化产业的热情高涨，各项扶植政策不断出台，大陆文化产业进入发展的黄金期，文化产业增加值不断提升。根据《人民日报》报道，2011年文化产业法人单位增加值达13479亿元，占GDP比重从2004年的1.94%增至2011年的2.85%；年平均成长23.35%。而2012年7月，国家统计局印发《文化及相关产业分类（2012）》，增加了文化创意和设计、文化信息传输等新兴产业门类，2012年文化产业总量及占GDP比重还将进一步提升。相关部门表示，从产业特点、发展基础、市场需求等各方面来看，文化产业都展现出巨大的发展潜力和远景。①

综观十七大以来文化部参与制定出台的有关文化创意产业政策文件，动漫产业发展成为扶植主力，并且促进文化产业园区基地管理，加强文化产权交易和艺术品交易管理，尤其大量透过银行、保险等金融机构，贯彻落实支持文化产业发展战略合作。在税务方面，也对动漫产业开发生产用品暂行免征进口税收。由此可见，文化产业商流价值链中的技术/平台、资金/营销都受到政策支持扶植，具有开展竞争力的资本。如果再加强内容/人才的创意和培养，形成文创产业中个人智能创意的核心价值，丰富文化内涵，便可形成有利的文创产业商流价值链。

（二）大陆文化创意产业的集群（cluster）模式

集群这个概念最早出现在20世纪70年代的地理学文献中。而产业集群（industrial cluster）概念受到重视，主要是由美国哈佛大学商学院著名学者迈克尔·波特（Michael E. Porter）1990年在其著名的《国家竞争优势》一书中正式提出。波特的"钻石理论模型"，又称国家竞争优势理论，用于分析一个国家的某种产业为什么会在国际上有较强的竞争力。他提出四个因素：一是生产要素，包括人力资源、天然资源、知识资源、资本资源和基础设施。二是需求条件，主要是本国市场的需求。三是相关产业和支持产业的表现，这些产业和相关上游产业是否有国际竞争力。四是企业的战略、结构和竞争对手的表现。波特认为这四个要素具有双向作用，连同机遇和政府两个辅助要素，彼此相互依赖，共同构成动态式互动的钻石体系（见图1）。

---

① 《人民日报》2012年11月14日。

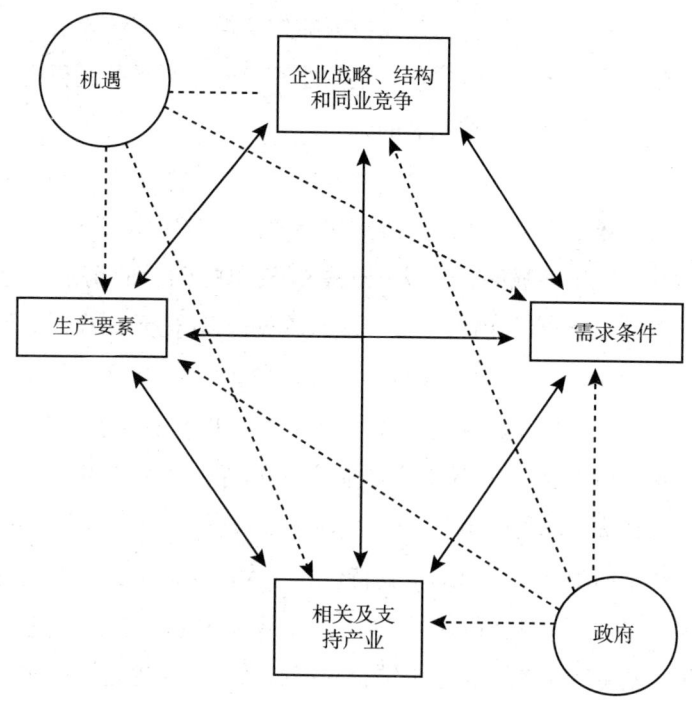

图 1　钻石体系

集群主要是指特定产业中互有联系的公司或是机构，聚集在特定的地理位置，共享公共设施、市场环境，以降低信息交流和物流成本，形成有效市场竞争，并以此实现规模效应的一种现象。集群包含了一连串的上、中、下游产业，以及其他企业或是机构。而政府的角色则是为此创造适宜的竞争性环境，并鼓励创新。

从 2005 年大陆揭开文化创意产业的序幕以来，各地文化创意产业即呈现集群式发展，形成六大文化创意产业集群，以及众多的文化创意产业园区。根据联合国贸易和发展会议发布的《2001 年世界投资报告》，产业集群在全球新一轮的投资热潮中起着关键的作用。在众多领域的产业中，文化产业具有更强的集群化特征。而文化产业一旦形成集群，将会在资源配置、规模效应、技术合作和人才聚合等方面得到更大、更快的发展。

中共十八大报告中也提出，要推动文化产业快速发展，促进文化和科技融合，发展新型文化业态，提高文化产业规模化、集约化、专业化水平。认为文化产业是朝阳产业，抓住了文化产业，就抓住了推动可持续发展的一条重要途径。因此，在追求文化产业规模化、集约化和专业化水平的过程中，产业集群自然成为政府和民间上下一致发展的方向。

其中，丰厚的历史文化资源是发展文化产业的有利条件。例如近年来，衡水利用文化底蕴深厚优势，加快发展文化产业，成绩显著。下一步将继续实施重大文化产业项目带动战略，加快推进总投资100亿元的衡水文化创意产业园、总投资20亿元的水晶内画产业基地、总投资30亿元的武强国际乐器文化产业基地等一批重大文化产业项目，带动形成内画、年画、金鱼、毛笔、乐器、印刷、雕刻、剪纸、田园棉、工艺玻璃等一批有竞争力的特色文化产业群，力争"十二五"末，实现文化产业增加值占生产总值的比重达到5%以上，形成衡水经济新的增长点。

旅游、文化和生态是秦皇岛最具特色的三大品牌。为此，秦皇岛市确立了"旅游+文化+生态"融合发展大格局，站在更高层次上推进文化产业转型升级。把文化、旅游和生态绿化建设结合在一起，以重大项目和产业园区建设为抓手，推进文化产业结构调整，文化产业总体规模进一步扩大，走在了全省前列。秦皇岛市2011年完成重点文化产业项目投资19.2亿元，全市文化产业增加值预计比上年增长34.4%，成为区域经济发展重要增长点。下一步将全力实施文化产业发展提速工程，着力提升产业结构、提高集约水平、优化区域布局、扩大文化消费，促进文化产业与其他各类产业的深度融合，不断提高文化产业在全市经济总量中的比重。

三 台湾文化创意产业的发展与启示

（一）台湾文创产业政策发展历程

综观台湾的文化创意发展过程，共经历了1960年代的中华文化复兴运动，1970年代的十二项建设中的文化建设，1980年代文化建设委员会成立，1990年代进入小区总体营造等多个阶段，建立全民文化共识，才使文化创意产业的概念成形和发展水到渠成。2002年更将发展"文化创意产业"列为"挑战2008重点计划"十大重点投资计划之第二项。其中将文化创意产业定义为"源自创意与文化累积，透过智慧财产的形成与运用，具有创造财富与就业潜力,并促进整体生活环境提升的行业"。希望借由对文化创意产业的扶植,营造文化竞争力,提升有特色的产业与产值,借由文化活动与创意设计,创造更多经济价值与文化协同,进而取得国际市场与价值定位。针对"视觉创意""音乐及表演艺术""工艺""设计产业""出版""电视与广播""电影""广告""文化展演设施""数字休闲娱乐""设计品牌时尚产业""建筑设计产业"和"生活创意产业"等产业,来推动文化创意。2010年新增"流行音乐与文化内容",并将"设计产业"分类为"产品设计"与"视觉传达设计",共形成15项文化创意产业范畴。

在文化政策发展的过程中,从硬件到软件,再来变成着重振兴知识经济的相关策略。从政治功能到休闲功能,最后发展出以文化和创意为主,具有产值的文化经济功能。

事实上,早在1995年,文建会提出"文化产业化、产业文化化"的文化政策时,就是希望透过文化和艺术发展的相关产品,成为地方可开发之产业。因此以原有的在地元素为主,糅合新开展的艺文活动,用在进行小区营造,以刺激区域和小区相关经济活动。至于"文化产业化"则是一种分众、小规模的经营,一种必须加入人文精神与创意的文化经营模式。运用细致化、区域化、在地化的文化活动带动外围小规模的经济活动。而要创造这个文化创意产业的生态链,必须具备以下四项特质:

①创造经济价值时应以文化为核心,如此才能真正促使境内产业转型。

②文化创意产业必须兼顾发展主产品和副产品,主产品是核心,是文化创意活动创造出来,是无法量化的独特文化精神与价值。附加产品则为延伸,适合主产品的文化精神与价值转化的符号,可被大量生产复制,带来经济产值。

③具有民间的、区域的、由下而上的产业特质,如此在后工业时代,才能具备"知识经济"和"文化经济"的永续经营。政府部门在文化创意产业中所扮演的角色,不该只是制定法律、管理文化艺术单位而已,应该以开创与协助建立友善的产业环境为主。更重要的是,文化创意产业最终该由下而上,发挥草根力量,由民间个人、基金会团体或是地方企业等,共同形塑以文化创意为主的消费链与生产链。地方文化特色、区域个性、创意艺术元素与魅力,正是文化创意产业不可或缺的共生成分。唯有从地方视角观照,才能打造永续发

展的平台。

④文化创意产业应该具有美学期待之特质，因为美学在生活上具有多重文化诠释及经济价值上的可能性。带有生活美学的消费诉求，能够引领消费者对生活态度的认同，进而产生集群效应。

2009年由台湾"文化部"主政，"经济部"就其主管之业别参与规划执行的"创意台湾——文化创意产业发展方案"，为台湾目前发展文化创意产业的指导方针。时程为2009～2013年，主要针对当前文化创意产业发展困境和产业需求，并思考台湾发展优势及潜力，提出各项检讨、提振方案及推动策略，期能立足台湾，进军国际，达到"攻占华文市场，打造台湾成为亚太文化创意产业汇流中心"之愿景。其项下分为"环境整备"、"旗舰产业"二大主轴。期能发挥领头羊效益，带动其他周边产业。

1. 环境整备

主要针对所有文化创意产业整体面临的共通性问题，思考因应策略。包括多元资金的投入，强化融资及创投机制，促进文创产业研发及辅导，建立人才培育及媒合机制，协助文创业者开展海内外通路和建立台湾整体文创品牌，并扩展产业集群效应等。2000～2001年，陆续在华山、台中、花莲、嘉义、台南等设立五大文化创意园区。同时也从单一展馆的群聚延伸华山、学学文创、师大及城东等文化育成基地及创意街区。希望透过创意集群的力量，打造完整的产业生态。同时为了鼓励创意聚落的发展，也依文创法第二十五条，发展巷弄街区文创集群，期能以区域整体架构，发展文化创意聚落，避免资源分散且能发展出个别聚落特色。

2. 旗舰产业

从现有各产业范畴中，择取发展较为成熟、具产值潜力的业别予以重点推动，包括电视、电影、流行音乐、数字内容、设计及工艺产业。

文化创意产业，指源自创意或文化积累，透过智慧财产之形成及运用，具有创造财富与就业机会之潜力，并促进全民美学素养，使国民生活环境提升之产业。2010年台湾文化创意产业范畴由2002年提出的13项，调整为15项。台湾将文化产业和创意产业合而为一，进行跨领域、多元化和国际化的经营模式。诚如2008年联合国贸易和发展会议也将"文化创意"定义为包括想象力在内,一种产生原创概念的能力,以及能用新的方式诠释世界,并用文字、声音与图像加以表达。

发展文化艺术是世界先进国家和地区的趋势,"软实力"成为带领国家和地区经济前进的动能。特别是台湾已经拥有非常丰富精致的文化,并长期累积出相当的文化能量,这都非常有利台湾发展文化。继第三波"信息产业"经济之后,文化创意产业被视为"第四波"经济动力,台湾腹地虽小,但在全球华人圈中却具有三大优势,可扮演开创者角色,成为华人文创产业的先锋。

①台湾拥有海洋文化性格,移民社会的多元包容特质,具备开放自由的胸襟和勇气,充满追求创新的能量。

②台湾拥有深厚的中华文化传统,教育普及,底蕴深厚,仍然保存儒家"温良恭俭让"的精神,成为创新的人文基础。

③台湾自由创作的环境、开放的心灵,是文创产业的生命力和创意泉源。

如果善用这些特点,在推动文化创意产业的同时,也带动其他产业的创意化发展,以达到"攻占华语市场,打造台湾成为亚太文化创意产业汇流中心"的愿景。

文化创意产业的核心价值,是一种由下而上、具区域性、地方性、小区资源新形态的经济生产与消费关系。其先备条件更仰赖生产链及消费链中生活美学、美感经验、文化体验的积累,而这些都需落实在文化创意环境的整备。因此大规模的社会美学运动、小区意识的形成与建立都不可忽视。这样的发展方向,也正呼应台湾"文化部长"龙应台所提出"从村落出发,从国际回来"的文化发展。

(二) 台湾文化创意产业的启示

大陆在强大的经济资本下,大量迅速地开创集群式的文创产业园区,发展过程中,容易忽略文化资本的建立并非仅仅是由上而下的建设,更重要的是如何开展全民生活美学运动,在文化消费的日常生活中,落实文化体验,如此形成强大的消费社会,使得文化创意产业在扩展之余,与在地产生连接。真正的文化是从泥土里长出来的,才能具有坚毅的生命姿态,获得民众的亲近与信赖,然后带着村落气息的独特风格,走向世界,传播在地风采,建立一种文化品牌的不可复制性。

因此，在执行过程中，确实建立文创产业商流价值链就显得格外重要，大陆在极力追求 GDP 成长的同时，需要留意这个价值链是一种循环回馈的机制，必须全面关照，避免仅仅偏颇少数环节，否则一旦形成断裂，动能就会削减。从图 2 中可以看出文创产业商流的价值链主要由内容/人才、技术/平台和资金/营销三大环节组成。

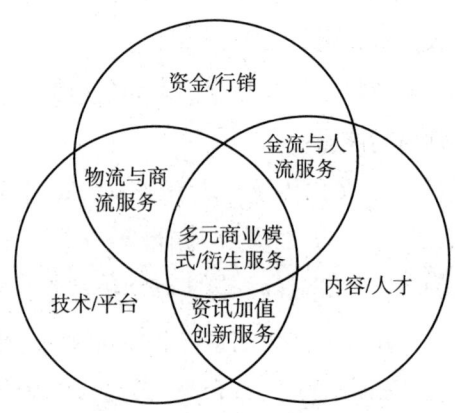

图 2　文创产业商流价值链

①其中前端的内容人才和技术平台碰撞出信息加值的创新服务。
②资金营销和技术平台整合出物流和商流的服务。
③前后端的内容人才获得资金营销的挹注时，则会衍生出金流和人流的服务项目。
④当三大环节各自重迭的加值服务运作顺利时，自然产生多元商业模式和相关的文化创意产业衍生服务。

大陆发展文创具有强大的资金营销和技术平台，但更重要的是如何培养价值链前端的人才，以开发出可资运用的文化内容，使之成为"点火器"的启动角色，方可为长久之计。

其次，在文创产业链中，因传播科技带来许多创新加值服务，在新媒体的多平台运用之下，产生许多相关性。尤其是著作权、授权和播放平台之间的关联。著作权除了一般认知的对抗仿冒、盗版，保护作者的一种权利之外，站在国家政策的高度，最重要的是如何促进学习和文化进步。为了达到这个目标，所以给予创作人一定范围的独占利益鼓励，以激励更多更好的创作。

至于授权，则是因为在信息时代，计算机上流通着各种作品：有些是个人抒情表意的创作，有些是媒体或娱乐事业商业发行的影片或音乐，有些又源自政府机构及民间的出版品。纷杂多样的数字内容，固然检索容易、使用方便，但若标示不清，极易造成侵权行为。依据台湾现行的著作权法，著作的使用权利全部保留在著作权人手中，即所谓的"所有权利保留"。这使得志在流通其创作，欢迎别人复制、散布，甚至更改其作品创作者形成困扰。

因此，著名法律学者 Lawrence Lessig 与具有相同理念的先行者，于 2001 年在美国成立 Creative Commons 组织，提出"保留部分权利"的相对思考和做法，希望运用私权力创造公共财；以特定方式开放创意著作的使用，正如自由软件和开放原始码的运动，也是现在全球鼓吹开放资料（open data）分享的缘起。透过"姓名标示""非商业性""禁止改作"和"相同方式分享"四大授权要素的排列组合，提供了六种便利使用的公共授权条款。透过这种自愿分享的方式，大家可以群力建立内容丰富、权利清楚，且便于散布的各式内容资源，嘉惠自己和其他众多的使用者。

在台湾称之为"创用 CC"授权条款，则以该精神取其授权方式便于著作的"创"作与使"用"之意。尤其在数字传播时代，许多内容传输都发生在互联网上，如何适度保护著作权，但又在授权上抱持开放性，使得信息分享散布，如何创造再创造，形成一种生生不息的能量状态，但又不伤害原创者利益，的确是需要思考的地方。

以下针对文化创意产业链中著作权/授权/播放平台的关联进行说明。

①著作权及相关权益。包括文学著作、音乐著作、改编著作、衍生著作、作品重制、散布、公开播送、公开上映、公开传输、表演式录音物等邻接权、姓名权、肖像权、人物、授权商品、设计、商标和专利等。

②文化创意表现。将文化创作透过媒介载体，呈现创意。项目包括报纸、杂志、书籍、电影、电视连续剧、舞台剧、歌剧、话剧、各类戏曲、游戏、服饰、家庭饰物、图铃下载和将人物偶化的公仔。

③内容提供者。对应于提供内容展现文化创意的提供者,则有报社、杂志社、出版商、电影公司、制作公司、剧团、工作坊、游戏开发公司、软件公司、设计公司、动画制作公司、服饰制造商和网络内容提供者(ICP)等。

④频道提供者(代理)。则有频道商、片商和频道代理,以进一步将产制出来的文创内容,在播映平台播放。

⑤播放播映平台。则有首轮电影院、二轮电影院、DVD贩卖业者、DVD出租业者、卫星电视台、无线电视台、卫星直播系统、有线电视系统、IPTV(MOD)、Web TV、网络电视、行动电视、旅馆酒店里的网络电视、电信价值加值服务、电视公司平台和网络服务提供者、应用服务提供商等。

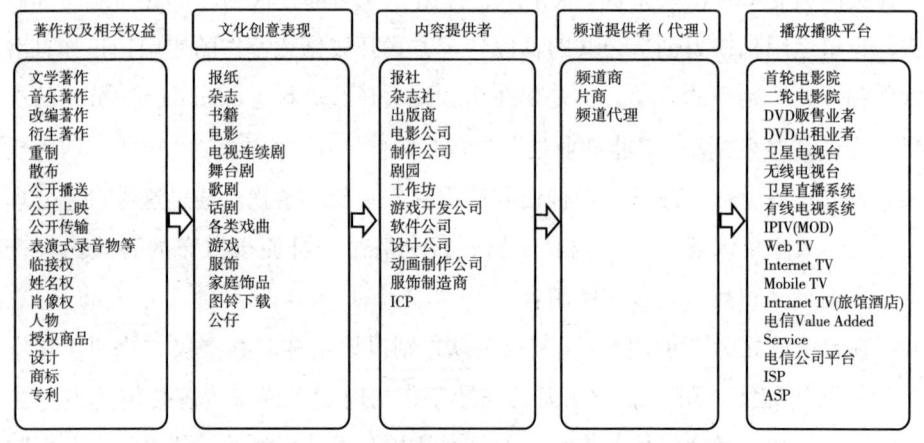

图3 文化创意产业链中著作权/授权/播放平台的关联

四 文化创意产业园区案例探讨

大陆文创产业的成绩和该地区各个创意聚落息息相关,有自发性的艺术家集群,如上海田子坊,也有政府力量改造的北京首钢文化产业园区,本文也将探讨台湾的由酿酒厂改造的华山艺文特区。

1. 上海田子坊

位于太康路210弄的田子坊,由大陆画家黄永玉取名,是工艺者自发性聚集的创意市集,不同于其他创意园区,田子坊同时还与15%的居民共处一地。

在传统上海弄堂风情空间格局中，充满了各式各样的陶艺、版画、摄影、雕塑、设计工作室、个性杂货店、创意小店和越来越多的咖啡馆和异国风情料理。原来租金低廉的店面，在观光客为主的消费者越来越多之后，具经济资本效益的餐馆、咖啡馆进驻，与当地尚存的少数居民冲突日甚；原来开创这里文化个性的艺术家因无法负担日益高涨的租金，以及忍受日益失落的自由创作氛围，纷纷移居他处，反而降低了原来田子坊迷人的 SOHO 气息。

  Allen J. Scott 曾提出以生产网络和组织交易观点讨论文化产业地理学。Sharon Zukin 也提出以纽约苏荷区艺术群聚为例的绅士化研究，正可呼应上海田子坊处境。Zukin 的绅士化研究中，显示出艺术家在没有组织的情况下，遇到强大经济资本的商业组织，只好陆续东移到租金更便宜、创作空间更大的地方。这也导致了个别艺术家在无法支持他们基本创作空间的经济压力之下，只好维持一种在阁楼里挣扎求生的艺术家神话，虽然处于和自由正好相反的依赖性赤贫状况，却因为具有文化创意而显得尊贵。

  这种自发性形成的艺术群聚，往往因自由的空气、艺术的气氛和相对便宜的租金，生机勃发吸引世界各地人才进驻，开展充分的创意与设计能量。却往往缺乏有组织性的在地连接和捍卫与管理自身的权利与义务，所以当商业资本因艺术家群聚吸引更多人群前往时，自然也看到商机，以强大的经济资本进驻，开设专业画廊、建屋与购屋，掠夺原来的艺术家住户多年形成的创作氛围，提高租金，炒热房价，使得原生艺术家不得不走上迁徙之路，寻找另一个桃花源。究其因，在创意产业的基本价值链中，他们只处在第一阶段，之后的生产制造、营销推广、传播渠道和消费者环节都产生断裂，以致拱手让出阁楼东移。

  田子坊在既有的丰富历史文化和便捷的交通位置、时代的发展机遇下自发生成艺术聚落，但仅由部分艺术家带动的小规模改变的自由模式，终究不敌经济发展带来的压力，此时政府适时干预，协助成立管委会，并出资改造基础建设，虽可帮助缓和当地各项矛盾，改善环境，但许多个人工作室、个体艺术家仍然因高涨租金离去，享受不到自己努力打造的聚落经济效益。

2. 北京中关村

  相对于上海田子坊的自发性生成聚落，北京中关村则是由上而下、政府主导的文创产业园区。经过二十多年发展，北京中关村已从"中国科研中心"向"中国创新中心"转型，探索出一条以企业为主体，市场为导向，政产学研用相结合，以开放式自主创新为核心的高科技产业发展道路。其中软件、网络和计算机服务在示范区文化创意产业中占主导地位。总收入、利润和税费等三大指标，都占文化创意比重的3/4以上。

目前中关村是重要的文创产业集聚区，集中有中关村软件园、清华科技园、石景山园数字娱乐产业基地、海淀园文化创意产业先导基地、雍和园文化创意产业园区、电子城创意产业园区（包括798艺术区和正东创意产业园区）、得胜园工业设计创意产业基地。中关村不断出现重大的技术创新成果，"中国智造"引领全球，北大方正公司发明了第一个汉字激光照排系统。曙光公司诞生了大陆第一台超千亿次超级计算机。科兴公司研发出世界第一个获准生产的A型H1N1流感疫苗。水晶公司创造出奥运中国馆的镇馆之宝——以数字虚拟技术完成的动态"清明上河图"。

3. 北京新首钢高端产业综合区

位于北京石景山的首钢自1919年建厂，已有近百年历史。首钢虽推动北方重工业，带来地方繁荣，但也制造了污染。在首钢生产量最大的时候，石景山周围的落尘量每平方公里高达34万吨，居民都不敢出门，出门皆需戴口罩。2001年为使北京奥运圆满成功，让世界各国游客留下美好印象，首钢开始搬迁至河北唐山曹妃甸，2011年首钢全面停工，8.63平方公里的偌大厂区，在中央的规划下，未来将投入2000亿元人民币、十五年全面规划成为文化创意产业最佳的孕育地。这一大陆发展文创产业，改造面积最大、投资最多的旧厂房区——首钢园区，未来产值将高达2000亿元。根据《首钢工业区改造规划》，首钢工业区划分为工业主题公园、文化创意产业区、行政中心、综合服务中心、滨河生态休闲区、总部经济区、综合配套区七大功能区。由于首钢的老厂房和基础设施完善，适合占自然资源少、无污染的智力、资金密集型产业，如文创产业则非常符合石景山区CRD（文化娱乐休闲区）的定位。

新首钢高端产业园区最先登场的文创活动，为首钢灯光节，首钢石景山主厂区被重新点亮。灯光节用新兴高科技支撑的光媒体艺术，结合传统建筑照明，自下而上营造出远景、中景、近景相结合的多个景观层。其中最低层的群明湖，原本是炼铁的循环水储存处，工厂停产后承载着主厂区消防用水的功能。工作人员在群明湖设置了一座长 80 米、最高达到 30 米的音乐喷泉，随着音乐的节奏及曲目的变化，喷泉的造型也在变化着。群明湖西侧，5 个原氧气厂的储氧罐经灯光的装饰，变身花色相异的白底青花瓷；圆形凉水塔曾经用来对炼铁高炉用水实施降温，而今却成为 3D 展示的大屏幕。这些大型工业建筑矗立在夜空中，重现生机，极具视觉震撼力。借由光影艺术让这些旧机具、旧厂区焕发了新生命。游客于园区探索钢铁生产流程，同时也优游其中，享受生活。

在首钢高端产业园区开发前，北京已先将第二通用机械旧厂区规划为首钢文创产业的试行区，2011 年中国动漫嘉年华在二通厂登场，接着举办世界动漫大会，活动期间吸引多家动漫公司、多位艺术家进驻二通厂，同时也举办钢雕艺术展，吸引大量游客，北京又多了一个旅游景点——全国文创产业十大园区之一的中国动漫游戏城。

4. 台北华山 1914 文创园区

强调美感创新，创造深度经济的华山，走的内容取向是人文感动。强调台湾文化创意产业的旗舰基地，借由热切的理想，把台湾文创资源和力量"动"起来，让台北的华山成为台湾也是世界的华山，设定文创贸易的"世贸基地"、文创产业的"孵梦基地"、文化力量的"未来橱窗"和全民欢愉的"休憩胜地"的角色性格。强调文化时尚、美感生活、生态空间，结富扶才、以艺领企，力求环境生态的新旧共构、共生、共荣。最后追求 cool play for fun 的"酷玩"场域氛围，创造一种欢愉的消费氛围，一种全新的感官体验。

华山目前有三处古迹（高塔区、乌梅酒厂和烟囱），三处历史建筑（四连栋、米酒作业场及红砖区），分别整理成中小型艺术表演区、开放式大型展览空间、主题式展览或商品展售空间、画廊、小型发表会场所、园区餐饮休憩空间等。

除了以上由民间力量或政府力量发展的文化创意产业园区外，于个别产业里创新、突破传统的展现，也是文化创意的另一种形式。例如浙江卫视的

"中国好声音"歌唱选秀节目,就是一个好例子。自从2005年湖南卫视的"超级女声"到今日数十档的选秀节目,节目良莠不齐,但都不脱模仿国外热门选秀节目以追求高收视率的制作模式,而由星空卫视与浙江卫视共同制作的"中国好声音",则是以创新的比赛规则、宣传方式及传递正面节目价值,于选秀节目中独树一格,叫好又叫座。

以导师盲选方式,排除参赛者外貌、服仪等外在因素,单纯凭借其歌声好坏来选择晋级与否,为某些声音好但外貌不如人的选手,提供更公平的竞争舞台;并突破既有选秀节目由评审选择选手的单向过程,赋予选手与评审相当的选择权利,选手得以选择评审担任指导导师,以尊重选手、尊重好声音;利用网友乡民在网络上的讨论,制造话题、引发更多人的注意。清华大学新闻与传播学院陈昌凤教授表示:"在媒体如此发达、舆论如此活跃的今天,一档节目有争议是正常的,没有争议好比没有涟漪的一次投石。何况如今的音乐选秀生态并不好。从某种程度上说,引发争议也是一种有效的传播策略。"另外,节目呈现公平、公正、公开及真善美的普世价值,突显每个选手追求梦想的努力与坚持。

节目制作上的种种创意与用心,让观众看到今天高质感的"中国好声音",也让社会大众听见了优秀电视娱乐节目的好声音。"中国好声音"节目创新规则、创新宣传方式、创新节目价值,改变了选秀节目、改变了卫视格局、改变了传播方式、改变了运营模式,同时"中国好声音"打破既有模式、展现创意,也为既有影视节目开启另一天地,为文化产业的创新做了一个最佳示范。

五 中国文创在国际上的竞争力

成立于2006年的"亚太文化创意产业协会",于2011年针对台湾6座及大陆30座具有文化底蕴与文创发展潜力的城市,进行《两岸城市文化创意产业竞争力调查报告》(简称2011《CCIA调查报告》)。该调查以"两力"模式为评估两大构面,"两力"指的是城市"文化硬实力"及"文化软实力",透过"两力"加权运算,最终获致"城市文化创意竞争力"总指标。文化软实力是借由"文化支持度""文化内涵度""文化创造力""文化发展力"四构面所组成，而"基础实力""财政实力""文创实力""产出实力"之"四实力"构面则形成"城市文化硬实力"。研究透过结构式问卷调查，以两岸具有文化创意潜力的 36 个城市为研究对象，研究加权运算上述指标，形成"文化创意城市竞争力"，并透过文化创意产业相关业者、专家与学者填答之实际有效回收问卷，分析两岸 36 座城市之文化创意竞争力，最终得出 8 个结论：

①上海市、北京市、杭州市分获两岸文创城市七项衡量构面排名之首。

②两岸城市文创竞争力：台湾仅次于大陆直辖市优于副省级城市。

③两岸历史名城与国际化城市罗列城市文创竞争力排名前五名。

④两岸文创城市成功关键因素各有其禀赋。

⑤大陆城市文创竞争力：直辖市最优，副省级次之，地级市居后。

⑥最具文创竞争力城市以长三角经济区最多。

⑦经济实力为文化创意城市发展之必要条件。

⑧"数字内容"及"设计品牌时尚"为两岸最适合发展之文化创意产业。

由以上 2011《CCIA 调查报告》反映出，中国在文化产业的创意发展上，有其国际竞争潜力。从"十一五时期"到"十二五时期"计划以来，中国政府对文化创意产业都刻意推广，政策面的力道也踏实明确，加上本身优势，如历史悠久的故事材料、经济与科技的发展、文创资金的设立，鼓励金融机构融资、跨国合作、文化产业群聚化等，对应到中国的文创政策，中国习称 2006 年为中国文化创意产业发展的元年。最值得重视的是，当时就已将目标触及国际市场，是故纲要有一段——"充分利用国际国内两个市场、两种资源，主动参与国际合作和竞争，加强对外文化交流，扩大对外文化贸易，拓展文化发展空间，初步改变我国文化产品贸易逆差较大的被动局面"。而所要培育的"文化创意群体和内容提供商"也明确地定义为影视制作业、出版业、发行业、印刷复制业、广告业、演艺业、娱乐业、文化会展业、数字内容和动漫产业等十大产业。

近年中国制造业面临的重大挑战，就是在国际专业分工中，外资品牌制造业一概将低利润的制造/代工转向中国，而将利润占 70% 至 90% 的非制造环节留在本土。举例来说，无论汽车业的通用（GM）、丰田（TOYOTA），电子消费商品的苹果（APPLE）尽皆如此。而旨在将中国从"世界工厂"转型为"世界市场"的"十二五"计划，即在面对与处理此愈形严重的困境，企图将劳力密集的制造业融入或转化为资本与技术密集的高附加价值产业。在此需求下，文化创意产业被期待反客为主，除了文化创意形式较为单一纯粹的十大产业外，文化创意业者若能以高附加价值的非制造业环节融入国际专业化分工制造业，比如说设计、研发、供应链服务；又或者是带动知识型产业，如金融、设计业，文创产业将有望成为未来经济的新成长点与制高点。尤其现在全世界都面临经济衰退的阴影，中国以黄金十年储备的强大政经资本，正可以用来推升文化创意产业的全面开展，以文化经济取代代工经济，利用中华文化悠久的历史资本，加上集群文化产业园区的聚焦，同时关切由下而上全民美学经验的提升，以期进入一个新文化立国的时代。

The Analysis of the International Competitiveness of Cross-strait Cultural and Creative Industies

Chen Qinghe

Abstract：This article aims to explore the origins of the cultural and creative industry in the UK and how they blossom in the world. China has rich cultural heritages and a long history. The mainland and Taiwan all jump to the wagon of cultural and creative industries despite their different political and economic conditions. The mainland raises the concept and strategy of cultural economy policy in official documents since 1998, while Taiwan develops the concept from the 90s. The mainland and Taiwan are all developing cultural and creative industries into the golden era.

At the same time, we also try to analyze the cluster of cultural and creative industries both in the mainland and Taiwan, in order to explore their characteristics and differences. For instance, Shanghai "Tian Zi Fang" is a voluntarily aggregated cluster, "Beijing Zhongguancun Villageis is led by the government from bottom to top", and Taipei "Huashan1914 Creative Park" is a flagship base, that emphasizes the innovation of beauty, and humanistic concern.

Meanuhile, an analysis of 36 cities with cultural and creative potentials is included. A model of soft power and hard power is employed to obtain the total indicators of cultural and creative competitiveness of the city, which displays the potentials for international competition. With the rich historical heritage and cultural capital, the focus on the cluster of cultural industrial parks, as well as the enhancement of the aesthetic experience from bottom to top, we may promote the comprehensive development of cultural and creative industries and replace the industry-based economy with cultural economy, thus entering into a new age of invigorating the nation through culture.

Key Words: Cross-strait; Cultural Creative Industry; International Competitiveness

B.7
提升上海数字内容产业竞争力的政策研究

李本乾　牛盼强*

摘　要：

　　数字内容产业已成为上海经济社会与文化发展的新增长点，三网融合又为提升上海数字内容产业竞争力提供了更为广阔的空间。在三网融合背景下，提升上海数字内容产业竞争力的基本思路可以概括为"一二三四工程"和五项落地政策。"一二三四工程"分别指一个指导思想；两个发展机制，即市场机制和政府管理机制；三个发展方向，即内容创意、整合运营与终端工程建设；四个政策着力点，即产业发展、园区建设、平台服务和企业扶持；五项落地政策分别是财税政策、投融资政策、人才培养引进政策、创新政策和知识产权保护政策。

关键词：

　　数字内容产业　三网融合　电信网　广播电视网　互联网

第一节　引言

　　统计显示，近5年全球数字内容产业年增速保持在30%左右。我国数字内容产业虽然起步晚，近几年也取得了突飞猛进的发展，2008年我国数字内容产业的整体规模为2180亿元，2010年则达到了2875亿元，占到全国GDP总规模的0.76%。数字内容产业具有衍生性、高附加值、高科技含量等特点，体现了现代产业发展的新趋势；具有低能耗、可再生等特点，符合我国

---

* 牛盼强，上海交通大学媒体与设计学院工商管理博士后流动站媒介管理研究方向博士后。

协调可持续发展的要求；具有开放性、即时性、互动性和大容量的特征，是文化传播的载体，能有效实现社会主义优秀文化的传播和创新的目的。发展数字内容产业早已成为国家的战略决策，在我国"十一五"和"十二五"规划中都明确提出鼓励和推动数字内容产业的发展。上海作为数字内容产业重点发展区域，在《上海市国民经济和社会信息化"十一五"规划》中明确把数字内容产业作为重点发展产业，并在《上海加速发展现代服务业实施纲要》《上海市"十一五"信息产业专项规划》《上海市国民经济和社会信息化"十二五"规划》等市重大决策规划中都将数字内容产业列为主要任务与发展重点。

三网融合的发展为数字内容产业发展提供了契机。三网融合不仅是将现有网络资源有效整合、互联互通，而且带动整条产业链的发展，包括内容提供商、服务提供商、运营商以及光纤通讯设备制造商等。在三网融合进程中，相关产业链将释放出巨大的市场潜能，也将开启一场市场的"盛宴"。据国务院三网融合工作协调小组专家组组长邬贺铨等专家估算，未来三年可拉动投资和消费将近7000亿元。三网融合的发展为数字内容产业的创作、分发、销售和消费等带来了新的机遇，为数字内容产业的技术、市场、管理等也提供了巨大的发展空间，同时也是一个挑战。上海是全国首批三网融合试点城市之一。伴随数字电视整体转换的深入推进，以及"城市光网"和"无线城市"工程的逐步实施，今后几年上海的城市信息化基础设施能级将得到显著提升。

三网融合背景下推进上海数字内容产业的发展，有利于锻造传播产业链，加快推动上海国民经济和社会信息化水平，推动上海市产业结构的升级和经济发展方式的转变；有利于促进上海市信息产业和内容的协同发展；有利于提高上海市数字内容生产能力，更好地满足人民群众多层次、多方面、多样化的精神文化需求。但同时，上海市信息内容与应用组织方面的瓶颈日益突出，数字内容产业发展迟缓、市场发育程度较低、应用扩展范围有限等问题，严重制约着三网融合乃至智慧城市的建设步伐。为此，迫切需要立足于三网融合带来的机遇，加快推动上海数字内容产业发展。在"十二五"规划的初期，上海市虽然在"发展规划"、"市政府工作报告"等中在战略上给予了数字内容产业高度的关注，但在政策推动上，却存在一些缺失。因此，三网融合发展背景下，研究提升上海数字内容产业竞争力的政策，为上海市相关决策部门提供建议，对上海数字内容产业的协调快速可持续发展具有重大的现实意义。

数字内容产业是一种基于数字化、多媒体和网络等技术，利用信息资源和其他相关资源，创作、开发、分发、销售和消费信息产品与服务的产业，主要包括网络游戏、数字动漫、数字出版、移动数字内容服务、网络视听、数字学习、网络服务等。本文对上海数字内容产业的研究正是基于此定义和分类，建议上海市政府相关管理部门在统计和管理上海数字内容产业上也采用这种定义和分类。

第二节　三网融合对上海数字内容产业发展的影响

一　我国和上海三网融合的发展现状及趋势

三网融合是指在数字技术革命的推动下，电信网、广电网和计算机数据网的相关技术和业务相互融合渗透，使得同样的应用和内容可通过不同的网络和不同的终端加以实现和传输的现象和过程。现阶段，三网融合不是网络层面的三网合成一网，也不是三个行业的归并，而是技术、业务之间的融合渗透，网络层面的互联互通，具体体现为技术融合、业务融合、企业融合和政策融合等。三网融合对经济发展有巨大的拉动作用，根据国务院三网融合工作协调小组专家组组长邬贺铨等专家估算，三网融合未来三年可拉动投资和消费6880亿元。照此估算，"十二五"时期，三网融合对我国经济的拉动作用将达到10000亿元。

三网融合议题在我国最早出现于1998年，2001年3月15日通过的"十五"计划纲要，第一次明确提出"三网融合"，但长期以来并没有进入实质的发展阶段。近年来我国三网融合经历了以下发展历程。

2010年1月13日，国务院总理温家宝主持召开国务院常务会议，决定加快推进电信网、广播电视网和互联网三网融合，并制定了5年阶段性目标，以先试点、再推开的方式实质性地推动三网融合。2010年6月30日，国务院签发的首批12个三网融合试点地区（城市）名单出炉。2010年7月20日，国务院《关于三网融合试点工作有关问题的通知》正式下发，要求各省级协调小组尽快组织制定试点地区的三网融合试点实施方案。2010年12月，IPTV集成播控总平台建设全部完成，当时已经具备向用户终端提供100路以上的直播频道和2万多小时点播节目的能力。截止到2011年3月，12个试点城市和地区已经基本完成了IPTV集成播控平台的建设，并与中央总平台实现对接。2011年5月，首批12个试点地区的有线电视网络运营商与电信运营商启动"双向进入"的交叉申报并进入准备阶段。

上海三网融合的发展历程如下。

2010年6月，上海东方有线携手上海联通，开始在上海市场（限长宁）推出名为"宽视通"的个人高速宽带产品。截至2011年3月，该业务已经开始在长宁、浦东等上海大部分地区进行覆盖。2010年10月14日，上海东方传媒集团分别与上海市信息投资公司、东方有线网络公司签约，将通过强强联手全力推进上海的电话、电脑、电视的三网融合试点工作，为上海在全国发展三网融合试点起到引领和示范作用。签约后还举行了上海下一代广播电视网（NGB）互动点播业务上线仪式。2010年11月30日，上海市三网融合工作协调小组召开第一次全体会议，这标志着上海三网融合试点全面启动。2011年4月12日，上海已基本完成市中心城区250万有线电视用户的数字化整转以及100万户NGB示范网建设目标，并顺利完成郊区县有线电视网络的整合。按照计划，上海市2011年还将继续扩大NGB改造范围，年内将覆盖200万户，到2015年，包括郊区在内的近600万用户都将完成NGB的改造。总之，上海近年的成果是：上海电信全力推进"光网城市"建设，并打造了天翼视讯基地；上海文广在在江苏、福建等地试验三屏融合业务；东方有线已基本完成市中心城区250万有线电视用户的数字化整体转换，并且实现了高清电视在上海市中心城区的全覆盖，即将向用户推出20M、30M高速宽带网。

三网融合推进以来，上海市完成了三网融合试点工作的阶段性目标。尽管现在三网融合没有出现实质性进展，出现了种种困难，如资源如何重新分配以及如何对新资源开发与高效利用,特别是短期内广电和电信不容易找到适合的合作方式等。三网融合是不断发展的,12个试点地区只要每一个试点成功,便会形成示范效应,辐射同等条件、同样类型的城市群落。从长远来说,未来三网融合是大势所趋,在中央及各级政府、广电、电信以及合作各方的共同努力下,一定能够取得很大进步。因此,就作为试点城市的上海来说,在三网融合的进程中,一定不要"等、看、要",而应未雨绸缪,在体制允许的范围内,根据上海自身优势,积极鼓励和协调三网融合业务的探索,根据三网融合的发展趋势,积极推进三网融合相关的内容产业,如数字内容产业的发展。

总之,三网融合是国家战略,是大势所趋,上海市完成了三网融合试点工作的阶段性目标,但试点进度已经明显落后于国务院的部署。当前三网融合的阻力主要在于广电和电信的利益之争,根本的原因在于现有的管理体制。对上海来说,应该在体制允许的范围内,根据上海自身优势,积极鼓励三网融合模式和业务的探索。

二 三网融合对上海数字内容产业发展的影响

三网融合对数字内容产业的影响机制是:三网融合首先将改变数字内容产业内容的存在方式,拓宽数字内容产业的传播渠道,丰富数字内容的交易方式,也为终端发展提供重大机遇,这是影响的基础;进而是对传统内容产业的改造和新数字内容产业的衍生,这是影响的内容;传统内容产业的改造与新数字内容产业的衍生需要进行监管制度、发展模式的变革,这是影响的保障。

1. 三网融合将改变数字内容产业内容的存在方式,拓宽数字内容产业的传播渠道,也为终端发展提供重大机遇

(1)三网融合将改变数字内容产业的内容存在方式。

三网融合将改变内容存在的方式。最典型的是数字出版产业。传统的出版行业多以纸质的方式存在,数字技术发展以后以信息的形式存储于电脑中,当三网融合发展以后,这种信息将存储于没有具体实体的"云端",像云计算。云计算指IT基础设施的交付和使用模式,指通过网络以按需、易扩展的方式获得所需资源。亚马逊以在线书店和电子零售业起家,如今已在业界享有盛誉,它最新的业务与云计算有关,亚马逊现在提供的是可以通过网络访问的存储、计算机处理、信息排队和数据库管理系统接入式服务,这本身就是一个技术平台。这种平台可以整合更多的资源,以更低的成本使资源达到更好的配置。

(2) 三网融合将拓宽数字内容产业的传播渠道,丰富数字内容的交易方式。

三网融合对数字内容产业渠道的影响最大,将改变传统对单向内容渠道传输的依赖。三网融合后,用户可用电视遥控器打电话,在手机上看电视剧,随需选择网络和终端,只要拉一条线,或无线接入即完成通信、电视、上网等。例如三网融合后对数字出版行业的影响,传统出版行业受纸张的限制,出版的数量少,成本高,渠道单一。三网融合之后数字出版的电子书,能够通过互联网、电信网和电视网等快速地被用户消费。同时,三网融合也将为数字内容的交易提供更多的选择方式。现在的网上书城已经具备了网上交易电子书的功能,随着三网融合的丰富发展,这种交易将通过多种方式获得。

在具体产业上,现阶段上海动漫产业处境艰难,三网融合可以拓宽渠道,可以为上海动漫产业获得巨大发展空间提供良好机遇。相关部门调查显示,目前上海儿童人均玩具消费为 20 多美元,不仅低于美、日的 300 美元,也低于全球的 34 美元。除了其他原因外,播出渠道较少是其中一个重要原因。三网融合后动画的播出渠道将大大增加,有望提升国内动漫及其相关辅助产业的发展,为动漫产业的发展提供巨大的盈利空间。

(3) 三网融合将为终端发展提供重大机遇。

终端(屏幕)是三网融合做大的获益者之一,三网实际上是三屏,即电脑、手机和电视。目前针对这三种终端的运营力量,正在推动以三种终端为对象的网络。终端是最终把数字内容让用户消费的界面。通过三网融合的发展,不仅现在发展的有线数字电视、地面移动数字电视、移动多媒体广播、移动通信媒体、IPTV 等将获得很大发展,而且未来随着广电和电信业务的融合,以及三网融合的进一步深入,终端会更加多样化,手机出版、卫星、广播等将会层出不穷。还有三网融合将推动电视更新换代,推出具备网络功能的电视,使电视成为有线信号和网络信号的终端,实现互动操作,从电视机到内容服务,提供附加值业务,如下载或在线收听收看音乐、视频等。手机中的 3G、WiFi

等技术的出现实际上提供了手机与互联网融合的新技术，进入3G时代，手机上网速度接近宽带，随时随地接入互联网成为可能，因此这不仅会带动手机终端软硬件的革新，而且对相关附带产业的发展也是一个巨大的带动。

2. 三网融合需要传统内容产业改造与新业态培育并举

三网融合影响了原有内容产业的技术，特别是影响了内容产生方式、供应方式以及渠道和运营等，改变了传统内容产业发展的基础。这就需要对传统内容产业进行改造，利用新的技术追求更低的成本、更优质的产品与服务。如对传统出版行业的影响，三网融合将改变传统出版行业以纸质文本作为载体的传播，通过网络等方式可以提高效率，降低运营成本，这就需要对传统出版行业进行数字化改造。

同样三网融合过程中，在数字内容产业发展的各个产业链，如内容供应、内容数字化、数字化传输以及终端接收等，特别是内容传输与终端上，将会产生一些新的市场，衍生出一些新的数字内容产业。如在网络大规模建设、终端迅速普及、运营商广泛介入三个因素的推动下，出现更多新媒体形态，如有线数字电视、地面移动数字电视、移动多媒体广播、直播卫星电视、移动通信媒体、互联网和IPTV等，还有更多新事物，蓬勃兴盛。

3. 三网融合将会引起数字内容产业监管制度、发展模式变革

国际上三网融合几乎都是一样的，技术推动产业，带来新的市场机遇，再由市场推动产业融合、管理制度以及监管体制的改变。

上海的出版业、影视业、游戏产业、动漫产业等经过几十年的发展，积累了大量的发展经验，其管理制度和模式也已经形成比较固定的纵向一体化。但随着三网融合的发展，互联网、移动、有线三个领域的业务不断交叉融合，出现数字出版、网络游戏、移动通信媒体等新兴产业，传统类型的纵向一体化管理制度已经不适合新兴业态下产业的发展。因此，迫切需要对僵化的纵向一体化管理制度进行变革。这种管理制度的变化，体现在组织结构变化上。如电信，成立了互联网应用的信息产业公司；节目上，拥有了综合性节目的互联星空；基本形成了一种以中国电信为中心，分散到全国各地的组织结构。这样一来，现在上海互联网部分已经空掉了，电信视听中心被中国电信统一管理。由于三网融合后，数字内容产业需要分销到网络、手机和电视，而每一个终端都

提升上海数字内容产业竞争力的政策研究

共享原来终端内容，这需要各相关部门和企业进行合作，形成一个互补的合作体系。

三网融合后，数字内容产品在生产、交易、传输、技术支持、服务支持等多个环节需要重新整合。因此，针对数字内容产业的相关政策及监管需要多部门的配合与协调，如文化部、新闻出版署、广电总局、体育总局等的协调。电信运营系统是以光缆为主、卫星和数字微波为辅的电信长途骨干网络；广播电视系统是有线、无线、卫星多技术、多层次混合覆盖的全国广播电视网。广电和电信监管体制的不同，导致部门利益分割；反过来，各自为政的监管体制决定了资源的垄断性，而行业资源的垄断性又决定了利益的专属性。三网融合发展必然导致广电与电信业务利益的重新分配，其中既涉及既得利益，也有数字内容产业衍生的新利益。

在三网融合背景下，信息传播的媒介边界逐渐消失，各种信息均以数字化形式生产和传播，具有易复制性和易传播性，这对传统版权秩序提出了挑战。同时，数字内容产业融合了文化产业和信息产业，其版权秩序较为复杂，增加了知识产权保护难度。另外，数字内容产业的知识产权保护涉及多个部门，当前相关部委纵向管理以及缺乏横向沟通体制让侵权者有机可乘，因而三网融合给数字内容产业知识产权保护带来的挑战不仅体现在技术上，还体现在监管上。

总之，三网融合不仅会影响数字内容产业内部的纵向管理模式，产生企业内新的部门、新的行业和新的合作方式，而且还给新旧资源的整合运营带来难得的发展机遇。三网融合下数字内容产业的发展突破了部门和行业界限，需要各监管机构如文化部、新闻出版署、广电总局、体育总局等重新进行整合和协调；三网融合也给知识产权的保护增加了难度。

第三节 上海数字内容产业发展的现状与不足

一 上海数字内容产业发展的"三大优势"

1. 数字内容产业整体规模增长迅速

上海数字内容产业近年来发展迅速，产业规模成倍增长，经营收入从

2004年的83.8亿元增加到2008年的284亿元,增加了2倍多。增长率也逐年递增,从2005年的每年27.7%猛增到2008年的39.2%。平均年复合增长率为35.8%(见图1)。从2008年至今,随着政府领导的高度关注和文化产业、信息产业、三网融合的发展契机,上海市数字内容产业发展的这种快速增长势头一直保持良好,据不完全统计,2010年上海数字内容产业经营收入为500亿~600亿元。

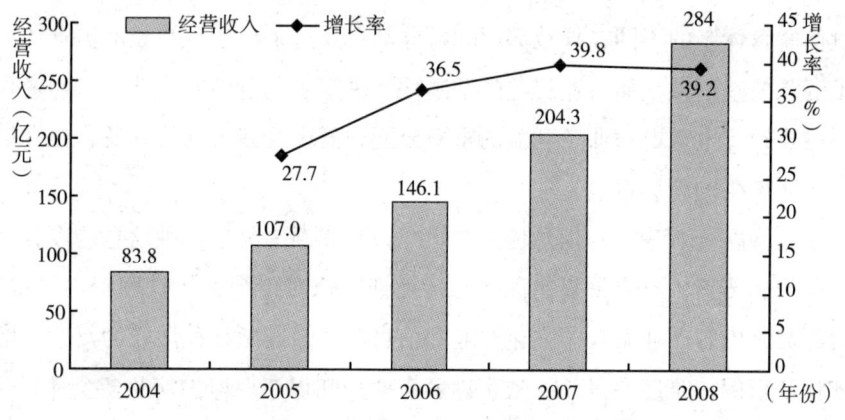

图1 上海市数字内容产业经营收入及增长率

2. 上海数字内容园区与基地发展迅速,产业集群效应初现

产业集群是一个产业发展到一定阶段的产物,因为需要一定数量的相关企业才能称之为集群,产业集群有助于发挥集聚效应。目前,上海数字内容各产业初步形成了一定的产业集群,如数字游戏方面,有的在张江的高科技园区;数字动漫方面,有的在张江高科技园,还有的在上海动漫衍生产业园、国家动漫游戏产业振兴基地、国家动漫游戏产业示范基地等;网络视听方面,如紫竹科技园区的中国(上海)网络视听基地、金桥的移动视听基地和联通视讯基地;数字出版方面有张江国家数字出版基地、虹口数字出版园;另外还有以移动数字内容、网络服务产业为主的上海市数字媒体产业园等。

虽然上海有些数字内容产业园区或基地成立较早,但大多在开始的一段时间里发展较为缓慢,如一些数字动漫的园区和基地;有些园区或基地成立较晚,如紫竹科技园区的国家网络视听基地2010年才批准,其规模还很小,入驻主体企业不多。同时，各园区在发展中存在一些过度竞争的行为。总之，上海数字内容产业的相关园区和基地还需要进一步发展壮大。

3. 国家和上海市对数字内容产业发展的重视

（1）国家高瞻远瞩，各部委出台相关规划与文件。

2006 年《中华人民共和国国民经济和社会发展第十二个五年规划纲要》在"积极发展信息服务业"部分提出，"要鼓励教育、文化、出版、广播电视等领域的数字内容产业发展，丰富中文数字内容资源，发展动漫产业"。2011 年《中华人民共和国国民经济和社会发展第十二个五年规划纲要》在"构建下一代信息基础设施"中提出，"统筹布局新一代移动通信网、下一代互联网、数字广播电视网、卫星通信等设施建设，形成超高速、大容量、高智能国家干线传输网络。引导建设宽带无线城市，推进城市光纤入户，加快农村地区宽带网络建设，全面提高宽带普及率和接入带宽。推动物联网关键技术研发和在重点领域的应用示范。加强云计算服务平台建设。以广电和电信业务双向进入为重点，建立健全法律法规和标准，实现电信网、广电网、互联网三网融合，促进网络互联互通和业务融合"。这表明我国已经从国家层面高度重视三网融合以及数字内容产业的发展。

在国家发布大力发展数字内容产业的规划之后，各部委也相应出台了一些宏观管理政策。

第一，信息产业部（现名为工业与信息化部）发布的《信息产业科技发展"十一五"规划和 2020 年中长期规划纲要》提出的 15 个技术发展重点中，也包含了数字内容与应用开发技术等为数字内容产业提供支持的技术项目。

第二，文化部《文化建设"十一五"规划》明确提出发展新兴文化产业，包括：积极发展以数字化生产、网络化传播为主要特征的数字内容产业；加快发展民族动漫产业，大幅度提高国产动漫产品的数量和质量；积极发展网络文化产业，拓展民族网络文化发展空间。规划中还谈到将建立健全文化产业政策，适时调整文化产业领域的准入、融资、税收等政策，对包括数字内容产业在内的新兴文化产业将考虑给予部分相关借款贴息和补助。文化部的规划从政策方面为数字内容产业的发展打开了一个突破口。

第三，针对数字内容产业包含的细分行业，肩负分管责任的主要政府部门——信息产业部、文化部、新闻出版署、国家广播电影电视总局,纷纷出台了相关政策,重点扶持本土企业,同时严格限制国外文化产品进入。深入阐述见下文。

(2)上海市政府高度重视,整体规划全盘考虑。

2006年《上海市国民经济和社会信息化"十一五"规划》中明确把数字内容产业作为重点发展产业,并于《上海加速发展现代服务业实施纲要》、《上海市"十一五"信息产业专项规划》、《上海市信息服务业发展三年行动纲要》中将数字内容产业列为主要任务与发展重点。上海市人民政府工作报告连续几年都把数字内容产业放在突出位置,如2007年市政府工作报告强调"加快发展以软件、数字内容、电子商务等位重点的信息服务业"、2008年市政府报告明确"依托城市信息化建设,推动以软件、网络增值业务等为重点的信息服务业加快发展"、2009年市政府报告指出"加快数字出版、软件、动漫、互联网视听服务等产业,推动文化产业与信息服务业互动融合发展"。2011年《上海市国民经济和社会信息化"十二五"规划》把数字内容产业列为重点发展的现代服务产业,提出"大力推进国家高技术服务产业基地建设,加快信息技术服务、生物技术服务、数字内容服务、研发设计服务、知识产权服务、科技成果转化服务等高技术服务业发展"。

二 上海数字内容产业发展的"四大软肋"

上海数字内容产业发展不足,主要体现在"四大软肋"上,包括"两大产业发展软肋"与"两大管理制度软肋"。

(一)上海数字内容产业中存在"两大产业发展软肋"

上海数字内容产业存在的"两大产业发展软肋"是产业整体发展不充分、产业基础不完善。

1. 上海数字内容产业整体发展不充分

(1)上海数字内容产业占全市GDP的比重仍很低。

虽然上海市数字内容产业有了很大发展,年均增长率很高,但占全市GDP比重还很低,据估计,2010年上海数字内容产业约占上海GDP的3.2%,与国外数字内容产业发达的国家还有巨大差距,欧盟早在2001年年底其数字内容产业就占到当地 GDP 的 5%。上海与现在美、日等数字内容产业发达国家相比所占比重就更小了。

（2）上海数字内容产业结构不合理。

如同上海数字内容产业整体的发展速度一样，上海数字内容各产业也都得到了较大发展，但结构不太合理。上海市数字内容产业各部分所占的比重见图2。其中，移动数字内容所占比重最大，为 39.0%；其次，为网络游戏，所占比重为 32.5%；其他网络服务所占比重为 17.0%；数字学习所占比重为 9.8%；数字动漫所占比重为 0.8%；数字视听所占比重为 0.6%；数字出版所占比重为 0.4%。

当前上海数字内容产业中，移动数字内容和网络游戏占到了全部比重的 71.5%，而数字动漫、数字视听与数字出版合起来仅占 1.8%。而这些行业中有些行业发展潜力和盈利空间都很大，如数字出版，因此，上海数字内容各产业的结构未来有待进一步改善。

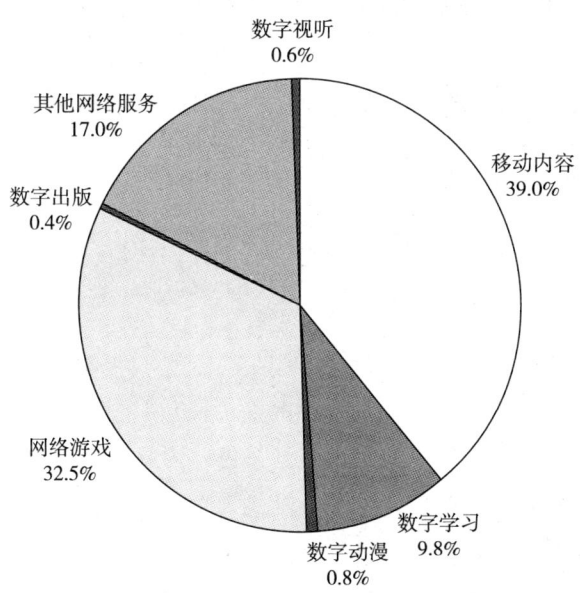

图 2 上海市数字内容各产业比例图

2. 上海数字内容产业基础不完善

数字内容产业发展的产业基础是指除了制度、政策外，影响数字内容产业发展的成本、内容、人才、资本、平台等。

(1) 与其他省市相比，上海数字内容产业发展的商务成本较高。

上海运营成本和商务成本相比其他省市较高。上海是我国经济发达地区，是长三角经济发展的龙头，大量国内外优秀企业纷纷落户上海，导致上海的地租、房租、房价，以及一些基础设施，如电信宽带费用等非常高。高昂的商务成本会降低对一些企业的吸引力，甚至会导致优秀企业的外流，如天翼视讯传媒搬到了浙江，阿里巴巴从上海迁到杭州更是上海永远的痛。有一个比较典型的例子是，上海IDC机房价格是其他省市的4倍，久听音乐从上海搬到杭州就是一个例子。

(2) 数字内容产业的创新与创意不足。

创新与创意不足不仅是我国数字内容产业发展的问题，也是上海数字内容产业发展的重要问题。这里的创新既有技术的创新、管理的创新，也有模式的创新等。创意主要是内容的创意。

上海市数字内容产业就整体水平而言，技术滞后，没有建立起强大的研发中心，也缺乏强大的国际型软件企业；在产业链上设置不完善，不合理，没有形成产、学、研体系；多数的核心硬件、软件技术均被国际巨头所垄断；自主研发能力薄弱，多是以代工的方式来进行；在进行独立开发时，又必须面对各种技术封锁、专利阻碍的困境。同时，由于种种原因，许多行业标准并不是由我们制定，这也给上海数字内容产业发展自主知识产权、产业走向全球化带来了重重阻碍。

创意不足是上海数字内容产业发展的一个显著问题。如在"内容为王"的动漫产业，我国的动漫内容一直强调说教，丧失了一定的娱乐功能。我国具有悠久的文化和历史，上海的文化也有其特色，因此，内容方面可挖掘的资源很多，但国内动漫利用传统文化资源却没融入文化精髓，上海也不注意对动漫资源和素材的挖掘，导致创意匮乏。《功夫熊猫》就是一个例子。熊猫和功夫本来就是中国的特产，但它却在好莱坞取得了很大成功，对我国来说不能不说是一种讽刺。在网络游戏方面，不论上海还是国内，网络游戏的同质化现象严重，许多游戏的模式相同，如竞技类网络游戏，征途、魔兽争霸等，其角色扮演等类似。国内网络游戏在题材上较为单调，大多以MMORPG（多人角色扮演）为主,只是背景风格上有一些大的差异;历史背景上,也多以三国、四大名著、金庸武侠等为背景,缺乏创意。在网络文学方面,虽然中国上网人数和中文网站呈现"爆炸式"增长,但中国网络内容信息相对贫乏的状况并未有所改善,网络文学缺乏创新,优秀原创作品如凤毛麟角,大量重复、没有价值的垃圾信息充斥网络,浪费着网络资源。

(3) 人才供给的数量和质量远不能满足产业发展需求。

数字内容产业的发展关键在于人才。数字内容产业链长,产业环节复杂,需要大量的复合型、多元化的人才。尤其在内容开发领域、内容创新和创意领域,以及在数字内容整合运营领域,上海市这类人才无论数量还是质量都较为缺乏。

现在我国各高校的人才培养多是单一的产业设置,没有专门针对数字内容产业进行深层次培养的专业设置。上海市除了少数几所院校,如华东理工大学等,其他院校基本没有专门设置的数字内容系,高级的博士、硕士层面的人才更少之又少。影视编辑、数字声乐制作、3D造型师、游戏开发、移动娱乐开发等高技术型人才也是极缺。在数字内容专业的师资方面更显欠缺,因为高校待遇普遍偏低是一种事实,相比IT行业差距更是巨大,这种现状往往也会导致人才的流失。在人才引进上,也缺乏针对性的政策。

(4) 资金不足,同时数字内容资产评估困难,企业融资渠道不多。

数字内容产业是一个新兴的产业,上海的网络游戏、数字动漫、数字出版等方面有大量的中小企业。这些企业大部分处在初创期与成长期,由于自身资金实力有限,对外界资金的需求非常大。同时,创新和创意对数字内容产业发展来说是一个非常重要的因素,但对于大量的需要进行创新的中小企业来说,创新的成本非常高,而且具有不确定性,因此,很多外界资本望而却步,导致数字内容产业融资的渠道非常有限。如数字动漫行业,虽然内容创意对数字动漫非常重要,但是仅有好的创意还不够,要把动画形象变成作品最终能过渡到与观众见面阶段,需要大量的资金投入。动漫企业盈利模式简单,抗风险能力差,风险投资对动漫行业了解也很少,涉足动漫行业的风投不多,使得动漫企业融资非常艰难。

虽然政府对数字内容产业有一些资金、基金的扶持,但上海动漫企业众多，资金有限，在投放力度和选择对象上显得分散，政策针对性不够强，有些动画企业可能急需要资金，但是政府给得不够，这些资金对一些企业相当于杯水车薪。如上海市对中小企业创新的补贴原则是小于等于80万元，当前扶持的力度很难使该类企业摆脱困境。在张江国家数字出版基地有一个3年来致力于做创意的公司——简简公司，这个公司以漫画的形式描绘白领，但现在处境仍然比较艰难。

数字内容企业大多以中小企业为主，资产以无形资产和人力资源为主，缺少合理的价值评估机制和方法，难以获得抵押贷款。目前，除网络游戏的企业因其利润率高较易获得资金外，其他类型的数字内容企业融资都比较困难。

由于得不到政府足够的资金支持，加上直接融资渠道狭窄，间接融资又不足，民间筹资成本又过高，加之其自身的资信度过低，很多数字内容企业无法获得满足其发展需求的资金支持。

（5）平台建设滞后，资源整合与运营能力不强。

资源整合是一种资源配置的能力，对资源优化配置具有重要作用。尤其对于数字内容产业，始于文化产业而终于信息产业，横跨多个部门，在行业管理、运作方式、商业模式和企业文化上存在巨大差别。传统的行业边界被打破，新的产业重组产生，需要内容生产商和网络运营商等进行战略协作。但现在上海在资源整合与运营方面能力不强。

数字内容产业相关资源的整合需要市场机制，但上海在此方面市场机制还不健全；数字内容产业相关资源的整合需要政府相关管理部门的协调，但上海在此方面也存在很多问题；数字内容产业资源的整合需要平台的建设，但现在上海数字内容产业平台建设滞后。

上海目前的平台在数字出版方面有盛大文学的云中书城，在其他省市，有百度文库推出的百度版权合作平台，以及淘宝推出的在线阅读淘宝书城，这三者形成了三足鼎立的局面。另外，在数字内容产业的其他行业有一些平台，但总体而言，平台过小，运营模式简单，难以发挥规模经济效应。而且类似的平台之间，由于竞争关系，在相容性、连接性上可能存在不兼容等问题，如数字出版平台，不同企业的数字出版平台往往会有格式的不兼容。这在全社会资源上形成了障碍。还有一些公共服务部门，虽然掌握了大量的公共信息资源和内容，但对社会开放的程度不高，即使提供一些公共数字内容服务，也存在部门内部化现象。

（二）上海数字内容产业存在"两大管理制度软肋"

1. 数字内容产业发展的机制不健全

（1）市场机制不健全。

在数字动漫方面，上海数字动漫产业国有资本比例过大，民营资本匮乏。我国社会主义市场经济体制改革的一个方向是国有资本逐渐退出竞争性的领域。动漫产业在我国仍然属于朝阳产业，要求自由竞争的市场环境。缺少了自由竞争的市场环境，将影响这个产业的活力。受原来计划经济体制的影响，上海数字动漫产业现在国有资本占比很大，民营资本匮乏，这影响了这个产业的活力和自由竞争的氛围。民营资本虽然比国有资本实力弱，但民营资本追求获利和发展的主动性更强。同时，数字动漫对创新性的要求更强，而中小型企业和一些大型民营企业是这种创新的主力军，上海民营资本匮乏正好影响到了数字动漫产业的创新。

上海数字内容产业不完善的另一个表现就是市场进入壁垒。如在产业许可上，网络游戏主要以注册为主，因此，申请相对比较简单。但对网络视听来说，需要许可证，即视听牌照和网络视听许可证，另外还需要电信增值业务许可证。国家的新规定是，2010年1月1日之前什么类型的企业都可以申请，但在此之后原则上只有国企性质的企业才能批准。这就限制了民营的网络视听企业发展。

（2）缺乏专门的监管与协调部门，存在多头领导问题。

虽然我国有公安部、工信部、文化部、新闻出版总署、国家广播电影电视总局、中国互联网络信息中心等，都对数字内容产业的一些问题进行监管，但它们各有各的职责。如文化部门管理演出、娱乐、音像网吧服务市场；国家广播电影电视总局管理广播、影视；新闻出版部门管理报刊、电子出版物、印刷市场；旅游、宗教、建设部门及各市区都有旅游资源管理；电子信息部门管理网络游戏、网络音像、手机游戏、影视等。由于数字内容产业领域的拓展和延伸，导致在一些领域存在权责交叉，出现谁都管、谁都不管的尴尬局面，即多头领导或者管理漏洞。这是因为在我国目前没有专门针对数字内容产业的主管部门，国外发达国家和地区都有类似的部门。虽然国家层面缺少此类协调部门,但上海市只要拥有此类部门,在一定程度上就能够弥补一些管理漏洞,但目前上海市也缺乏专门强有力的协调数字内容产业发展的部门。缺少明确的产业主管部门,使得上海数字内容产业在行业规范和政策制定方面存在很大阻力。

(3)数字内容监管手段单一,数字内容充斥暴力、色情等内容,引起社会广泛关注。

现在我国数字内容产业的监管多通过行政手段监管,其他手段缺乏,在数字内容产业中充斥着低俗、暴力和色情内容,特别在网络游戏中该问题显得更为突出。如暴力摩托这款游戏,玩家可以通过飞车碾过行人方式来提高积分;QQ农场以偷菜来提高积分等。数字内容中存在大量色情等违法内容,它们已经充斥了整个互联网和手机移动网络,甚至连相对封闭的数字电视点播系统中也存在大量的色情信息。这些低俗内容,极易扭曲青少年的世界观、人生观和价值观,诱发青少年犯罪。因此影响了网络游戏的社会形象,引起了广泛的社会舆论,给数字内容产业的发展带来阴影。

2. 数字内容产业发展的政策不系统

(1)缺乏数字内容产业总体发展战略和目标。

尽管在上海市政府发展规划中明确提出了发展数字内容产业的要求,但目前还没有对数字内容产业的发展提出明确的战略、定位和目标。虽然有一些与数字内容产业相关的政策,如2011年4月出台的《关于促进本市数字出版产业发展的若干意见》,但在总体上,没有专项系统的数字内容产业政策。这在一定程度上与至今没有形成针对数字内容产业统一的统计口径有关,在统计口径上,无论在国家的统计年鉴还是上海的统计年鉴上,没有数字内容产业统计数据这一项,有些管理部门与研究者只能进行粗略的估计,或者用软件产业数据代替。没有较为准确的统计数据,制定的相关政策就可能有失偏颇。

(2)缺乏具体的数字内容产业扶持政策与保障体系。

在政策扶持和保障体系方面,管理体系也没有真正建立。上海市促进数字内容产业的发展政策缺乏具体的扶持措施,实施方案和措施没有真正到位,企业很难享受到政府服务的项目与系列扶持政策。数字内容产业领域的中小企业对政府产业政策不明确,企业申报环节不清楚,企业享受政策扶持面不宽,政策扶持力度也不够。

(3) 与国内其他省市相比,上海数字内容产业的政策扶持力度不够。

上海对数字内容产业的政策扶持力度相比国内一些省市也不具备竞争力。在其他省市,如重庆,为了某个产业的发展而免税,甚至办公室费用、物业租金等免租。如动漫人才的引进政策,上海在动漫人才引进上,由于户口限制问题,很多优秀人才选择去了其他省市。外省市在人才引进上具有很多的奖励和住房补贴,而上海在这方面补贴较少。因此,相比兄弟省市,上海的政策支持力度比其他兄弟省市可能要弱一些。

(4) 知识产权侵犯严重,缺乏系统的知识产权保护措施。

数字内容产业作为一个集文化创新、技术创新于一体的新兴产业,创新是产业发展的本质特性,因此它的发展需要紧密地依赖知识产权保护。但目前国内数字内容行业中侵犯知识产权的事件屡见不鲜。

如在网络游戏方面,"私服"、"外挂"问题是制约网游行业发展的瓶颈问题,案例屡见不鲜,如2011年国家版权局公布的15个典型侵权案例中,有两个与上海网游企业有关。如两名涉案嫌疑人未经著作权人许可提供《劲舞团》"私服";上海盛大网络《冒险岛》游戏外挂案,张乐等非法制作、销售《冒险岛》网络游戏的外挂程序并获利。各网络游戏企业在维权中,各自为政,导致投入巨大,但收效甚微。因此,出现网络企业在"诉讼"与"不诉讼"过程中处于两难窘境。网络视听方面,比如,2009年9月,搜狐公司起诉上海某视频网站未经许可擅自上传影视作品《麦兜的故事》,当庭搜索结果显示,该网站上存在253个相关视频。还有上海某视频网络企业未经许可在其经营的网站上复制、储存、播放涉案电视剧,引发诉讼。在数字动漫方面,就拿国内成功的《喜羊羊与灰太狼》来说,在国内很多地方,儿童车、玩具车等都是喜羊羊的形象,但没有一个付形象使用费的。因此,侵权等问题使数字动漫的衍生品市场发育艰难。

第四节 提升上海数字内容产业竞争力的思路和政策

一 提升上海数字内容产业竞争力的总体思路

提升上海数字内容产业竞争力的基本思路,可以概括为实施"一二三四工程"、制定"五个落地政策"。所谓的"一二三四工程"是指"一个指导思想""两个发展机制""三个发展方向""四个政策着力点"。"五个落地政策"是为实现上述"一二三四工程"而制定的政策保障体系。这"五个落地政策"分别是财税政策、融资政策、人才培养引进政策、创新政策、知识产权保护政策。

发展上海数字内容产业,要以中央科学发展观为主题,以加快转变经济发展方式为契机,依托上海"四个中心"和社会主义现代化国际大都市建设,坚持市场在数字内容产业发展中的基础性作用机制,完善政府在数字内容产业发展中的管理机制;以内容产业、整合运营与终端建设为发展方向;以产业发展、园区建设、平台服务和企业扶持为政策着力点;通过财税政策、投融资政策、人才培养引进政策、创新政策、知识产权保护政策,构建一个全方位的数字内容产业发展政策体系。

目标是把上海建设成为我国数字内容产业发展的桥头堡和在世界上具有一定影响的数字内容产业大基地。

二 上海市数字内容产业发展的一个指导思想——科学发展、经济发展方式转变

发展上海数字内容产业的指导思想是:以中央科学发展观为主题,以加快转变经济发展方式为契机,依托上海"四个中心"和社会主义现代化国际大都市建设,发展上海数字内容产业。

三 完善上海市数字内容产业发展的两个机制——市场作用机制和政府管理机制

1. 坚持市场在数字内容产业发展中的基础性作用机制

市场犹如一只无形的手,自动进行资源的配置。目前为止市场机制仍然是最好的资源配置手段。1978年改革开放以来,我国逐渐从计划经济体制向商品经济、社会主义市场经济体制转型。上海是我国社会主义市场经济发育最好的地区之一,但由于发展时间不长、经验不足,在发展数字内容产业中仍存在计划经济的残留问题。这些问题直接影响数字内容企业间的自由竞争,进而影

响各方的积极性，使资源得不到最优的配置。

上海数字内容产业发展中市场环境存在的问题包括：

第一，国有资本在行业中比重过大。如在上海的动漫行业，国有企业较多，国有资本比重过大。在动漫产业发展中，技术不是最关键的问题，我国在此方面的技术与国外动漫产业大国差距不大；资金虽然比技术重要一些，但也不是最重要的；相对而言，人才的创意才是最关键的。国有企业和国有资本比重过大影响了整个行业创新的积极性，而且国有企业和国有资本在资本方面财大气粗，对创新和创意需求的积极性也不够高。

第二，国有企业改革不完善。国有企业也不是不能存在于数字内容产业中，适当的国有资本在数字内容产业中，有助于丰富数字内容产业发展的多样性，当然其中的关键是维持一种均衡。为什么一谈到国有企业就认为它与市场经济格格不入呢？主要原因还是一些国有企业改革仍不完善，要想完全的市场化，一些企业还需要进一步的改革。如在上海的出版行业中，就存在这种问题。当前上海世纪出版社和上海文艺出版社已经合并，成为一家国内大型的出版集团。然而合并后许多机制需要梳理，许多利益需要重新分配，对于国有企业来说，还需要继续完善。

第三，市场不规范，市场监管和执行不足。这方面最突出的体现就是知识产权保护不足，盗版侵权现象严重，影响了市场秩序，也影响了企业的发展。

因此，三网融合下推进上海数字内容产业的发展最根本的，也最需要解决的就是市场在资源配置中的基础性作用。

2. 完善政府在数字内容产业发展中的管理机制

市场机制不是万能的，历次经济危机都说明了这一点，而弥补市场机制的最好办法是政府起作用。具体来说，需要政府发挥作用有三个原因：第一，市场失灵，市场在资源配置时，作用失灵，这时需要政府进行调控；第二，市场发育不完善，政府一方面需要继续完善市场机制，另一方面需要发挥一部分资源调控功能；第三，一个产业起步不久需要取得跨越式发展时，如果按原来的市场配置比较优势，发展中国家很难赶上发达国家的产业水平，因此需要政府政策的推动，这为发展中国家的产业赶超提供了条件，日韩的产业发展提供了一个很好的例子。上海推进数字内容产业发展需要政府的推动，主要在于原因二和三。

（1）他山之石。

美国在管理数字内容产业发展时主要是依靠法律保障。第一，1985年美国政府制定了《美国联邦信息资源管理政策》，就信息的生产、利用、管理、责任等进行规范。第二，美国在互联网立法和管理方面特别注重限制色情和暴力的传播，注重对儿童权益的保护，注重对个人隐私、他人利益和知识产权的保护，倡导互联网内容供应商和网民加强自律。第三，在数字内容管理方面美国还有一个重要的特色——充分发挥行业协会的作用，如软件行业协会、新媒体行业协会等。

欧盟拥有较为完善的数字内容产业发展法律规范体系和政策措施，通过了《通向信息社会的欧洲之路：一项行动计划》。后来欧盟又制定推出了关于构建新型科技信息社会的一整套政策，如《电子欧洲：一个面向全体欧洲人的信息社会》等政策性文件；还陆续发布了一系列用以规范和指导各国信息化发展的"指令"，初步建立了欧盟的信息法律体系

澳大利亚在管理数字内容产业和网络立法方面采用的是政府管制与联合管制相结合的办法，有学者对此进行了总结，即政府提供立法框架，行业和业界提出切实可行的规则交由立法机关填充整合形成制度，并交由相关机构去监督、实施，这种模式被称为共同规治。

日本数字内容产业的管理体制是一种协调管理模式，由通产省负责综合管理和跨部门协调数字内容产业的发展，相关部门按照各自的职责协助其开展相关工作。在行业自治管理方面，成立了日本数字内容产业协会，主要负责技术、产业及市场趋势研究。

韩国负责数字内容产业的相关政府机关有两个，分别是情报通信部和文化观光部。而情报通信部下设韩国软件振兴学院，文化观光部下设韩国文化内容振兴院、韩国文化产业振兴中心、韩国游戏产业开发学院，地方政府相关机构有京畿数字内容振兴院和首尔动画中心等。京畿数字内容振兴院是服务于文化产业的综合机构，整合产业发展，提供技术支持、信息服务、人才培训、战略咨询、市场开拓和运营投资等服务。

（2）成立上海市数字内容产业发展办公室，制定上海市数字内容产业发

展的"十二五"规划,定期发布上海市数字内容产业引导目录。

①台湾地区经验借鉴。

台湾在发展数字内容产业方面具有一定的成功经验,可以为上海所借鉴。台湾地区数字内容产业的主管机关分别是"经济部工业局"和"行政院"直辖的"文建会"及"新闻局"。"经济部工业局"负责整体产业的推动,但重点放在游戏、动画、数字影像及网络相关的产品和服务;"文建会"管理文化和与创意相关产业的发展,包括数字音乐、戏剧和电影;"新闻局"主要负责数字电视和数字广播的推动和管理。为了保证跨部门的合作,还专门成立了"'行政院'数字内容产业发展指导小组",统筹管理数字内容产业发展的规划、推动与评估事项。同时,责成"经济部"成立"数字内容产业推动办公室",以作为产业推动与服务的单一管理服务机构,协调相关部门,联合学术界、企业、协会与社团组织等共同推动数字内容产业的发展。"数字内容产业推动办公室"下设秘书组、国际合作组、推广策进组、研发应用组、投资金融组、人才培育组、环境法制组,各组分工协作,开展全方位的数字内容产业推动工作。

台湾"行政院"于2002年5月13日通过《加强数字内容产业发展推动方案》,希望从"环境建制与法规""人才培训与延揽""促进投资与金融辅助""研究发展与应用""产业资讯与行销""推广策进"等6个方面全方位推动地区数字内容产业发展。

②上海管理部门的建立与规划。

借鉴台湾的经验,建议由市政府、市经信委、市新闻出版局、市广电局等,组建"上海市数字内容产业发展办公室",统筹管理上海市数字内容产业的发展规划、评估以及总体政策出台等。"上海市数字内容产业发展办公室"下设秘书处、政策处、人才培育处等。

产业的发展需要总体的发展规划,上海市数字内容产业的发展还从未有一部这样的规划,这使得上海数字内容产业的发展缺乏长远目标与指导。现在正值上海市"十二五"规划实施的第一年,制定"上海市数字内容产业发展的'十二五'规划"显得非常必要。目前上海缺乏一个数字内容产业发展的专门管理协调部门,因此,建议该"十二五"规划可由市发改委和市政府发展研究中心共同拟定，待未来组建成"上海市数字内容产业发展办公室"，再由该部门负责产业发展重大规划的制定。该部门将定期发布上海市数字内容产业引导目录，不断完善数字内容产业引导目录的形成机制，建立和逐步完善上海市数字内容产业分类统计、运行监测和分析发布制度。

(3) 破解广电与电信融合障碍的机制。

在三网融合中，广电与电信是影响数字内容产业发展最大的机制障碍。广电与电信发展的方式不同，导致体制差异很大。广电运营商长期以来实行的是事业单位的体制，缺少市场化的改造，并且产业链不健全。在管理上，全国条块分割，缺乏全国统一经营。电信在20世纪90年代就开始市场化改革，现在已经进行了四次。因此，如果把广电与电信都放入市场自由竞争，广电将很难适应。广电与电信行业之间"持久战"，三网融合的根本障碍在于两大系统之间的利益争夺。多年来，电信和广电都试图建立自己的专网经营全业务，进入对方的领地，并用许可证等行政壁垒防止对方入侵。为了发展三网融合，解决广电与电信之间的矛盾，需要将原来它们那种激烈竞争改变为竞合——需要双方明晰权责，加强合作，优势互补，共同发展。

①国外经验。

国外也有一些解决广电与电信问题的经验，在美国，电信企业和有线电视运营商在三网融合的技术和基本设施方面各有特色，但又均存在不足。为了增强实力，一些公司在融合初期组成"临时夫妻"，共同渡过困难期。在日本，日本已出台9部法律为三网融合的推进保驾护航，制定法律，旨在打破条块分割，以创造一个通信、广电相关企业都能自由参与竞争的环境。

②备选方案。

解决广电与电信之间问题的合适方法国家也正在进行积极探索，前述关于我国和上海三网融合发展的研究中已经谈到。目前在全国12个城市进行试点，在这些试点中，取得了一些成绩，但没有突破性的进展。

本课题提出几个方案，供相关管理部门和当局借鉴。

方案一：实行大部制——设立第三方独立监管机构和统一的监管体制。

现在三网融合最大的一个问题在于管理上的错位——管内容的也管网络，管网络的也管内容。统一的监管机构和允许相互进入的政策是三网融合的制度基础，需要建立一个超越于行业利益的第三方独立监管机构。

国外有这种做法。美国有统一的监管机构，联邦通信委员会 FCC 本来就是一个融合性监管机构，监管范围包括公共电信、专用电信、广播电视等。英国政府在 2003 年推出了新的《通信法》，并据此成立了融合性的监管机构 OFCOM，将原电信管理局、无线电通信管理局、独立电视委员会、无线电管理局、播放标准委员会五个机构融合，全面负责英国电信、电视和无线电的监管，彻底打破了原来信息领域中存在的各种壁垒，从 OFCOM 的部门分类和部门职责中基本看不出广电和电信分块管理的痕迹。日本在总务省下面设立了信息通信政策局和综合通信基础局，监管电信和广播业。

上面谈到的美、英、日等国与我国的差别在于这些国家市场竞争比较好，广电与电信成立第三方监管机构比较自然。我国的三网融合可以借鉴国外的这些经验，在加速广电市场化的同时，逐渐设立一个第三方独立监管机构和统一的监管体制。但这种模式需要发展较好的市场环境，缺点是省市做不了，各部也做不了，需要由中央和国务院来进行推动。

方案二：进行合资——成立股份公司。

三网融合下数字内容产业的发展确实是一块大蛋糕，解决广电与电信两个部门利益之争的另一个方法是成立股份公司，让大家都有蛋糕可以分享。其实，这种模式在我国 12 个试点城市中已经产生，这就是"武汉模式"——由电信和广电"五五开合资、双方轮流坐庄"。但"武汉模式"也有问题，广电和电信在股份公司的合作中为了确保自己的优势不被削弱，不愿意交出自己的核心资源，最后会成为一种只有象征意义的合作。

方案三：渐进式融合。

在现有体制下，把广电与电信能够进行合作的业务进行合作。体制放松一些，合作业务增长一些，逐渐实现三网融合。

国内的大部分试点城市进行三网融合的做法与此类似，比较典型的则是"厦门模式"。"厦门模式"依托雄厚的电子商务基础，探索网络购物、电视购物和移动电子商务整合，这是厦门实施三网融合的主要抓手。"厦门模式"抛开了电信和广电的利益之争，以应用为导向，在现有体制下更具有适用性。但缺点是如果不在试点中触碰旧有利益格局，便谈不上三网融合，试点也就失去了意义。

③上海广电与电信融合的方案选择。

以上三种方案各有利弊，相对来说第一种方案更好。但在我国目前时机还不成熟，需要广电与电信的进一步改革和市场的进一步发育。但以上三种方案并不是相互冲突的，本报告认为发展我国和上海的三网融合需要双管齐下，上下齐动——既需要从国家层面进行推动，也需要从省市产业层面进行拉动。

诚然广电与电信融合的机制障碍最终解决还需要国家层面的战略举措，但在上海现有体制和基础下，借鉴国内外经验，还是有可为之处。

第一，成立一个具有政府性质的机构，由市一级领导担任主任，协调处理广电与电信融合的一些能处理的事宜。

第二，推动广电与电信的"亲密合作"。在一些业务领域，尝试让广电与电信组建一个五五开的股份公司，在资源优势互补前提下进行合作；在一些业务领域，因为电信经过十几年的改革更能适应市场化运作，在上海也具有重要优势，因此可以适当牺牲一些广电的利益，以电信为主、广电为辅的模式，推进上海广电与电信的融合；在另外一些领域，广电具有审批等资源上的优势，可以适当牺牲一些电信的利益，以广电为主、电信为辅的模式，推进上海广电与电信的融合。

四 上海数字内容产业发展的三个发展方向——内容创意、整合运营与终端工程建设

正如亚当·斯密及后来的经济学家所言，分工彻底改变了传统小作坊式的生产方式，大大提高了生产率。数字内容产业的发展也需要分工，不同的区域也应该根据自身禀赋基础进行分工，正如国际贸易的比较优势理论中所阐述的那样。数字内容产业中的每个行业也需要分工，如数字出版行业，在产业链和价值链的前向上有内容的创造，如素材，中间有内容的数字化过程，后向上有分发、交易、使用等。

上海选择发展数字内容产业的重点方向应该基于两点：一点是基于上海的禀赋优势；另一点则是基于数字内容产业发展附加值最高的方面。综合这两个

方面，本课题认为上海应该重点发展数字内容产业的内容创意、整合运营与终端工程建设。

1. 内容创意

创新和创意在任何一个产业中都是非常重要的，也是数字内容产业持续发展，获得竞争优势的不竭动力。特别在数字内容产业中，仍然是"内容为王"，没有内容创意的数字内容产业就会沦入仅仅是"制造加工业"的尴尬境地。上海开放式的社会文化、良好的发展环境为内容创意的发育提供了土壤，上海雄厚的人才基础为内容创意的发展提供了后备人才，上海现有的数字内容产业为内容创意的发展提供了现实基础。所以，内容创意是上海应该重点发展的方向之一。

2. 整合运营

数字内容产业的整合运营是一种配置数字内容资源的方式，它是通过整合创作的数字化内容和信息，通过具有上传、交易、分发等功能的集成平台或开放门户，实现数字内容产业运营价值的一种方式。

如果仅仅依靠自身的资源来发展上海市的数字内容产业，将非常有限。现在经济的发展最重要的是能够整合资源。美国纽约、英国伦敦、日本东京等国际顶级大都市本身资源有限，但它们都能够整合全球的资源。因此对上海来说，如果能够通过整合全球和国内的资源，将为上海数字内容产业的发展提供更为广阔的空间。

上海国际经济、金融、贸易、航运等"四个中心"的建设使上海具有独一无二的优势，也使上海在整合数字内容产业的资源能力上具备了基础。现阶段，上海需要围绕这四个中心的建设，在发展数字内容产业上，大力进行整合运营。特别是贸易中心、航运中心的建设，有利于上海成为数字内容的集散地，利用全国最新内容动态、资讯，可以有效帮助服务商整合内容。

具体来说，上海数字内容产业整合的资源包括：整合全球及全国数字内容产业的信息；整合全球及国内的数字内容，例如数字图书、数字视听、数字电影、数字动漫等，在上海进行交易；整合全国的营销渠道等。

3. 终端工程建设

在上文中，我们已经指出数字内容产业中最能盈利的一个环节是终端应用。这些终端主要是三网中的三屏：电脑、电视和手机。终端的建设和应用也可以说是整合资源的一种方式。因为所有数字内容最终都要通过终端体现出价值，因此，把握了终端也就把握了资源。

我国数字内容产业在发展的环节上有两个薄弱环节，这两个薄弱环节在产业链的两端，即内容创造弱、内容分销和使用弱。而上海在内容创造方面目前优势不大，在后端可以大力发展。上海在这方面拥有一些优势，如宽带发达、有线采用率高、手机应用多等。

五 上海数字内容产业发展的四个政策着力点——产业发展、园区建设、平台服务和企业扶持

1. 重点发展上海数字内容产业的四个行业——移动数字内容服务、网络游戏、数字出版、数字动漫

（1）移动数字内容服务。

上海市之所以需要把移动数字内容服务作为重点发展的行业，原因如下。

第一，上海市现有需求和潜在需求非常大。

上海城市人口众多，2010年11月上海人口普查中，登记人口总数达到2300万人，其中户籍人口近1400万，流动人口超过900万。从人口规模来看，上海已成为仅次于东京、墨西哥、圣保罗和纽约的世界第五大城市。如此巨大的城市对移动数字内容产品有着巨大的需求。

从居民的购买能力看，2010年上海人均工资达71874元，在全国排名第一，北京排名第二，为65683元。2010年上海市全年城市居民家庭人均可支配收入31838元。移动数字内容产品相对来说现在有些奢侈品味道，但未来几年随着技术的进步，软硬件产品价格会降低很多，因此，在购买力上，上海巨大人口的潜在需求有转变为现实需求的经济基础。

从接受能力和消费意识上看，上海早在民国时期就是国际大都市，现在与国外的联系更为紧密，具有独一无二的海派文化。在上海，无论本地人，还是外地人，相对来说接受新鲜事物的能力比全国其他城市高一些。而且，国际上很潮的东西，一般都会首先出现在上海，然后才逐渐扩散到其他省市。国外，特别是美国超前消费观念特别强，国内这种意识相对较弱，上海消费意识上，

比国内其他城市开放一些,特别是年轻人好多都有超前消费的习惯。因此,在接受移动产品和消费意识上,都能够使上海的潜在需求很大程度上转变为现实需求。

第二,移动数字内容服务作为一个终端平台可以承载许多内容,发展潜力巨大。

虽然现在移动数字内容行业的增值服务主要是短信彩信、WAP、IVR,但现在移动数字内容已经越来越成为一种承载数字内容产业的最方便平台。手机相对电脑和电视来说,其优势非常明显,小巧、灵活、方便携带,随时随地都可以使用,网络覆盖广。而且随着技术的发展,其容量不足、功能较少等弊端会很快得到弥补。此外,移动数字内容终端产品价格相对电脑和电视更具有优势,现在各种档次的手机,从一般只有打电话功能的手机,到3G,再到更先进的高档手机,大部分人都能承受得起。本文前边也已经详述,终端是盈利最大的环节之一,从转化为现实盈利的角度看,上海也应该发展这种产业。

第三,移动数字内容在上海已经具备竞争优势。

现在产业的发展越来越复杂化,如果一个产业没有前期的基础,发展起来将非常困难。移动数字内容在上海的发展已经具有很好的前期基础。上海的移动数字内容产业在全国发展很好,占全国的份额最高。因此,从产业优势上看,上海也应该重点发展这种行业,以免其领头羊的位置被其他省市超越。

(2)网络游戏。

上海重点发展网络游戏的原因:

第一,上海市网络游戏产业是上海数字内容产业的优势产业。

网络游戏产业是上海数字内容产业的优势产业,在全国也占有重要地位,2009年产值100多亿元。2009年上海网游知名运营企业分别为盛大、巨人、久游、第九城市、完美世界、网之易、邮通科技、暴雨、天游、晨路,占上海网游市场的92%。其中盛大、巨人、久游在全国分别排名第二、第六和第九。上海网络游戏产业已经形成了一定的竞争优势,如企业规模、技术、人才等方面。这种强者越强、弱者越弱的"马太效应",在发展上有助上海保持惯性,继续发展。

第二,其他省市网络游戏的迅速崛起逼迫上海必须重点发展网络游戏产业。

虽然上海网络游戏占有一定的优势地位，但这种优势正逐渐地被蚕食。上海网络游戏产业2006年占全国的比重为97.4%，但到了2009年占全国的比重降到了40%。这说明其他省市的网络游戏产业在迅速崛起，如北京、深圳等，上海市的网络游戏地位正受到挑战。其他省市网络游戏的快速发展，逼迫上海必须重点发展网络游戏。

第三，上海玩家众多，人才济济，融资环境优越。

由于上海前些年网络游戏发展很快，在上海有大量的玩家。现在上海共有96家取得《网络文化经营许可证》从事网络游戏运营资质的企业，占全国499家企业的20%，从业人员1万多人。人才是企业和行业发展的核心竞争力之一，这么大数量的人才，有助于上海网络游戏的可持续发展。网络游戏的开发更需要大量的资金，上海相对其他省市，良好的融资环境也形成其一定的竞争优势。

（3）数字出版。

上海需要重点发展数字出版的原因是：

第一，上海已经具备发展数字出版的良好基础。

上海市数字内容产业具有很好基础的表现是：国家数字出版基地落户上海松江，这也是第一个国家级的数字出版基地（现在全国一共有9个）。国家级的数字出版基地为上海数字出版产业提供了一个高水平的大平台。

上海数字出版企业发展迅速，由方正集团与上海张江集团合资的中国数字出版技术有限公司落户上海，另外上海凯图信息科技有限公司、解放日报报业集团、上海点击书实业有限公司等近两年发展迅速，为上海数字出版业的发展提供了基点。

上海市出版企业众多，在全国排在第二，北京第一。上海世纪出版社与上海文艺出版社合并为一家大型出版集团，它与众多的中小型出版企业为上海数字出版提供了丰富的内容。

第二，数字出版行业产值巨大，并且发展潜力巨大。

2010年上海市数字出版产业营业收入已经达到226亿元（包括网络游戏），而且增长非常迅速，同比增长22%左右。

数字出版行业在数字内容产业中成长发展潜力巨大。我国是四大文明古国，造纸是我国的四大发明之一。但现在数字出版行业的优势已经初显端倪，数字出版相对传统出版具有很多优势，在从传统出版向数字出版转变过程中，我国也是刚刚起步，占世界1/4的人口，以及众多出版集团、企业，因此，蕴涵着巨大的商机和潜力。

第三，上海在数字出版平台建设上具有优势。

从全国范围看，上海数字出版处于前列，除北京具有天然优势外，没有其他省市能够与上海的优势相提并论。数字内容产业的发展关键点之一是平台的建设，上海在这方面也走在了全国的前列，因此，上海重点发展数字出版行业具有可行性。

（4）数字动漫。

上海市数字动漫需要重点培育的原因和可行性如下。

第一，数字动漫产业虽然整体发育不良，但未来前景光明。

不仅上海的数字动漫产业发展不好，全国的数字动漫产业发展都不大好。这种发育的不良表现在很多方面，如产业链不完善，机制不健全等，重要的一点是现在盈利性很差，大部分企业盈利性不好，这是当前数字动漫产业发展的一个很大瓶颈。

上海数字动漫产业盈利性不好，是因为没有找到合适的发展路径，全国都是这种情况。上海数字动漫产业一旦找到合适的发展机制和路径，一定会有跨越式的发展，日本的动漫产业就是一个很好的标杆。

第二，抓住关键发展期，为获取未来竞争优势奠定基础。

虽然我国数字动漫产业整体上发育不良，上海的数字动漫在全国仅排第六，但上海与前面几个省市差距并不大，还在同一起跑线上。近几年是全国数字动漫发展的关键年，这几年上海数字动漫发展好了，能够奠定未来快速腾飞的机会。

第三，人才和资金优势。

上海的交大、复旦、同济、华师大等很多大学能够提供大量的优秀人才。而且上海作为全国一线城市和国际大都市具有天然的吸引力，能够吸引到全国顶尖的动漫人才，而且对国际数字动漫人才也有一定的吸引力。

上海发展数字动漫的又一个优势是资金优势。上海更容易获得资本进入，海外资金投资动漫产业可能会首先考虑上海市场。

第四，迪斯尼的建设。

迪斯尼正在上海如火如荼地建设，迪斯尼是儿童的天堂，同样其最初来源也是动漫素材。迪斯尼的建设能够为上海动漫产业的发展提供良机。其一，可以引起越来越多的人特别是少年儿童对动漫的关注；其二，对丰富上海动漫的产业链具有很好作用，产业链的完善有助于上海数字动漫的良性发展。

第五，上海市场化运作较好。

全国动漫发展中，浙江动漫企业主要走代工模式，湖南文化产业做得非常好，它们也在做动画片，在北京主要是央视的推动。上海无论规模还是政策支持力度，比其他兄弟省市都可能要弱一些，但是上海的特点是市场成熟度高、市场化特征更明显。这也有利于上海数字动漫的长远发展。

2. 大力推进数字内容产业基地和园区建设

（1）巩固和发展上海已有数字内容产业基地和园区。

园区（基地）是产业集群的产物，它们的发展能够提升数字内容产业的竞争力。对于上海已经有的国家级数字内容产业基地（园区），要从各方面进行重点扶持，如张江国家数字出版基地、中国（上海）网络视听基地等。对于非国家级的数字内容产业园区，要想方设法提供便利促进其发展，在数字动漫、网络游戏、数字学习等方面，扶持一批国家级的数字内容产业园区（基地）。对有潜力发展成为产业园区的区域，鼓励企业的集聚。

（2）新建一批国家级的数字内容产业基地——迪斯尼国家数字动漫园区、文世数字出版园。

除了对上海已有的数字内容产业基地（园区）进行发展外，上海还应该根据未来发展趋势新建几个国家级的数字内容产业基地（园区）。

迪斯尼在上海的建设，为上海数字动漫的发展带来了难得的良机。建议在迪斯尼附近新建"迪斯尼国家数字动漫基地"，积聚全市和全国的数字动漫企业。

上海文艺出版社和上海世纪出版社的合并重组，为上海数字出版的发展带来了机遇。上海文艺和世纪出版集团具有内容提供上的优势，因此，如果借助张江国家数字出版基地,延伸出另外一个园区"文世数字出版园",形成一个主基地"张江国家数字出版基地",两个延伸园区"虹口数字出版园""文世数字出版园区",将具有更重要的意义。

3. 建设上海数字内容产业发展的七个平台

数字内容产业平台的建设可以为上海数字内容产业的发展提供一定保障。为此,上海需要建立或者发展以下七个平台:上海数字内容公共服务平台、上海数字内容投送平台、上海数字内容投融资平台、上海数字内容知识产权保护平台、上海数字内容产业无形资产评估平台、上海数字内容网络监管平台、上海数字内容人力资源公共服务平台。

(1) 上海数字内容公共服务平台。

数字内容公共服务平台应该侧重公共信息的搜集和展示,为数字内容企业提供服务。数字内容公共服务平台在上海已经成立,是在上海市经信委、上海市科委、上海市发改委、上海市版权局和上海市虹口区政府联合支持下,以政府主导、上海数字内容产业促进会牵头、企业服务的组织基础,为推动数字内容产业发展而设立的服务上海、拉动长三角、辐射全国的数字内容支援机构。虽然该平台成立了几年,但还处于初期运营阶段,远未发挥预定的作用。"十二五"时期,上海应该使该平台获得更大的支持,努力发挥其应有的作用。

(2) 上海数字内容投送平台。

上海的优势在于能够整合更多的资源。上海数字内容产业的发展以及上海面向全国的经济枢纽地位为上海整合数字内容资源提供了基础。数字内容投送平台就是这样一种整合资源的主要平台,有利于降低数字内容产业在"交易谈判"中的交易成本。这种投送平台是一种全方位的渠道,类似淘宝、阿里巴巴,数字出版、动漫和影音等都可以作为投送的产品。因为不同的数字内容产业在投送上的要求可能不同,这种数字内容投送平台也可以根据不同行业来细分,如数字出版投送平台、数字视听投送平台、数字动漫投送平台、数字学习投送平台、网络游戏交易平台。

目前上海和其他一些省市也有类似的一些平台,上海有盛大文学的云中书城,其他省市,有百度文库推出的百度版权合作平台,以及淘宝推出的在线阅读淘宝书城,目前三者形成了三足鼎立的局面。还有中文在线的全媒体发布平台,天翼数字阅读投送平台,另外方正、新华传媒、世纪出版等也在发展该类平台。虽然上海已经有类似的平台,但总体建设滞后,前文已经指出。

因此,上海应该致力于打造开放透明、技术措施先进、商业模式清晰、跨地域跨领域的、在全国具有很强影响力的大型综合性数字内容投送平台。这种平台的建设前期可能需要靠政府的一定推动,然后进行完全市场化的运作,或者从建设初期就一直采用市场化手段。

建议政府通过政策和资金扶持盛大的云中书城,使其成为功能较为全面的,涉及网络游戏、数字出版、数字动漫、网络视听等行业的,上传、交易、下载等业务的平台。鼓励盛大的云中书城兼并收购上海以及全国各地的类似平台,或者鼓励数字内容生产单位提升运用平台的自觉性和主动性,加大与内容投送平台合作的力度,实现数字化版本的同步出版。

建议上海文艺和世纪出版集团成立"上海数字出版平台",鼓励上海中小出版企业以及全国出版企业加盟。

建议政府鼓励相关机构和企业成立数字视听投送平台、数字动漫投送平台、数字学习投送平台、网络游戏交易平台等,然后通过市场竞争机制,优胜劣汰。

(3) 上海数字内容投融资平台。

如果说数字内容投送平台的建设是基于上海经济中心、贸易中心的地位,那么数字内容投融资平台则是依托上海金融中心的建设应运而生的。正如本报告前述的那样,对数字内容产业中的一些企业来说,资金非常重要,特别是对一些中小型的民营企业。数字内容产业中的一些行业,如网络游戏、数字动漫等,因为市场不成熟,大部分盈利能力差,不受风投等机构的偏爱。因此,拓宽融资渠道对这些企业的发展更为重要。

因为前期对一些数字内容企业的投资见效并不快,在这个阶段企业或者机构很难对该类企业进行投资,因此要求政府来主导数字内容产业投融资平台的建设。政府的权威性、公正性和公共性,也决定了它必须承担起这个任务。政府需要为该平台投入对某种类型企业的资金支持,对某种类型企业的贷款担保，等等。

除了政府的直接、间接投资通过该平台支持数字内容产业发展外，数字内容产业投融资平台更大的功能应该是为数字内容企业与资金供给方建立一种相互联系的平台，保证双方信息的透明性和对称性，使投资方能够选择正确的企业进行投资，也能使有潜力的企业得到需要的资金支持。

建议数字内容投融资平台落户张江，由张江高新区政府主管，组建上海张江数字内容产业投融资股份公司，联合投资银行和数字内容龙头企业，共同对该平台进行运营。

（4）上海数字内容知识产权保护平台。

建议成立上海数字内容知识产权保护平台，该平台落户张江，由张江高新区政府和上海新闻出版局主管。数字内容知识产权保护平台可以以张江国家数字出版基地中的数字作品版权登记保护平台为基础，扩展而成。

数字内容投送平台和数字内容投融资平台的建设是基于上海本身的优势和资源，但在上海建立数字内容知识产权保护平台则不是因为上海这方面的资源丰富，而是因为知识产权保护在数字内容产业发展中问题比较突出，除了相关政府管理部门之外，还需要市场发挥重要作用。

（5）上海数字内容产业无形资产评估平台。

除了数字内容产业知识产权保护问题外，当前影响数字内容进行投送与投融资的一个问题是无形资产的数字内容评估与定价困难。

数字内容产业无形资产评估平台的功能是聘请权威人士对数字内容企业的无形资产，如专利、技术、版权以及知识进行评估，该评估可以作为未来交易和投融资的基础。

建议上海市新闻出版局、上海市科委、上海市经信委等，联合无形资产专家、数字内容产业专家，成立"数字内容产业无形资产评估平台"。

（6）上海数字内容网络监管平台。

上文提到上海数字内容产业由于监管手段单一，充斥暴力、色情等低俗内容。

建议上海市经信委、上海市新闻出版局、上海市公安局、上海市广电局等联合，成立"数字内容网络监管平台"，专门对上海数字内容方面的违法、暴力、色情等协同监管。

(7) 上海数字内容人力资源公共服务平台。

建议上海市人力资源和社会保障局、上海市经信委、上海市数字内容产业促进会、上海市数字内容产业基地（园区），共同打造"数字内容人力资源公共服务平台"。该平台具有整合人才功能、专业人力资源规划功能、专业人力资源培训功能等。

通过数字内容人力资源公共服务平台的搭建，推进上海数字内容产业企业聚集，实现人才资源汇聚。完善人力资源公共服务平台，支持人力资源中介服务体系建设。组织社会中介机构为园区企业提供人才服务，初步形成完善的数字内容产业人力资源服务链。通过平台建设，强化园区公共服务供给，改善企业创新创业环境，整合行业资源，降低企业和个人创新创业成本。

4. 重点扶持数字内容的两类企业

企业发展水平是一个产业发展的关键。上海发展数字内容产业关键也要看相关企业的发展状况。决定上海数字内容产业发展水平的一个重要指标是龙头企业的发展程度，而决定这个产业未来发展潜力的还有创新型企业。因此，上海在发展数字内容产业时应该落实到扶持企业的发展上。

(1) 大力发展数字内容龙头企业。

在上海数字内容产业的发展中，需要一些领军型的企业，这类企业因为掌握大量的资源，包括人力、财力和物力，能够发挥规模经济和标杆作用，产生溢出效应。龙头企业在制定行业标准方面起重要作用。标准是一个企业和产业发展中最关键的要素，谁制定了标准竞争中谁就处于优势地位。上海当前的数字内容企业中，除了移动数字内容方面的中国移动、中国联通、中国电信外，在其他数字内容行业都缺少这种大规模、高水平、产业链相对较为完整的龙头企业。因此，在行业标准的制定上，缺乏话语权，处于劣势。

在网络游戏方面，虽然盛大在规模和水平方面在国内都很好，但相对于国际甚至韩国的大型网游企业还存在很大差距。除了技术和内容上的差距外，在运营上盛大的发展模式以及产业覆盖范围都有待发展。网络视听虽然吸引了百事通、土豆网等国内比较知名的网络视听企业，但这些企业在国内不是最好的，而且企业整体规模有限，对整个产业的影响也很弱。数字出版虽然在上海发展迅速，但国内发展最好的还是北京的北大方正和清华同方，在上海依然没有自己的龙头企业。数字动漫方面也缺少很好的龙头企业。因此，在未来一段时间内，上海应该极力扶持一批龙头企业，使得这类企业在内容、技术、管理等方面都有提高，对产业发展具有影响力和带动力。

（2）重点扶持数字内容创新型企业。

数字内容产业从产业发展周期看，属于初创期和发展期，这个时期需要不断地创新才能使产品不断完善，使企业得到发展，产业得到进步。而且数字内容产业与其他产业的不同之处在于，这个产业不论初创期、发展期还是成熟期等，创新和创意都非常重要。

在上海数字内容产业发展的这个阶段，需要大量的具有创新力的企业，这类企业往往在短期内就能积累大量的资本，取得飞速的发展，如国外的Facebook，这正是高新技术企业的魅力所在。上海目前大部分数字内容企业缺乏创新力，或者对创新的需求不高，阻碍了上海数字内容产业的发展。因此，上海需要大力扶持一批创新型企业。

六 构建上海数字内容产业发展的五个落地政策——财税政策、投融资政策、人才培养引进政策、创新政策、知识产权保护政策

1. 构建扶持数字内容产业发展的财税政策体系

（1）他山之石。

在数字内容产业财税政策上，国外有一些经验，如美国实行以实现产业市场化为目标的财税政策，韩国和日本实行以实现国家战略为目标的财税政策，英国和加拿大实行以发展多元文化产业为目标的财税政策。借鉴国外经验，特别是日本和韩国的经验，有助构建扶持上海数字内容产业发展的财税政策体系。

（2）上海数字内容产业发展的财税政策。

目前上海市已经出台一些扶持数字内容产业发展的财税政策。如2011年3月出台的《关于促进本市数字出版产业发展的若干意见》，对上海市数字出版行业采取了很多的税收优惠政策。但从整体看，上海扶持数字内容产业发展

的财税政策仍不完善，没有体系化，需要继续完善。

第一，由上海市财政局、税务局、上海市各区财政局，对上海市重点发展的移动数字内容、网络游戏、数字出版业、数字动漫业，给予一定比例的税收返还政策，对数字内容产业中重点扶持的龙头企业、创新型企业，给予免征增值税、所得税、营业税、企业所得税等优惠政策。

第二，对上海市数字内容企业所需进口的技术，实行免征进口关税和进口环节增值税等优惠政策。

第三，对申报软件企业、高新技术企业、动漫企业、高科技服务企业予以财政补贴和税收减免支持。对上海市数字内容企业符合本市数字内容产业引导目录的项目，优先给予资金支持。

第四，实行数字内容产业企业认证制度（登记备案制度），经认证（备案）的企业优先享受科技创新、高技术产业化、企业信息化、人才引进培育等各项扶持政策和税收优惠。

第五，对拥有自主知识产权的数字内容产品和技术，经有关部门认定，纳入《上海市自主创新产品目录》和《上海市政府采购自主创新产品目录》的，在参加本市政府采购活动时可享受优惠政策，鼓励财政性资金予以优先采购。

第六，鼓励和支持数字内容企业申报国家科技重大专项、863计划、国家重点新产品计划、国家服务业发展引导资金以及国家电子信息产业发展基金等，并按照国家和本市有关规定，为上述国家项目提供一定比例配套资金支持。

第七，对从外国、港澳台以及外省入驻上海市的数字内容企业总部、营业额在10亿元以上的企业、高新技术企业等予以3年免税的优惠政策。

第八，支持数字内容企业申报国家高新技术企业和技术先进型服务企业，对列入推荐名单的重点数字内容企业的申报提供指导和帮助。认定为国家高新技术企业的，2年内减按20%的税率征收企业所得税，5年内按10%的税率征收企业所得税。对经认定的技术先进型服务企业，2年内减按20%的税率征收企业所得税，5年内按10%的税率征收企业所得税。企业从事离岸服务外包业务取得的收入可按照国家有关规定，免征营业税。

2. 构建数字内容产业发展的多元化投融资政策体系

（1）他山之石。

他山之石，可以攻玉。通过借鉴数字内容产业发达的国家和地区经验，可以为发展上海数字内容产业提供助力。

为了解决台湾数字内容产业融资难的问题，2004年台湾地区有关部门共举办了9场大型促投活动，吸引1050人参加。制定税赋减免的奖励措施，鼓励市场上的创投资金或闲置资金投入数字内容产业。设立的"行政院开发基金"直接参与大比例的产业资金募集，从而引导民间投资数字内容之风潮。为有效促成部门基金参与数字内容产业的大型投资案，"行政院开发基金管理委员会"2005年10月通过"投资数字内容、软件及文化创意产业计划"，预计5年投资100亿元新台币于数字内容产业。

为解决数字内容产业的无形资产交易、投资、借贷等需求，台湾地区近几年正大力推动无形资产评估的制度。2003年推出了"数字内容鉴价与融资担保制度推动计划"，设置了单一的鉴价服务窗口——数字内容资产鉴价与投资服务中心，建立鉴价机制与服务，引进国外担保与融资制度，提供数字内容资产鉴价辅导，以期部门政策推动和健全整体无形资产融资法制环境两者的相互配合，为数字内容业者提供足够的资金保障。2004年持续办理数字内容产业鉴价辅导案件共20件。除了辅导厂商通过鉴价专案计划之外，数字内容产业推动办公室依照厂商提出的投融资计划逐案由专人接洽、辅导，并随厂商不同的需求提供融投资服务，融投资效益达19亿元新台币以上。

台湾地区有关部门还协助业者申请政策性低利率贷款。2004年特别制定《数字内容产业与文化创意产业优惠贷款要点》，并办理200亿元新台币的"数字内容产业与文化创意产业优惠贷款"。2004年共辅导14家厂商申请优惠贷款，核贷额度达3172亿元新台币，并扩增办理优惠贷款的银行据点，为数字内容业者提供了一个健全融资的渠道。

（2）构建上海多元化的数字内容产业投融资政策。

借助上海金融中心建设大背景，依托上海数字内容产业投融资平台建设，建立健全以政府投入为引导，企业投入和社会投入与外资投入为主体，多层次资本市场体系为主导，多元化的协调发展、安全、高效的数字内容产业投融资体系。

第一，建议上海市政府注资50亿元成立"上海数字内容产业投资公司"，通过市场化运作方式参与数字内容产业的投融资业务。

第二，建议上海市财政局通过财政手段5年拿出50亿元（待考察研究）作为启动引导资金，通过数字内容融资平台，对种子期与初创期的中小型数字内容企业和大型数字内容企业提供现金和财政补贴支持。

第三，建议上海市地税部门对投入数字内容产业的创投资金、闲置资金给予税赋减免的政策。对创投资金税赋全免，对闲置资金税赋减半。

第四，建议上海市通过数字内容产业无形资产评估平台，对数字内容产业的无形资产进行评估，作为抵押贷款的抵押物，评估费用由政府补贴一半。

第五，建议数字内容融资平台、上海市数字内容产业投融资公司，积极利用保险、信托、资产证券化、融资租赁、引进战略投资等方式吸纳和聚集社会资金，扩大融资规模，不断满足数字内容产业不断扩大的资金需求。

第六，建议政府组建数字内容企业上市辅助机构，通过资金和技术支持，推动符合条件的数字内容企业进行股份制改造，以整体上市或控股、参股企业上市等方式，到境内外股票市场融资，扩大股权融资规模。

3. 构建数字内容产业发展的人才培养引进政策体系

（1）他山之石。

台湾地区针对数字内容产业人才匮乏的现状，有关部门除了大力引进外来优秀人才外，还成立顾问小组掌握产业发展趋势，建立有效人才培育机制，专门成立了数字内容学院总部和区域资源中心，与台湾地区数字内容厂商、学校与职训机构、区域公协会合作来培养相关人才，考入的学生可获得学院提供的高达60%的学费补助。在国际合作方面，数字内容学院于2004年分别获得微软公司授权Xbox开发教学，引进日本数字内容协会的人才资格认定制度，邀请外国知名人士来台授课，有效提高了数字内容人才的国际视野。

（2）上海数字内容产业发展人才培养引进的政策。

上海发展数字内容产业的人才培养引进政策应该包括以下几个方面。

第一，建议由上海市政府、上海市财政局、上海市教育局、上海市科委等，对成立数字内容专业的上海985高校给予1000万元财政拨款，对211高校给予750万元财政拨款,对一般高校给予500万元财政拨款,对高职院校给予300万元财政拨款。

第二,建议由上海市财政局、上海市教育局、高校所在区,对高校引进的数字内容专业方面的海归人才一次性给予30万元房贴,5年给予20万元科研启动经费;对引进的国内教授给予25万元房贴,5年给予20万元科研启动经费;对引进的国内副教授给予20万元房贴,5年给予15万元科研启动经费。

第三,建议上海市财政局、上海市教育局、上海市科委等,对高校建立的数字内容专业国家重点实验室给予300万元财政拨款,对市级重点实验室给予200万元财政拨款。

第四,上海市财政局、上海市教育局、上海市科委出资,由上海市数字内容人力资源公共服务平台运作,鼓励数字内容企业与高等院校及科研机构合作,建立人才培养和实训基地,逐步建立起教育培训和岗位实践相结合的数字内容产业人才培养机制。

第五,建议上海市财政局对企业引进的数字内容产业高端人才给予30万元安家费,对上海市人力资源和社会保障局和上海市数字内容人力资源公共服务平台认定的,并且急需的数字内容产业复合型人才给予10万元补贴,并解决上海市户口。

4. 构建数字内容产业创新的政策体系

创新是数字内容产业发展的动力,制约上海数字内容产业发展的一个重要原因是创新和创意能力不足。

数字内容产业本质上是一种内容产业,而没有民族特色与区域特色的内容必然是空洞的和缺乏生机的。因此,应该在充分挖掘我国和上海丰富的文化资源的基础上,以市场为导向、以资本为纽带、以科技为手段,优化创新机制,努力寻找优势,将技术与我国和上海文化资源相结合,创作和生产出更多拥有自主知识产权和具有中国与上海文化元素的数字内容产品,以实现内容创新与弘扬中国和上海文化传统的双赢目标。为此,政府应该从人才、资本和技术政策等几个方面,为数字内容企业进行内容创新提供全方位支持。

虽然数字内容产业仍然是内容制胜,但同美国、日本相比较,我国数字内容产业创新落后不仅体现在内容的创意上,还体现在技术和营销模式的创新上，内容创意与技术和营销模式创新相辅相成。

现阶段，上海和其他省市数字内容产业的发展主要靠技术的推动。在内容软件方面，为了逐步改变依赖国外软件的局面，政府要支持上海数字内容企业进行国产工具软件开发；鼓励厂商进行数字内容关键性技术研究及产品开发；鼓励上海数字内容企业间形成联盟，合理研发数字内容产业相关的核心技术，及确立相关行业的标准；鼓励产学研之间进行有效合作，加速从产到研的创新速度，以及从研到产的科技成果的转化速度；鼓励数字内容企业尝试新的营销模式。

具体政策为：

第一，建议给予数字内容产业创新人才的培养和引进优惠政策，对于此类引进的、培养的创新人才，市政府、区政府、数字内容产业基地等应该给予适当政府补贴。

第二，对从事创意和技术创新的数字内容企业，建议通过数字内容产业无形资产评估，给予50万元到500万元额度不等的创新基金。

第三，对数字内容企业为开发新技术、新产品、新工艺发生的研究开发费用，未形成无形资产计入当期损益的，在按照规定据实扣除的基础上，按照研究开发费用的50%加计扣除；形成无形资产的，按照无形资产成本的150%摊销。

第四，对数字内容企业引进高校技术成果促进科技成果转化的，减免所得税、营业税等。

第五，对从事数字内容产业重大基础研究和应用开发研究的，建议政府从科技投资基金的科技创新基金中每年拨出5%的比例，给予直接资金支持，并且该比例应该逐年增加。

5. 构建数字内容产业知识产权保护的政策体系

（1）他山之石。

台湾地区很注重数字内容相关法令规范的建立。除持续关注研究其他国家数字内容相关立法及修法动态，检讨修订与数字内容相关之法规外，更着重于推动数字内容知识产权评价机制，强化产业知识分享与增殖，奖励创新、研发与人才培育，并促进产业进行合理的交易及并购。修订推出的相关法律有

《著作权法》《消费者保护法》《促进产业升级条例》等。为了强化产业的发展，以及考虑到数字内容是知识含量极高的产业，在法令的制定上必须有别于传统的思维，台湾地区有关部门目前正在制定《数字内容产业发展条例》专法。

（2）上海数字内容产业知识产权保护的政策。

阻碍上海数字内容产业发展的一个制度性障碍是知识产权保护不足。我国没有关于数字内容产业的专门法律法规；从立法程序来看，尚未启动相关的立法，司法解释也不多，也没有反映到司法体系之中。数字内容产品的传播形式越来越依赖于互联网、通信网等网络手段，而网络上数字产品的版权保护等法律法规的建立健全，特别是执法手段的建立和完善，与产业发展的要求还存在相当的距离。因此，必须尽快理顺政府行政管理体制和司法审判体制，建立完善统一的知识产权法律和顺畅高效的知识产权司法保护体制，不断完善知识产权司法保护机制，从而为数字内容产业的快速发展提供可靠的司法环境。

然而立法权是国家的任务，上海市现阶段能做的除了建议国家尽快出台较为完善的知识产权法律法规之外，还应该有自己的一套为保护知识产权而设立的政策体系。具体政策如下。

第一，由上海市知识产权局、工商局、新闻出版局等政府相关部门拨出500万元资金，鼓励那些进行标准化工作的数字内容企业，引导企业加大知识产权投入，申请国内外专利，在国内外注册商标、创建品牌。

第二，建议由知识产权局、新闻出版局牵头，依法组建上海知识产权保护联盟（协会），通过该协会加强对知识产权保护的监督。

第三，建议上海知识产权局、新闻出版局、工商局等相关部门拨出一定资金，对进行数字内容产业知识产权保护技术研发的企业给予财政和税务优惠支持。

第四，建议上海知识产权局、新闻出版局对登记著作权的数字内容创意企业给予费用减半的优惠政策。

第五，建议组织知识产权局、工商局、新闻出版局等相关部门，与法律机构、大学和科研机构、相关企业密切配合，加强数字内容产品的专利、商标、

版权、著作权、商业秘密等的保护制度,坚决打击各种侵权盗版行为,规范数字内容产业市场的秩序。

Policy Research in Improving the Competitiveness of Shanghai's Digital Content Industry

Li Benqian   Niu Panqiang

Abstract: Digital content industry has become the new growth point of Shanghai's economic, social and cultural development. The trend of convergence enhances the competitiveness of digital content industry. The guiding principle is the concept of scientific development and the transformation of economic development mode. The two development mechanisms are market mechanism and government management mechanism. The three development directions are content creativity, integration of operations and terminal construction projects. The four policy, focuses are industrial development, industrial park construction, platform services and enterprise support. The five policies are fiscal policy, financing policy, personnel training and introduction policy, innovation policy and intellectual property protection policy.

Key Words: Digital Content Industry; Convergence; Telecommunications Networks; Radio and Television Networks; Internet

B.8 提升上海新闻出版业产业竞争力研究报告*

任 健**

摘 要：

本报告采用 ANP 研究法进行研究，分三层拟定 19 个具体指标进行调研。报告认为，上海数字出版产业的崛起从改造传统出版产业及促进新兴数字出版产业两个角度增强了上海新闻出版产业在全国的影响力，而通过大力发展数字出版产业来引领上海新闻出版产业竞争力的全面提升，将成为上海新闻出版行业再造、崛起与新生的必然选择。

本报告从十个方面提出了全面提升上海新闻出版业竞争力的路径与策略：1. 以制度创新与政策支持为抓手，打造提升产业竞争力的良好外部环境；2. 多管齐下，促进"十二五"期间上海新闻出版产业中企业家队伍整体成长；3. 强化政府项目扶持，推进新型出版公共平台建设；4. 深化资本运作，实现"十二五"期间体制障碍的实质性突破；5. 加快数字出版产业竞争力评价体系、行业标准体系建设；6. 重塑上海书展平台，

---

* 报告主要撰写人为任健教授。此外，课题组成员金永成副教授承担了报告中"研究方法及其实施"（与任健共同完成）、"从业内传统图书出版机构的相关指标看上海的竞争力现状"、"上海印刷行业竞争力总体状况"、"深化资本运作，实现'十二五'期间体制障碍的实质性突破"、"立足服务创新、实施多元化经营"等的写作任务及问卷设计工作。硕士研究生许琼英、王珊珊、杨鸿杳对实地调研及数据统计工作多有贡献，特此说明，并致谢忱。

** 任健，上海理工大学出版学院教授，2002 年 7 月毕业于复旦大学经济学系，获经济学博士学位，2002 年 9 月进入同济大学管理科学与工程博士后流动站从事博士后研究。现为上海理工大学出版学院新媒体与出版传播系主任、教授，新闻传播学一级学科硕士点负责人，硕士生导师，中国广告协会学术委员会委员。研究方向：媒介经济与管理、品牌营销。从教以来，在《世界经济》《新闻大学》等报刊发表论文、时评 70 余篇，任主编、参编教材 4 部，出版专著 1 部。主持并陆续完成了上海市哲学社会科学规划课题等省部级、市级课题 8 项。曾于 1999 年获江苏省哲学社会科学优秀成果三等奖。

促进产业营销能力提升；7. 立足服务创新，实施多元化经营；8. 实施品牌工程，强化内容开发与品牌营销，力促"十二五"期间上海品牌报刊集群的崛起；9. 紧抓数字化转型契机，积极培育大型印刷集团，扶持特色鲜明的小巨人企业集群的成长；10. 强化经营能力的培养，促进"十二五"期间上海版权经营高地的形成。

关键词：

上海　新闻出版产业　竞争力

前　言

自2003年《国务院办公厅关于印发文化体制改革试点中支持文化产业发展和经营性文化事业单位转制为企业的两个规定的通知》（国办发〔2003〕105号）印发以来，我国出版产业的转企改制工作进展迅速；与此同时，伴随着数字出版进程加速与新阅读时代的到来，上海市新闻出版产业与全国新闻出版业一样，都面临着前所未有的机遇与挑战。

上海市新闻出版主管职能部门在编制"十二五"规划的过程中，为了准确地把握、评估、预测上海新闻出版产业现状、问题与发展趋势，采用项目招标形式，邀请5家研究团队对"提高上海新闻出版业竞争力""上海新闻出版业空间布局""上海新闻出版业市场需求""上海新闻出版业走出去战略实施""民营企业参与与上海新闻出版业发展"等五大问题进行了深入研究。上海理工大学课题组承接了"全面提升上海新闻出版业产业竞争力研究"课题，并组成了由校内研究人员与产业专家相结合的课题组进行了深入研究。

信息化、移动化浪潮冲击下人们阅读习惯的改变给上海新闻出版产业带了什么？从横向指标比较来看，就传统纸质出版板块而言，上海在全国的排名、地位相对下降，其根源何在？传统出版产业在新媒体浪潮冲击下如何转型，从而在上海新闻出版产业竞争力的整体提升方面起基础性支撑作用？上海的新兴数字出版产业在上海大力发展服务产业的大背景下如何异军突起，进而在上海新闻出版产业竞争力全面提升过程中发挥引领作用？

在对上述问题初步思考基础上，上海理工大学课题组确定了课题研究目标：①从国际比较、历史比较及与国内该领域先进省市的比较视角出发，对上海新闻出版产业的总体竞争力现状进行深入调研与透彻分析，得出客观的判断与结论；②从历史与现实、国际与国内、省（市）内与省（市）外、产业内与产业外、体制内与体制外五个不同维度出发，在前期研究成果上，描述、总结出影响、制约上海市新闻出版业进一步发展的障碍；③以前期研究结论为依托、以产业竞争力理论为支撑、以上海市情为背景，研究、提炼出全景式的全面提升上海新闻出版产业竞争力的战略路径及对策措施。

本课题从 2010 年 1 月开始启动，历时 4 个多月，经历了问卷调研、本地访谈调研、外出访谈调研、数据统计与分析、综合分析研究、研究报告撰写与修改、报告汇总交流等阶段。其间，项目组又组织召开 10 余次各个层面的沟通汇报会对项目的设计、执行及质量把控，特别是对研究报告的形成进行全方位的指导、服务。在课题组负责撰写的报告初稿基础上，课题组还将课题进展、主要观点通过邮件、电话及面谈形式向市局出版产业发展处及时汇报、沟通，并在此基础上加以修改。因此，最终形成此份报告是多方努力、各方贡献的结果。

本报告由四节组成。在第一节中，对本课题的研究对象进行了界定，在厘清研究对象基础上，对本课题所运用的研究方法进行介绍与评析。在第二节中，课题组根据前期调研、访谈成果，运用专业定量研究方法对调研、访谈原始数据进行深入研究，在此基础上，对上海新闻出版产业竞争力水平的总体状况进行了客观描述与评价。在第三节中，课题组根据国内外和上海新闻出版领域的发展现状，探索新闻出版产业提升竞争力的发展规律和趋势，研究并初步拟就如何在国际大背景下，从上海实际出发来全面提升上海新闻出版产业竞争力的路线图。作为本报告的重点，在第四节中，课题组从七个方面对如何提升上海新闻出版产业竞争力的策略与方法进行了全面阐述。

作为一支高等学校所属的、专注于出版经济与管理研究方向的研究团队，除本项目外，近些年来，我们陆续承接了中共中央宣传部、国家新闻出版总署、教育部人文社科基金、上海市哲学社会科学基金、上海市经济信息委员会、上海市教育委员会创新科研基金等相关课题的研究工作，并逐步形成了适应于国际视野、产业特点及上海特色的传媒（出版）经济管理领域课题研究理念、思路、方法与模式。我们也期待着从本课题开始，作为上海新闻出版局的智库之一，利用前期的研究积淀，整合社会各方资源，竭诚为上海新闻出版产业提供相关的政策咨询、研究服务，并在这一过程中，与上海新闻出版产业一同成长。

第一节 研究内容、研究对象与研究方法

一 研究内容

（一）业内对新闻出版产业竞争力内涵的理解

产业竞争力，指某国或某一地区的某个特定产业相对于他国或地区同一产业在生产效率、满足市场需求、持续获利等方面所体现的竞争能力。产业竞争力实质上是一个比较的概念，因此，产业竞争力内涵涉及两个基本方面的问题：一个是比较的内容，一个是比较的范围。具体来说，产业竞争力比较的内容就是产业竞争优势，而产业竞争优势最终体现于产品、企业及产业的市场实现能力。

业内研究者从出版过程出发定义了新闻出版产业竞争力的内涵，他们认为，出版产业竞争力是一连续的价值创造过程，竞争力是在战略子过程、技术子过程、组织子过程、市场化子过程、界面子过程的支撑和交互作用中所表现出来的获取持续竞争优势的能力，并且认为，这种竞争力的强弱很大程度上受产业所面临的技术与市场动态变化的影响。[①]

业内研究者还认为，新闻出版产业竞争力是指产业内企业、机构为了生存和发展而争夺有限资源的一种状态与能力，是新闻出版企业在出版市场环境中为了实现经营目标、动员其可支配的出版资源，采用有效的手段、策略参与出版竞争，而相对于其他企业、机构所表现出来的生存与发展能力总和。其表象或外延

---

① 贺剑峰：《中国出版企业竞争力研究》，湖北人民出版社，2004；姚永春：《论科技出版的核心竞争力》，《出版科学》2008年第5期；耿乃凡：《出版集团竞争力及评价指标体系研究》，《管理世界》2007年第6期。

是产业内企业、机构在出版物选题、编辑、印制、发行等经营活动领域及在出版物的内容、价格、质量、服务和满足读者需求方面所具有的竞争优势。①

（二）上海新闻出版产业竞争力内涵的准确表述

在国内外研究者对出版产业竞争力内涵现有研究基础上，结合产业发展趋势及上海新闻出版产业特点，我们认为，对上海新闻出版产业竞争力内涵、外延的理解，除了要从产业价值链打造及具体出版过程分解角度去综合、提炼以外，上海新闻出版产业竞争力内涵、外延还应具备以下特点：①从上海新闻出版业的历史延续角度去理解竞争力；②从上海现有新闻出版产业中的企业、机构的现状与转型期待中去把握竞争力内涵；③从上海重点发展的数字出版产业角度去寻找未来上海新闻出版产业在国内率先崛起进而获得比较竞争优势的突破口。

基于上述考虑，我们认为，上海新闻出版产业竞争力内涵可从两个层面表述。其一，从竞争力内涵划分来看，其包括了在传承上海新闻出版业优良传统基础上的新闻出版资源获取与整合能力，新闻出版产品加工与生产能力（印制加工与生产能力），新闻出版产品的配送物流能力，新闻出版品牌营销能力，新闻出版产业中知识产权发现、保护与经营能力，新闻出版产业中的消费者关系管理能力以及集成。

其二，上海新闻出版产业竞争力更表现为：在迅速掌握新技术基础上，对传统新闻出版机构的数字化改造、提升能力，以及在大出版格局中，上海新兴数字新闻出版机构以全球新闻出版市场为疆域的资源获取能力、生产加工能力、市场占有能力以及由此而获得的产业影响力。

我们认为，从产业未来发展趋势、上海新闻出版业的历史传承和出版机构的现状综合考察，以传统新闻出版机构数字化改造及新兴数字新闻出版企业培育作为突破口，从体制、机制、出版物开发、市场能力塑造、新闻出版企业家队伍打造、新闻出版服务体系建设等角度进行改革、培育与创新，假以时日，就一定能促进具有上海特色新闻出版产业竞争力水平的整体提升。

---

① 熊正德、林雪：《后金融危机时代加快我国出版业发展的战略思考》，《出版发行研究》2010年第11期。

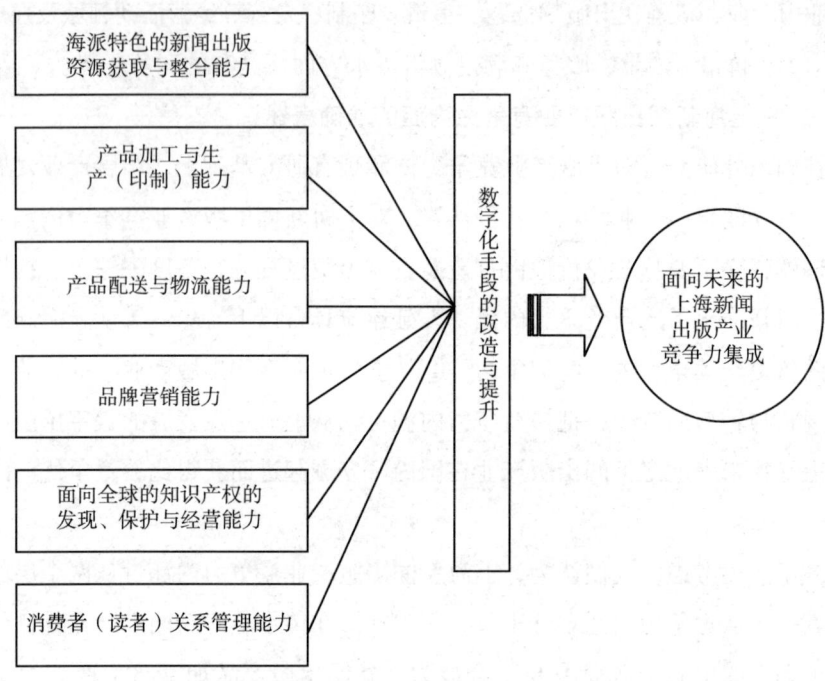

图 1　面向未来的上海新闻出版产业竞争力集成*

* 任健：《都市新闻出版产业竞争力体系设计及其提升路径研究》，《出版发行研究》2012 年第 2 期。

二　研究对象界定

我们认为，产业竞争力首先表现为企业竞争力，没有企业竞争力，产业竞争力根本无从谈起。因此，研究产业竞争力必须从产业内企业、机构入手，在对产业内企业、机构竞争力不同层面表象进行梳理、研究基础上，去研究产业竞争力的集成。

根据市局"十二五"规划编制目标及政府职能部门行业管理实际，我们认为，本课题的产业竞争力研究应落脚于产业内的企业、机构，相应的，我们将其研究对象界定在产业内的五大类机构或企业。

第一大类为传统图书出版单位，其包括：①中央在沪图书出版单位；②社会图书出版单位；③世纪出版集团下属出版机构；④上海文艺出版集团下属文艺图书出版单位；⑤大学图书出版单位等。

第二大类为近些年来在上海注册，或在上海市域迅速崛起的新兴数字出版机构、企业，其归属类别为数字图书、数字报刊、互联网出版、手机出版、数据库出版、按需出版和数字印刷、网络游戏动漫、数字音乐、数字教育、跨媒体复合出版等十大门类。

第三大类为在上海新闻出版产业中占有较大比重，且具有较大发展空间的报纸、期刊经营单位。

第四大类为在提升上海新闻出版产业竞争力过程中具有拉动与放大作用的版权产业机构。

第五大类为对上海新闻出版产业起基础性支持作用的印刷（数字印刷）企业、机构。

三 研究方法及其实施

（一）本课题采用的 ANP 研究法介绍

ANP（网络层次分析法）源自 AHP（层次分析法）。AHP 研究法是 20 世纪 70 年代美国运筹学家 T. L. Saalty 提出的，这种方法在经济学、管理学中得到了广泛应用，它能够有效地处理难于用定量分析方法解决的复杂问题。AHP 法是一种定性与定量相结合的多目标决策分析法，特别是将决策者的经验判断给予量化，对目标（因素）结构复杂但缺乏必要的数据的情况更为实用。AHP 法的基本原理是：首先把要解决的问题分出层次，即根据问题的性质和要达到的目标将问题分解为不同的组成因素，按照因素之间的相互影响和隶属关系将各层次各因素聚类组合，形成一个递阶有序的层次结构模型；然后对模型中每一层次每一因素的相对重要性，依据人们对客观现实的判断给予定量表示，再用数学方法确定每一层次全部因素相对重要性次序的权值；最后通过综合计算各层因素相对重要性的权值，得到最低层相对于目标层重要性次序的组合权值，以此进行排序，再进行总体层次的分析或决策。这种方法的特点是在对复杂的决策问题的本质、影响因素及其内在关系等进行深入分析的基础上，利用较少的定量信息使决策的思维过程数学化，从而为多目标、多准则或无结构特性的复杂决策问题提供简便的决策方法。

ANP 是在 AHP 的基础上延伸发展起来的一种新的系统决策方法。该方法沿袭了 AHP 的基本研究原理：把复杂的问题分解为各个组成元素，并按照因素间的相互影响和隶属关系将其设置成一个树形层次模型，最后通过逐层比较各种关联因素的重要性或者优劣次序来为分析提供定量的依据。它还考虑了系统各层次内部元素之间的依存关系和下层元素对上层元素的反馈影响，能更准确地描述客观事物之间的联系，是一种更加科学、有效的决策方法。

ANP 采用与 AHP 相同的分层方法，评价指标体系分为目标层（描述产业竞争力）、准则层（描述产业竞争力的主要方面）和指标层（可以反映要素特性的指标）三层。第一层称为目标层，只有一个因素，表示区域产业竞争力综合评估排序，即应用层次分析法分析所要达到的总目标；第二层称为准则层，即为了实现目标层目标需要考虑的主要准则；第三层称为指标层，即领域层中各因素包含的具体指标。

ANP 方法运用的关键在于评价指标体系的构建是否科学，以及指标权重的赋值是否合理。然而，由于专家主观因素的存在，评价的体系和评价的结果都不可避免地存在一定误差。因此，在本次课题研究中，对竞争力的总体评价有必要做好两个方面的预防工作：一是精心挑选参与评价的人员，这些人员相关专业知识需相对丰富、态度严谨、熟悉评价规则；二是在建立判断矩阵的过程中，涉及人的主观判断，因而会出现判断不一致的情况。为保证评价分析的有效性，必须进行一致性检验。

（二）ANP 研究法在本课题中的具体运用

1. 研究对象的三个层面

根据本课题的研究目标，目标层为"上海新闻出版产业竞争力"。准则层的确立根据 GEM 模型原理。GEM 模型的量化评分集中专家的意见，有利于客观全面地描述区域产业的优势和劣势，有效开展相似区域产业的对比，为预测区域产业发展趋势、选择有效政策措施提供了有效参考。根据相关原理，第二层准则层分为五个准则：资源、设施、供应商和相关辅助产业、企业机构、市场。并由此根据新闻出版产业的特殊性，对第三层指标进行细化[①]，详见表1。

---

① 任健：《都市新闻出版产业竞争力体系设计及其提升路径研究》，《出版发行研究》2012 年第 2 期。

2. 研究对象指标权重的确定

关于研究对象分层设置后的指标体系权重，其确定过程为三个步骤：

①将需解决的问题根据拟达到的目标和不同的性质，分解为不同的组成因素，按照因素之间的相互影响和隶属关系，进行分层聚类组合，形成一个阶梯的、有序的层次结构体系。

②对模型中每一层次因素的相对重要性，依据人们的判断给予定量表示，再利用数学方法确定每一层次全部因素相对重要性次序的权值。

③通过综合计算各层次因素相对重要权值，得到最底层（每个方案）相对于最高目标的相对重要次序的组合权值。

针对课题研究对象，本课题组根据上述竞争力指标体系对不同研究对象的调研工作进行了分类设计。

——传统图书出版单位：设计出调查问卷，对产业内的出版机构进行深度访谈和问卷调查。调研对象包括中央在沪出版单位、社会图书出版单位、世纪

表1 ANP研究法分层和指标

目标层A	准则层		方案层 （三级指标D）
	准则（一级指标B）	子准则（二级指标C）	
上海新闻出版产业竞争力	资源及其获取	人力资源	新闻出版机构内大专、本科、硕士生以上学历人数（新闻出版机构提供）
			新闻出版机构内通过职业资格考试人数（包括初级职业资格证和中级职业资格证取得人数）（新闻出版机构提供）
			新闻出版机构内各专业技术职务人数或比重（包括编审、副编审、编辑、助理编辑、技术编辑、助理技术编辑、技术设计员、一级校对、二级校对、三级校对等，含主任记者系列）（新闻出版机构提供）
			优秀作者资源获取能力
			编辑加工能力
		地理位置	利用专家打分测定（5分法）
		整合资源能力	对外部资源的兼并收购能力（专家打分）
		资本市场	股改上市与集团化运作能力（专家打分）
		出版源获取能力	年引进图书种数占年出版新书种数比重，重要作者合作频次，重大政治、经济、社会事件的深度报道能力（新闻出版机构提供）
		版权贸易运作能力	国外图书版权引进与市场运作能力（专家打分）
			国外期刊版权合作及市场运作能力（专家打分）
			数字版权的获取及市场运营能力（专家打分）
		出版机构"多元化"发展能力	出版机构对多元化的筹划能力
			出版机构对多元化发展市场信息的掌握能力
			出版机构对多元化资源的整合能力

续表

目标层 A	准则层		方案层（三级指标 D）
	准则（一级指标 B）	子准则（二级指标 C）	
上海新闻出版产业竞争力	设施	软件	出版研究培训机构数量（包括大中专和大学相关专业、研究中心等）（出版局提供）
			出版相关行业协会数量（包括作协、版协、印刷等）
			地区性出版法规作用程度（专家打分5分法）
			地区版权代理机构数量（出版局提供）
	供应商和相关辅助行业	生产材料	与新闻出版相关IT、通信、网络产业的发展程度（如电子商务、移动出版、数字出版等）（专家打分5分法）
		销售渠道	各级新闻出版发行机构的数量、分布（包括一级批发商、二级批发商等）（出版局提供）
			销售终端数量（包括实体书店，各种社办、民办网上书店，书报亭）（出版局提供）
	企业机构战略和竞争目标	企业规模	新闻出版企业资产总额（新闻出版企业提供）
			新闻出版企业年销售总额（新闻出版企业提供）
			新闻出版企业年利税总额（新闻出版企业提供）
			新闻出版机构管理能力（专家打分5分法）
			新闻出版企业年出版物总印张数、发行量
			新闻出版机构年出版图书种数（新闻出版企业提供）
		企业盈利能力	新闻出版企业销售利润率（新闻出版企业提供）
			新闻出版企业人均利润（新闻出版企业提供）
			新闻出版企业资产负债率（新闻出版企业提供）
		企业发展能力	新闻出版企业关系紧密程度（专家打分）
			新闻出版企业销售收入近五年的平均增长率（新闻出版企业提供）
		出版运作管理能力	对编辑环节的掌握能力
			对印制环节的掌握能力
			对发行环节进度的控制能力
			对编辑成本的控制能力
			对印制成本的控制能力
			对书刊库存的控制能力
			出版机构资金筹措能力
			出版销售回款能力
			出版机构资金筹措能力

续表

目标层 A	准则层		方案层 (三级指标 D)
	准则(一级指标 B)	子准则(二级指标 C)	
上海新闻出版产业竞争力	企业机构战略和竞争目标	市场营销能力	市场调研与选题策划能力
			开发新读者(市场)能力
			书刊促销能力
			书刊渠道、网点关系维护能力
			市场售后服务能力
			书刊网络营销能力
		品牌与文化影响能力	出版社、期刊社、印刷公司品牌知名度、知晓率
			出版社、期刊社、印刷公司畅销书的知名度、知晓率
			出版社、期刊社、印刷公司下辖期刊品牌的知名度、知晓率
			读者对出版物内容、装帧设计、印制品质印象
			书刊产品在各类层面的获奖次数(相关单位提供数据)
			对出版机构形象的维护能力
			运用媒体的广泛宣传能力
			出版机构参与社会活动的曝光能力
			"走出去"战略的实施能力
		出版机构"企业化"的人力资源队伍建设与管理能力	对新闻出版企业家引进与培养能力
			机构管理层面向市场的决策与反应能力
			员工队伍市场意识、知识的培育与培养能力
	市场	本地市场	出版物总印张(新闻出版企业提供)
			出版物种数(新闻出版企业提供)
			出版物年销售总数
			出版物总定价(新闻出版企业提供)
			市场增长前景(专家打分 5 分法)
			本地政府的支持力度(专家打分 5 分法)
			上海人均购买正版图书比例(以年为单位 问卷调查)
			上海人均 GDP(政府提供)
			上海人均可支配性收入(政府提供)
			上海人均购买图书量(政府提供)
			消费者购书偏好(调查问卷)
		外部市场	近五年本市畅销书种数占全国畅销书的比重(新闻出版企业提供)
			近五年本市图书销售总额占全国的比重(新闻出版企业提供)
			近五年本市出版社图书销售总额占全国图书销售总额的比重(新闻出版企业提供)
			全国人均 GDP(相关文献)
			全国人均可支配收入(相关文献)
			全国人均购买图书量(相关文献)
			全国消费者偏好(相关文献)

出版集团下属出版机构、上海文艺出版集团下属出版单位以及大学图书出版单位等 15 家出版机构的出版社社长、总编、副总编等，共涵盖 150 个样本。

——新兴数字出版机构、企业：设计访谈提纲，对代表性企业、机构进行访谈。

——报纸、期刊经营单位：设计出调查问卷，对相关报纸、期刊经营单位进行抽样调研。

——版权服务机构：电话沟通、资料研究与实地访谈。

——印刷（数字印刷）企业：选择样本分类调研、访谈。

第二节　上海新闻出版业竞争力现状的总体评价

本节首先从产业内传统出版机构的指标表现、产业内传统出版机构经营业绩的国内比较及上海数字出版产业发展态势对提升竞争力的引领作用等三个维度去描述不同维度中上海新闻出版产业竞争力的表现，在此基础上对上海新闻出版产业竞争力的总体状况进行评价，并对上海新闻出版业竞争力现状形成原因进行深度剖析。

一　从业内传统图书出版机构的相关指标看上海的竞争力现状

（一）业内传统出版机构调研概况

本课题组自 2010 年 1 月下旬实际启动《全面提升上海新闻出版业产业竞争力研究》课题以来，按照时间节点来推进课题研究工作。至 2010 年 3 月 31 日，我们在上述运用 ANP 方法设计的上海新闻出版行业竞争力分析体系基础上，设计出相应的调研、访谈问卷，对产业内分属中央在沪图书出版机构、社会图书出版单位、世纪出版集团下属出版机构、上海文艺出版集团下属文艺图书出版单位以及大学图书出版单位的东方出版中心、上海人民出版社、上海少儿出版社、上海教育出版社、上海科技出版社、上海人民美术出版社、格致出版社、上海远东出版社、上海文艺出版社、咬文嚼字公司、华东师大出版社、复旦大学出版社、学林出版社等 13 家出版机构进行了访谈、调研。此次调研、访谈涉及 13 家出版机构的社长、总编，问卷采访对象涵盖 130 余样本。根据调研、访谈结果进行了初步分析。

（二）产业内传统出版机构访谈、问卷调研情况汇编与分析

1. 问卷设计中的 A 项题目和 G12 主要考察出版社整合资源方面所体现的竞争能力状况

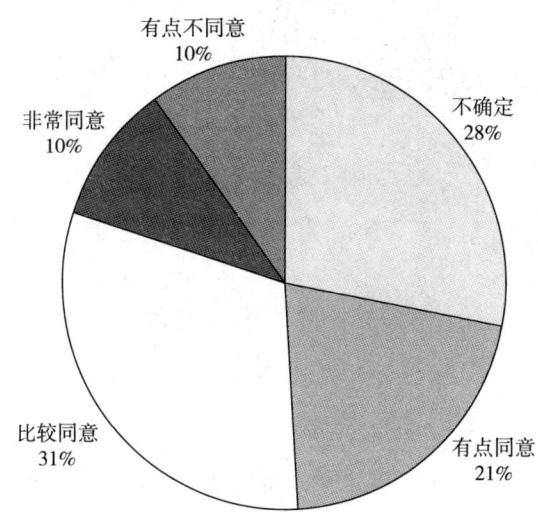

图 2 （A21）地处上海对本出版社的发展非常有利

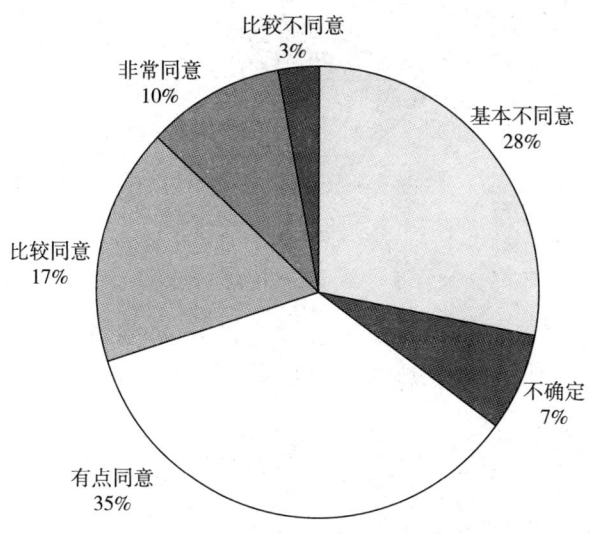

图 3 （A31）本出版社有较强的引进国外图书版权的能力

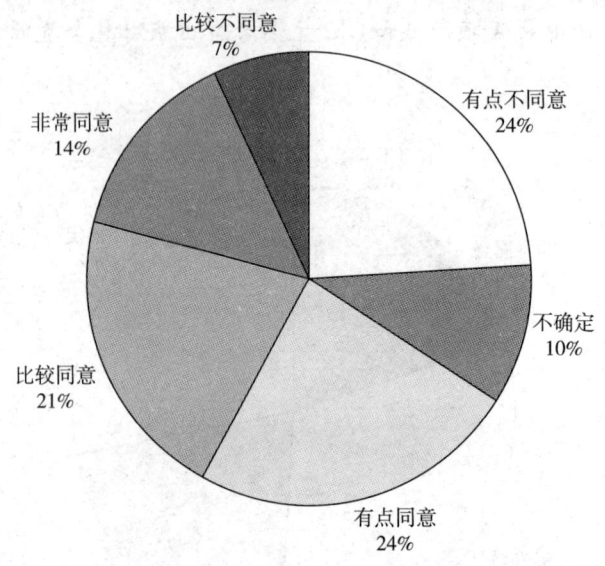

图 4 （A32）本出版社有较强的与国外出版机构合作的能力

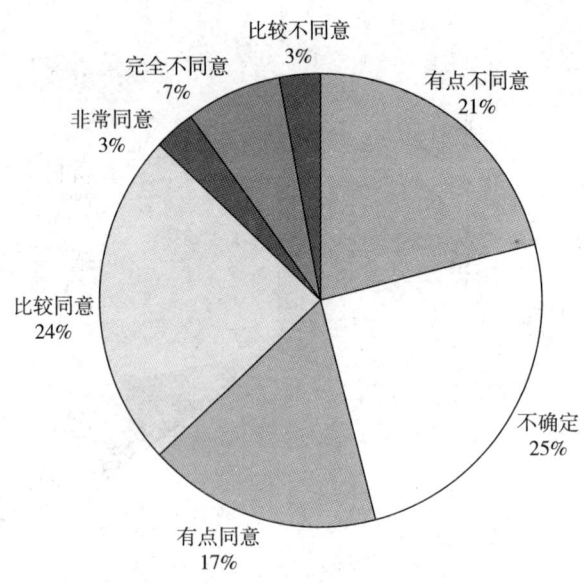

图 5 （A33）本出版社有较强的市场运作能力

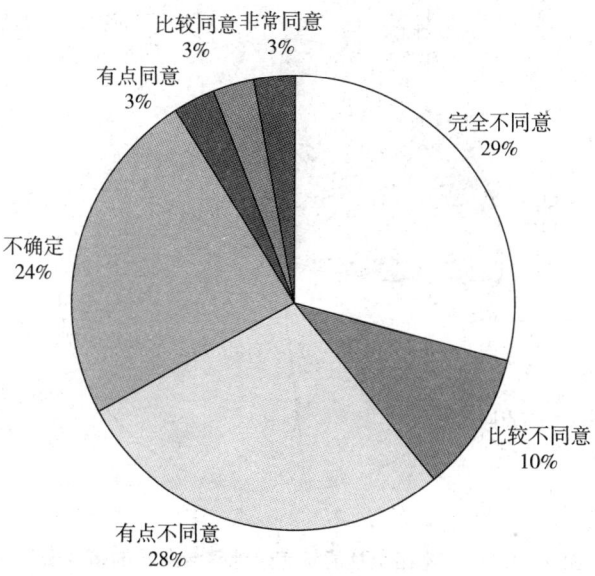

图 6 （A34）本出版社有兼并收购业内其他机构的计划

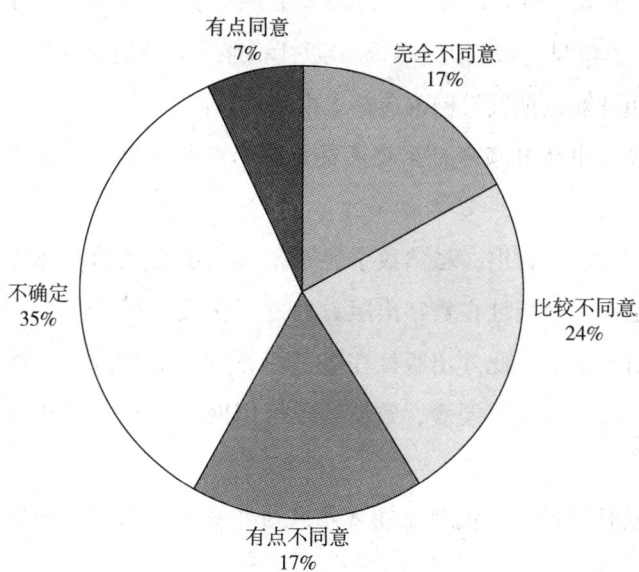

图 7 （A35）本出版社有进行股份制改造并上市的计划

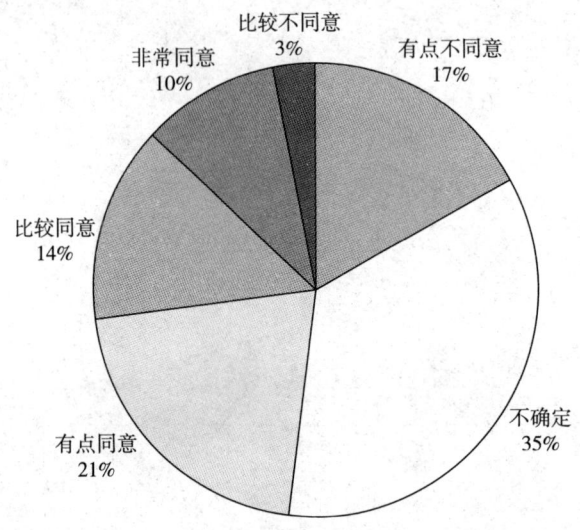

图8 （G12）本出版社能够有效地整合业界的多种资源

从以上图可以发现，被调查者多数认为地处上海对出版社的发展非常有利，而对于市场运作能力和兼并收购能力普遍认为有所欠缺。对于与国外出版机构合作的能力意见分散，近一半的出版社不能有效地整合业界多种资源，并有93%的出版社对近期股份制改造并上市缺乏认同。

2. 问卷设计中的B项题目主要考察出版社在数字出版方面所体现的竞争能力状况

从这组数据可以看出，虽然数字化是未来出版发展的趋势之一，但大多数被调查者认为本出版社在数字出版方面发展缓慢，很多出版社并未开始着手开展数字出版业务。此外出版社在电子商务方面也并未有足够的重视和发展，而移动出版业务发展缓慢，致使缺乏运用网络进行营销和推广的意识和对策。

3. 问卷设计中的C项题目主要考察政府相关资源获得方面所体现的竞争能力状况

这组数据表明，被调查者认为地方政府和地方性出版法规对出版社的发展具有一定影响，但仍需加强和改善。

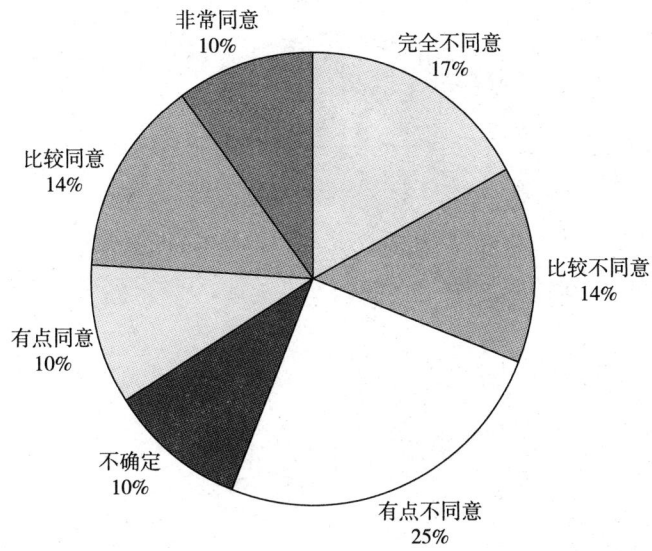

图9 （B11）电子商务在本出版社得到了应用

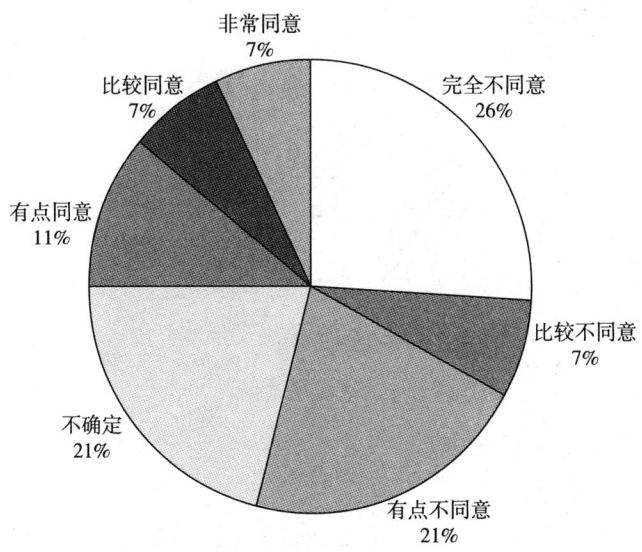

图10 （B12）本出版社已经开展了移动出版业务

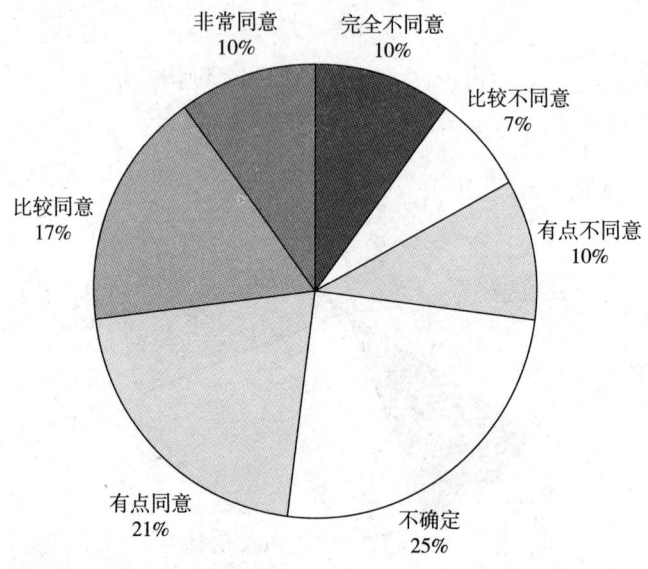

图11 （B13）本出版社开展了数字出版业务

4. 问卷设计中的 D 项题目、E11、G13 主要考察出版社内部管理水平所体现的竞争能力状况

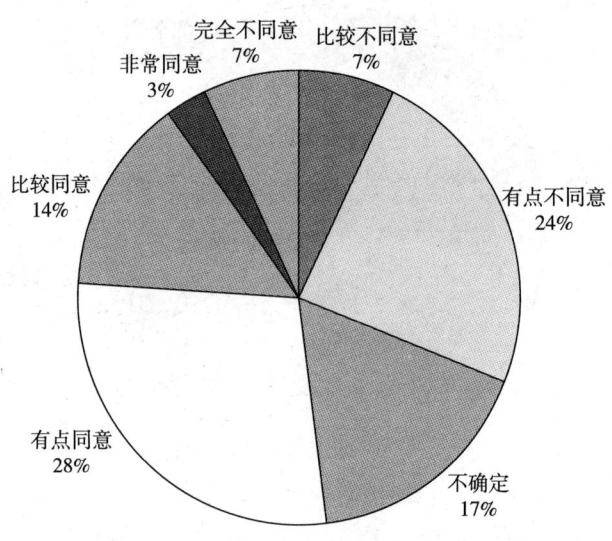

图12 （C12）地方政府非常支持出版社的发展

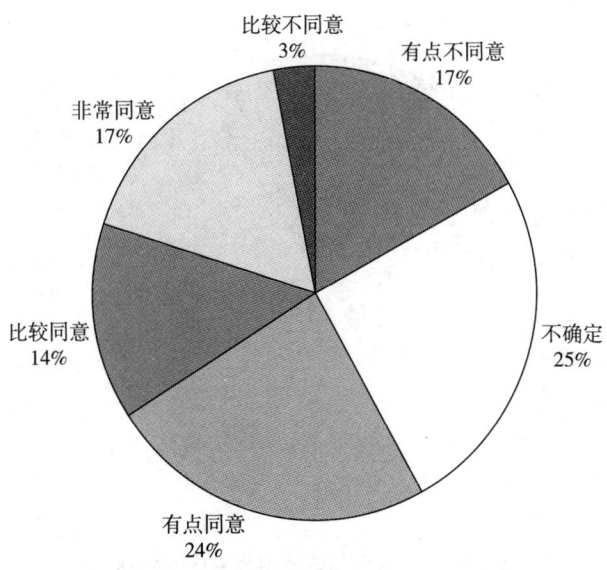

图13 （C13）地方出版法规对出版社的发展有很大影响

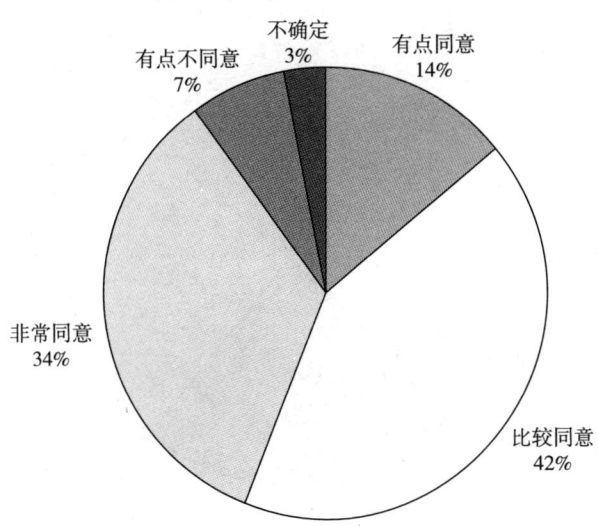

图14 （D14）本出版社能很好地掌握编辑环节

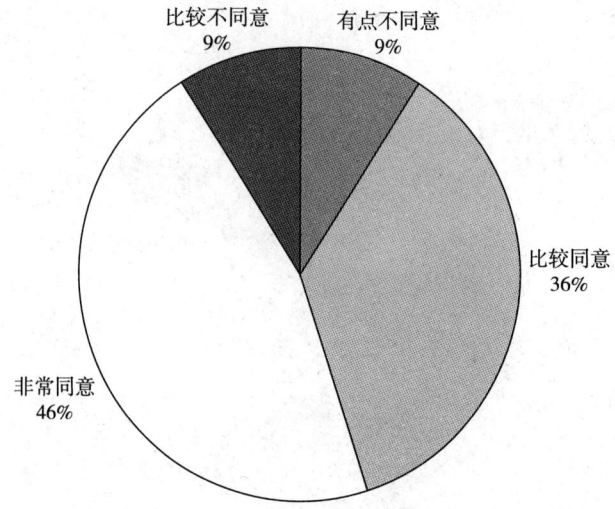

图15 （D15）本出版社能很好地掌握印制环节

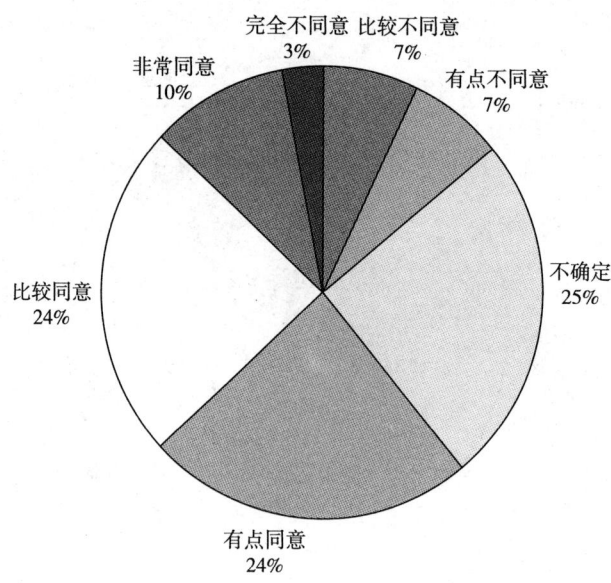

图16 （D16）本出版社能很好地控制发行环节进度

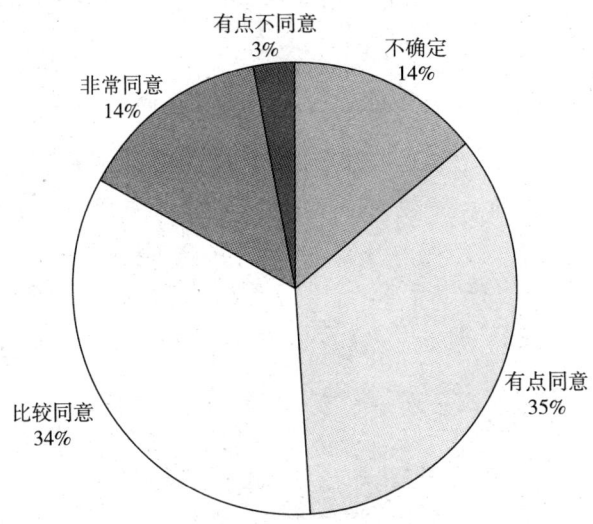

图 17 （D17）本出版社能很好地控制编辑成本

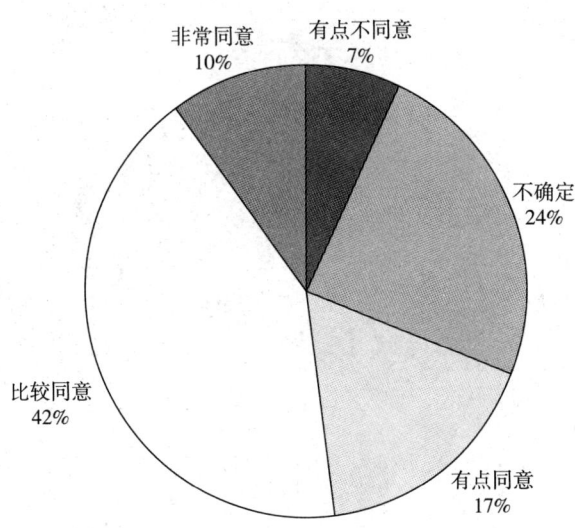

图 18 （D18）本出版社能很好地控制印制成本

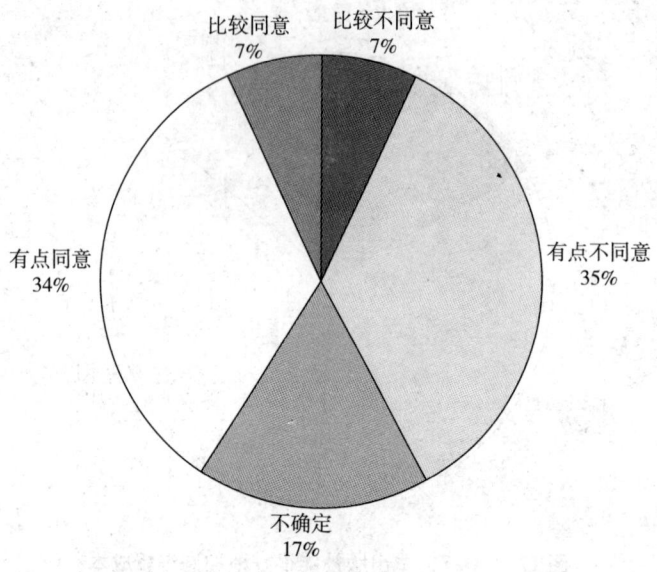

图19 （D19）本出版社能很好地控制图书库存

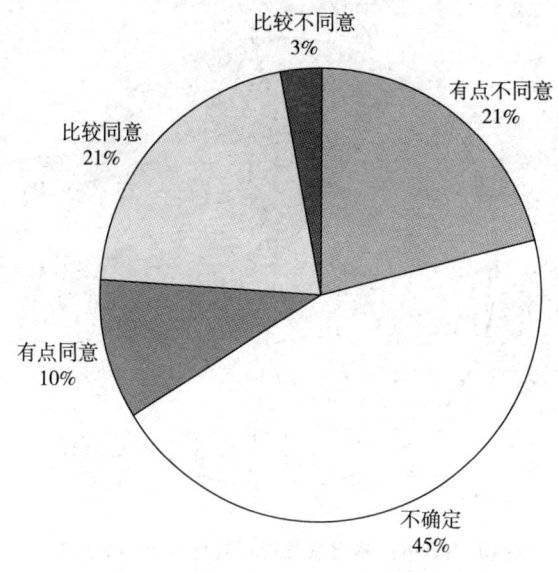

图20 （E11）本出版社资金筹措能力强

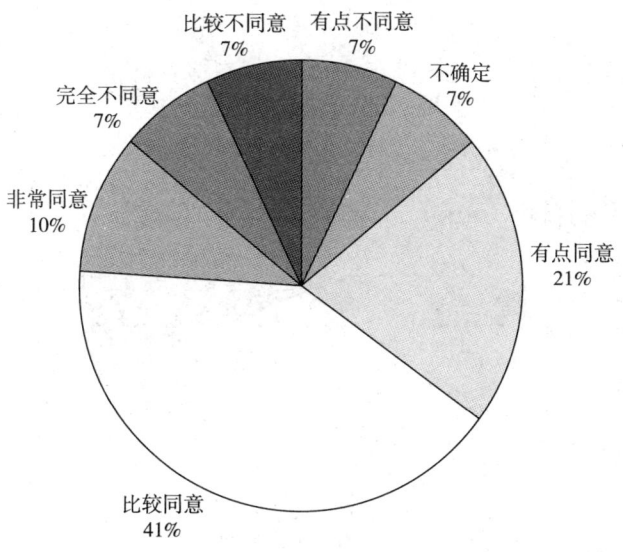

图 21 （G13）本出版社重视员工队伍的培养

如图所示，在对各出版社的出版运作能力进行调查时，仅有 21% 的出版社认同有较强的资金筹措能力，被调查者普遍认为出版社资金筹措能力较弱。出版社对发行与图书库存的控制能力较弱，这也是制约出版社竞争力的主要方面。可以看出，大部分出版社重视员工队伍的培养。大部分出版社能够较好地掌控编辑、印制环节，对图书的编辑和印制成本的掌控力也较强。

5. 问卷中的 E12—17 项题目、GII 主要考察出版社市场调查与营销等能力

关于出版社的市场调查与市场营销能力，具体细分为图书市场调研与选题策划能力，开发新读者、细分市场能力，书刊渠道网点关系维护能力和市场售后服务能力等指标，从调研结果看，部分被调查者认为出版社的图书市场调研与选题策划能力尚可，但关于出版社的书刊促销能力和书刊网络营销能力的调查结果显示出了两极分化的现象，"完全同意""比较同意""有点同意"的比例与"完全不同意""有点不同意""不确定"的比例基本持平，从此结果看，从营销能力提升角度来促进海新闻出版行业产业竞争力的提升仍然有很大空间。

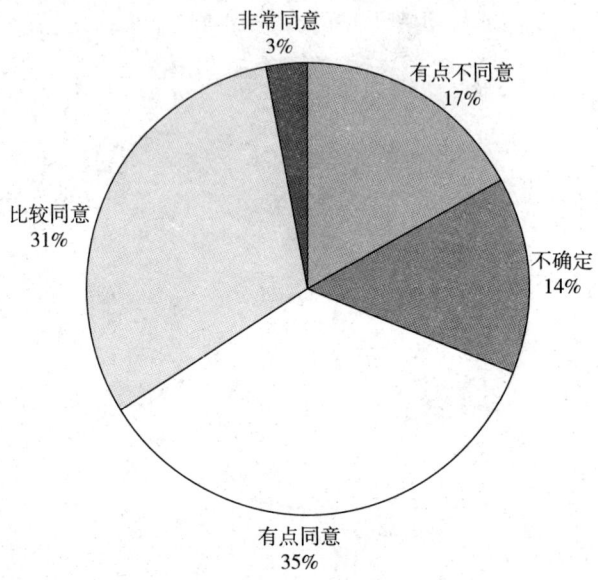

图22 （E12）本出版社图书市场调研与选题策划的能力强

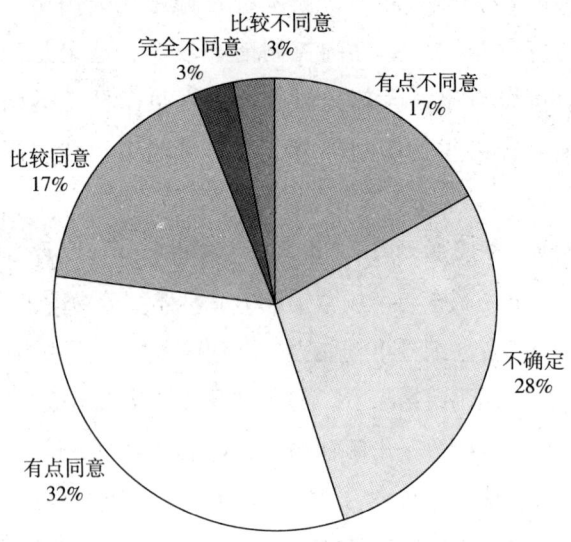

图23 （E13）本出版社开发新读者细分市场的能力强

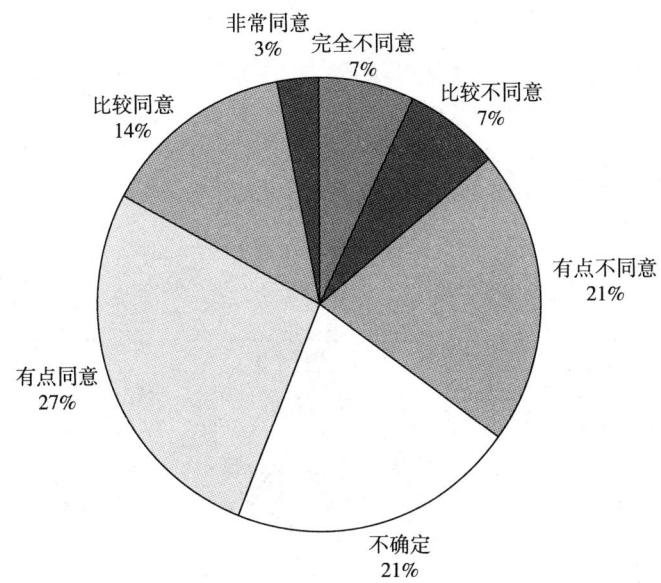

图 24 （E14）本出版社有很强的书刊促销能力

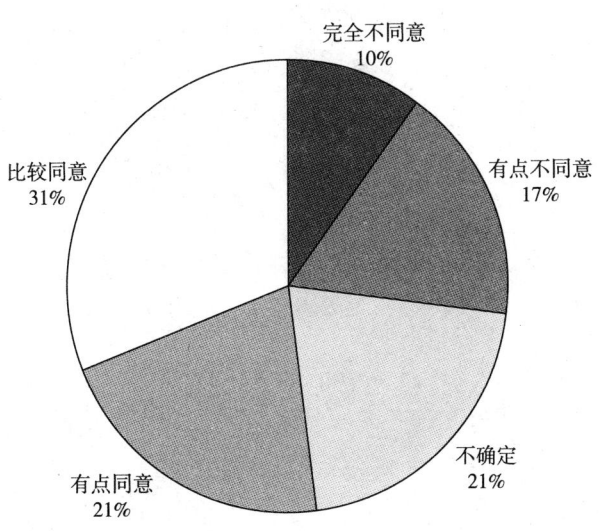

图 25 （E15）本出版社有很强的书刊渠道、网点关系维护能力

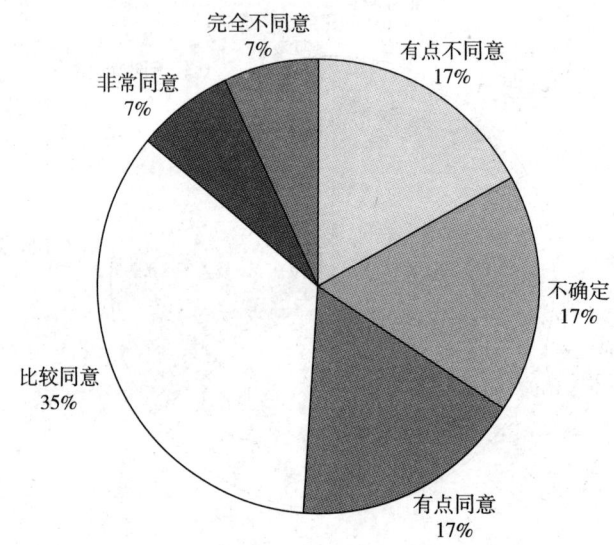

图 26 （E16）本出版社有很强的市场售后服务能力

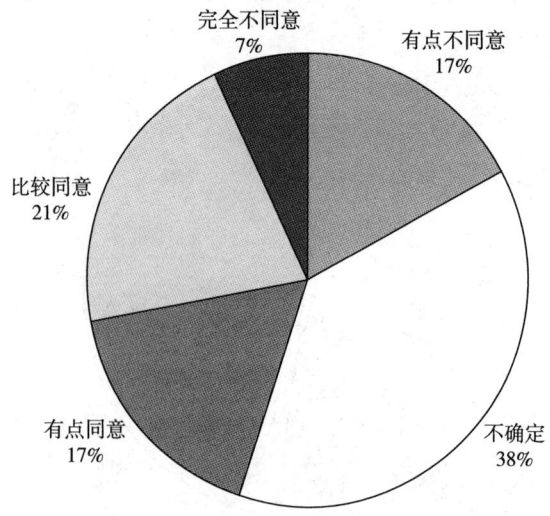

图 27 （E17）本出版社有很强的书刊网络营销能力

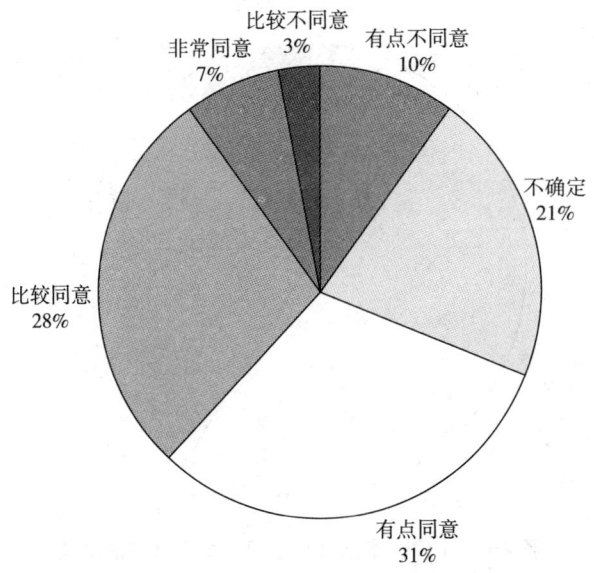

图28 （G11）本出版社能够很好地掌握市场信息

6. 问卷设计中的E18～20项题目主要考察出版社品牌营销能力所体现的竞争能力状况

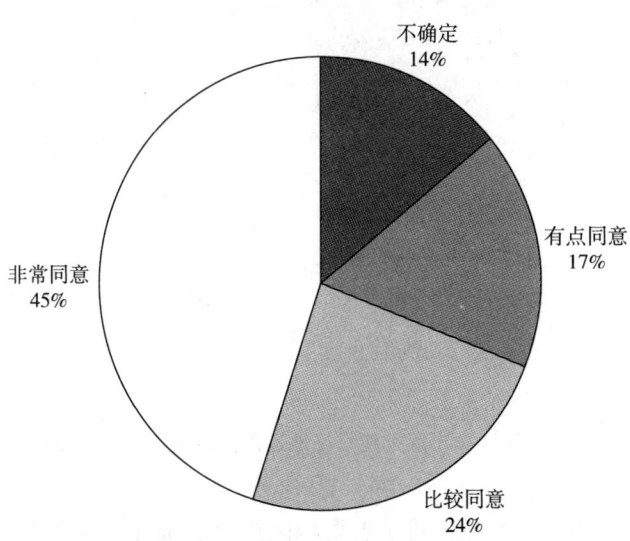

图29 （E18）本出版社有很好的品牌知名度、知晓率

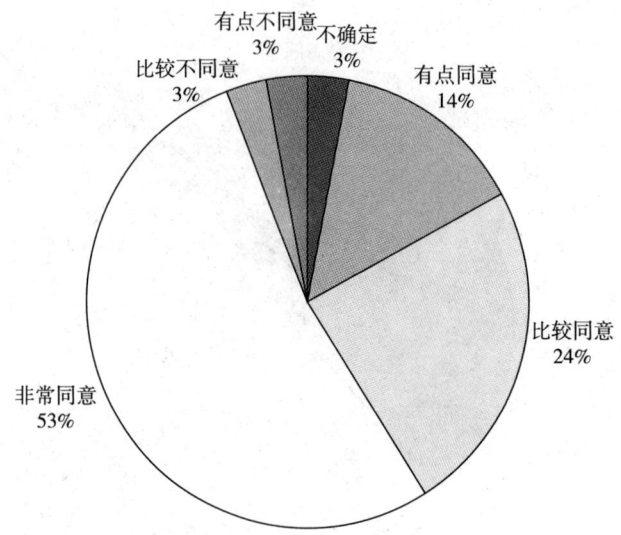

图30 （E19）本出版社重视维护出版社的形象

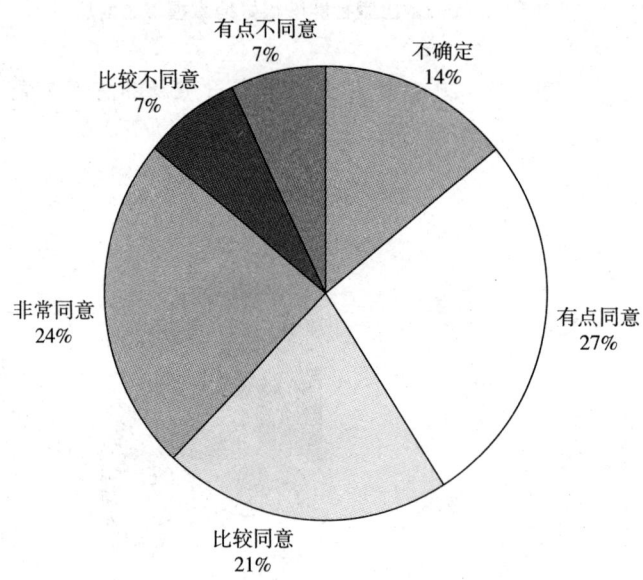

图31 （E20）本出版社能很好地运用媒体进行自我宣传推广

从本组数据中可以看出，对于上海地区传统出版社来说，出版社品牌传统优势仍然存在，其知名度和知晓率都对竞争能力的提高有着积极作用；但对于传统出版社而言，品牌营销意识都很欠缺，并没有积极及时运用媒体对自身品牌提升进行进一步推广，面对新媒体时代的挑战，传统出版社在这方面还有所欠缺。

7. 问卷设计中的 G 项题目主要考察出版社在图书产品策划、决策与开发、品质维护、与作者关系等方面所体现的竞争能力状况

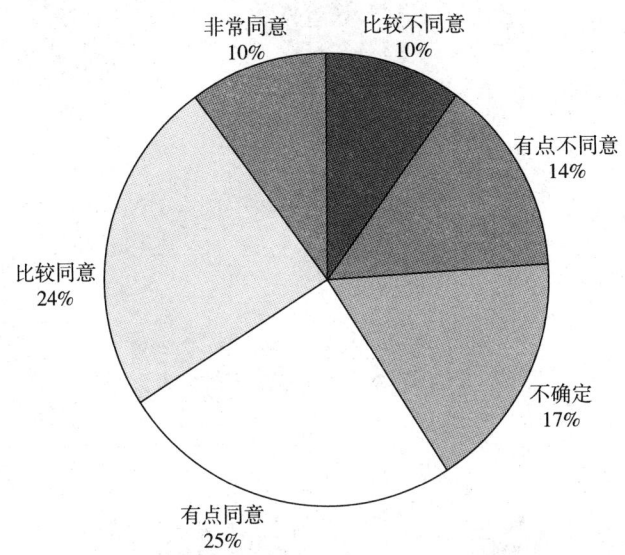

图 32 （G14）**本出版社面向市场的决策能力很强**

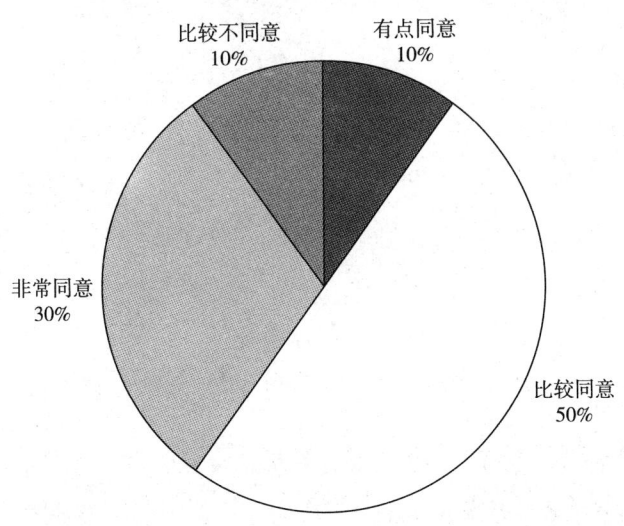

图 33 （G15）**本出版社的图书品质良好**

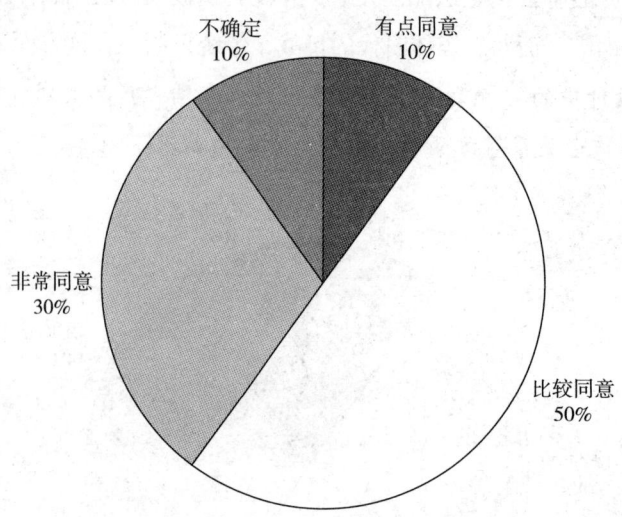

图 34 （G16）本出版社有丰富的作者资源

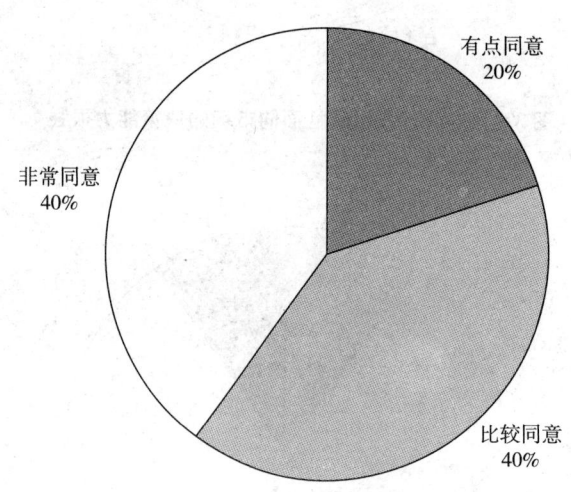

图 35 （G17）本出版社出版的图书的内容丰富

这份数据显示，上海的传统出版社在信息掌握能力、图书品质把控、作者资源整合与维护、图书资源丰富性等方面存在一定优势。被调查者也较为认同上海出版行业的这些传统优势。但是，结合实地访谈、座谈，总体感到，近年来,传统出版社并不能十分有效地整合、利用资源,在图书重大选题的决策、策划与开发方面也没有十分突出的业绩,同时,囿于机制、财务回报等原因,出版社与作者之间的长期合作关系并不十分稳定,以上这些,都不同程度制约了上海传统出版行业竞争力优势的体现。

二 从业内传统图书出版机构的市场表现看上海的竞争力现状

本课题以开卷图书调研公司的"科学技术类"图书市场状况为样本,通过近三年沪版"科学技术类"图书市场表现的相关指标与其他省市同类指标的横向比较,来窥视上海传统出版业竞争力水平的变化。

(一)沪版"科学技术类"图书中自然科学类图书的市场表现比较

沪版图书在此类市场中表现一般,三年来的码洋占有率逐年下降,已经由2006年的7.62%滑落至2008年的6.03%。2008年,本地出版社中没有一家能够进入自然科学类市场的码洋前10名,排名最高的上海科学技术出版社以1.12%的码洋占有率排名第12位,上海科学技术文献出版社位居第13位。全国自然科学类前10家市场领先出版社,上海的出版社无一入局。

表2 近三年沪版图书在自然科学图书市场的地位情况

年份	码洋占有率(%)	动销品种数	动销品种占有率(%)
2006	7.62	1521	7.25
2007	6.74	1632	7.04
2008	6.03	1706	6.76

(二)沪版"科学技术类"图书中工程技术类图书的市场表现比较

开卷检测显示,近三年来沪版图书在此类市场中的码洋占有率和动销品种占有率均非常之小,不足3%,可以说并没有一家表现突出的出版社能够增进沪版图书在工程技术类市场中的份额。全国工程技术类前10家市场领先出版社,上海的出版社无一入局。

表3　2008年全国自然科学类市场领先出版社Top10

码洋排名	出版社	码洋占有率（%）	动销品种数	动销品种占有率（%）	码洋品种效率
1	高等教育出版社	18.51	2395	9.5	1.95
2	科学出版社	10.62	3299	13.08	0.81
3	化学工业出版社	4.62	1272	5.04	0.92
4	湖南科学技术出版社	3.83	224	0.89	4.31
5	清华大学出版社	3.56	732	2.9	1.23
6	世界图书出版公司	3.01	583	2.31	1.3
7	北京大学出版社	2.77	537	2.13	1.3
8	机械工业出版社	2.15	519	2.06	1.04
9	中国人民大学出版社	2.1	220	0.87	2.41
10	中国友谊出版公司	1.36	45	0.18	7.64

表4　近三年工程技术类图书在整体图书市场的地位情况

年份	码洋比重（%）	动销品种数	动销品种比重（%）
2006	5.57	62560	7.91
2007	5.03	70739	8.08
2008	4.51	79222	8.3

表5　2008年工程技术类市场领先出版社Top10

码洋排名	出版社	码洋占有率（%）	动销品种数	动销品种占有率（%）	码洋品种效率
1	机械工业出版社	16.37	7152	9.03	1.81
2	化学工业出版社	14.8	6860	8.66	1.71
3	中国建筑工业出版社	9.03	5550	7.01	1.29
4	中国电力出版社	5.24	4491	5.67	0.92
5	人民邮电出版社	3.97	1607	2.03	1.96
6	电子工业出版社	3.49	2094	2.64	1.32
7	高等教育出版社	2.96	2533	3.2	0.93
8	冶金工业出版社	2.48	1309	1.65	1.5
9	科学出版社	2.37	2460	3.11	0.76
10	人民交通出版社	2.29	2545	3.21	0.71

（三）沪版"科学技术类"图书中计算机类图书的市场表现比较

开卷检测显示，由于计算机市场中几大领先出版社均不在上海，并且近几年来四大领先出版社的领先优势愈发明显，三年来，沪版图书在此类市场的码洋占有率未能超过2%，且表现出一定的下滑趋势，动销品种占有率也有所缩减。沪版排名最高的上海科学普及出版社在2008年的此类市场中排名第15位，码洋占有率不足1%。全国计算机类前10家市场领先出版社，上海的出版社无一入局。

表6　近三年沪版图书在计算机类图书市场的地位情况

年份	码洋占有率（%）	动销品种数	动销品种占有率（%）
2006	1.96	1192	3.15
2007	1.31	1255	3.11
2008	1.1	1230	2.85

表7　2008年计算机类市场领先出版社Top10

码洋排名	出版社	码洋占有率（%）	动销品种数	动销品种占有率（%）	码洋品种效率
1	人民邮电出版社	22.68	4742	11.01	2.06
2	清华大学出版社	19.09	6676	15.5	1.23
3	电子工业出版社	17.14	5216	12.11	1.42
4	机械工业出版社	10.66	4109	9.54	1.12
5	中国青年出版社	5.14	684	1.59	3.24
6	科学出版社	3.4	1884	4.37	0.78
7	高等教育出版社	2.56	1636	3.8	0.67
8	中国铁道出版社	2.38	1443	3.35	0.71
9	兵器工业出版社	1.67	509	1.18	1.42
10	中国电力出版社	1.42	1001	2.32	0.61

（四）沪版"科学技术类"图书中医学类图书的市场表现比较

从全国比较来看，沪版在此类市场的表现一般，三年来的码洋占有率呈现下降的趋势，2008年为4.19%，不仅如此，动销品种占有率也有所缩减。2008年在这一市场中排名最高的沪版出版社为上海科学技术出版社，码洋占有率2.39%，名列第10位，而其余沪版出版社在这一市场中的码洋占有率均不足1%。全国医学类前10家市场领先出版社，上海的出版社只有一家入局。

表8 近3年沪版图书在医学图书市场的地位情况

年份	码洋占有率(%)	动销品种数	动销品种占有率(%)
2006	5.81	2455	9.73
2007	5.05	2537	9.09
2008	4.19	2627	8.43

表9 2008年医学类市场领先出版社Top10

码洋排名	出版社	码洋占有率(%)	动销品种数	动销品种占有率(%)	码洋品种效率
1	人民卫生出版社	32.15	5824	18.68	1.72
2	人民军医出版社	11.07	2732	8.76	1.26
3	中国协和医科大学出版社	3.93	628	2.01	1.95
4	北京科学技术出版社	3.66	449	1.44	2.54
5	中国中医药出版社	3.64	1457	4.67	0.78
6	科学出版社	3.57	1830	5.87	0.61
7	化学工业出版社	3.31	723	2.32	1.43
8	北京大学医学出版社	3.15	1174	3.77	0.84
9	中国医药科技出版社	2.5	1281	4.11	0.61
10	上海科学技术出版社	2.39	872	2.8	0.86

（五）沪版"科学技术类"图书中生活类图书的市场表现比较

三年来，沪版在生活类市场的码洋占有率有所下滑，已经从2006年的6.16%滑落至2009年上半年的4.59%，动销品种占有率也有所缩减。2008年沪版在生活类市场中排名最高的为上海科学普及出版社，码洋占有率1.67%，其余出版社的码洋占有率均不足1%。全国生活类前10家市场领先出版社，上海的出版社无一入局。

表10 近3年沪版图书在生活图书市场的地位情况

年份	码洋占有率(%)	动销品种数	动销品种占有率(%)
2006	6.16	3832	9.11
2007	5.2	4136	8.88
2008	4.75	4167	8.23

表 11　2008 年生活类图书市场领先出版社 Top10

码洋排名	出版社	码洋占有率（%）	动销品种数	动销品种占有率（%）	码洋品种效率
1	江苏文艺出版社	5.74	30	0.06	96.91
2	吉林科学技术出版社	5.35	1058	2.09	2.56
3	中国轻工业出版社	4.62	1342	2.65	1.75
4	青岛出版社	4.53	619	1.22	3.71
5	中国纺织出版社	4.32	791	1.56	2.76
6	化学工业出版社	2.38	508	1	2.37
7	中国旅游出版社	2.37	905	1.79	1.33
8	中国中医药出版社	2.1	362	0.71	2.93
9	南海出版公司	1.93	218	0.43	4.48
10	北京出版社	1.91	475	0.94	2.04

（六）从国内同行市场表现比较中看上海传统出版社竞争力水平的衰弱

受报告的篇幅限制，本课题所列举上海出版社近三年的市场表现排名仅仅局限于科学技术类图书大类中的 5 个子类别，纵览开卷监测近年来的研究报告，沪版文艺类、中小学教材类、教辅读物类、经济管理类、高校教材类图书的市场表现也与科学技术类类似。总的来看，除了古籍类、辞书类图书出版物在全国排名仍占优势以外，各大类图书的销售额排名、销售占有率及在全国同行中的排名都逐年下滑。在市场表现逐年下滑、社会影响力相应下降的背景下，其直接表现就是以纸质图书出版发行为主营业务的上海传统新闻出版企业竞争力水平的整体衰弱。

三　上海数字出版产业的发展态势及其竞争优势评析

（一）上海数字出版的基本态势

数字出版是数字技术和出版内容的融合产物，凡使用二进制技术手段对出版的整个环节进行操作都属于该范畴，具体说，包括原创作品的数字化、编辑加工的数字化、印刷复制的数字化、发行销售的数字化和阅读消费的数字化等。数字出版产业则主要包括电子图书、网络期刊、数字报纸、手机出版、网络游戏、网络动漫、电子纸、数字音乐、数字版权等。

近年来，随着《国家"十一五"时期文化发展规划纲要》和国家新闻出版总署编制的《新闻出版业"十一五"发展规划》的陆续推出，上海地区数字出版产业快速发展，显示了该产业的蓬勃生机和持续发展后劲。数据显示，2008年上海数字出版业销售收入总值在123亿元左右，约占全国数字出版业总量的1/5。互联网上付费阅读、无线音乐下载、网络游戏、手机出版、数字期刊等数字出版产业呈现爆发式增长，年增长率超过30%。目前，全国传统出版产业与数字出版产业总产值基本持平，而上海数字出版产业总产值超过了传统出版产业的4倍。目前，上海有14家企业拥有互联网出版许可证，全年产值近百亿元（98.15亿元）。上海盛大网络发展有限公司，2009年产值约52.41亿元，增长47%；上海巨人网络科技有限公司，2009年产值约23亿元。上海久游网络科技有限公司，2009年产值约10亿元。上海网之易网络科技发展有限公司，2009年9月底至年底，前后三个月合计销售产值约4亿元。据上海市新闻出版局公布的数据，2009年，上海数字出版产业总产值已达185亿元，比2008年增长50.41%，约占全国的1/4。仅张江国家数字出版基地2009年的总产值已达90亿元。截至目前，张江国家数字出版基地已认定的数字新闻出版企业181家，基本形成了网络文学、互动教育、网络游戏、艺术典藏、手机出版等特色产业聚集的数字出版产业链。就网络文学而言，仅盛大文学旗下就拥有7家文学网站，占有网络原创文学90%以上的市场份额。同时，上海已具备良好的电子书终端制造产业基础。在互联网游戏出版方面，上海占据了全国的半壁江山，2009年产值约110亿元，占全国比重的43%；上海手机出版的年产值达到了6亿元。

可以说，数字出版产业已经成为上海未来产业发展格局中融合先进制造业与先进服务业产业特征的重要产业之一，成为新闻出版产业的主导力量，并将持续引领产业竞争力的提升。

（二）上海数字出版产业发展所体现的竞争优势

1. 制度、规则与政策先行

2009年2月，在上海市推进数字出版产业暨张江国家数字出版基地新闻发布会上，上海正式出台《上海数字出版业发展引导目录（2009版）》，明确提出了政府在数字出版领域重点鼓励和支持发展的五大方面21个领域，包括产业发展研究、公共服务平台建设、内容资源数据库建设、软件产品开发、数字出版相关技术研发等。该目录既是引导社会各方多元投资发展数字出版的指南，也是政府政策和资金鼓励支持的重点，对推动传统出版业转型，鼓励支持出版新媒体、新业态的跨越式发展，进而提升上海数字出版产业竞争力将起到举足轻重的作用。

2009年起，上海将把数字出版推动发展的情况列入对出版单位的年度考核指标体系中，以出版单位效益考核和骨干项目建设为突破口，推动传统出版转型发展。

2009年6月，上海市新闻出版局与上海市工商局共同制定了《数字出版相关企业名称和经营范围注册登记办法》，在国内首次突破了数字出版不属于既有的国民经济行业分类、无法在企业名称和经营范围中得到体现的窘境，方便了企业的发展壮大。

2. 搭建平台，支撑产业发展

上海市新闻出版行业职能管理部门促进数字产业发展的重要抓手之一是整合各方力量，集中财力，以项目建设为形式，搭建各类数字出版产业服务平台，以此显示出竞争优势。

平台建设与运营领域包括：①数字出版基地版权监管平台、网络数字版权保护平台等版权综合公共服务平台建设；②依托文化贸易服务平台、文化产权交易所以及版权交易中心等文化服务平台，推动数字出版物交易；③数字出版教育、培训等公共服务平台；④基地公司的专业性、功能性服务平台等。

3. 创建国家级部市合作基地，促进产业集约化发展

2008年7月，上海市政府和国家新闻出版总署合作，在上海浦东张江高科技园区建立了国家数字出版基地，并制定了一系列的优惠政策，如对建设大型数据库给予最高200万元的资助额度；支持数字出版基地的公共服务平台建设；鼓励数字新闻出版企业技术研发和内容原创；奖励创新性强的数字出版产业化项目，奖金数额可达300万元；对重大数字出版项目采用贷款贴息方式支持，贴息数额可达200万元；支持数字新闻出版企业进行国内外市场推广，以及让入驻企业享受房租补贴等。

在引进国家级骨干企业和重大项目方面，2009年12月9日，方正集团与

上海张江集团签署合作协议，将共同投资 2.85 亿元（由张江科技投资有限公司和北京方正阿帕比技术有限公司共同投资），组建全国数字出版的旗舰企业——中国数字出版技术有限公司并入驻张江基地。这是中国数字出版史上迄今为止投资规模最大、合作层次最高的项目，公司成立后将承接国家复合出版工程等重点项目。截至 2010 年 3 月，张江国家数字出版基地已经认定共引进网游出版、动漫、数字报刊、电子图书、艺术典藏等相关数字新闻出版企业共 181 家；正在认定的企业有 38 家。2009 年，张江数字出版基地主营收入达到 90 亿元人民币。政府支持企业发展资金 4559.56 万元，有力地支持了产业发展。

四 上海报纸、期刊行业的竞争力总体状况

2010 年 3～4 月，根据课题要求，我们采用了电话访谈与抽样重点访谈、座谈形式，对上海市域范围内的《解放日报》《新民晚报》《申江服务导报》《青年报》《第一财经日报》《东方城乡报》《宝钢日报》《第一财经周刊》《租售情报》《汽车与配件》《新民周刊》《中欧商业评论》《小说界》《科学画报》等 14 家报刊的社长、副社长、主编、副主编及部主任等进行了 40 余人次的调研，对上海报刊产业的竞争力状况有了初步了解。

（一）近年来上海报纸、期刊行业的竞争力的基本表现

（1）2008 年，上海 100 种报纸的主营业务收入为 270387.92 万元，同比增加 7900.56 万元，增长 3.01%，但当年利润同比减少 6752.50 万元，下降 26.62%。在 100 种报纸中，上海报纸亏损达到 29 种，全年亏损额达到 26885.58 万元。进入 2009 年，由于新媒体、网络技术的发展等因素影响，虽然上海报纸主营业务收入、利润总额整体出现双降，但仍有 1/3 以上的报纸呈逆势增长，其中，主营业务收入和利润总额增长最快的分别为《新闻晚报》的主营业务收入同比增 33%，《上海证券报》的利润总额同比增长 67%。

（2）2008 年，上海 623 种期刊主营业务收入增长到 12980.94 万元，同比增加 161.94 万元，增长 15.5%。利润总额为 10356.86 万元，同比减少 4572.61 万元，下降 30.63%。进入 2009 年，上海 621 种期刊总资产 58629.15 万元，同比增加 21646.68 万元，增长 53.53%；负债合计 29570.97 万元，同

比增加 9038.26 万元，增长 44.02%；所有者权益 29058.18 万元，同比增加 12608.42 万元，增长 76.65%；主营业务收入 16111.66 万元，同比增加 3130.72 万元，增长 3.29%；利润总额 12076.89 万元，同比增加 1720.03 万元，增长 16.61%。

总的来看，在报纸、期刊数量与往年基本持平的前提下，报纸发行量、市场份额及经营利润受网络与数字技术浪潮的冲击较大，表现为主营业务收入、利润总额整体出现双双下降；期刊的主营业务收入与利润总额呈增长态势，但与北京、广州等城市相比，沪版期刊结构性矛盾比较突出，其在全国的影响力也有所下降。

（二）上海报纸、期刊竞争力缺失的基本表现

（1）求稳、中庸、怕事心态明显，缺乏创新意识，对重大政治、经济事件的诠释、报道，鲜有海派风格；就时政类报刊而言，改革开放中期引领全国风气之先的稿件已经很少显现。

（2）品牌意识淡薄，由于长期事业单位管理体制的束缚，对营销理念、品牌建设理念、渠道管理、促销手段等较为生疏，营销效果也不明显。

（3）报网联办、刊网联办在大多报刊中都已经启动，但在网站与读者的互动及根据读者反馈进行编辑方针、内容版式、营销的创新方面缺乏实质性的变革。

（4）人才流失严重。

五　上海印刷行业竞争力总体状况

（一）近年来上海印刷行业竞争力状况的基本表现

总体来看，上海印刷企业正积极从传统型印刷向高新技术产业转变，从被动型加工制造业向主动型生产服务业转变，集约化程度进一步提高。在金融危机背景下，上海印刷业主动更新设备、调整产品结构，印刷企业重大设备投入达到 500 多台。2009 年，上海印刷业实现工业总产值 483 亿元，同比增长 3.2%；利润总额 39 亿元，同比增长 34.95%；印刷业工业增加值 137.74 亿元，增长 15.1%。上海印刷企业集约化程度进一步提高，192 家销售总产值超过 5000 万元的印刷企业，仅占全市 4756 家印刷企业的 4%，却创造产值

305.94亿元，占2009年全部企业总产值的63.34%。①

从2009上海新闻出版产业发展报告数据比较来看，2009年全年上海市印刷业主要经济指标比2008年呈现出较大增长，其中，2009年全市印刷工业总资产619亿元，比2008年的531亿元增加了88亿元，增长了16.57%；净资产333亿元，比2008年的294亿元增加了39亿元，增长了13.26%；全年境外印刷业务32.95亿元，比2008年的39.7亿元减少了6.75亿元，下降了17%；数字印刷销售收入为4.98亿元，比2008年的3.69亿元增加了1.29亿元，增长了34.96%；全年应付工资总额为44.5亿元，比2008年应付工资总额40.41亿元增加了4.09亿元，增长了10.12%；应交增值税、营业税等税费总额为23.1亿元，与2008年23.0亿元相比基本持平。

（二）目前上海印刷行业中存在的影响竞争力提升的因素

1. 企业规模略有下降

2009年工业总产值超过亿元的印刷企业有94家，比2008年的92家增加了2家，增长了2.17%；工业总产值在5000万~1亿元的印刷企业有98家，比2008年的106家减少了8家，下降了7.54%；工业总产值在1000万~5000万的印刷企业有466家，比2008年的469家减少了3家，下降了0.63%；工业总产值在1000万元以上的企业为658家，比2008年的667家减少了9家，下降了1.34%。

2. 国际（境外）印刷业务有比较大的下降，但是下降不平衡

2009年，全市完成国际印刷业务销售产值32.95亿元，比2008年的39.7亿元，下降了17%。其中直接出口20.84亿元，比2008年的22.13亿元下降了5.83%，间接出口为12.11亿元，比2008年的17.57亿元下降了31.57%，说明境外印刷业务主要是间接出口有很大下降。

出版物印刷企业产值从2008年的10.6亿元下降到2009年的6.1亿元，下降了42.45%；包装装潢印刷企业产值从2008年的28.75亿元下降为2009年的26.03亿元，下降了9.46%；其他印刷产值从2008年的0.72亿元增加到2009年的0.82亿元，增长了13.88%。由此可见，出版物境外印刷业务下降

---

① 《2009年中国印刷市场分析》，慧典市场研究报告网，http://www.hdcmr.com/。

最大,包装装潢印刷其次,其他印刷境外印刷业务略有增长,但比重很小。

承接境外印刷业务的企业数达到了254家,比2008年的247家增加了7家,增长了2.83%。

3. 出版物印刷企业调结构、促转型已迫在眉睫

出版物印刷企业的工业总产值从2008年的79亿元下降为2009年的76亿元;下降了3.79%;利润总额从2008年的5.57亿元增加到2009年的6.67亿元,增长了19.74%;工业增加值从2008年的24.46亿元下降到2009年的24.04亿元,下降了1.74%。主要指标都在全年指标的平均线下,反映了出版物印刷企业还是面临很大的困难,出版物印刷企业调结构、促转型迫在眉睫。

4. 印刷人才队伍状况堪忧

全市15.6万印刷员工中,具有本科以上学历的只有8083人,占总人数的比例为5.18%;大专以上学历的25956人,占总人数的比例为16.63%,明显偏低。

全市印刷行业中具有各类、各级技术职称的人数为11651人,占总人数的比例为7.46%;具有中级以上职称的总人数为5169人,占总人数的比例为3.31%,份额很低。

全市印刷行业技术岗位工作的总人数为34389人,其中,具有高级工以上的技术工人为6050人,占技术岗位工作总人数的比例为17.59%,和2010年达到25%的目标还有一定的距离;中级工以上的人数为15170人,占技术岗位工作总人数的比例为44.11%,比例还是偏低。[1]

六 上海版权产业的竞争力状况

(一)上海版权产业竞争力的基本情况

1. 平台建设起步

上海版权交易中心于2009年6月正式挂牌运行,为版权产业发展搭建重要平台。该交易中心具有版权作品的汇集、展示、推介和交易功能,通过集聚

---

[1] 慧典市场研究报告网,http://www.hdcmr.com/。

各类版权作品、版权许可转让信息、供需双方、中介组织等资源，提供低成本、高效率的版权交易服务。它不仅是版权交易平台，也是版权产业资本运作平台，开展以版权为主要资产的债权、股权交易，以及版权融资和与版权有关权利的交易。中小型文化创意企业可通过该平台自由交易，拓宽资金渠道，破解融资困境，促进版权产业健康发展。

2. 版权贸易成果显著

2009年，上海出版物进出口单位有5家，分别是中国图书进出口上海公司、上海外文图书公司、中国国际图书贸易总公司上海分公司、上海远洋运输公司（海图分公司）、上海香港三联书店。共实现进出口4726.89万美元，其中，进口4297.21万美元；出口429.68万美元。

在第十六届北京国际图书博览会上，上海展团首次实现版权输出顺差。在2009年法兰克福国际书展上，上海作为中国主宾国唯一的地方展区，共引进签约147种，输出签约169种，实现版权贸易的历史性突破。2009年对外版权贸易稳步发展，共达成涉外版权贸易2839项，其中版权引进1634项，版权输出1205项，版权贸易成果居全国前列。同时，上海版权公共服务平台建设初具规模。上海版权交易中心2009年6月正式运营以来，共有2000个项目挂牌，涉及全国25个省（区、市），挂牌金额500亿元，融资、股权转让、咨询服务等各类文化产权交易金额达11.5亿元，实现利润84.05万元，在全国同类机构中第一个实现当年运营当年赢利。

3. 上海版权产业的竞争力表现

（1）版权资源服务。源于上海地缘优势，上海在出版发行、广播影视、文化艺术、计算机服务、软件及互联网服务、广告创意、工艺品、工业设计创意等领域版权资源相当丰富。

（2）版权服务体系相对健全，其中，版权质押融资的做法与经验在全国独树一帜。

（3）版权服务行业人才较为集中，专业化程度较高。

（4）除了上海版权交易中心以外，上海书展平台的充分利用也为上海版权产业的大发展提供了平台。

（5）上海核心版权产业的发展潜力远远高于非核心版权产业，且产业优势比较突出，其中，新兴的核心版权产业，如软件服务、计算机服务、数字出版、网络游戏等新兴版权产业发展迅速。

七 对上海新闻出版业竞争力总体状况的评价

（一）现阶段上海新闻出版产业竞争力的特点

通过上述的描述与分析，可以发现，从整体来看，近些年来，上海新闻出版产业竞争力状况呈现出如下特点：

第一，从传统出版机构的内部访谈、反馈来看，出版机构的品牌效应、编辑技能、图书品质、优质作者资源等具有上海特点的传统优势依旧存在，但因出版物市场占有率的持续下滑，上述优势未来将有所降低。

第二，传统出版机构的出版资源整合能力、营销推广能力、渠道管控能力、品牌营销能力、库存控制能力、资本市场参与能力，与国内先进省份相比，均有不同程度的下降，其结果，便表现为产业竞争力水平的下降。

第三，从整体看，上海传统出版机构的人员老化、人才流失现象严重，一支深谙出版市场规律、具有经营能力的新闻出版企业家队伍远未形成，这对以智业为主的出版产业而言，将直接制约产业竞争力的提升。

第四，从整体看，上海报纸、期刊出版产业在数字阅读、网络阅读的冲击下，其品牌影响力、发行量、主营业务收入、利润总额呈整体下降趋势，这一趋势将直接制约产业竞争力的提升。

第五，从整体看，上海印刷产业的规模继续扩大，其经济增加值对上海新闻出版产业的贡献率也很明显，在绿色印刷、数字印刷转型背景下，上海印刷产业在技术创新中以集团化、专业化路径推进，其对未来上海新闻出版产业竞争力的提升将起到重要的基础性支持作用。

第六，作为未来以先进服务业为上海支柱产业的上海市而言，版权产业，特别是核心版权产业的竞争力水平对上海新闻出版产业竞争力的提升发挥着重要的拉动与放大作用，以上海版权交易中心为主的版权服务机构的功能、作用，以及与其他商标、专利、品牌营销咨询等知识产权服务机构的联动作用的发挥与放大对"十二五"期间上海新闻出版产业竞争力提升将产生较大影响。

第七，与传统出版业形成鲜明对比的是，在上海市委、市政府的大力支持、上海新闻出版主管部门的积极努力下，近些年来，上海的数字出版产业发展迅猛，其门类、市场占有率、品牌形象、管理团队、技术支撑及政府的公共服务平台都得到了大力发展与提升，可以预计，数字出版产业大力发展将成为"十二五"期间引领上海新闻出版产业竞争力水平大力提升的突破口。

（二）现阶段上海新闻出版产业竞争力的总体状况

通过上述分析、研究，我们认为，囿于体制、机制、文化中心转移、市域人口规模、政府投入、监管模式、行业人员心态、人才流失、新闻出版企业家缺失等因素，在传统出版板块里，与全国先进省市相比，上海传统出版业在保持某些传统优势的同时，随着出版资源整合能力、营销推广能力、渠道管控能力、品牌营销能力、库存控制能力及资本市场参与能力的下降，沪版出版物在全国市场的市场份额、市场影响力逐年下降，这直接导致了传统出版产业竞争力的衰弱。

与此同时，我们认为，在版权服务、版权经营、印制（复制）产业方面，上海有着较好的竞争力基础，面对数字化、移动化的技术变革浪潮，上海的版权产业需要从经营角度切入，提升其对闻出版产业的价值拉动与放大作用；印制（复制）产业则需以数字化技术改造为抓手，在"十二五"期间打造以数字印刷为特色的产业集团和专业公司，以此来给"十二五"期间上海新闻出版产业竞争力的提升提供基础性支持。

我们还认为，近些年上海数字出版产业的崛起从改造传统出版产业及促进新兴数字出版产业两个角度增强了上海新闻出版产业在全国的影响力，而通过以大力发展数字出版产业为切入口来引领上海新闻出版产业竞争力的全面提升，将成为"十二五"期间上海新闻出版行业再造、崛起与新生的必然选择。

第三节 提升上海新闻出版业竞争力路线图：价值链分析的视角

本节将在发达国家新闻出版产业发展演变的国际视野中，从上海出版产业实际出发，以发展数字出版来引领产业竞争力水平提升为突破口，以"十二五"期间为时间维度，以出版资源价值放大与增值为起点，运用数字出技术、平台对传统出版改造及促进新兴数字出版业自身成长两大抓手,从俯瞰和整体角度来揭示竞争力提升背后所体现的出版产业价值链的增值环节、增值过程,在此基础上,研究传统出版转型和上海新闻出版产业竞争力水平提升的路线图,为下一节研究提升上海新闻出版业产业竞争力的策略与方法做一铺垫。

一 新闻出版产业中的价值链

(一)价值链分析方法概述

价值链概念及其分析方法是由美国哈佛大学教授迈克尔·波特(Michael Porter)1985年在《竞争优势》(Competitive Advantage)一书中提出的。他认为:"每一个企业都是在设计、生产、销售、发送和辅助其产品的过程中进行种种活动的集合体。所有这些活动可以用一个价值链来表明。"因此,价值链首先指的是一个企业的内部价值链。

产业价值链是在企业价值链基础上延展开来的一个产业经济学概念,是各个产业部门之间基于一定的技术经济关联,并依据特定的逻辑关系和时空布局关系客观形成的链条式关联关系形态。按照迈克尔·波特的逻辑,每个企业都处在产业链中的某一环节,一个企业要赢得和维持竞争优势不仅取决于其内部价值链,还取决于在一个更大的价值系统(即产业价值链)中,一个企业的价值链同其供应商、销售商以及顾客价值链之间的链接。因此,用波特的价值链理论来定义,产业价值链是指是以某项核心价值或技术为基础,以提供能满足消费者某种需要的效用系统为目的,具有相互衔接关系的资源的优化配置与组合。

产业的发展需要完整价值链,而一个完整的产业价值链包括原材料加工、中间产品生产、制成品组装、销售、服务等多个环节,实现供给、生产、销售、服务等市场功能,从而保证该产业价值链中人流、物流、信息流、资金流的畅通,进而实现互补、互动、双赢。如果产业价值链当中的企业供给、生产、销售、服务都处于一种良好的、动态自我调整的平衡状态,那么这个产业价值链就会很平稳地运行。但是一旦该产业价值链中的某一个环节不能及时或不能提供充足的供给,这个良性的循环就会被打破,从而引发上游企业或者下游企业不能正常运转。由于在多个产业价值链中，某些企业既可以是本产业价值链内的一个环节，又可以是其他产业价值链上不可缺少的环节，这样的话，这种链式效应就不但会发生在某一个产业价值链当中，不同产业价值链的上下游企业之间也会有这样的链式效应。产业价值链具有这样的链式效应，它能增加企业的竞争力。①

在产业经济学分析方法中，通常会从企业价值链入手，通过企业间纵向或者横向价值链环节的整合来重塑新的产业价值链，并在此基础上寻找产业竞争力整体提升的路径与方法。

（二）新闻出版产业中的价值链及其关键环节

新闻出版产业价值链是指以新闻出版行业的特定业务技能、专长为基础，以印制、网络、电子、视觉呈现等技术为支撑，以满足消费者（受众）信息、学习、欣赏及群体文化需求为目的，内部具有相互衔接关系、相互作用的价值链环节有机配置和组合。

1. 传统意义上的新闻出版产业价值链及其关键环节

新闻出版业的主要产品是书籍、报刊、音像制品、电子出版物等，它们被受众消费之前，一般要经过信息的收集整理、选题的策划、原材料的采购、编辑、出版、印刷、发行等一系列相互关联的创造价值过程。根据波特产业价值链解释，就图书出版物而言，一般而言，其出版产业的基础活动包括8个环节：①图书市场调研；②信息收集整理；③图书编辑；④装帧设计；⑤图书印刷；⑥图书营销与发行；⑦图书储运销售；⑧图书售后服务。而支撑整个图书出版业的活动主要由以纸张、油墨为主体的原材料的采购、以建立适应整个产业现代化需求的信息网络建设和办公自动化为主的技术开发、用来满足产业发展需要的人力资源的管理以及用以支撑整个出版产业的基础设施和财务行政管理等环节组成。

一般而言，就传统图书出版物而言，其产业价值链的关键环节包括：

一是"编"，其核心技术是出版编辑。图书出版业经过多年的发展，拥有一支具备一定专业技能的图书编辑、装帧设计队伍。这些编辑人员大多具有较

---

① 邢华：《文化创意产业价值链整合及其发展路径探析》，《经济管理》2008年第11期。

高的文化和专业素质，在编辑工作中表现出特有的思想品味和价值追求。

二是"印"，其核心技术是图书印制。经过多年的设备更新、技术改造，国内图书印制单位的技术水准逐年提高，有的已经具有当代世界同行业一流的生产技术。

三是"发"，其核心技术是物流配送。多年来，就总体而言，国内图书出版物发行已经形成了较完善的出版物销售物流配送系统和较强的仓储、运输能力。

四是"策"，其核心业务专长是基于营销策划基础上的整合营销手段与方法，从优秀作者遴选、图书策划到图书市场营销策划、推广，已经形成了一定的业务经验与能力。

2. 数字出版浪潮冲击与大出版格局渐变背景下的新闻出版产业价值链重构

学界认为，在新的媒介格局下，我国媒介产业链建构要经过三阶段：一是传统媒介内部完成资源组合与优化；二是要求在更高层面上整合更多的媒介资源；三是将延伸了的价值链作为整体来一体化盘活。从这一论断出发，我们认为，在数字出版浪潮冲击背景下，现阶段新闻出版产业价值链及其关键环节配置状态将会发生变化。

（1）数字出版浪潮冲击背景下新闻出版企业内部资源组合与价值链重构。

数字出版的出现，使出版物从产品形态、流通方式到支付方式的整个营销过程均实现数字化。同传统的出版相比，数字出版的优势体现在出版者与读者的关系变为交互式，出版物具备覆盖全球的能力，读者的需求能得到最大限度的满足。出版机构强调做精做细，而非做大做全，用个性化、专业化的产品去满足受众的需要。在此背景下，新闻出版企业应重新审视各自的出版业价值链的过程，在功能与成本的比较中，研究自己在哪些价值链环节上具有比较优势，哪些是重要的、核心的环节，哪些不在整个价值链上。不可能每一环节都能同时达到利益最大化，很有可能在追求整体利益最大化时，会弱化某一个或某几个环节，因此，应注意发挥优势互补的协同效应。新闻出版企业应更多地注重发展其核心业务，即自己所擅长的、具有明显优势的业务，其他业务应"资源外购"，即从本企业外部采购。被弱化的环节，可以从新闻出版企业退出的市场中获得较大的生存空间,以及利用规模经济等方式来增加利润。一般而言,以读者导向为维度,从价值链环节增值角度考虑,强调在数字平台上通过与作者的多次互动来实现数字化内容与阅读市场的匹配,应当通过设立、充分利用公共编撰平台对出版内容进行编辑加工,最后通过内容产品在数字化平台上的发布、销售实现价值增值。总的来看,以读者为导向的、数字化平台的新闻出版企业价值链是向动态的、互动的、虚拟的、全球网络化的方向发展,通过出版资源在数字化价值链网络上的合理流动来促进价值实现,进而促进企业竞争力的提升。读者导向背景下的新闻出版企业数字化价值链及其环节轮次增值态势如图36所示。

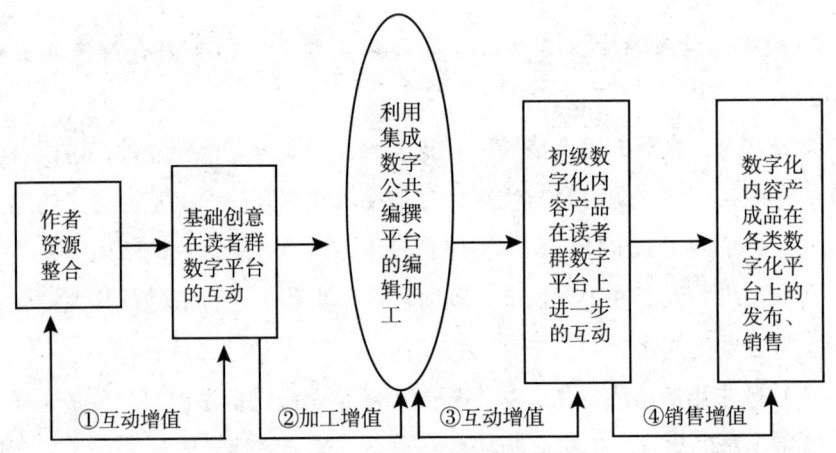

图36 读者导向背景下的新闻出版企业数字化价值链及其环节轮次增值图

(2)大出版格局背景下的新型新闻出版产业价值链形成。

信息技术,特别是计算机技术和网络技术的发展孕育了媒介产业融合现象。这一产业融合现象作为一种新的产业发展模式给出版业带来了巨大的冲击,它使语音文字、图像和数据实现了融合,使不同形式的媒体之间的互换性和互联性得到加强,在此背景下,出版产业中的内容产业的概念应运而生,内容的增值能力倍增,内容创新的重要性凸显,这一切都促进了以多种内容形态、多种内容呈现形式、多种商业模式并存,多种内容衍生产品开发为特征的大出版格局的逐渐形成。我们认为,从产业价值链角度来分析,大出版格局下新型产业价值链沿着网状和线性两种形态延展。

①网状价值链

大出版格局下,出版产业是产业融合的产物,因此,产业中所包含的相关产业以及内部各环节之间的联系更为紧密。从横向来看,图书、期刊、报纸、音像制品、其他衍生出版物的出版、数字形态出版物的出版等产业互相交叉和渗透,它们共同构成了大出版产业价值链的增值组成部分,使出版产业形成了以创意与内容开发为核心的网状产业价值链结构。①

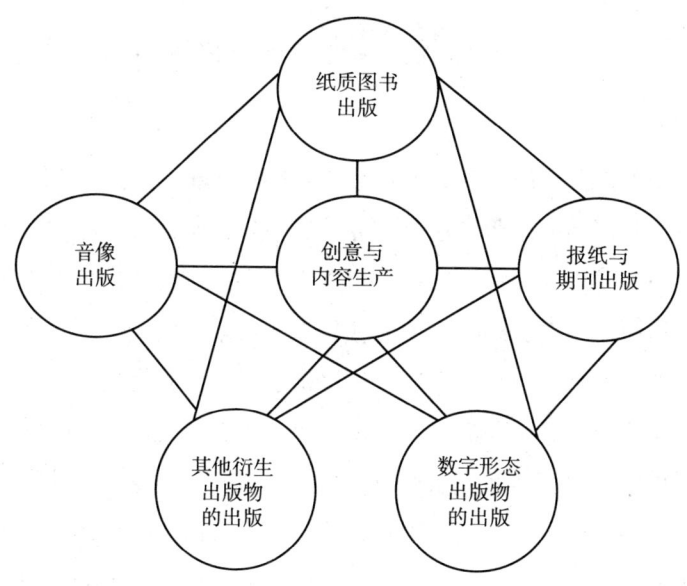

图37 大出版格局背景下的新型新闻出版产业网状价值链形态图

②线状价值链

在大出版格局中,从线状的产业功能分工角度来看,技术研发与应用、内容策划与创意、内容产品的的制作与传播、衍生产品的制作与推广、版权贸易等环节同样具有价值增值功能,从内容产品或服务运作的逻辑过程考察大出版格局下出版产业的增值过程,其价值链形态表现为线性的价值环节延伸形态,如图38所示。

---

① 邢华:《文化创意产业价值链整合及其发展路径探析》,《经济管理》2008年第11期。

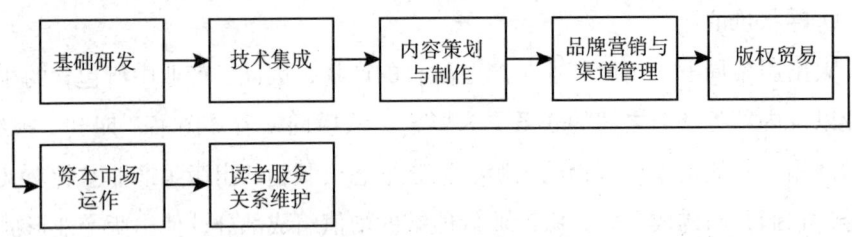

图38 大出版格局背景下的新型新闻出版产业价值链线状形态图

二 产业价值链诸环节轮次增值、一体化整合与上海新闻出版业竞争力的提升

（一）从价值链环节价值漏损角度审视上海新闻出版产业竞争力下降原因

多年来，上海新闻出版产业在业务发展中，与其他省市相比，形成了一些竞争优势，这主要表现在：①产业内出版机构多年来积累的丰富出版资源和出版经验；②出版单位的选题策划能力和较强的编审力量；③多年来，出版机构所建立的作者、读者队伍；④出版机构严格规范的出版管理制度；⑤历史上上海出版行业所形成的品牌积淀；⑥图书、期刊及报纸等渠道及销售网点优势。但是，从大出版格局下新闻出版产业的网状价值链延展及线状价值链支撑角度来看，对照上海新闻出版行业的现状，我们认为，由于价值链环节与环节之间整合程度不高，或者线状价值链的支撑强度不够，使得上海新闻出版价值链的许多环节发生漏损，这些都影响了产业竞争力的提升。

具体说，从上述价值链角度分析，上海新闻出版价值链环节的价值漏损主要表现在：

①由于限制、禁锢太多，做法保守，而导致书刊创意、策划及出版资源占有环节价值漏损；

②由于基层出版单位经营自主权、市场主体能力缺失导致交易环节价值漏损；

③由于营销策划能力不强导致营销环节价值漏损；

④由于品牌意识不强、品牌营销能力不足导致品牌环节价值漏损；

⑤由于新华传媒发行渠道与出版经营机构并行分离运作而导致渠道环节价

值漏损；

⑥由于资本市场利用缺位而导致资金支持角度的价值环节漏损；

⑦由于客户（读者）服务体系不健全而导致客户（读者）服务环节价值漏损；

⑧由于各种内容形态的出版物之间整合程度不高、内容衍生产品开发程度不够以及内容数字化程度不高导致不同形态出版物转换、再造环节的价值漏损。

（二）价值链环节轮次增值的案例及其启示

从大出版格局背景下的新型新闻出版产业网状价值链图来分析，各个企业有可能处于产业链的不同环节，此时，其网状价值链的经济价值可以通过轮次收入模式来实现。所谓轮次收入模式，是指企业在不同的发展阶段，运用不同的产业发展模式对内容进行开发，从而为企业持续创造经济利益的收入实现模式。

迪斯尼公司的核心创意是其创造的动画形象，它通过发行拷贝和录像带赚取到第一轮收入，解决了成本回收的问题。之后，迪斯尼通过主题公园对其核心创新进行开发，通过世界各地的迪斯尼公园赚取了第二轮收入。最后，通过授权的迪斯尼各种形态的出版物及其衍生产品，赚取了第三轮收入。与其类似的《哈利·波特》出版物的成功，其价值链环节的轮次增值，大致过程也是如此，这一切都与它们所形成的成熟的网状价值链及线状价值链的支撑体系有密切关系。

而要形成上述完整的产业价值链，以下六个因素缺一不可：一是顺畅的出版生态环境；二是激发业内专业人士的体制与机制；三是优秀的创意本身的获得渠道；四是企业对创意的开发和运作；五是整个行业围绕核心创意所形成的价值增值体系；六是产业内众多企业围绕某一创意在不同的领域进行共同开发时行业的自组织管理与完善体系。

（三）基于价值链环节轮次增值角度的大出版维度下产业价值链一体化整合设计①

在图39中，我们将培育市场主体、锻造其市场运营能力作为提升上海新

---

① 任健:《都市新闻出版产业竞争力体系设计及其提升路径研究》，《出版发行研究》2012年第2期。

闻出版产业竞争力的工作重点，以此为核心，以"十二五"期间为时间跨度，从政府服务平台的建设与监管维度、出版机构自身的价值放大基础性支撑维度、内容产品在大出版格局下对多形态、交叉式生产加工维度进行了设计，具体分述如下。

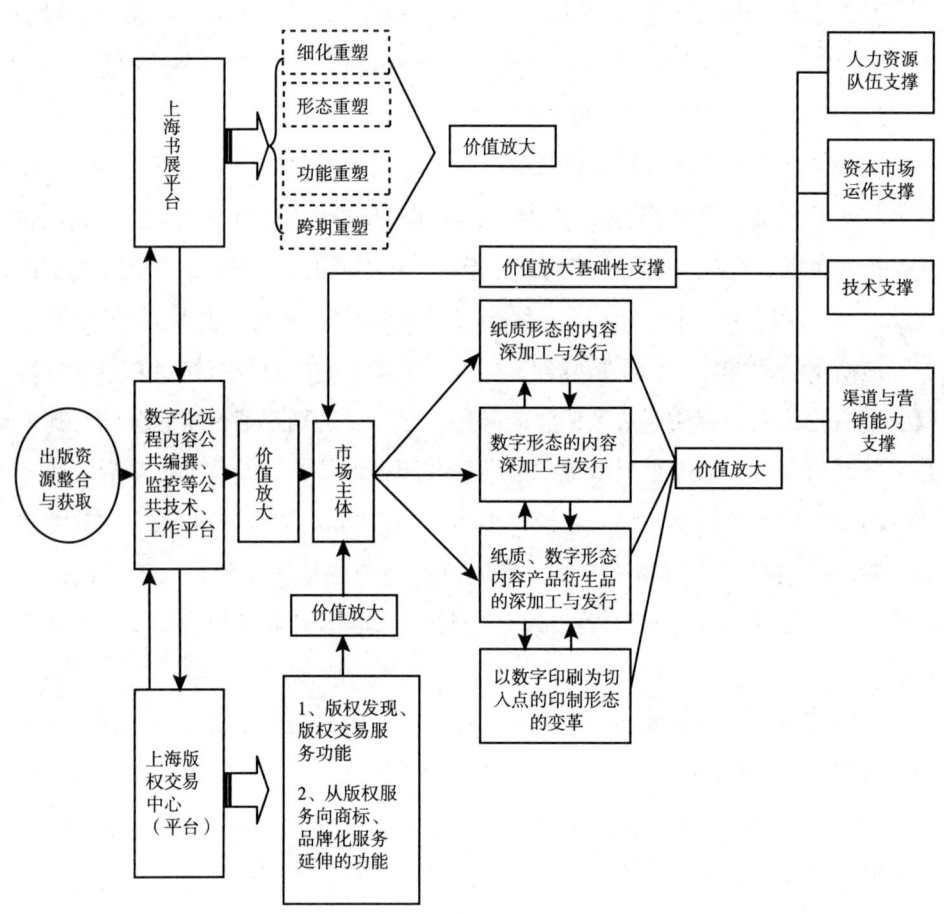

图39 基于价值链环节轮次增值角度的大出版维度下产业价值链一体化整合设计图

1. 从政府服务平台的建设与监管维度看价值放大与轮次增值

在图39中，我们将上海书展、上海版权交易中心及拟筹建的上海数字化远程出版物公共编撰、监管平台作为在"十二五"期间政府新闻出版职能管理部门公共服务平台建设的重中之重提出（具体策略在下节详述），试图通过上述平台跨期、功能、形态、内容的重塑来进一步放大平台的服务作用，进而放大产业价值链的增值空间，实现轮次增值，为产业竞争力提升提供公共服务支撑。

2. 从新闻出版机构自身的价值放大基础性支撑维度看价值放大与轮次增值

在图39中，我们将人力资源队伍支撑、资本市场运作支撑、技术支撑及渠道与营销能力支撑作为出版市场主体的能力建设提出，试图通过上述各项能力的建设来进一步强化出版机构本身的价值创造能力，进而放大产业价值链的增值空间，为产业竞争力提升提供市场主体支撑。

3. 从内容产品在大出版格局下对多形态生产加工维度看价值放大与轮次增值

在图39中，我们将三大公共平台对纸质形态的内容深加工与发行、数字形态的内容深加工与发行、纸质及数字形态内容产品衍生品的深加工与发行等内容生产过程中对价值放大环节的机理进行了描述，通过价值放大，为产业竞争力提升提供产品支撑。

4. 从数字印刷等技术变革对未来新闻出版行业基础性支持角度看价值放大与轮次增值

在图39中，我们将市场主体细化为四个，其中包括了作为新闻出版产业基础的印制（复制）产业，在这里，我们以数字印刷为切入点的印制形态的变革对传统印刷产业的影响为逻辑起点，着重从数字技术对传统印制行业带来的变革角度来观察产业链环节的价值放大与轮次增值问题。

第四节　全面提升上海新闻出版业竞争力：策略与方法

一　制度创新与政策支持：打造提升产业竞争力的良好外部环境

在对行业主管部门、产业内主要机构、企业及外省市相关单位进行充分调研之后，我们认为，从制度创新及政策支持角度，"十二五"期间上海市可以从以下方面进行制度创新与政策支持。

（1）科学规划"十二五"期间上海新闻出版产业的以数字出版为特色布局的产业布局及产品结构，不断提高规模化、集约化和专业化水平。

"十二五"期间，在制度创新与政策支持方面的重中之重是，以促进数字出版产业为重点，以基地、园区建设为抓手，在现有的张江数字出版基地及其延伸基地基础上，建立基于市场机制的区县合作机制。在园区招商、政府支持等面向上海籍的全国新闻出版业的公共平台建设、优秀数字新闻出版企业经验复制等方面的制度创新、政策支持方面取得突破，在全国新闻出版行业里树立样板。

（2）"十二五"期间在调整产业内企业产权结构、完善法人治理结构等体制改革的政策制定问题上，要有实质性突破。

通过课题调研，我们深深感到，束缚上海传统新闻传版行业发展与竞争力提升的最大的问题莫过于体制问题，这个问题，在"十二五"期间如不能有所突破，上海新闻出版行业，特别是传统纸质出版行业的竞争力难以有实质性的提升。

因此，我们要落实中共中央宣传部、国务院有关非公有资本进入文化产业的政策，鼓励和争取更多的社会资本、民间资本和境外资本进入国家政策规定可以进入的上海市新闻出版业各个领域，实现投资主体和产权多元化，形成以公有制为主体、多种所有制共存的新闻出版产业新格局。积极拓宽投融资渠道，增强实力，促进产业优化升级。

（3）随着上海市域内出版社转企改制起步阶段结束及非时政类报纸改制进程的推进，行业内企业转企改制工作已经进入了攻坚阶段，从企业发展和产业竞争力提升的规律来看，"十二五"期间，市新闻出版局要对出版机构企业化改革操作层面进行深入研究，出台相应的扶持、支持政策。这包括：①公司资产结构、资本结构、组织结构、工作流程等多元化层面的政策；②企业市场能力的培养与培育的支持、奖励政策；③企业激励与约束层面的规范和支持政策；④企业内部管理创新层面的培育、支持政策；⑤企业履行社会责任层面的规范建议等。

（4）继续通过申报、立项及争取中宣部、上海文化发展基金资助等渠道的资助来鼓励具有较高学术水平，特别是代表海派文化传承的作品的出版，在"十二五"期间,在上述作品的数字化载体的出版与发行方面要取得突破。

二 多管齐下,促进"十二五"期间上海新闻出版产业中企业家队伍整体成长

通过课题调研,我们深深感到,上海传统新闻出版行业发展与竞争力提升的问题除体制问题以外,就是与其相伴相随的如何通过政策扶植、机制创新来打造一支具有国际视野、市场能力较强、具备一定的文化底蕴的新闻出版企业家队伍问题。"十二五"期间,作为行业主管部门,应该在环境改善、政策支持、政府机构协调等方面取得突破。

企业是经济发展的主体,企业家是企业的灵魂。某种程度讲,市场竞争实质上就是企业家之间素质的竞争,企业家的境界、能力,决定着企业的兴衰。历史地看,上海曾经是新闻出版产业最为发达的地区,出现过一批优秀的新闻出版企业家。新闻出版企业家意味着什么?其企业家精神是什么?我们认为,其最为重要的素质应该是敢于冒险、承担风险、创新创造。

"十二五"期间,如何促进一批具有上海气质的新闻出版企业家迅速成长?作为政府职能管理部门,可以从哪些方面提供支撑与支持?我们认为,可以从以下几个方面来加强支持、支撑力度,通过一批新闻出版企业家队伍的成长给产业竞争力提升提供干部保障。

第一,要建立为新闻出版企业家服务的长效机制。新闻出版局应站在服务型政府职能创新角度,充分发挥职能作用,创新服务方式,搭建沟通和服务平台,建立健全新闻出版企业家服务网络,为可能投资于上海新闻出版产业的国内外企业家提供全面周到细致的个性化服务。

第二,要营造新闻出版企业家成长的良好环境。大力弘扬企业家精神,强化新闻出版企业家在上海各级企业家评比、奖励中的的地位,逐步落实知名新闻出版企业家的礼宾待遇。支持社会各界、行业协会创设赋予一定实质社会责任和权利的上海市出版企业家市级荣誉奖项。

第三,将上海建成国内外出版、文化企业家的交流中心。充分发挥各类出版、文化企业家资源集聚效应,支持其在沪建立全国首创的新闻出版企业家论

坛基地，与上海书展相结合，以国际知名论坛为目标，逐步做强做大，合力将中国（上海）新闻出版企业家论坛提升为代表上海和中国软实力的一大品牌。支持致力于中国新闻出版企业管理思想体系及案例研究的企业家与企业管理研究机构落户上海，构筑国内新闻出版企业管理思想高地。

第四，建立宽松的政策环境，鼓励新闻出版企业家发扬企业家精神。

企业家精神的核心是创新，如果用严格的框框框死了，就无法营造创新的环境，也无法建立创新的土壤，从而也没有了活跃的思维和灵动的创意。由此，政府着力于宽松的政策环境的建立，是培育企业家精神的基础。尤其是目前在上海传统出版产业竞争力面临衰落，上海新闻出版产业面临重大转型的过程中，应鼓励、弘扬企业家精神。作为行业主管部门，在这一过程中，会同政府其他主管部门制定相关支持、扶植政策就显得十分必要。

三 强化政府项目扶持，推进新型出版公共平台建设

我们建议，"十二五"期间，一方面，行业主管部门应努力为新型数字出版产业搭建经营平台，为新型产业的成长和发展提供坚实的支撑。另一方面，要通过专家指导、专项基金和企业结对等扶持方式，积极扶持新型新闻出版企业的健康有序发展。政府搭台可以增加民间服务业的可信度和可靠性；专家指导则可以提高从业者的经营能力和技术水平；专项基金对于奖励优秀个体具有重要作用。

我们建议，"十二五"期间，可以从以下四个方面，来强化产业公共服务平台建设，以此来实现产业内部的开放式信息交流与共享载体、平台作用的发挥。

（1）以上海远程通用型数字化公共编撰/监管平台、上海数字作品版权登记保护平台、上海数字出版信息公共服务平台及数字出版应用示范体验中心为载体，在全球范围内整合产业研发资源，以项目合作、项目发包、项目融资合作形式进行持续研发，"十二五"期间，上述平台要建成并发挥作用。

（2）以上海新闻出版培训中心为基础，将其职能、内容拓展，借助高校、中介机构力量，以上海新闻出版产业竞争力培育服务中心（筹）为载体为产业内企业客户提供专业信息交流、专业培训、融资、科技政策宣讲、各级项目

发布等专业性服务。由该中心组织的各类信息发布、专题研讨、专业培训、中小型论坛等专业性的服务，对产业内中高层岗位的员工思维碰撞、信息互通及人员交流是极为有利的。

（3）强化上海出版协会功能，成立数字出版分会，发挥产业内企业自组织交流与共享网络的信息交流、人才的聚集扩散作用。

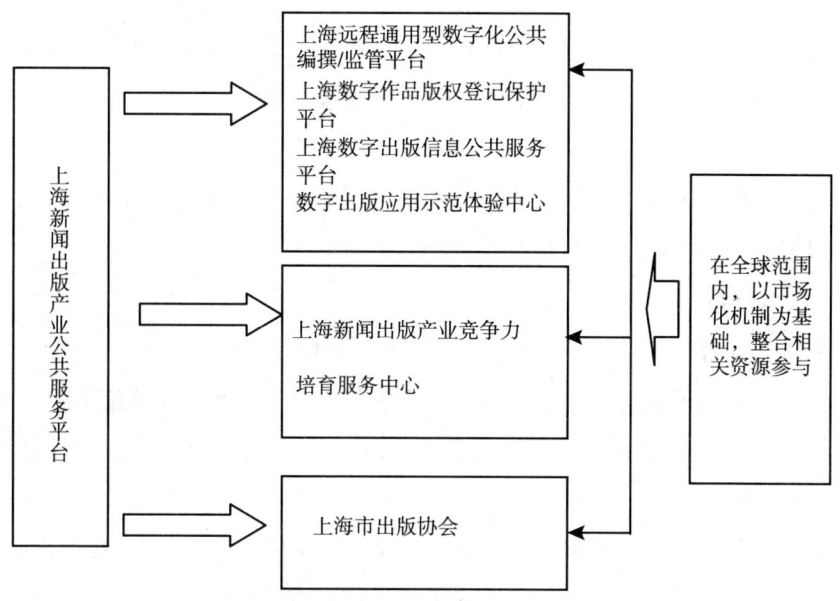

图40 上海"十二五"期间新闻出版行业公共服务平台建设重点

四 深化资本运作，实现"十二五"期间体制障碍的实质性突破

（一）上海新闻出版行业利用资本市场的基础与条件

证券市场作为资本市场的重要组成部分，具有资金融通、资本定价、资源配置、体制转型、宏观调控、分散风险六大功能。目前，众多的出版集团希望通过上市获取更快更好的发展，而政府也需要对现有出版资源进行优化配置，以各种融资手段在国内市场形成一批主业突出、资源优质的品牌企业，从而增强国内出版业的整体竞争力，来迎接新技术冲击和跨国传媒巨头的挑战。

1. 上海出版业有雄厚的资本存量

企业所拥有的全部可以明确界定的资产被称为存量资产。企业的应收账款、其他应收款、无形资产等都属于企业的存量资产。

虽然上海出版业长期属于事业编制，但是在多年政策扶持下的企业化经营中，各出版单位都积累了巨额的经营性存量资产，包括银行贷款、机器设备、刊号、发行网络等。作为出版单位的优质资产，这些资产的优势在于有较强的垄断性，能够获取稳定的收益，劣势在于资产一旦陷于闲置状态，不流通、不周转就不会产生额外的增值。而上市恰恰解决了这个问题，通过业外资本的介入，盘活存量资产，使其获得充分的运转，营业利润将迅速增长。这样一来，整个上海出版产业在上市的进程中，产业资产总额不断增长，其中既有被盘活的存量资产，也有新增的股东投入资产。

2. 上海的地域优势

融资是证券市场的首要功能。股市作为集团发展中期融资的主要形式和重要渠道，有着银行信贷和债券融资不具备的优越性，上市融资没有到期日，不需要还本付息，不需要支付固定的股息红利，可以成为债券融资的抵押基础等。对于出版集团而言，可以利用更充足的资金来解决发展道路上的问题，并可以进行多元化、集约化经营，开拓出更大的盈利空间，而且在后续发展中，上市过程中达到的各项资质对于企业的信誉度有着重要意义。

上市募集资金的同时，也为出版行业的资源优化配置提供了现实基础。上市后，出版集团通过资本运营，能够以相对低廉的代价实现产业价值链的有效延伸。同时，企业间的兼并重组离不开股市，大量的并购都是通过股票买卖或股权置换来完成。并购是企业尽快做大做强的重要手段，整体上市有利于企业加快并购步伐。通过并购重组，企业不需要单独去打造一个耗资巨大、预期收益模糊的产业环节，而是通过并购、换股等方式把所需资源在资本市场的纽带中融为一体，借助证券市场上成熟的中介组织和运作模式，迅速形成自身的规模效应。

另外，集团上市后，大部分资产将被证券化，将被纳入高速流转的资本市场，这样一来，资产流动的周期大大缩短，也就是说以更低的交易成本实现了资本的变现，或者说以更快的速度产生了同等额度的效益。上市过程中，资产实现了增值，原本的资产发生了溢价，为资产所有者和股东带来了利益回报。

应该说资本运作对上海的出版集团来说并不难，因为上海是中国两大证券交易所之一（上海证券交易所）的所在地，利用资本市场实施资本运作，实现新闻出版企业整体上市，具有地利人和之利。但问题是，从国外发达国家的经验来看，在此同时必须规避新闻出版企业整体上市、多元化经营后，主业被弱化的趋势。从一些发达国家的经验来看，一些新闻出版企业实施资本运作后，资产存量大增，整体实力得到了很大的增强，但也存在一些新闻出版企业因此丢失了主业，出版业被弱化的现象。

3. 上海出版业资本运作的不利条件

长期以来，我国对出版业实行严格的行政管理，带有浓厚的计划经济色彩。虽然近年来政府对于出版业的政策管制逐渐放开，但是出版集团还要依靠国家出版特惠政策和政府单位的扶持，从根本上说尚未成为真正自负盈亏的经济实体。新闻出版企业内部运作机制由于没有完全市场化，现代企业制度的建立仍然存在缺陷，这就导致内部机制改革无法满足上市公司的要求。

出版集团进入资本市场后，将面临更多的选择和不确定性，自然环境、经济活动、法律法规的变更，行业政策的调整都可能给初出茅庐的新闻出版企业带来风险。其中，尤以国家政策的变化为重。伴随着经济全球化的进程，国内外经济政治形势瞬息万变，政府随之调整政策也是必然，这种调整很可能会掀起整个行业的变革。

近些年来，虽然出版产业政策在不断进步，不断贴近实际、贴近市场发展规律，但是不可否认的是，我国政府关于出版产业的融投资政策仍然带有一定的不确定性和封闭性。业外资本与业内资本的差异仍然很大。经营收益权同实际控制权乃至产权的脱离，使新闻出版企业上市后仍面临众多显性或隐形的风险。

在我国出版产业政策中，虽然国有资本有参与媒体经营的权利，但仅限于投资，新闻出版企业的经营依然由企业自身来做。同时，政策虽然同意各类资本都可以参与经营，但是由于国有资本在企业中占有较大比例，民营资本、私人资本等在激烈的市场竞争中，无法对新闻出版企业进行有效的经营管理。

应该说，当前新闻出版企业的进入门槛正在逐步降低，但是对于编辑业务与经营性业务的剥离仍然进展甚微,即使将核心业务整体打包上市,业外资本能否真正介入还是一个问题,这就造成"又要马儿跑得好又要马儿不吃草",要用业外资本来发展自己,却不放心真正用经营权做交换。

传统的计划经济体制下,出版业的意识形态属性曾长期占据主导地位,出版业成为政府宣传部门的一个附属单位,出版业无需盈利,更不需要进入资本市场。而新闻出版企业即使整体上市成功,其所具有的双重属性依然存在,生产经营活动依然要受到约束,经营管理的风险也就和相关政策息息相关。例如,带有明显政府支持色彩的政治读物、教育部主导的中小学新课标新课改的教材、高校公共课教材、公务员等考试用书、成教教材、农民工培训教材等,由于这些图书类别同国家政策的关联度较大,因此灵敏性较强,存在的风险也较大。一旦政策变更,出版产品的改变不仅要接受发行客户的问责,还要接受社会公众、股东的监管。

另外,在资本市场中,竞争结果将以更明晰的方式表达出来,后果也会在众多股民中被无限扩大,新闻出版企业争夺资源的过程、市场化经营的过程,都可能与国家相关政策相左,从而影响企业进一步发展。

应该说,出版集团每一步发展都是政策贯彻落实的结果,也是相关政策的构想源泉和试金石。政策的逐步放宽正是政府、市场、出版业互相博弈获取共赢的结果。

(二)利用资本市场,重点突破,谋求上市融资与体制创新,增强"十二五"期间产业竞争力

我们认为,经过比较、筛选,"十二五"期间,上海新闻出版产业在境内外上市融资的领域主要包括:

——上海电子书企业

由上海世纪创荣数字出版科技有限公司出品的辞海电纸悦读器已经取得了一定的新闻效应。对 PE 或 IPO 上市而言,从上海新闻出版行业的实际出发,我们认为,"十二五"期间,最为关键的并不是电子纸、阅读器等新闻出版新载体的技术开发、应用和产业化问题,随着技术的迅速进步,悦读器在阅读舒适度、满意度上将愈来愈能满足读者要求。"十二五"期间,最为关键的,是要突破产业内的体制束缚,跨主管机构、跨行业、跨地区、跨所

有制来搭建一个内容产品集合的公共平台，读者可在阅读器上下载并阅读这些报纸的部分或全部内容，并创造出一种可以复制的、同时又备受资本市场青睐的商业模式。

——数字出版企业

创新商业模式，积极引进战略投资者，从已有的网络游戏、网络文学出版、手机出版、视频出版等数字出版企业中，挑选一些优质企业在国家政策允许的条件下，采取内部融资、业内融资、业外融资、发行企业债券、引进外资、上市融资等方式进行融资，通过输血机制的形成扶持企业做强、做大。

——网络发行机构

重点关注诸如上海九久读书人文化实业有限公司等网络发行企业，2009年，该企业已经成为仅次于当当网、卓越网的全国第三大网上书店，营业额超过了3亿元，对此类基础好、潜力雄厚的企业给予资金、政策及各种社会服务的支持，力争在"十二五"期间谋求在资本市场的重大突破。

——数字印制企业

与传统印制企业相比，数字印制企业具有很多优势，也呈现出良好的发展态势，但是，就上海而言，数字印制企业的整体水平不高，拥有新技术、新设备的领先企业较少，数字印制还没有形成规模，赢利能力不强。对资本市场而言，数字印制是一极其利好的概念，要从这一优势出发，积极扶植企业通过兼并、收购等手段，将数字印制的技术优势转变为吸纳资本进入的卖点，从而谋求在资本市场取得突破。

——动漫游戏出版企业

与全国相比，上海动漫游戏出版产业一枝独秀，在全国占有举足轻重的地位。"十二五"期间，要结合上海市域内迪斯尼项目的落地，加强对其中国化衍生游戏产品的开发，从提供资金、信息、项目引介等公共服务方面打通进入资本市场的障碍，形成一批各具特色的网络游戏企业群。

(三)"十二五"期间上海新闻出版产业利用资本市场的基本对策

对策之一：整体上市

充分利用上海资本市场的优势进行资本运作，实现新闻出版企业的上市融资。但在此过程中，必须真正做到"以商养文"，通过扭转出版行业效益大幅下滑的趋势，重新为出版业发展打下坚实的经济基础。

雄厚的资本储备是出版业实现大发展大繁荣的直接条件，单纯依赖银行信贷等债券融资已经不能够满足出版业集团化形势下的发展要求，间接上市、分拆上市又具有一定局限性，于是整体IPO越来越成为出版集团进入证券市场的首选通道。整体IPO既可以强化新闻出版企业的社会影响力、引起较大的市场反应、获得较高的资金量，还可以灵活地运用股票工具，推动资产增值。然而，受政策、市场等诸多因素的影响，整体上市注定是一个发展潜力与风险俱存的融资方式。如果上市企业缺乏明确的战略构想和翔实的上市规划，整体上市可能带来股权结构、多元化经营、信用等多方面潜在的风险。

对策之二：政策支持

资本作为一种可以带来剩余价值的价值，它的持有者需要寻求资本增值的机会。同时，随着近年来出版体制改革的不断深化，出版业准入和退出机制正在逐步完善，转企改制和股份制改造已进入成熟运作期。大量新组建的出版集团，迫切需要募集资金来充实自己。在出版业资本运营健康有序进行的过程中，政府的推手作用相当重要。

逐步放开对出版业的限制，维护和推动出版业规模化发展，不仅是出版业与资本市场联姻成功的关键，也是出版业上市后实现又好又快发展的重要保障。

对策之三：营造适宜的市场环境

在出版业整体上市条件下，企业的经营管理主要以市场自由竞争机制为基准，政府宏观调控也大多采用税收、利率等经济手段。因此，给出版集团营造一个良好的、适宜的市场环境就成了政府在出版业整体上市中的重要推手之一。

（1）完善出版业投融资政策。

与国外出版业中详尽完备的法律法规相比，我国的出版业在资本运营中，就显得有些没有章法了。尽管《公司法》《证券法》等相关法律法规已经做出了一些规定，但是出版业的政策多是以试行、暂行的规章制度、条例等形式出台，这些规章条例容易互相冲突，更容易给出版上市的先行者留下法律空白。因此，在认真执行现有政策法规的基础上，应当尽快把一些较完善的条例和规章转变为正式的法律法规，改变现有的出版业投融资政策多、交叉性大、法规层次低的现状，从而为出版业资本运营保驾护航。

根据我国出版业现实发展情况，制定诸如《出版业投融资法》等法律法规，不仅有助于规范出版业投融资的方向、模式、内容，也有助于规范出版业在资本市场上的运作。只有政策明确、方向正确、方法科学，出版业才能规避各种暗箱操作，才能真正把出版业和资本都置于有效的监管下。

具体到出版业整体上市的政策，应当根据出版业上市进程中遇到的各种问题和面临的各种风险，制定符合出版发展的上市政策，在企业内部管理、外部交易等方面做出规定，对于至关重要的决策权牢牢把握，对于更适于市场化运作的资产和业务适当放开，将已有法律、规章、条例相融合，把一些幕后操作真正地曝光，变封闭式经营为"透明鱼缸"。

（2）净化外部服务环境。

出版集团上市后的一大显著特征，就是利用雄厚的资金积累、先进的企业机制走上对外跨行业、跨地域、跨媒体的扩张并购之路。而在现有出版管理体制下，相当多的地区仍然保留着条块状的区域特征，强龙与地头蛇的争斗，地区利益的保护与平衡，都是阻碍出版集团上市后扩张的"拦路虎"。因此，政府相关政策的出台应当打破这种闭关自守的区域壁垒，为上市企业的发展扫清道路。

另外，出版业与一般企业不同的是，出版业的资本运营兼具系统性、专业性，不仅需要市场主体的参与，更需要相关服务机构的衔接。因此，政府应当有政策鼓励支持会计师事务所、资产评估机构、律师事务所等中介机构的发展，以便于它们为出版业走上资本市场提供高效率、高质量的咨询、评估、策划服务。

对策之四：加强内部管理

为了达到上市公司的硬性要求，拟上市的出版集团一般都会借助上市契机,引进较成熟的现代企业管理制度,完善企业管理机制,从内部机制、财务管理、生产环节甚至企业理念入手,对企业进行改革。这也是出版集团规避风险的重要方式。通过上市而实现资源优化配置,推进企业内部机制和管理的蜕变,最终形成一个符合现代产业发展要求的企业组织体系。

出版集团的资源配置,其实就是通过对出版资源进行科学组合和有效利用,参与市场运作和竞争,以求得利润最大化。其中,财务管理在出版集团的经营管理中处于重要地位,应该说财务管理是出版集团,尤其是上市新闻出版企业的重中之重。因为它体现了新闻出版企业的财务状况、财务成果、现金流量,是投资者最直观了解集团的方式。

因此,强化对资本的财务管理,是资本在激烈的市场竞争中能够较好地发挥作用,得以不断增值,增强其活力,更好地表现自己的重要环节,也是使出版集团的利益实现最大化的重要保证。

应该说,出版集团的财务管理实际上已经超出了资金层面太多,已经是如何运作资本、如何保证企业的资本周转等资本层面的内部管理活动。随着出版市场化程度的加深,风险也逐渐加大,财务管理已经不再是单纯的收入支出,而变成了企业上市发展的重要看点之一。在上市出版集团中,财务管理就需要按照企业的战略部署和发展方向,及时准确地将企业实施的方法措施所达到的效果进行反馈,并提出改进的方法,为企业决策提供依据。

同时,出版集团的财务管理已经不再仅仅是按照计划花钱、企业节余多少,而是企业资本有多少正在流通,资本增值能力的强弱。从竞争力的角度而言,就是要企业的财务理念从资产保值变为资产增值。

另外,随着现代企业制度的引进,财务管理不再是"事后诸葛亮",项目前期的预测,中期的监控,后期的总结,都是财务管理必备的功能。这一点在瞬息万变的资本市场上尤其重要。前期预测才能做到有的放矢,中期监控才能做到灵活调度,后期总结才能做到亡羊补牢。

通过财务管理的内部改革,提高企业各部门运作效率,从而达到新闻出版企业资产增值的最大化。这就要求新闻出版企业在竞争激烈的资本市场上,把创新意识、危机意识贯彻到资本管理中,开拓进取,在保证资产安全和稳定增值的前提下,抓住机遇,发挥好资本的"投机"功能。

对策之五:建立现代企业制度

应该说,现代企业制度是符合市场经济发展要求、具有中国特色的企业制度。"产权清晰、权责明确、政企分开、管理科学"是其基本特征。以资产结构优化为核心的现代企业制度,能够为新闻出版企业营造一个与时俱进的内部环境和一个依靠市场抉择的外部环境,从而保证企业在技术创新、内部管理、多元化经营上能与市场接轨,这一点也是大多数出版单位转企改制的目的之一,也是上市新闻出版企业趋利避害的凭借。

上市新闻出版企业引进现代企业制度的重点是建立公司制的治理结构,即设立股东大会、董事会、监事会和经理层等与证券市场相接轨的公司法人制,完善各方之间的平衡制约关系。以北方联合出版传媒为例,集团内部就设有董事会、监事会、股东大会、经理层等。

应当明确的是,增设这些部门和职位并不是目的,通过这些部门的设立,加强企业内部决策力、执行力、增强企业盈利能力、策划能力、抵御风险能力才是关键。只有充分发挥这些董事会、监事会的作用,保证它们的独立性和高效性,才能使现代企业制度的引进落到实处。

除了公司治理结构,现代企业制度的引进还体现在新闻出版企业经营管理的细节上。首先,企业需要转变思想、更新理念,确立以市场为核心的管理观念。其次,企业应当建立健全符合现代市场发展的完善的规章制度,不是人管理企业,而是制度管理企业。应当拥有执行力较强、专业化程度较高、上下贯通的组织系统,能够在不断变化的市场条件下做出及时而准确的反应。再次,企业应当有兼具专业性和独立性的策划团队,能够第一时间将新的技术运用到生产管理中来。

在我国出版业引进现代企业制度的过程中,由于出版业的特殊性,政府和新闻出版企业更倾向于一方面运用企业内部建设和改革来保证出版的意识形态属性不被侵损,在行政手段的扶持下更多地运用市场运作来保证正确的出版导向;另一方面将现代企业制度放在市场经济环境中,要求其与市场充分接轨,保证新闻出版企业的权责明确、考核体系科学合理、内部风险机制完善,从而实现规避风险、获得长足发展的目的。

五 深化数字出版产业竞争力体系的研发与评价体系、标准体系建设

以研发上海数字出版产业竞争力体系为抓手，在数字出版物质化平台打造以外，促进"十二五"期间数字出版产业竞争力的产业评价体系等软性体系的建设。依靠上海数字出版产业发展去引领上海"十二五"期间新闻出版产业竞争力的提升，在国际比较视野下，建立一整套符合中国国情、上海实际的数字出版指标体系十分必要。

从国内外比较来看，对上海数字出版产业竞争力培育与提升问题进行研究，均可以从以下几方面细化：①产品形态与产品开发趋势研究；②企业培育与企业支撑体系研究；③市场实现的手段、方式与配套措施研究；④指标与考核体系。从上海数字出版产业在全国的地位来看，上海在数字出版的一些新兴产业领域，如网络游戏出版、网络文学出版、网络视听出版等，具有明显优势。上海张江国家数字出版基地作为全国第一家国家数字出版基地，力求实现打造中国数字出版知名品牌、拥有数字出版自主创新的知识产权、成为出版业进入资本市场的典范、吸纳世界数字出版最新技术等4个目标。

我们认为，从上海数字出版指标体系的前瞻性与应用价值来看，未来研究的重点要把握新阅读时代出版业发展与变革的新特征与新需求，特别是对上海数字出版产业核心竞争力的培育与提升等一系列问题的研究，从产品培育、基础支撑、配套支持和指标体系考核等角度提出相应的具体举措，要将此项目的理论研究与市场化应用研究在我国出版全行业的数字化转型、产业的培育与升级中起到示范性引领作用。

我们还认为，在大出版、新阅读的行业发展背景下，应深化"十二五"期间的行业标准建设。特别是传统纸质出版物数字化、网络化以后，运用公共数字化平台与读者对接，不同质态的出版物在不同介质媒体中，以多种传播方式进行传播，其出版物产品形态标准、传播介质标准、传播方式、手段标准的设计、规范极其重要，政府主管部门要在这一方面集合产学研力量，集中研发，在"十二五"期间取得突破，并走在全国前列，在此领域出经验、出人才、出品牌。

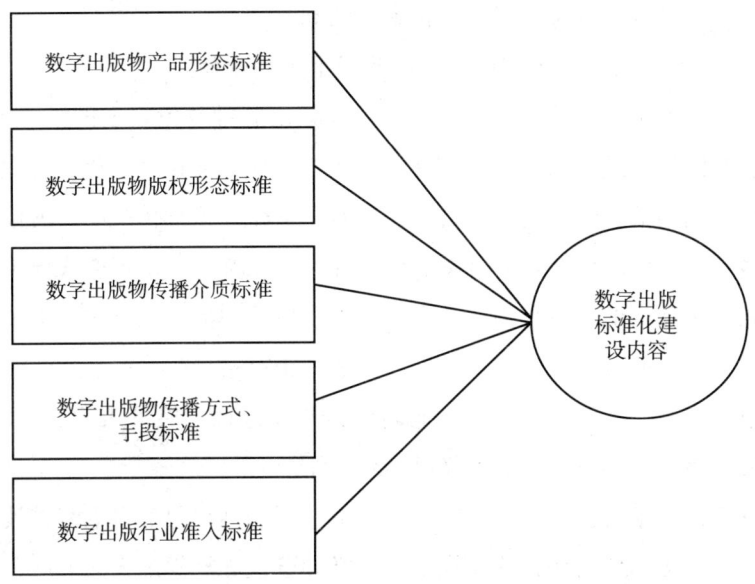

图41 上海"十二五"期间数字出版标准化建设内容

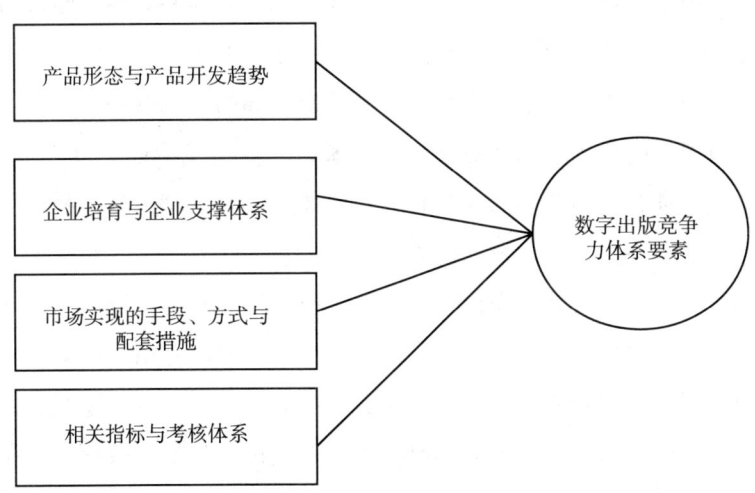

图42 上海"十二五"期间数字出版竞争力体系要素分布

六 重塑上海书展平台,提升产业营销能力

多年来,上海书展成功举办,已经成为上海文化生活与社会交往的一张名片,广大公众期待,上海书展能举办更多文化活动,体现出更高的文化水准,

成为出版界主导的、内容丰富的文化聚首活动。

（一）上海书展的定位与提升上海新闻出版社竞争力

纵观中国各类书展，其内涵实际上主要是出版社与发行商的供需见面会，这种书展在网络不发达的时代是需要的。当今时代，文化多元化、文化消费行为多元化，图书的销售渠道也日益多元化和网络化，这种传统的书展模式已经日益式微了，书展的传统功能日益弱化。在某种意义上，书展变成新了新闻出版部门和宣传部门的政府行为，参展的出版商数目锐减，正是这种书展模式日益式微的表现。部分出版商参加书展已经成为带有被动色彩的、对政府行为的一种呼应，据我们在调研中得知，他们认为参加这种书展投入大而收益甚小，这种书展对出版商和发行商的意义已经不大了。

在这方面，享有世界性声誉的法兰克福书展的做法很值得上海书展借鉴。

以法兰克福书展为例，法兰克福一直举办着世界规模最大的书展，其中最大特点是国际版权贸易以及出版界人士的聚首。另外，书展为参展商提供的各项服务、组织的各项活动无疑也起到了重要的作用。参展者的主要目的是：

①展示图书、洽谈版权交易、洽谈合作出版业务。

②了解欧洲、世界图书的出版及电子传媒市场的发展趋势。

③学习国外的广告技术和数字印刷技术。

④学习欧洲、世界图书的出版和电子媒体行业的营销策略、手段。

法兰克福书展为世界各地的出版商提供了新的接触机会，它既延续、加强了已有客户，又可寻找新合作伙伴，开发版权与许可贸易。法兰克福书展是出版社、跨国公司进一步塑造企业形象的大好时机，通过介绍和展示产品从而获得新的消费者，寻找新的发行渠道，交流与收集信息，进行市场调研，进而在展会中占有一席之地。展会上的业界人士形形色色，包括出版商、书商、版权经理人、图书批发商、新闻杂志业者、文稿代理商与文探、作者、图书管理员与案卷保管人、印刷制造商、大学与研究协会等。

（二）通过扩大上海书展营销功能来激发产业竞争力的提升

上海书展虽然在提升上海新闻出版行业整体竞争力方面也会发挥积极的作用，但是上海新闻出版业的整体竞争力的提升主要还不是依赖上海书展这类活动。从根本上讲，要将上海书展作为"十二五"期间提升上海新闻出版行业竞争力的抓手去运营，其关键还在于通过扩大其营销功能来激发产业竞争力的提升。

第一，上海书展企业应该摒弃传统书展中的供需见面的销售导向功能，而是以东道主新闻出版企业的形象将上海书展逐渐转变为一种集出版商、书商、版权经理人、图书批发商、新闻杂志业者、文稿代理商与文探、作者、图书管理员与案卷保管人、印刷制造商、大学与研究协会等各方参与的"大出版"汇聚场所。

第二，对上海书展进行细分化、跨时段研究。在"书"的概念泛化及书、报、刊三者边界愈发模糊化的新阅读时代，建议尝试在一年内的不同月份，与上海重大的文化活动、节庆相结合，设置不同主题，安排不同类别的内容出版物专场书展，在细分化的基础上，以个性化的内容、方式去满足不同层面消费者的文化消费需要。

第三，打通上海书展平台与上海版权交易中心的人为间隔。除了涉及版权交易以外，要在书展内容的拓展上进行创新，除了现有的展示、交易内容以外，可以考虑从不同类别，特别是有潜质的年轻一代内容创意的初步策划开始，到各类内容出版物衍生产品的开发，以及内容出版物品牌授权展示、交易的一体化内容开发思路去设计整个书展内容安排。

第四，从凝炼上海书展品牌核心价值出发，通过各种手段、方式的策划、创意，创造上海书展在全球范围内的品牌个性。通过与上海市各类大型活动的捆绑，让上海书展以上海知识大使形象与定位进行从天到地、天地互动的一体化传播。

七 立足服务创新，实施多元化经营

多元化经营是现代企业的一项重要经营战略，从产业经济学理论和全球企业发展规律来看，多元化和专业化（或称"归核化"）是两个并行不悖的主旋律。多元化的理论基础是"范围经济"，即通过业务匹配和功能耦合来降低成本，提高竞争力，通过多领域投资来降低风险；专业化的理论基础是"规模经济"，即通过专业分工来获得递增收益，建立核心竞争力和竞争优势，进而降低风险获取最大利润。需要指出的是，多元化是企业发展到一定阶段的一种

自然选择，也即多元化经营需要若干条件，这既包括企业自身条件、竞争对手状况、行业发展趋势，也包括经济体制、企业制度等宏观环境的支撑。对于目前我国多数新闻出版企业，该如何看待多元化，又该选择怎样的路径？

2008年10月，在中国出版集团举办的第三届"香山论坛"上，中国出版集团党组书记李朋义提出，要"以产业多元化为手段，实现产业链创新，形成规模优势；以经营集约化为重点，实现出版经营方式的创新，增强核心竞争力。坚持多元化和专业化并举，不失为实现中国出版产业又好又快发展的途径"。

本课题组采访上海人民美术出版社和上海书画社原社长祝君波时也谈到了多元经营的话题。祝君波认为，出版与其他产业的互补形成出版社的多支点的业务结构，是适应了市场经济需要。因此在他的带领下，紧紧抓住朵云轩品牌，进行转制改制。首先是创办了全国第一家艺术品拍卖公司，参与境内艺术品拍卖市场的交易，每年有数千万元的销售收入，成为全社的一块骨干业务。随后又创办了古玩公司和文化经纪公司，一手抓古旧书画经营，一手积极推介当代知名书画家，通过包装把他们推向市场。此外通过在美国、新加坡、日本、中国台湾举办中国艺术品展出，拓展海外市场，不仅把中国的艺术品输出海外，而且每年去境外收购中国艺术品投放境内市场，为国内的收藏家提供服务。这类多元业务结构不仅给朵云轩带来了颇为可观的利润，而且也使书画社办出了特色。上海书画社原来在上海出版界是人多、实力弱的出版社。但在90年代的改革和发展中从实际出发，文商互补、主副兼办，走出了自己的发展道路。

多元经营存在风险，特别是对于不熟悉产业投资的经营者的要求很高，但由于"不是所有的鸡蛋都放在一个篮子里"，又降低了风险，多元经营也成为国际上通用的一种经营模式。在市场竞争日益激烈的21世纪，上海新闻出版业应该立足服务创新，实施多元化经营。

八　强化经营能力的培养，促进"十二五"期间上海版权经营高地的形成

报刊品牌是报刊用以区别于其他报纸、期刊的名称、标志、包装等符号的组合，体现着报纸、期刊的个性和消费者的认同感，象征着报刊出版者的信誉

和实力。报纸、期刊品牌建设在开辟和占领市场方面,在未来报纸、期刊市场的竞争中,起着重要的作用。

我们认为,"十二五"期间,上海新闻出版局可以从以下11个方面来设计上海报纸期刊品牌建设工程活动和评比内容,以此推进行业出版物品质提升、品牌影响力扩大。①形象建设;②栏目建设;③主编、分主编个人品牌建设;④子报、子刊品牌建设;⑤报下、刊下活动品牌建设;⑥报刊丛书品牌建设;⑦报刊网站品牌建设;⑧报中刊、刊中刊、刊中报品牌建设;⑨读者服务品牌建设;⑩报刊社会责任品牌建设;⑪报网、刊网互动品牌建设。

特别要重视的是,随着互联网的进一步普及和信息化水平的提高,报纸、期刊通过互联网制作电子版不但会获得很好的展示效果,提高知名度,而且必将也会建立同读者的互动联系,扩大发行量和营业收入。因此,报刊网络也同样可以和传统媒体形成互补,共同发展,实现共赢。

此外,在强化内容开发与品牌营销环节创新上,要特别提倡以网民信息需求为重点,在网络传播、网络阅读中重新塑造报刊品牌和品牌报刊,要特别注意利用报纸、期刊网络传播的数据分析,解读、掌握和利用读报、读刊用户及其阅读需求的内在变化,调整、优化和革新传统报纸、期刊的策划和编辑、发行与经营,建构传统新闻专业报刊的核心竞争力和市场占有率。

还需指出,十余年来,上海版报刊中,经营较好的往往得益于与海外名刊、国际传媒成功联姻,其对行业所带来的国际视野和国际经验为上海报刊业注入了全新的理念。"十二五"期间,在非时政类报刊与海外的版权合作、经营合作方面,主管部门仍需要放开手脚,鼓励业内单位、机构大胆吸引海内传媒资本进入上海报刊业,为其发展注入新鲜血液,使其得以开拓更广的发展空间。

九 紧抓数字化转型契机,积极培育大型印刷集团,扶持特色鲜明的小巨人企业集群的成长

中商情报网研究显示,2004~2008年,中国印刷行业产值年均复合增长率(CAGR)为21.0%,2008年中国印刷行业的总产值达2291.6亿元,同比

增长15.88%。保守估计到2013年,中国印刷行业总产值将接近3800亿元。该项研究认为,中国印刷行业未来的几年整体依然可能保持增长,但是增速会明显放缓;同时,中国印刷企业也会出现一个并购潮,印刷业务将向一些规模大、资金雄厚的企业集中,一大批实力弱、抗风险能力不强的印刷企业将遭淘汰。中国印刷行业将进入一个调整增长期。

"十二五"期间,上海印制产业的发展主要受以下因素制约:①上海印制产业总体呈微利状态,技改投入乏力;②境外印制产值占全市印制产值的比例较低;③中、低印制产能过剩,印制企业"小、散、乱"表现明显,高端印制产能配套不足;④数字印制还没有形成产业规模,赢利能力较低。

"十二五"期间,上海印制产业可以从以下几方面入手,提升印制产业的行业外竞争力:

——"十二五"期间,上海印制产业要充分研究、分析、利用行业政策。国家新闻出版总署正在制订印刷业"十二五"规划,筹建新闻出版产业发展重大项目库,其中包括建立完善印刷行业发展和管理数据信息系统、跟踪落实有关文化产业发展的配套政策,包括进口印刷设备贴息政策、制定印刷环境标准和环保印刷新标准。对上述政策、动态要认真研读、运用。

——"十二五"期间,上海印制产业要密切关注印刷标准化、绿色印刷、资质认证印刷市场等三大问题,在这三大领域闯出新路子。

——"十二五"期间,上海印制产业要抓紧数字化转型契机,鼓励印刷、复制企业积极采用数字和网络技术改造生产流程和现有设备,实施数字印刷和印刷数字化工程,推动发展快速、按需、高效、个性化数码印刷。推动印刷产业从单纯加工服务型向以提高信息增值的现代服务型转变,政府主管部门要在上述方面出台相应扶持政策。

——"十二五"期间,上海印刷行业主管部门要协同市发改委、市经信委、市科委、市财政局等政府职能部门,从提升产业竞争力出发,制定相应的鼓励、扶持政策,以数字印刷为抓手,鼓励企业通过资本结合、品牌结合、市场结合组成大型印刷、复制集团及各具特色的小巨人企业集群,并加强后续服务,促进该产业的迅速成长。

十 强化经营能力的培养,促进"十二五"期间上海版权经营高地的形成

在版权服务方面,"十二五"期间,上海市新闻出版局已经明确要以版权公共服务为中心,着力推进版权相关产业发展,抓紧推进和论证上海版权产权交易中心、上海版权纠纷调解中心、数字作品版权登记管理系统、版权相关产业统计与分析、网络版权监管系统等版权公共服务项目建设。

我们认为,作为提升"十二五"期间上海新闻出版产业竞争力的重要抓手,上海版权产业发展的重点要从版权保护向版权发现、版权服务与版权经营方向转变。这包括:

——"十二五"期间,上海新闻出版主管部门要从摸清上海版权产业现状、制定版权发现与经营政策的高度,联合各方力量成立"上海版权发现与经营发展战略及对策研究"课题组,会同市有关职能部门制定全市的版权发现与经营发展政策,包括支持版权贸易和版权产品实物出口,鼓励版权的创造,加快版权的许可使用和转让渠道建设,发展版权服务机构,上海特色版权的维护与经营等。

——培育、完善版权代理、出版经纪等市场中介机构,提高新闻出版产品和服务的市场化程度。上海杨浦版权服务工作站是上海市版权局正式授牌的首批五个产业园区版权服务工作站之一,其结合杨浦区重点发展的软件、现代设计等重点产业,在计算机软件著作权登记、艺术品原作登记、版权纠纷调解和衍生服务等方面做了一些工作。此类版权服务的组织机构创新要继续探索、延伸。

——对版权质押融资的案例、政策、标准进行深入研究,形成富有上海特色,又符合法律、法规的知识产权质押融资政策体系。对杨浦区率先尝试知识产权质押融资的"市场化运作"——易保(上海)网络技术有限公司的著作权质押融资案例要通过研讨会、宣讲会等形式进行深入探讨,形成可以复制的公共服务模式。

——要打通上海版权交易中心与上海书展的业务区隔,从创意、知识源头开始,拓宽版权交易标的,增加上海核心版权产品在上海书展平台上的交易比

重。其涉及出版发行、文化艺术、计算机服务、软件及互联网服务、广告创意、工业设计创意等，"十二五"期间，可以考虑以在上海版权交易中心交易、拍卖版权及其源头（创意），其成果在上海书展平台上呈现的形式打通两大平台的业务区隔。

——"十二五"期间，要积极努力，加强与国家新闻出版总署、国家版权局沟通，申请上海成为"国家版权发现与经营高地"，在此基础上，出体系、出标准、出经验、出品牌、出人才。

Report on Enhancing Shanghai's Industrial Competitiveness in Press and Publication Industry

Ren Jian

Abstract: This report applies methods of ANP research and conducts the study from three dimensions and proposes nineteen specific indicators. According to the report, the rise of Shanghai's digital publishing industry can be conducted in two ways—the reform of the traditional publishing industry and the advancement of the emerging digital publishing industry. These two ways work together to enhance the national influence of the press and publication industry in Shanghai. It is also shown from the report that digital publishing industry should work as an entry point to lead the overall increase of the competitiveness of Shanghai's press and publication industry. It has become the best choice for the reconstruction rise, and revitalization of Shanghai's press and publication industry.

In this report we present methods and strategies to improve the competitiveness of Shanghai's press and publication industry in ten aspects. 1. Through institutional innovation and policy support, a favorable external environment can be achieved. It presents an edge to improve the industry competitiveness. 2. Promote the overall enhancement of entrepreneurs in Shanghai's press and publication industry during the period of the Twelfth Five-year Plan through multi-pronged ways. 3. Promote the government support for projects as well as propel the construction of the new public platform for publishing. 4. Achieve a substantial breakthrough of the institutional barriers through further capital operation during the period of the national Twelfth Five-year Plan. 5. Accelerate construction of the evaluation system of digital publishing industry's competitiveness and the industry standard system. 6. Revitalize Shanghai Book Fair as a fundamental platform to promote the industry marketing abilities. 7. Implement diversified management based on service innovation. 8. Conduct brand-building project and promote content development and brand marketing to spur the rise of Shanghai's newspaper brand clusters during the period of the national Twelfth Five-year Plan. 9. Grasp the opportunity of digital transition by actively cultivating large printing groups and supporting the growth of distinctive enterprise clusters. 10. Strengthen the management ability to boost the formation of Shanghai's copyright management highland during the period of the national Twelfth Five-year Plan.

Key Words: Shanghai; Press and Publication Industry; Competitiveness

涉华舆情分析

Analysis of Global Public Opinion on China

B.9
美德法三国报纸涉华国际舆情研究（1992～2010年）*

郭 可**

摘　要：

　　本报告研究了美国的《纽约时报》（*New York Times*）、德国的《时代》周报（*Die Zeit*）和法国的《世界报》（*Le Monde*）三份报纸中国际报道的涉华舆情，来探讨研究涉华国际舆情近20年来的发展特点、变化规律和趋势。本报告发现：西方三报的涉华国际舆情尽管还保留其固有的

---

* 本报告是社科基金项目"国际舆情分析和中国对外宣传战略研究"的组成部分，编号为06BXW011。
** 郭可，上海外国语大学新闻学院教授、国际关系博士点博士生导师。目前担任新闻学院院长，教育部新闻传播学科教育指导委员会委员。先后获得杭州大学英语专业学士学位，上海外国语大学国际新闻学士学位，（美）堪萨斯州立大学新闻学硕士学位和复旦大学传播学博士学位。一直从事国际传播学、对外传播学、国际新闻报道、新闻传播比较、国际新闻教育等方面的研究。目前已出版2部专著《国际传播学导论》和《当代对外传播》。此外，学术成果还包括30多篇学术论文（包括6篇英语论文）和5部译著。参加过多次国际性新闻传播学学术会议和国内新闻学教育和学术会议。目前研究重点为国际舆情、国际传播和国际媒体。

美德法三国报纸涉华国际舆情研究（1992~2010年）

成见，但也在不断变化之中，这种变化不仅与中国社会本身的发展有关联，而且与这些国家自身的社会发展也有关联。本报告还发现：（1）西方三报涉华国际舆情态度在总体上以中性态度为主，尤其是《纽约时报》这种态度很明显。中性主题主要包括文化艺术、台湾、灾难、经济、娱乐体育等。西方三报对海外华人、利益集团、其他外国组织、与中国做生意的外国公司和海外中国企业等也基本持中性态度。（2）西方三报在对民主人权主题以及持不同意见者、党员等与意识形态有关的报道中，其倾向性总是很负面的。这说明西方三报对中国和中国社会的固化成见是较难改变的，尽管中国已经发生了巨大变化。（3）引用在中国国内的外国人为消息源的报道态度最为负面；同时在将中国与其他国家特别是美、日、德、俄并提的报道中，负面态度的比例超过30%。

关键词：

国际舆情　西方报纸　中国　内容分析

第一节　国际舆情与中国社会

经过30多年的改革开放，中国社会在政治、经济和文化等方面的国际图景发生了巨大变化。2010年我国经济总量（GDP）超越日本，成为世界第二大经济体①；我国与世界的关联程度越来越紧密，作为一个发展中大国不断参与到国际事务中来，不仅加入了世贸组织，还成功举办了奥运会和世博会；我国不仅开始跨国企业并购，还积极参加联合国维和部队；不仅把航天员多次送入太空，还建造了航空母舰，以及开展了深海探测活动，国际社会对中国的关注度不断增加。可见，21世纪以来，中国的总体国力和国际影响力得到了提升，已步入一个历史上前所未有的盛世时期。

中国在盛世时期的发展必然给以西方国家为主导的现有国际秩序和传统势

---

① 李宗泽、王欢：《日本公布2010年GDP数据　被中国赶超退居世界第三》，《环球时报》2011年2月14日。

力范围带来影响甚至冲击。这必然引起某些国家（尤其是西方国家）的不快，因而容易出现各种误判、矛盾、摩擦、争端和冲突。涉及的领域不仅包括传统意义上的人权、民主、自由和意识形态，还涉及政治、外交、经济贸易、国家安全、军事活动和领土纷争等各个方面；涉及的国家不仅包括西方国家，还包括其他国家，如近来与我国在南海问题上有冲突的菲律宾和越南。

从目前的情况看，中国与这些西方国家和其他国家的误解、矛盾和争端具有复杂性和多变性，因而不可能在短期内解决。这也决定了中国在今后较长一段发展时期中所面临的复杂多变的国际环境具有长期性，因此有必要不断关注研究我国发展过程中的国际环境变化。

在全球信息化时代，全球媒体在多变国际环境形成过程中所起的作用越来越大。事实上，具有国际影响力的全球媒体在打造涉华国际舆情平台过程中总是能扮演极为重要的舆情导向角色。它们不仅传播已发生的事件和意见，同时也在塑造观点，形成各种国际意见场或舆情场，影响国际公众、国际机构和民族国家的思维模式和行为方式。因此，把握好这些主流全球媒体的国际舆情走向，对中国政府、公司、机构等做出正确决策或营造有利于我们的国际环境至关重要。

由于对国际舆情处理不当，我国遭受重大损失的例子不少。可以说，进入21世纪以来，我们几乎每年都在吃国际舆情的亏，有些是政治层面的，有些是经济层面的。如2003年的"非典"事件中，由于起初政府部门隐瞒SARS疫情并封锁病情信息，最终外国媒体曝光后导致中国在国际舆情中陷于较大的被动局面。再如，2005年中海油收购美国尤尼科石油公司失败事件也是国际舆情的典型案例。中海油处于商业方面的考量决定收购美国尤尼科公司，但美国媒体从"中国崛起挑战世界能源配置"和"收购威胁美国国家能源安全"等方面对此事件进行炒作，在美国引起舆情的轩然大波。[1]

当今媒体信息时代，国际舆情一般是通过全球媒体新闻报道来体现的。这一点对于中国目前所面临的多变国际环境而言显得尤为重要。中国迫切需要在

---

[1] 钱进：《涉华新闻报道的舆情研究——以〈纽约时报〉为例》，上海外国语大学硕士论文，2007。

国际上树立一个负责任的大国形象,因为中国社会发展需要一个和谐和平稳的国际环境。而由于意识形态、文化价值观的差异,西方媒体主导的国际舆情格局对中国的定位并不友好,有时甚至是有敌意的。这种不友好或敌意主要体现在国际环境对中国的负面影响,或者说是西方主导的国际媒体中形成的诸多对中国不利的涉华国际舆情。此外,西方塑造国际舆情的主导权以及中国回应外部攻击时的被动局面属于软实力的范畴,西方的软实力优势和中国的相对劣势将持续较长的历史时期,不可能在短期内改变。近年来,中国和平发展道路经常受到国际舆情的干扰,并开始波及中国社会政治、经济和文化等各个领域,影响方式趋向多样化和复杂化。

因此,研究国际舆情是中国目前的大国国际地位决定的。中国要树立一个负责任的大国形象,必须为自己营造有利的国际舆情。可以说,目前中国比历史上任何一个时代都需要认真分析和研究国际舆情,这样才能应对不断变化的国际舆情,为中国国家利益服务。

一 国际媒体与国际舆情

本报告中,国际媒体主要是指那些从事国际信息传播活动的主体或传播媒体,它可以是私营或国营的(目前主要以私营为主),也可以是一个媒体或一个媒体集团(如贝塔斯曼);可以是以新闻性信息为主的媒体(如报纸、电视台、通讯社等),也可以是以非新闻性为主的媒体(如影视媒体集团)。一般具备三个特征:①国际媒体的信息传播活动具有跨国性;②国际媒体信息传播的经营活动具有跨国性;③国际媒体的影响力具有国际性。[1]

国际媒体从一开始就与国际政治和外交事务或其他国际社会的关注焦点密不可分。在信息全球化时代,国际媒体实际上已逐渐成为国际社会的自然延伸部分,因为:①国际媒体能够及时报道国际社会内发生的重要事件。这些事件可以是大国之间以及大国与小国之间的政治、经济和文化交往活动,也可以是发生在世界各个角落的冲突和战争等。②国际媒体已经成为报道国际事件的权威,它们可以有意或无意地适度放大或者缩小这些国际事件的重要性,有时甚

---

[1] 郭可:《国际传播学导论》,复旦大学出版社,2004,第95~96页。

至不会受到国际受众的质疑。③国际媒体在确立其报道权威之后便能形成一定的国际舆情场,并可能影响国际舆情客体(即相关国际事件)的变化,这种变化经常被视为国际媒体的影响力。

虽然国际媒体对国际事件不是直接发生作用,有时甚至是无形的,但研究表明国际媒体对国际社会和国际事件的影响力是存在的,通常是用国际舆情的方式来表现。正因如此,世界各国都十分重视通过国际媒体阐释和宣传本国的外交政策和活动,重视利用国际媒体为本国国家利益服务,塑造和维护良好的国家形象。

但是由于世界各国的媒体发展水平并不平衡,西方国家在国际媒体界占有优势,而其他国家则无法主导国际媒体界。因此,国际媒体强势国家(主要是西方国家)与弱势国家之间的互动关系也就有可能演变为一种影响和被影响的关系,或者甚至是一个主动和被动的关系。多数国家不但通过国际媒体来沟通,而且通过国际媒体来实施相互间的影响力或形成国际舆情场。

国际舆情场一旦形成,不仅可成为国际社会人群的行动指导,而且对国际社会中的某些人群也会形成一种影响力或者压力。制造或者引导国际舆情是国际媒体一项非常重要的功能。一方面,国际媒体所传递的新闻信息和所宣传的价值观会直接影响国际舆情;另一方面,在一些重大事件中,国际媒体可能会充当国际舆情的制造者。这种由国际媒体所"制造"的国际舆情会极大影响有关国家的决策、外交政策和国际形象。有时,国际媒体还能够为一些重大事件或者局部战争定性,影响到事件或者战争的"合法性"。

鉴于国际舆情这种不可忽视的影响力,在国际传播中,各国都尽力左右国际舆情。例如在1979年11月的美国和伊朗的人质危机中,美国和伊朗都试图用国际媒介为自己的行动贴上合适的标签。美国的官方人质被伊朗当局叫作"间谍"。最后大多数国际媒体(特别是强有力的西方媒体)都站到了美国一边。海湾战争期间,西方联盟把伊拉克行为定性为"萨达姆与整个国际社会的对抗",并通过国际媒体使这一定性变得"合法化"。美国通过国际媒体的宣扬和渲染,得到了大多数国家的支持并出兵伊拉克。

最典型的例子是1999年发生的科索沃战争,北约绕过联合国悍然出兵入侵南斯拉夫。当时的国际舆情都倒向西方国家,给这次战争披上了"正义的外衣"。在当今世界有着重大影响的国际电视媒体 CNN 和 BBC 都充当了战争的"宣传机器",几乎可以说是在为虎作伥。在科索沃战争中,北约通过从时间上控制传媒、充分使用现代化的视觉传播手段影响媒体、向媒体提供无法证实的甚至虚假信息来引导国际舆情走向等诸多手段来操纵媒体。① 美国的印刷媒体也是如此,也是清一色对塞尔维亚族的"妖魔化"宣传,其中"震耳欲聋的沉默"便是塞尔维亚族的声音。据塞族团体统计,《洛杉矶时报》有关科索沃战争的新闻报道数以千计,无一出自塞族作者。一名在美国南方名牌大学任历史系主任的著名塞尔维亚族学者向《纽约时报》的十多篇投稿,全部石沉大海。② 在西方主导的国际媒体和话语体系中,北约对南斯拉夫发动的这场战争就显得"合情合理"。

当今世界,国际媒体的一个重要特点是西方国家占主导地位。因此在国际传播领域,发达国家占尽优势,发展中国家往往显得非常被动。近年来一些西方媒体散布的"中国威胁论",中国如何"偷窃美国的核机密"等事例都与一些主要国际媒体炒作国际舆情有关。

正因如此,当今国际舆情基本也是由西方国家(尤其是美国)主流媒体占主导,并按照它们的价值观和利益来制造国际舆情。西方国家不仅垄断着主要国际媒体,而且主导着大部分信息传播内容与流向,因为西方发达国家的传媒业无论在数量、覆盖面、信息量还是社会影响力等方面均居主导地位。

二 国际舆情的概念和特征③

随着信息化和全球化时代的到来,世界各国在发展中的相互依赖性日益明显,各国对其国家的信誉度或者国家形象的关注程度也日益提高,因此国际舆情的作用在过去 30 多年中显得越来越重要。

国际舆情作为一只"无形之手",对于一个民族国家、机构和个人而言,既可以作为一种推动力量,也可以作为一种反对力量。每一个具有一定信誉度的民族国家都希望利用国际舆情来实现其预定的目标,尽量减少负面影响。

---

① 李希光:《妖魔化与媒体轰炸》,江苏人民出版社,1999,308~312 页。
② 都人:《美国传媒究竟是如何"讲政治"的》,《中国青年报》2002 年 9 月 2 日。
③ 本报告中国际舆情和国际舆论是两个通用的概念,只是使用习惯使然,没有内涵区别。

现代社会中，国际媒体与国际舆情之间已建立起一种天然的、密切的关系。国际媒体凭借其国际新闻报道特性，不时介入国际舆情的产生和作用的各个环节中。这种介入构成了国际舆情的千丝万缕关联。归纳起来，主要体现在以下三个方面：反映并代表舆情、引发舆情和引导舆情。①

对于媒体反映并代表舆情，李普曼在其经典的《舆情学》中指出，新闻传播系统（主要指报刊）通过新闻传播活动，扩大了受众对世界的认知。随着受众对社会事实了解越来越多，他们也更倾向于表达对这些事件的看法或者意见。此时，媒体的作用就不仅仅是传播信息，同时还承载着受众对这些信息的意见和态度，即舆情。这时，舆情不只是表现为直接的新闻评论，而且可以存在于对事件的客观报道中。两者的区别是"一种是直接式表达，一种是间接式表达；一种是有形的表达，一种是无形的表达"。② 李普曼认为报刊就像探照灯的光束一样，不停地照来照去，把一件又一件事从黑暗处带到人们的视域内。③ 国际媒体和国际新闻不可能反映所有发生过的事实，只能选择其中的一些并运用一定的观点来报道，也就是说，国际舆情是带有一定倾向性和态度的。

科恩从依附角度分析了媒体与舆情结合的必然。由于缺乏每天与外界的联系，缺乏任何测量受众对于外交政策发展反映的量度，政策制定者就把媒体作为反映舆情的一项重要指标，就像是反馈。因此很多人把媒体和舆情视为一对近义词，在使用时经常会将两者等同或交替使用。④ 这种解读显然也可以延伸到国际舆情。

因此，本报告中所指的国际舆情是指民族国家（包括该国全球媒体和公众）在国际公共空间对共同感兴趣的话题和对象（包括民众、机构、国家等）所形成的态度和意见的总和。⑤

---

① 李良荣：《新闻学概论》，复旦大学出版社，2001，第52~53页。
② 康荫、雷跃捷：《社会主义市场经济与新闻舆情》，中国广播电视出版社，1995，第60页。
③ 李普曼：《舆情学》，林珊译，华夏出版社，1989，第241页。
④ Cohen, Bernard C., *The Press and Foreign Policy*, Princeton, N.J.: Princeton University Press, 1963, pp. 233-234.
⑤ 郭可：《当代对外传播》，复旦大学出版社，2003，第145~146页，转引自 Makiko Nishitani, *What is International Public Opinion*, p. 81.

美德法三国报纸涉华国际舆情研究（1992~2010年）

国际舆情有着与一般舆情相同的特征：①倾向性。舆情是人对于舆情客体的评价、看法和态度，但凡舆情中形成的看法一般都具有鲜明的倾向性（支持、反对、褒扬或批评）。②集合性。舆情不是个人的意见，而是集体的意见和态度的表达。个人的意见可以强烈，但只有当其意见得到某一群体的认同时才能被称为舆情。③表层性。舆情的形成并非深刻的讨论或深思熟虑的选择，而是缺乏理性、系统性和科学性的，它更重视情绪、偶然性及数量对比。① 由于国际舆情的主体、存在空间、政治性以及功能上的特殊性，国际舆情有很多的独特性。

本报告认为，当前国际舆情与国内舆情的区别主要表现为四个方面：

①主体不同。国际舆情主体主要是存在于国际空间的民族国家、国际性组织和机构或个体。而国内舆情的主体更多是某一个国家内的话题或对象。由于关注主体的不同，国际舆情和国内舆情的关注点、呈现方式和发生周期都会有所不同。当然，在一个信息相对开放的社会环境中，国际舆情和国内舆情的主体、关注焦点和呈现方式等也会交叉和重叠，有时也会出现国际舆情和国内舆情互动的现象。像2012年中国成功发射天宫一号并与神九交会这样的事件不仅是国内舆情关注的焦点，也是国际舆情关注的内容，尽管关注的方式、背景以及动机会有不同。

②存在空间的不同和多样性。国内舆情的存在空间主要是在一个民族国家内部，而国际舆情的存在空间主要是在各个民族国家之间的一种有效交流空间，也就是国际公共空间。存在空间的不同也决定了国际舆情和国内舆情所发挥的作用会有所不同。国内舆情的作用主要在一个民族国家的内部，其影响力也主要限于一个国家内部；而国际舆情的作用则主要发生在民族国家之间，其影响力可以是在两个国家，也可以是在多个国家。正因为这种存在空间的不同，国际舆情和国内舆情也表现出了不同的多样性和复杂性。

③政治特性凸现。国际舆情与国内舆情的最大区别可能在于其政治性。由于国际舆情的主体主要是外国政府、国际性组织和机构以及国际人士（一般

---

① 胡钰：《新闻与舆情》，中国广播电视出版社，2001，第118~121页，转引自钱进《涉华新闻报道的舆情研究——以〈纽约时报〉为例》，上海外国语大学硕士论文，2007。

为国际意见领袖),它更侧重各大主体的决策过程中所产生的影响,具有较强的政治性,尽管其内容可以涉及经济、文化等各个方面。其表现方式主要是来自外国的外交压力,对强国的批评,也可以是一些对国际形势产生影响的政治趋向。而国内舆情由于主要是一个国家内部的舆情场,它可能具有较高的政治性,但在大部分情况下可能是非政治性的话题和内容。

④信誉度问题以及官民关系。国际舆情中,每一个主体(即民族国家)对国际舆情的敏感程度,或者说国际舆情对每一个民族国家决策的影响大小,主要看这一民族国家对其信誉(主要指国家形象)的重视程度。而一个民族国家对其信誉(国家形象)的重视程度取决于四个方面:一是这个国家在世界体系中所占的地位(或实力),是强国还是弱国等;二是与其他国家的政治和经济关系,是联盟国家,还是互利的合作关系,是竞争关系还是敌对关系;三是领导层决策风格和战略趋向,是倾向于国际合作,重视外交活动,还是相对保守甚至是好战的态度;四是一个国家的国内形势,是封闭还是开放的社会以及其开放程度如何等。[1] 相比之下,国内舆情主要侧重一个国家内部的官民关系,即政府与老百姓之间的关系以及一个社会内部的民生问题,是一个国家的内部事务。

此外,国际舆情(international public opinion)是否等于世界舆情(world public opinion)? 中外学者对此看法不完全一致。中国学者一般认为国际舆情和世界舆情是两个通用的概念,而且倾向于认为国际舆情主要就是指外国媒体上的新闻报道和反映的言论,而不是指世界范围内的舆情(主要是指国际民意和民情),因为在世界范围内调查国际受众对于某一舆情客体的舆情,是相当困难的,能够把握一个国家内的舆情就很不容易了。[2]

有些西方学者则对国际舆情和世界舆情进行了区分,认为世界舆情主要是指世界范围内人类所共有的价值观或基本意见,如人们向往和平、摆脱贫困等愿望,其主体主要是世界上各民族国家的抽象概念,一般不涉及政治、军事和经济等硬实力影响,因此它是软性的、脆弱的,一般不会被视为一股真正的力量[3],最多是

---

[1] Makiko Nishitani, *What is International Public Opinion*, 2001, p. 81.
[2] 陈力丹:《舆情学——舆情导向研究》,中国广播电视出版社,1999,第26~27页。
[3] 〔美〕肖恩·麦克布赖德:《多种声音 一个世界》,中国对外翻译出版公司,1981,第273页。

共同价值观导向。但国际舆情则是指一种意见和态度的总和,一般表现为一种直接舆情压力,如在外交、经济和军事等方面。例如当其他国家批评某一个国家的政策时,这样的批评往往会被认为是一种国际舆情,会对被批评的国家形成舆情压力,有时会迫使其做出妥协。

本报告认为上述对国际舆情和世界舆情的区分有合理之处。国际舆情主要是指国际媒体通过新闻报道内容对某一话题或对象所表达的意见和态度;而世界舆情(或者全球民意)则是指世界各国公众对某个话题或对象形成的总体态度。因此本报告认为国际舆情场的形式主要包括了全球媒体报道内容所反映的意见、态度以及全球公众所形成的全球民意两种。

鉴于国际舆情主要是通过国际媒体的文本来表达并传播的,因此学术界对于国际舆情的研究主要是通过分析提炼国际媒体的文本来实现的。而对于全球民意则主要是通过在全球范围内或具有代表性的国家内开展民意调查(发放问卷)来实现的。当然,如果资金充足,也可以就某一个国际舆情话题既研究国际媒体文本的态度和意见,也可以开展民意调查,尽管这样的研究个案比较少。

当然,作为国际舆情的组成部分,全球民意除了作为一种全球价值观导向外,也可能在特定的条件下和环境下形成强大的国际舆情场,产生很大的国际影响力和舆情压力。尤其在互联网自媒体时代,国际舆情与全球民意的互动性在不断增强,有时还会形成相互影响的格局。但在多数情况下,国际舆情还是以全球媒体(包括新出现的自媒体)内容传播为基础的,尽管全球民意也会越来越参与其中,成为国际舆情场的有机组成部分。本报告主要研究的是基于全球性媒体新闻报道文本内容为基础的国际舆情。

第二节 研究目标和研究设计

一 研究目标

本报告的研究目标为:分析和探讨 1992~2010 年涉华国际舆情的总体趋势和特征。本报告研究了美国的《纽约时报》(*New York Times*)、德国的《时代》周报（Die Zeit）和法国的《世界报》（Le Monde）三份报纸中国际报道的涉华舆情，时间跨度为 19 年，着眼于西方媒体冷战后（1992 年）至 2010 年对于中国的报道。

本报告希望通过对三个重要西方国家的主流报纸（美国的《纽约时报》、法国的《世界报》和德国的《时代》周报）过去 19 年间涉华新闻报道的内容分析，来研究涉华国际舆情近 20 年来的发展特点、变化规律和趋势。①

1. 关于研究时段说明

本报告的研究时段为 1992~2010 年。这一选择主要有两个原因。其一，在国际关系层面，1991 年苏联解体标志着冷战结束，1992 年则是后冷战时期的开端。冷战的结束意味着自 1945 年起统治世界政局的两级体制的崩溃，多级化和全球化成为世界政治经济的新趋势。因此，1992 年这个划时代的年份是个合适的研究起点。此外，从中国国内形势来看，虽然在一般意义上，人们公认的中国改革开放的起点是 1978 年底召开的十一届三中全会，但 1992 年邓小平发表了对中国改革开放至关重要的南方谈话。当时，邓小平同志提出："我们所有的改革都是为了一个目的，就是扫除发展生产力的障碍。"② 革命是解放生产力，改革也是解放生产力。邓小平同志的谈话坚定了中国改革开放的国策，从此，中国经济开始实现真正启航。特别是中国在 80 年代就开始努力恢复关贸总协定缔约国地位，在 1992 年取得实质性进展。虽然在 1992 年全球化已不是新事物，但这一年却是中国进一步坚定改革开放的基本国策，义无反顾地拥抱全球化，主动与国际接轨，加入国际竞争的一年。因此，1992 年对于本报告研究来说具有双重意义：一是后冷战时期的开启，二是中国加入全球化浪潮的起始。

其二，选择 2010 年作为研究时段的节点，是因为通过近 20 年的发展，中国社会在政治开放、经济发展和文化繁荣等各个方面都取得了前所未有的成绩，出现了中国近代史上从未有过的盛世时期。尽管还存在不少争议，但中国作为一个大国已经和平崛起。在 21 世纪前十年中，中国每年都在承受国际舆

---

① 鉴于我国的国际环境的不断变化，涉华国际舆情也在不断变化，因此本报告目前的研究设计与本报告申请时的研究设计稍有不同，主要目的是想更好地研究涉华国际舆情的发展规律。
② 邓小平：《对中国改革的两种评价》，《邓小平文选》第三卷，人民出版社，1993，第 134 页。

情的考验。这种考验在 2008 年达到了高潮。但 2010 年中国上海成功举办了世博会。上海世博会在一定程度上是改革开放 30 多年来，中国政治、经济和文化等各方面的成绩向全世界的一次集中展示，这也预示着中国社会整体发展进入了一个新的阶段。①

鉴于此，本报告认为选择 1992～2010 年研究涉华国际舆情并讨论中国的对外宣传战略具有合理性，能较全面反映这个时代的特征和全貌。

2. 关于国际媒体的选择

本报告选择了美国的《纽约时报》、德国的《时代》周报以及法国的《世界报》三份报纸作为国际舆情研究对象，从中抽取上述研究时段内其关于中国的新闻报道作为分析样本。本报告认为这三份报纸可以较好地反映涉华国际舆情的现状，尤其是西方发达国家对中国的国际舆情环境。

作为一份在世界范围内有影响力的报纸，《纽约时报》的国际新闻报道不仅为其他新闻媒体设置了议程，还可影响国际性事件的走向。② 进入 21 世纪以后，中国和美国作为国际政治版图上两股重要力量，其联系越来越紧密，但也有纷争和摩擦。把握好两国的舆情走向，对于相互之间加强合作消除误解来说就显得非常重要。执美国舆情之牛耳的《纽约时报》恰好处在这一微妙的位置，进而成为观察美国对华舆情变化的重要风向标。

《纽约时报》创刊于 1851 年，1896 年起由阿道夫·奥茨家族经营，至今已有百余年历史，是美国历史最悠久、流程最完备的日报，也是美国最有影响力的高级报纸，素以消息灵通、言论权威著称。它拥有的 1100 位记者遍布世界各地。《纽约时报》倡导的中高层文化与消费归属感是报纸的核心所在，这使得它在强调多元化与政治正确的时代成为保守重镇，也奠定了它在报道突发新闻、国际局势与政治方面不可撼动的地位。在美国的精英媒介中，《纽约时报》具有神话般的声望，号称是"政治精英的内部刊物"，美国国务院、国

---

① 本报告一直试图在一个较长的时间段内来考察涉华国际舆情的现状和发展规律，但总觉得国际舆情这一概念还是相对宽泛，一直想努力细化研究。本报告不认为目前的研究模块已经达到了细化研究的目标，但至少本报告做了努力且会继续做出努力。本报告一直认为对于基于国际媒体文本的国际舆情研究需要有专家进行理论提炼，也需要有计算机辅助进行国际新闻文本的采集和初步分析。

② 易重华：《雅俗共赏的百年大报——〈纽约时报〉》，《学习月刊》2006 年第 7 期。

会、各国大使馆和社会社团都依赖它来建立普遍性的参考框架。因此《纽约时报》被西方誉为"权力机构的圣经"和"档案记录报"。有人甚至说,《纽约时报》没有报道的新闻不算新闻。① 而在政治议题已经失去中心位置的20世纪80年代以后,《纽约时报》领袖庞奇把它变成一份在各个领域都表现杰出的报纸。他网罗了全美最杰出的新闻人才,除了努力在新闻报道的各个领域继续保持该报一贯的严肃性和权威性以外,对《纽约时报》进行改版并且加大投资,开始对体育新闻、大都会新闻版面进行扩充,增加时尚版,以期在新世纪多媒体共存的状况下谋得更大的发展空间。虽然2003年布莱尔新闻捏造的事件给报纸带来了一定负面影响,但其历史声望并未受到影响。现在该报每天平均100版,其中要闻版24版,其他为各个专题版。主要版面彩色印刷,星期日版版数是平日的2倍。②

《纽约时报》对中国的关注最早可以追溯到办报初期。晚清时期随着美国势力在中国的渗透,《纽约时报》就将报道的触角伸向中国,最早的有记录的报道是1854年4月20日一篇题为《1854年的上海:自由港》的报道。③ 此后,中国近现代史上发生的重要事件中都有《纽约时报》的身影。如清朝的终结、中华民国的建立、"九一八"事变、南京大屠杀、中华人民共和国成立、三年自然灾害、"文化大革命"、十一届三中全会等。同时,《纽约时报》对中国普通人的生活和社会变迁也予以关注。如1871年一篇介绍广州普通人一天生活和社会风情的《广州一天》和另一篇介绍四书五经对清朝社会思维影响的《四书五经维系清朝灵魂》。④ 董鼎山等老报人回忆:在50年代至70年代20余年间,中美虽无邦交,但专家们仍认为《纽约时报》对中国的报道在可能范围内还是很详尽的。⑤

德国《时代》周报是德国一份具有影响力的报纸,于1946年2月21日创

---

① 易重华:《雅俗共赏的百年大报——〈纽约时报〉》,《学习月刊》2006年第7期。
② 刘继南、何辉等:《镜像中国》,中国传媒大学出版社,2006,第2页。
③ 郑曦原编《帝国的回忆——〈纽约时报〉晚清观察记1854~1911》,当代中国出版社,2007,第3页。
④ 郑曦原编《帝国的回忆——〈纽约时报〉晚清观察记1854~1911》,当代中国出版社,2007年1月,第30、130页。
⑤ 董鼎山等:《〈读书〉二十周年合集》,读书杂志社,2000。

立。从1996年起,该报隶属于Georg von Holtzbrinck出版集团。每周四出版,每逢节日时该报一般会提前出版。《时代》周报诞生在汉堡,其目标读者群为受过良好教育者,传统上主要为知识分子,包括德国政界、经济界和知识界的精英人士,是他们了解德国和世界政治、经济和文化事件的重要媒介,影响他们的观点形成。该报政治上偏向自由派。在争议性的话题上该报也给予不同立场者发表言论的空间。根据德国权威民调机构阿伦斯巴赫提供的数据,该报拥有超过200万的读者,成为德国首屈一指的"公民报纸"。近5年来,中国的政治和经济话题构成了德国《时代》周报特别关注的领域,因此研究德国《时代》周报的涉华报道有助于了解德国对中国的总体舆情环境。

法国的《世界报》是法国在海外销售量最大的日报,是法国唯一独立自主编辑发行的主要报纸,在法语国家地区颇有影响,国际知名度较高。主要读者是法国和法语国家地区的政、经、知识界及专业人士。该报创刊于1944年10月,由伯尔·伯夫-梅里等30多位年轻记者共同创办。该报第一篇社论宣布了他们的新闻理想:"本报的第一个宏愿就是保证读者得到明确、真实和尽可能迅速、完整的新闻。"伯夫-梅里还为报纸定了四大原则:国际视野、保持质量、维护独立、信守承诺。其中,"维护独立"是核心。该报内容全面,信息量大,报道严肃,深层报道和评论、政要专访比较多,措辞讲究。其国际时评言简意赅,有较强的权威性和参考价值,颇受各方关注。法国总统、总理、外长常在该报发表独家谈话,外国元首和政经界人物也常接受该报记者采访。该报政治倾向"中左",在国际问题上反映法国政府立场。

本报告认为选择上述美国、德国和法国三家报纸涉华国际新闻报道作为研究涉华国际舆情的文本,可以基本反映目前中国涉华国际舆情的现状和国际舆情环境。

二 研究设计

国际舆情作为概念比较好理解,人们也能较好地感知它作为一种现实场域的存在,但要作为学术性概念开展论述,国际舆情作为一个概念有时相对宽泛。因此,本报告对涉华国际舆情的研究主要以对上述三家国际性媒体的涉华国际新闻报道的内容分析研究为主，包括文本内容分析和文本框架分析。

本报告认为，通过对中国国际新闻报道的文本内容分析可以了解涉华国际新闻报道的具体报道特征和总体态势，而通过文本框架分析则可以探讨涉华国际新闻报道中的框架，并可以此来讨论其与社会环境的互动关系。

1. 分析指标

本报告对涉华国际舆情的分析主要确定了五大指标。为了对每一个分析指标开展全面论述，在讨论每一个分析指标时也会开展相关的交叉指标分析，使国际舆情的研究相对立体化。这五大指标分别为：国际舆情规模和来源、国际舆情关注度、国际舆情参与者、国际舆情框架和国际舆情态度。

（1）国际舆情规模和来源。主要包括了国际新闻报道数量和消息源两个分指标。报道数量主要是三家报纸在19年间涉华新闻报道的段落总数量分布；消息源主要是国际新闻报道中包含的消息来源，主要分为中国境内（国内）中国人消息源、中国境外（国外）中国人消息源、中国境内（国内）外国人消息源、中国境外（国外）外国人消息源以及未知消息源（不明确的模糊消息源）和无关消息源（其他不相关）等类别。

（2）国际舆情关注度。主要是对国际新闻报道涉及内容和主题（如政治、经济、人权、军事等）及其侧重点的分析，包括外交活动、政治活动、地方政府、民主人权、经贸金融、军事国防安全、教育、文化艺术、体育娱乐、科学技术、法律犯罪、健康医疗、宗教、民族问题、环境、人口、交通旅游、人情世故、灾难、社会问题、台湾问题、土地住房建设等。

（3）国际舆情参与者。主要分析国际新闻报道中的报道对象，考察什么样的人、团体或是机构以何种方式加入到舆情建构过程中来，人员主要包括外国人、中国人（泛指）、知识分子、学生、政府官员、中国国家领导人、商业人士、持不同意见人士、娱乐和体育人士、工人、农民工、罪犯、媒体人士、中共党员、华侨人士、警察、军方人士、其他人士（除上述外）；机构主要包括中央部委部门、在华有商业活动的外国商业机构、中国境内的商业机构、中国境外的商业机构、省市级职能部门、媒体机构、国际组织（联合国）、在华无商业活动的外国商业机构、部队和国防机构、非政府组织、兴趣爱好族群、其他外国机构和不适用等类别。

（4）国际舆情框架。分为冲突性和非冲突性框架两大类，冲突性的框架是指在新闻报道中展示了有争议的元素和成分，尤其是中西方的不同认知模式，而非冲突性框架则指没有冲突性元素的文本。本报告还将开展与其他指标的交叉分析。

（5）国际舆情态度。主要分为正面、中性和负面三个分类倾向性，分别代表正面态度、负面态度、中性态度，并以此来确定国际舆情的总体倾向性态度。如果没有关联性，则表示不相关。"正面新闻""负面新闻"和"中性新闻"之区分主要看一则国际新闻所用的（或内容）是否有利于或有损于被报道对象的利益和总体形象。如果一则国际新闻对被报道对象的用词是正面、积极的，如"大力推进""积极有效"，那么这条国际新闻就可以归为"正面新闻"。如果一则国际新闻的用词（或内容）有损于报道对象的利益和形象，使用像"大肆宣扬""苦不堪言"等词语，那么这则国际新闻就被归为"负面新闻"。如果从一则国际新闻的用词或内容无法判断是"正面"还是"负面"，那么这则国际新闻就可以列为"中性新闻"。有时，一条国际新闻所报道的内容可能会引起争论，但如报道所使用的语调相对比较平和，这样的国际新闻也会被列为"中性新闻"。

2. 抽样分析

本报告使用的数据库是 LexisNexis 电子数据库[①]。抽取新闻的关键词是"中国"和"中国人"。出于研究可行性的考虑，本研究抽样借用了美国社会心理学网络（Social Psychology Network）提供的一个开源网站[②]，可以用来随机抽样并形成抽样的"建构周"的方法。

---

① LexisNexis 是一个面向大学和学术研究机构的数据库，收录了新闻、法律、商业、医学等领域6100多种出版物，其新闻数据库是目前世界上收录媒体最多的数据库之一。
② 该网站的域名：http://www.randomizer.org/。基本操作方法比较简单，即按每年52周来计算，由网站随机在一年52周中抽取一个星期一、一个星期二、一个星期三、一个星期四、一个星期五、一个星期六和一个星期日，由此构成一个建构星期或建构周，并在上述19年中各抽取这样一个建构周的样本来代表一年，共19年的样本，然后对这样抽取的建构周的样本进行较为详细的分析，一般分析的单位为一篇文章的段落。

在1992年至2010年这19年内，本报告以随机抽取日期的方式建构了19个"建构周"，每一个星期代表了一年。最终按照日期抽取了这19个星期的美、德、法三大报纸关于中国的相关新闻报道。①

本次研究的文本只保留新闻报道，包括消息、新闻、新闻特写和特写等不同文体的新闻报道，但是剔除了社论。另外，所保留的国际新闻报道都是关于中国的报道，舍去了只略提及中国的新闻报道。为了使研究更细致客观，本报告的量化研究单位舍弃了传统上以每篇新闻报道为研究单位的做法，而是以新闻报道的自然段为单位。这样，从三家报纸共抽取了366篇国际新闻报道，4299个自然段，其中，《纽约时报》259篇，3505段，《世界报》83篇，493段，《时代报》24篇，301段。

为了确保文本分析数据的有效性，本报告邀请了两批懂英语、法语和德国的编码人员，他们均是来自上海外国语大学的英语、法语和德语的研究生。在第一批编码人员完成所有国际新闻报道抽样和归类的基础上，第二批编码人员进行了二次抽样归类分析，发现按上述同样的分类和分析五大类指标的两次抽样分析误差在8%至12%，也就是说两次文本分析各个指标的重合度在88%至92%，超过了目前学界一般认同的85%的最低互判可信度。因此，本次文本分析所获得的数据是有效和可信的，具有一定的代表性。

3. 研究问题

通过对上述五大指标的分析，本报告试图探析以下三方面问题。

（1）上述三家西方报纸在19年研究时间段内的国际舆情规模有多大？涉及哪些消息源？

（2）涉华国际舆情主要关注了哪些主题？到底关注了哪些参与者？

---

① Douglas A. Luke, Charlene A. Caburnay & Elisia L. Cohen, How Much is Enough? New Recommendations for Using Constructed Week Sampling in Newspaper Content Analysis of Health Stories, *Communication Method and Measures*, Vol. 5, Issue 1, 2011, pp. 76 – 91。另参见 Yunya Song and Tsan Guo-Chang, Selecting Daily Newspapers for Content Analysis in China, a Comparison of Sampling Method and Sampling Sizes, *Journalism Studies*, 01 Sept, 2011, pp. 1 – 14。另参见 Hester, Joe Bob, Dougall, Elizabeth, the Efficiency of Constructed Week Sampling for Content Analysis of Online News, *Journalism and Mass Communication Quarterly*, December 1, 2007。

(3) 涉华国际舆情框架是如何建构的？三大西方报纸对中国呈现了什么样的倾向性态度？

第三节 数据分析

一 国际舆情规模和来源

1. 国际舆情规模

国际舆情的总体规模与其新闻报道的数量呈正比的关系，也就是说新闻报道的总体数量越多，国际舆情的总体规模也就越大。这种趋势在表1得到验证。

从表1可以看出两大趋势：一是代表英语国家的《纽约时报》在1992～2010年的19年中对华的新闻报道数量总体上超过了法国《世界报》和德国《时代》周报。二是尽管法国的《世界报》和德国的《时代》周报在涉华报道总量上相对较少，但可以看出从2006年以后它们对中国的新闻报道量在不断增加。需要指出的是，德国《时代》周报作为周报在数量上可能少于法国《世界报》，但在最近五年中的增长速度较快。

表1 三家报纸的涉华新闻数量（段落）分布

年份	《纽约时报》(美国)	《世界报》(法国)	《时代》周报(德国)	小计
1992	131	12	0	143
1993	140	7	0	147
1994	54	29	8	91
1995	74	31	0	105
1996	115	19	0	134
1997	185	9	0	194
1998	191	8	2	201
1999	317	81	14	412
2000	125	1	41	167
2001	160	11	44	215
2002	142	1	9	152
2003	220	91	0	311

续表

年份	《纽约时报》(美国)	《世界报》(法国)	《时代》周报(德国)	小计
2004	304	0	0	304
2005	218	25	0	243
2006	182	7	10	199
2007	211	27	44	282
2008	322	33	41	396
2009	170	30	36	236
2010	244	71	52	367
总数	3505	493	301	4299
百分比	81.53	11.47	7.00	100.00

尽管这次只选择了《纽约时报》一家英语国家报纸，但应该承认英语国家对中国的总体关注度（即国际舆情规模）是高于其他语种国家对中国的关注的。

这可能与英语国家的总体强势有关联，而且这种趋势与互联网上的语种使用状况是相一致的，从图1可以看出，到2010年全球在互联网上的使用语言主要是英语和中文，远超出了德语和法语。

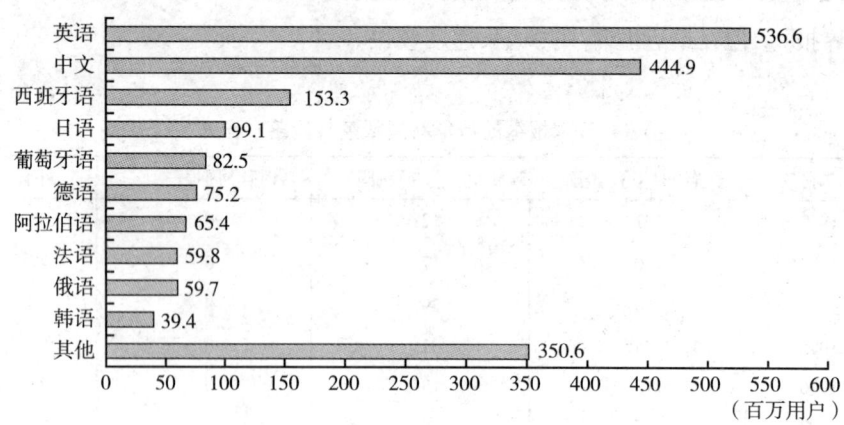

图1　2010年互联网最常用十种语言

资料来源：引自 Internet World Stats – www.internetworldstats.com/stats7.htm。

就所选择的三种语言的报纸而言，可以这样预测：英语报纸在涉华国际舆情方面的总体规模在19年中呈现的趋势还将继续，在兼顾其他语种涉华国际舆情的同时，关注英语国际舆情仍将是一个重点。

2. 国际舆情来源

国际舆情的来源主要是媒体新闻报道的消息源。作为新闻报道分析指标，消息源好比新闻报道的生命线，其提供的消息赋予新闻生命。对于新闻中的消息源的分析可以在一定程度上看出新闻的立场。比如在国际报道中，消息源国籍的不同，其提供消息的立场自然会有不同。另外，还有匿名消息源，或者没有明确消息源这种情况。这有可能是由于记者比较难以采访到当事人或由其他困难造成的。但是无论怎样，消息源不明确意味着消息可信度不高。西方新闻报道标榜其以真实客观为核心的新闻专业主义，众所周知，新闻并不都是由消息源的引用组成，而是记者自身叙述和消息源引用的一种平衡。

针对以上各种情况，本研究设置了六种消息源变量：国内中国人消息源、国外中国人消息源、国内外国人消息源、国外外国人消息源、未知消息源（不明确的模糊消息源）、无关消息源。研究重点是探索西方媒体是如何表述中国及中国社会的。因此对于消息源的分析，实质上是考察西方媒体中谁在表述中国。

上述三家报纸涉华新闻报道中消息源的总体分布频率见图2。

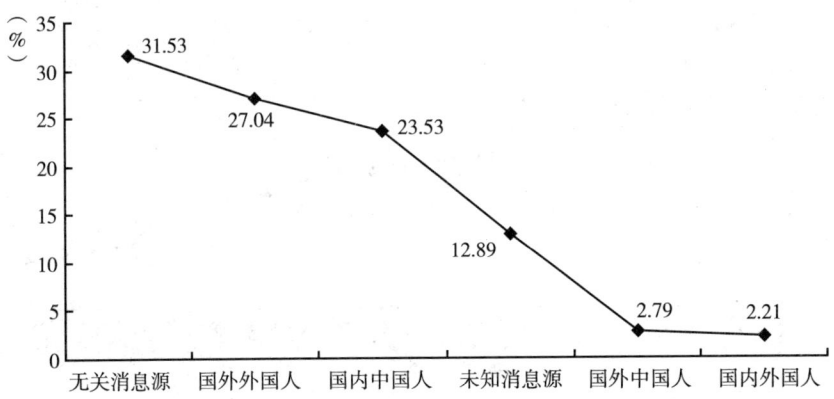

图2　总体报道框架消息源频率分析

可以看出，无关消息源的报道是频率最高的。排在第二位的是国外外国人消息源，比例达27.04%，高出排在第三位的国内中国人消息源3.51%。可见，在三家报纸新闻报道中，国外外国人是引用最多的消息源。而且如果将排在前两项和最后的国内外国人消息源（2.21%）相加，得出的比例超过60%。也就是说西方媒体对于中国的报道更多是西方自身的独白。值得注意的是对于国外外国人的引用高于对于国内外国人的引用，可见，虽然是关于中国的报道，但是更大比例的采访对象和引用消息源主要在国外。最后，值得注意的是未知消息源的比例为12.89%，可见，西方对中国和中国社会的报道中比较大比例地引用不明确的模糊消息源。这种一般情况下并不专业的做法也传达出西方报道中国时的一种臆测的态度。

此外，需要注意消息源与报道主题的交叉数据。图3为国内中国人为消息源的报道主题分布。

如图3所示，在与国内中国人消息源的交叉中，土地排在首位，其次是灾难、地方政府、台湾、人口等。超过50%以国内中国人为消息源的报道主题只有三个：土地、灾难和地方政府。其他所有的新闻主题超过一半的比例都不是以国内中国人为消息源的。也可以认为，这三家报纸认为其他话题不适合以中国人作为消息源。

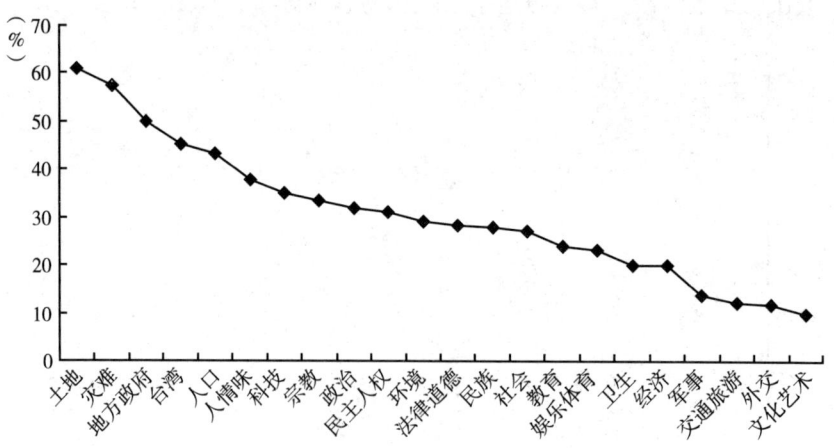

图3 报道主题与国内中国人消息源交叉分析

图4为国外中国人为消息源与报道主题的交叉数据。

以国外中国人为消息源的报道主题中，文化艺术话题居首，接下来是民主人权、教育、民族、卫生、宗教等。而地方政府、娱乐体育、科技、环境、人

美德法三国报纸涉华国际舆情研究（1992~2010年）

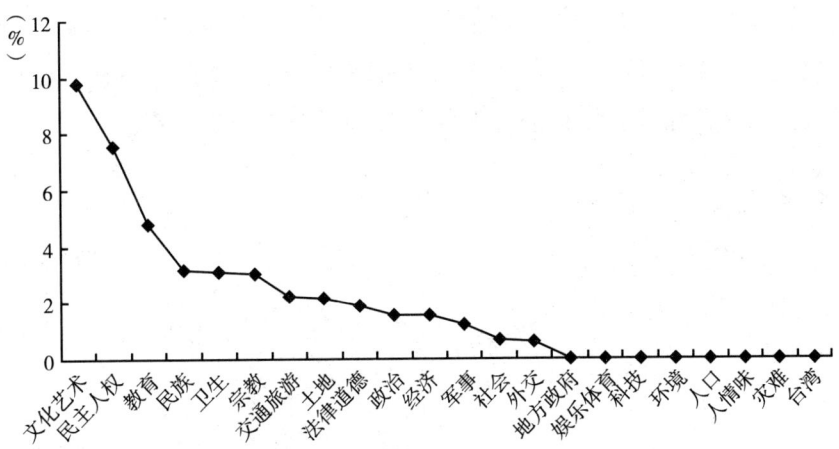

图4　国外中国人消息源与报道主题交叉分析

口、人情味、灾难、台湾等主题变量没有涉及国外中国人消息源。这说明三家报纸在报道中国的不同话题时有选择性和偏好。这一点也适合对其他消息源的分析。

在以国内外国人为消息源的新闻报道中，人情味类排在第一位。其次为教育、社会、卫生、人口等。地方政府、军事、体育娱乐、宗教、民族、环境、灾难、土地等话题没有引用任何国内外国人消息源报道（见图5）。这从一个侧面说明在华外国人谈论的中国话题主要是软性内容。

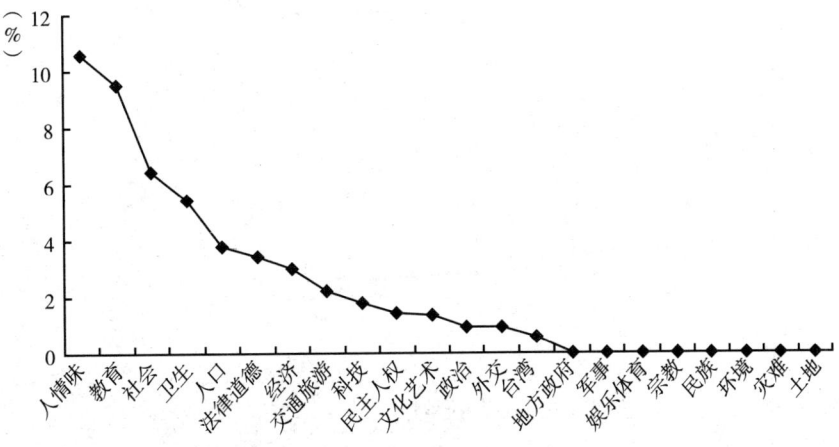

图5　国内外国人消息源与报道主题交叉分析

从图6中可以看出，以国外外国人为消息源的新闻报道中，外交主题排在第一位，高达47.1%。其后是军事、交通旅游、娱乐体育、环境、卫生、经济等。国外消息源对于各种主题都有报道，只有灾难比例为零。

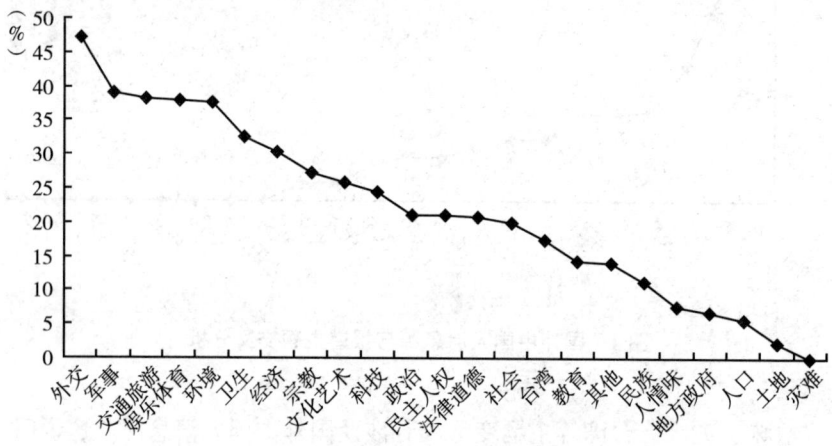

图6　国外外国人消息源与报道主题交叉分析

未知消息源意味着消息源不明确，不明确的消息源有可信度不高的嫌疑。在与未知消息源的交叉中，民族主题居于第一位，34.4%的民族主题的报道的消息源都是未知的，即不明确的。另外感知非常负面的对于科技主题的报道也有30%是没有明确的消息源的，也就是说类似于空穴来风。其他比较高的有地方政府事务、社会、宗教、军事、外交等（见图7）。

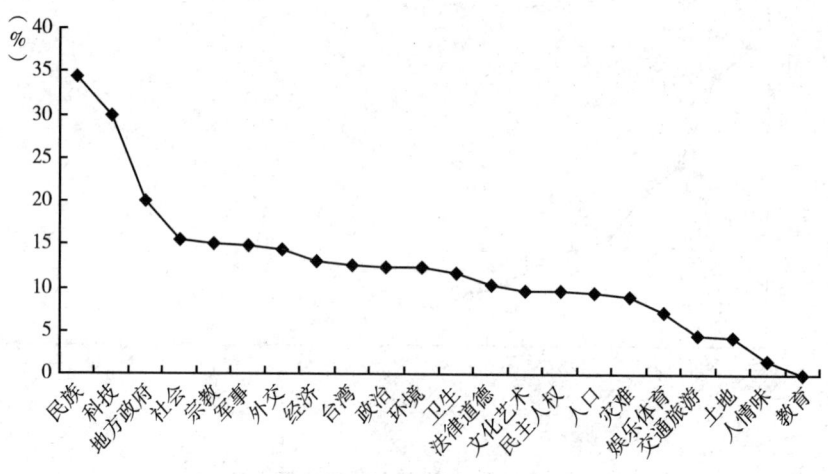

图7　未知消息源的报道主题

图 8 在没有引用消息源的报道中，排在前五的主题分别为教育、文化艺术、人情味、交通旅游和人口。其中感知百分之百为中性的教育主题的比例最高，达 47.62%。排在最后面的是科技，不到 10% 的科技报道是没有引用消息源的。反过来说，也就是科技报道的消息源引用率是最高的，超过 90%。

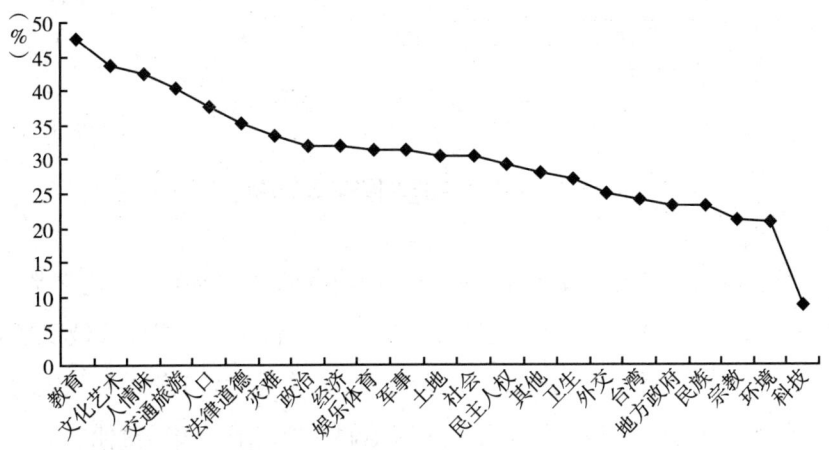

图 8　与消息源无关的报道主题

此外，本报告还分析了国际舆情消息源与提及国家（只提中国、只提外国或同时提及）之间的交叉数据。从图 9 可以看出：身在国外和中国国内的中国人消息源，他们只提及中国的比例很高，而几乎不提及外国或其他国际组织，有趣的是在中国的外国人消息源也表现出了同样的趋势，尽管他们同时提及中国和外国的比例要高一点。但在中国之外的外国消息源，则对中国和外国均会同时提及，显示出较为平衡的趋势。而在未知消息源和无关消息源两类中，总体趋势相同，没有表现出明显差异，尽管他们倾向多提及中国，同时提及中国和外国或只提及外国的比例相对低一点。

这说明不管是在国内还是国外，中国人消息源更多关注的还是中国，而较少提及外国，其所在的地理环境（不管是在国内还是国外）对其几乎没有什么影响。而外国人消息源中，他们所处环境则对他们是否提及中国和外国有一定影响，这从一个层面说明了中国环境的特殊性。

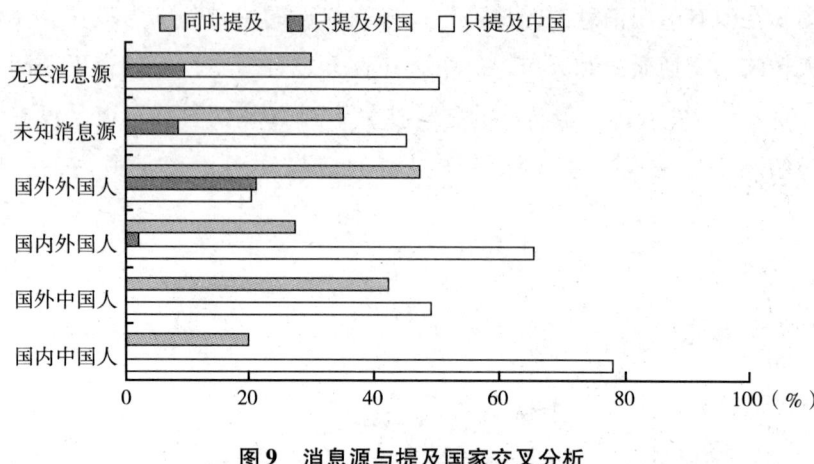

图9 消息源与提及国家交叉分析

另外，本报告还发现在上述不同类别的消息源中提及美国的比例都很高，在50%到60%，其次为欧洲、法国和德国、日本和国际组织以及俄罗斯和英国，但分布没有表现出明显的特征。这说明美国作为世界上第一号强国的影响力：不管中国人还是外国人消息源，不管他们身处何地，美国对他们的影响力还是最为强大的，使他们经常会提及。

二 国际舆情关注度

国际舆情的关注度主要是分析三家报纸在19年中涉华国际新闻报道的主题和内容。从表2可见，排在前五位的分别是经贸金融、文化艺术、外交活动、政治活动和民主人权。排在最后五位的分别是土地住房建设、宗教、灾难、地方政府和教育。

排在第一位的经贸金融话题非常值得注意，占总量的27.3%，比排在第二位的文化艺术主题10.5%高出1.6倍，遥遥领先于外交、政治和民主人权主题。这基本上反映了中国1992~2010年经济发展的主旋律。虽然在冷战时期，中国的形象是共产主义中国，民主人权可说是西方对于中国的一大关注点，但三家报纸对民主人权主题的报道总量只占6.4%，远远落后于经济报道。可见，冷战后西方报纸的中国报道充分体现了全球化的时代特征，对于中国的关注度仍以经济主题为先。这在一定程度上说明在全球化时代西方报

美德法三国报纸涉华国际舆情研究（1992~2010年）

纸中的中国首先是经济中国，而不是以前的意识形态中国，或者说单纯的意识形态中国。

为了对三家报纸对中国前五位关注度有更加深入的了解，本报告对前五位的话题做了更为细化的交叉分析，以对国际舆情的关注度做更为全面的论述。

表2 三家报纸的关注度分布

内容分布	《纽约时报》（美国）	《世界报》（法国）	《时代》周报（德国）	小计
经贸金融	960	162	52	1174
文化艺术	349	21	81	451
外交活动	259	67	9	335
政治活动	265	22	35	322
民主人权	246	26	5	277
法律犯罪	245	4	15	264
台湾问题	165	11	6	182
军事国防安全	134	34	1	169
社会问题	111	11	33	155
健康医疗	120	5	4	129
民族问题	73	52	0	125
体育娱乐	117	3	4	124
环 境	44	16	46	106
交通旅游	86	2	1	89
人情世故	66	0	0	66
科学技术	38	19	0	57
人 口	52	1	0	53
土地住房建设	45	1	0	46
宗 教	26	7	0	33
灾 难	31	2	0	33
地方政府	26	4	0	30
教 育	17	0	4	21
不 相 关	30	23	5	58
报道总数	3505	493	301	4299

1. 经济关注度

图10显示，在经济主题中，报道对象以常见的经济单位——公司企业为主。排在前四位的分别是与中国做生意的外国公司、与中国无关的外国公司、国内中国企业和国外中国企业。这一排名也体现了新闻价值规律中的"接近

303

性"原则。外媒最关注的报道对象是与中国做生意的外国公司。当然,在全球化大潮中,中国企业也受到很大的关注。另外,在前十位报道对象中,有三个变量是人物变量,他们分别是商业人士、农民或农民工这一群体和作为一个整体的中国人群体。这里耐人寻味是40%的农民对象报道出现在经济主题当中,比中国人(33.8%)还高出近7个百分点。

值得注意的是像党员、体育娱乐人士、海外华人、持不同意见者、军事人员和非政府组织这六类对象没有出现在经济主题中。

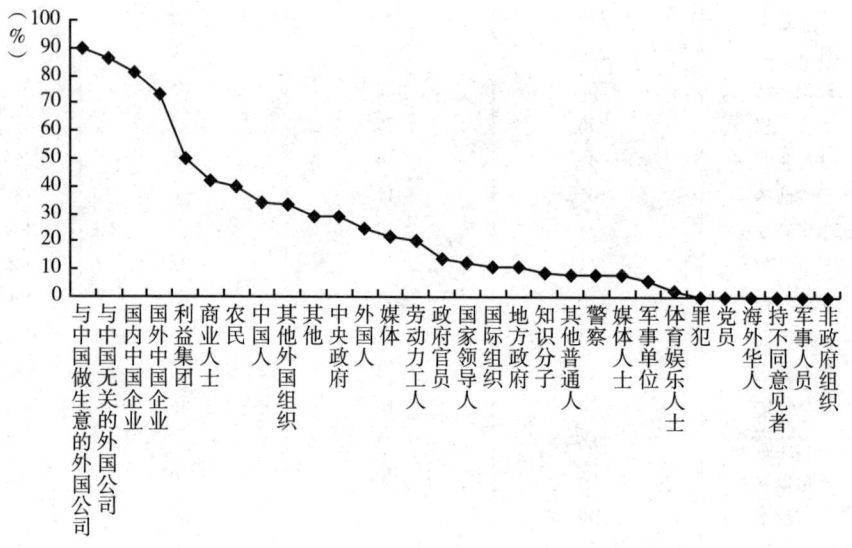

图10 报道主题与报道对象交叉研究之经济主题

如图11所示,在报道经济主题时,西方三家报纸的总体态度相对客观中性,其中超过70%的报道持中性态度,还有4.52%的正面态度,尽管负面态度的新闻报道也有一定比例(超过20%)。

三家西方报纸的态度决定其报道框架,主要指它们在报道中国经济话题时是否把中国描绘成某种威胁或者其他冲突性质的因素。从图12可以看出,三家报纸对中国的经济主题基本采用了非冲突性框架,比例超过了60%,与其中性态度的比例接近。而它们采用冲突性框架的新闻报道比例(21.47%)也与它们的态度倾向性比较一致,可见三家报纸的经济主题报道相对比较客观。

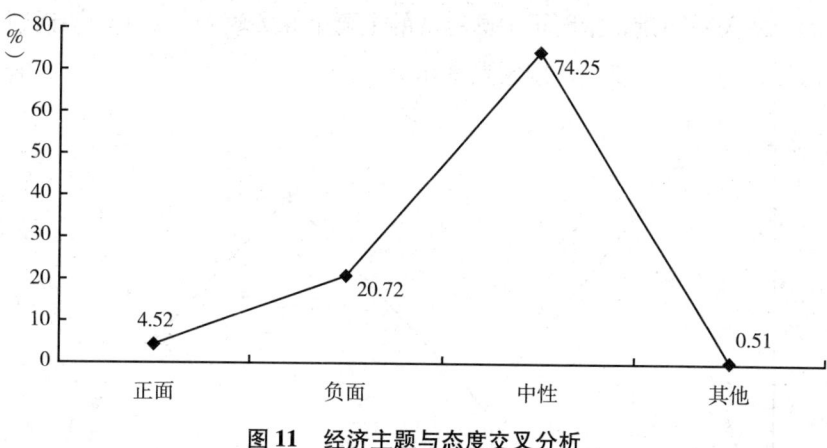

图11 经济主题与态度交叉分析

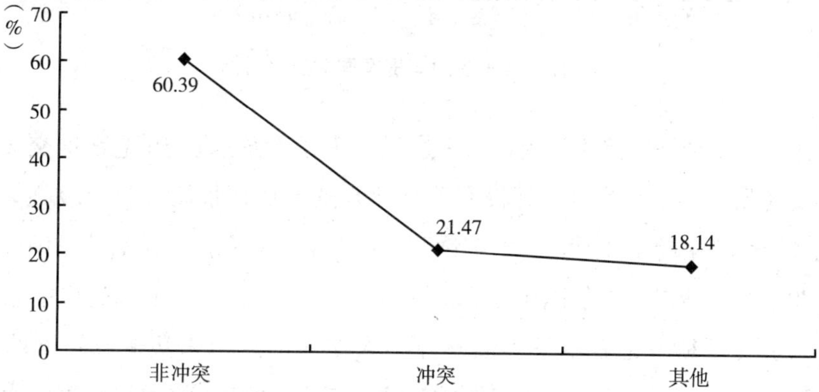

图12 经济主题与冲突性框架交叉分析

当然,在全球化时代,任何国家媒体的新闻报道都不是孤立的。随着时空压缩和边界的消失,三家报纸的中国经济新闻报道也被置于国际语境之中。本报告通过交叉分析发现(见图13):在报道经济主题时,三家报纸已远远不是单纯对中国国内经济形势做报道,在提及中国的同时,也会提及其他国家和机构。虽然只提及中国的比例仍为最高(42.17%),但同时提及中国和外国的比例仅仅比只提及中国的比例低4.62个百分点,此外也有两个10%只提到外国或者其他地区和国际组织。而它们提及的最多的还是美国(60%)、日本(8%)和欧洲(8%)以及德国(7%)和法国(3%)。可见,中美经济关系还是举足轻重的,特别受到西方媒体的关注,还有就是欧洲和亚洲,特别是中国与其邻国的关系。这些比例在一定程度上呈现了本报告分析的西方三家报纸的中国经济关系图景,指明了中国经济的主要全球关联者。中国经济话题早已跨出国界,与世界主要经济国家息息相关。

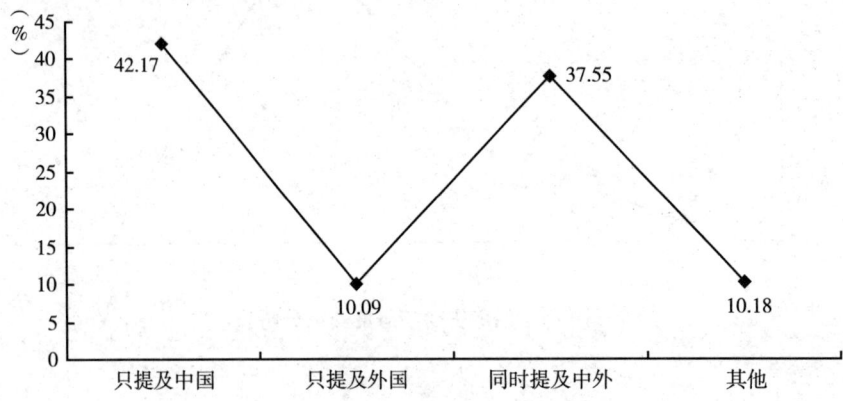

图13 经济主题与提及国家交叉分析

那么这个经济图景主要由谁来表述呢?从对经济主题与消息源的交叉分析中发现(见图14):其他(即没有消息源)这一比例最高(31.91%),也就是说对于经济主题主要是记者的解读,并没有使用消息源。然后才是国外外国人(30.38%)和国内的中国人(20.05%)作为消息源。也就是说中国的经济图景主要还是由记者本身和国外外国人作为消息源来塑造或解读的(共62.29%)。国内中国人作为消息源的解读只有20.05%。这也可以解释为什么中国经济话题呈西方化的倾向。

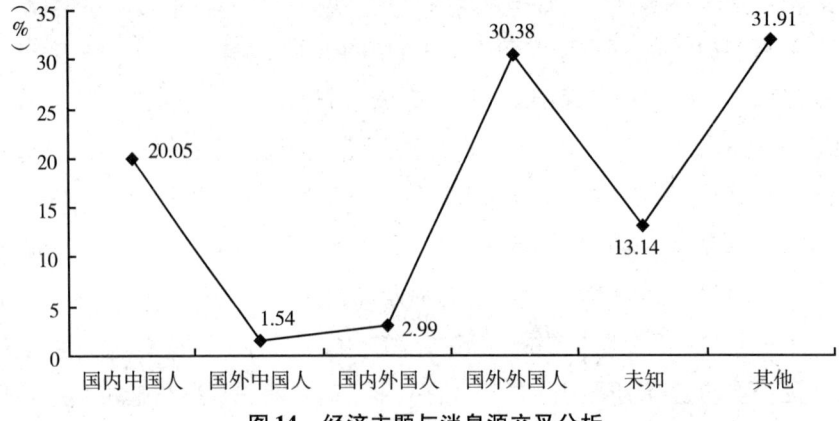

图14 经济主题与消息源交叉分析

2. 文化艺术关注度

在文化艺术关注度方面，三家西方报纸在新闻报道中最为关注的是知识分子群体，包括学生、专家和艺术家等，遥遥领先于体育娱乐人士、商业人士、国家领导人和其他普通人。而劳动力工人、军事人员、警察、中央政府、军事单位、非政府组织、国内中国企业和利益集团这八类对象没有在文化艺术主题中出现（见图15）。

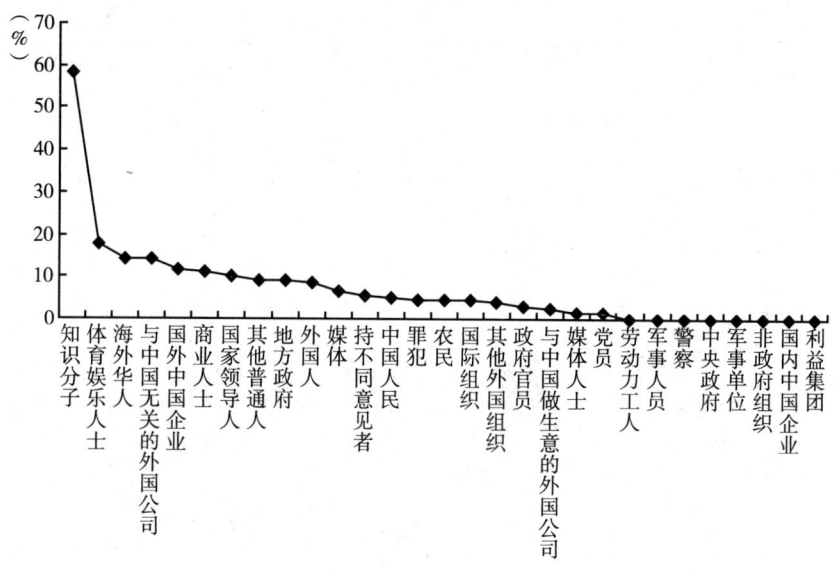

图15　报道主题与报道对象交叉分析之文化艺术主题

图16显示，西方媒体在报道文化艺术主题时，总体上也是以中性态度为主，比例高达80%以上，而负面态度（11.53%）和正面态度（4.43%）的比例较低，尽管负面态度的比例是正面态度的2倍多。这说明西方媒体在报道涉华文化艺术主题时态度较为客观中立。

与此同时，西方媒体在报道文化艺术主题时所应用的框架也是以非冲突性框架为主（71.40%），应用冲突性框架的比例不到8%（见图17）。结合上述交叉分析，可以看出西方三家报纸在报道文化艺术主题时是客观中性和非冲突性的。

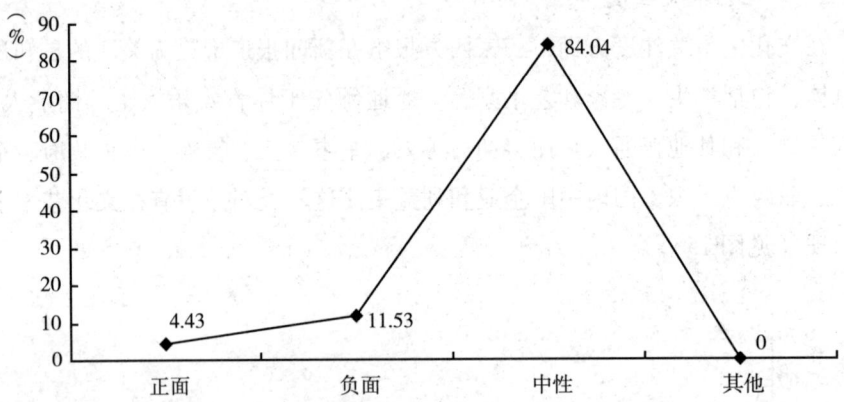

图 16　文化艺术主题与态度交叉分析

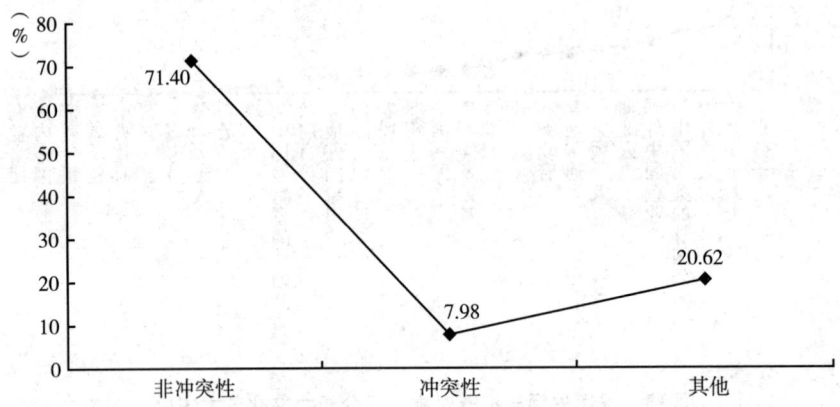

图 17　文化艺术主题与冲突性框架交叉分析

三家西方媒体在报道涉华文化艺术主题时是否将中国置于国际语境之中呢？如图 18 所示，它们在报道中国同时会提及其他国家、地区和国际组织。但情况与上述经济关注度截然不同，"只提及中国"这一比例（46.56%）高于其他指标，这说明西方三国报纸在报道文化艺术主题时，更多是在中国国内语境中报道。当然也会开展与外国的比较，因为"同时提及中外"这一比例也接近 30%。这说明中国与国际间在文化艺术上的交流同样受到西方三家报纸的关注。

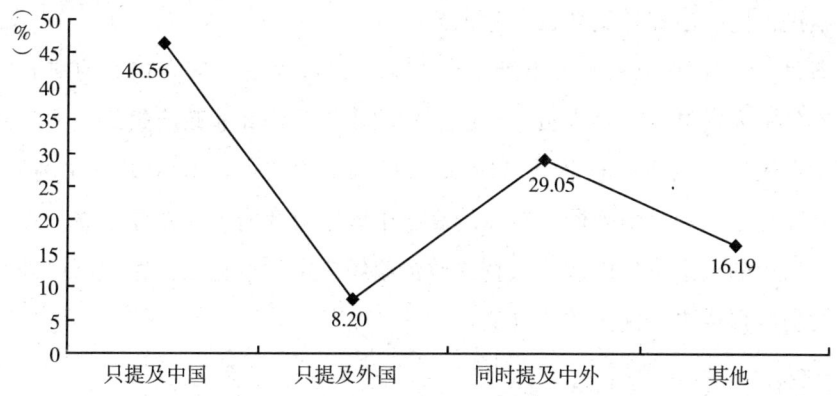

图 18　文化艺术主题与提及国家交叉分析

在报道文化艺术主题时，三家报纸提及了 41 个不同国家、地区和国际组织，但主要还是关注中国和美国以及欧洲，显示出了较高的相关性。

图 19 消息源交叉分析显示，西方媒体在表述文化艺术类主题时突出的还是记者自身的解读，该比例（其他）接近一半（43.68%）。此外，国内和国外中国人作为消息源的比例也相对较低，两者相加也没有超过 20%，低于国外外国人 25.72% 的比例。由此可见，文化艺术关注度中，中国人的声音还是比较小的，中国文化图景的解读和表述主要是记者本身和国外的消息源。

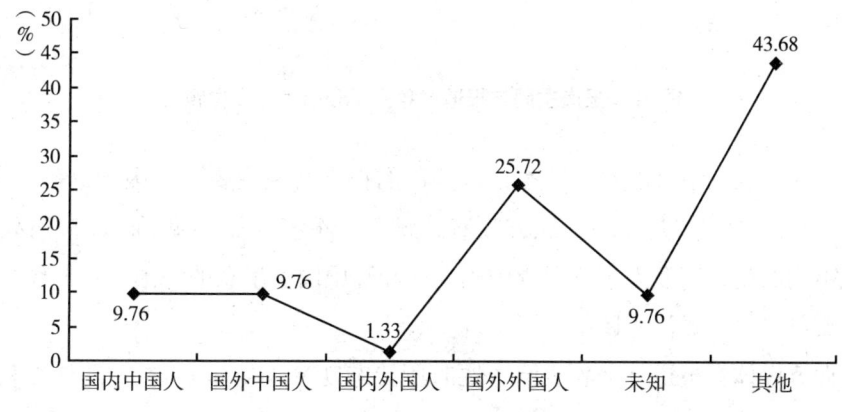

图 19　文化艺术主题与消息源交叉分析

3. 外交和政治关注度

在主题排名中，政治和外交排在第三和第四位。鉴于这两类主题的相似性，本报告把政治和外交合在一起进行讨论。

图20显示，在三家西方报纸报道外交主题过程中，最为相关的前五位报道对象分别为党员、军事人员、外国人、国家领导人和非政府组织，尤其是党员和军事人员这两个指标均为20%。从机构层面看，非政府组织比例最高，其次是国际组织和其他外国组织，均高于中国中央政府。从总体上看，在外交主题中出现的报道对象以政治人物或政治组织为主。可见，三家报纸以外交为主题的新闻报道更偏向于政治外交。

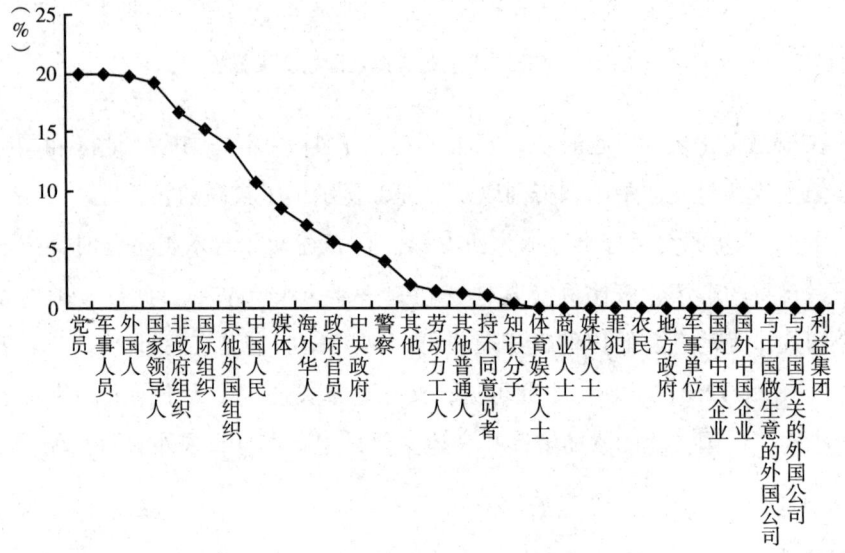

图20 报道主题与报道对象交叉分析之外交主题

而在涉及政治主题时，三家报纸突出的报道对象主要是中国国家领导人，占40.4%，然后才是党员、地方政府、媒体和军事人员（见图21）。与外交主题不同的是，商业人士、国内中国企业和与中国做生意的外国公司等经济类人物或单位也在政治主题中有所呈现。

西方媒体在报道外交和政治主题时所持态度又是怎样？图22是外交和政治主题与感知指标的交叉分析：外交和政治主题的总体趋势是一样的，都是以中性态度为主，也有少量的正面态度。具体而言，政治负面态度较高，高出外交17.33个百分点。可见在报道政治主题时，西方三家报纸的态度倾向负面，而在报道同为政治活动的外交时，它们的态度较为中性。

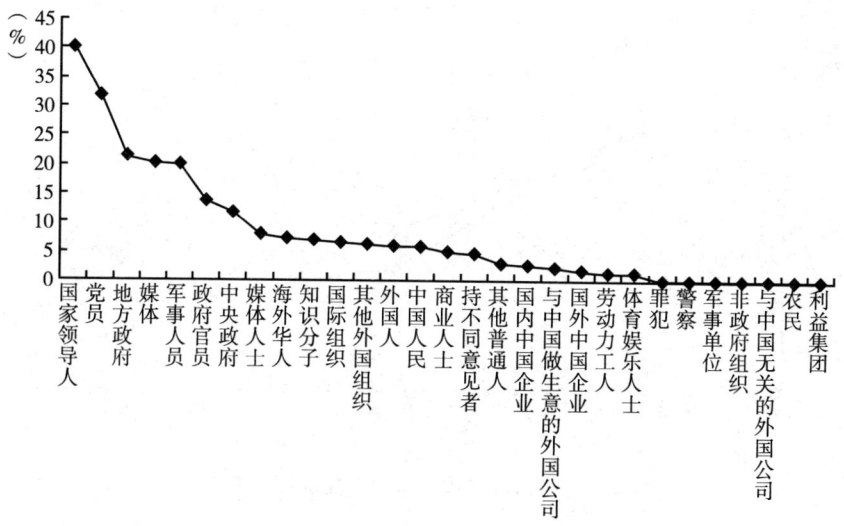

图 21　报道主题与报道对象交叉分析之政治主题

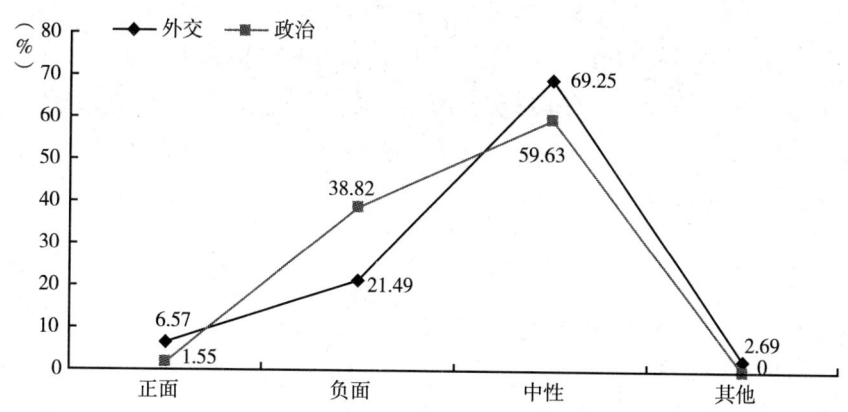

图 22　外交和政治主题与感知交叉分析

与态度交叉分析类似，三家报纸在应用冲突性框架方面，外交和政治主题的总体趋势类似。整体上说，三家报纸均以非冲突性框架为主。但具体而言，在报道政治主题时，三家报纸应用了更多的冲突性框架；同时无论在外交和政治主题，都有超过1/4的新闻报道将中国视为某种威胁（见图23）。

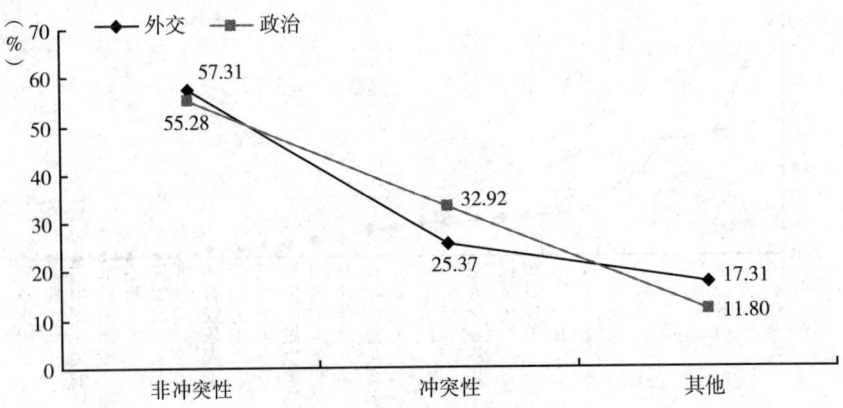

图23　外交、政治主题与冲突性框架交叉分析

冷战后，中国的外交越来越多样化，丰富多彩。在西方三家报纸的报道中，外交主题有着怎样的国际关系背景呢？如图24所示，由于外交主题的特殊性，"同时提及中外"这一变量的比例高达68.36%，排在第二位的是"只提及外国"（15.52%），比"只提及中国"（11.04%）高4.48个百分点。那么在报道中国外交时，三家报纸关注哪些具体国家呢？西方三家报纸报道外交主题时共提及45个不同的国家、地区或国际组织，其中排在前十位的国家、地区和国际组织见表3。

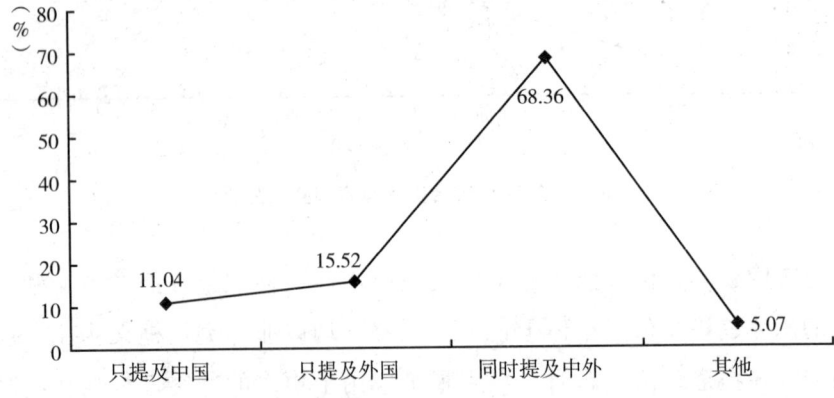

图24　外交主题与提及国家交叉分析

表3　外交主题提及国家地区国际组织

	次数	百分比(%)
美　国	149	35.90
日　本	64	15.42
韩　国	21	5.06
朝　鲜	20	4.82
俄罗斯	18	4.34
印　度	17	4.10
德　国	11	2.65
联合国	11	2.65
法　国	9	2.17
亚　洲	9	2.17

可以看出中美关系是最受三家报纸关注的，比例高达35.90%，其次是日本，为15.42%。这说明中日关系也是中国外交备受关注的一个重点。从第二位到第六位均是中国的邻国，然后才是德法两国和联合国。如果不考虑美、德、法三国报纸这一因素，可以看出中国作为一个大国，其与周边邻国的外交关系格外受到西方报纸的关注。

但政治主题的新闻报道则与外交主题颇为不同，三家报纸近60%的新闻报道是纯粹关于中国的新闻报道。但也有26.40%的报道同时提及了中国和外国（见图25），这说明它们把中国置于整体国际关系语境之中了。本报告发现

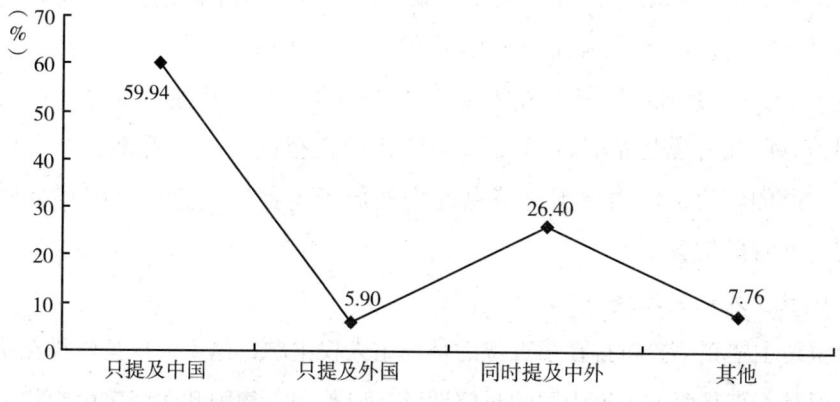

图25　政治主题与提及国家交叉分析

政治主题的报道中同时提及了 27 个不同国家、地区和国际组织，其中美国（59%）、日本（9%）、欧洲（7%）仍是最为关注的国家和地区。值得注意的是排在第四位的伊朗，说明西方三家报纸在报道政治主题时，有将中国和伊朗相提并论的倾向。

图 26 显示西方三报在报道涉华外交主题时使用了大量国外外国人消息源，几乎占了近一半。但在报道政治主题时，国内中国人消息源比例比国外外国人高出 10.87 个百分点。

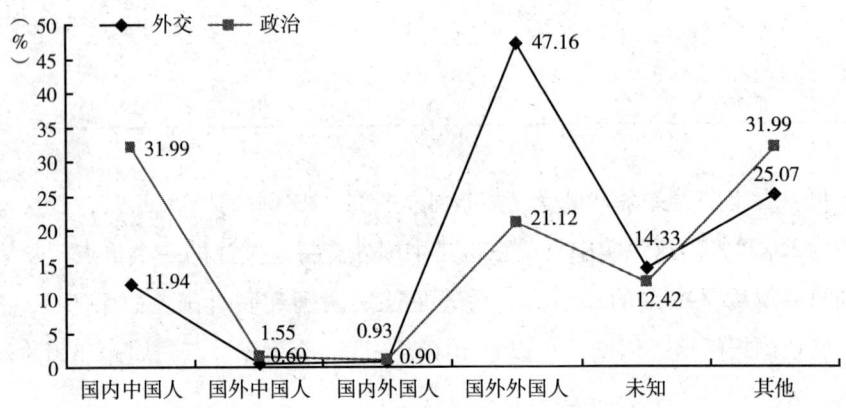

图 26　外交，政治主题与消息源交叉分析

这与上面提及国家的交叉分析互相映照。外交主题多将中国置于国际关系语境之中，解读中国外交的消息源也是以国外外国人居多。而政治主题的报道更多的还是中国国内事务，所以国内中国人作为消息源（31.99%）多于国外外国人消息源（21.12%），不过其他消息源（即没有使用消息源或者说是记者的解读）这一比例也很高。这样看来，对于中国政治主题的解读，国内中国人消息源仍然居于少数，主流还是国外外国人和记者本身的解读。

4. 民主人权关注度

报道主题频率分析排在第五位的是民主人权主题。民主人权虽然排在第五位，但是一直是西方报道中国的热门话题。以美国、德国和法国等国为代表的西方热衷于鼓吹西方式的民主人权价值观，一直不遗余力地推行以此为主要内容的所谓"普世价值",可以说是历史上西方传教士情结的延续。因此有必要分析三家报纸对于民主人权主题的关注度。

民主人权主题与报道对象的交叉分析发现,排在第一位的是持不同意见者,达62.5%,可见西方民主人权的内容实质仍然没有脱离与政治挂钩的窠臼。其次是军事人员,达到60%的比例,然后是媒体人士、党员、国际组织、非政府组织、中央政府、中国人民(作为集体名词)、政府官员和警察(见图27)。从这些对象排列中可以嗅出浓重的政治气味。

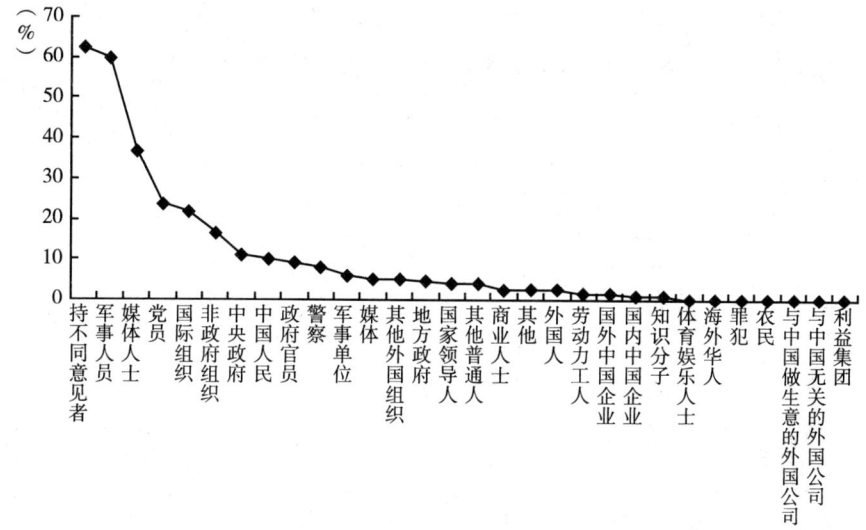

图27 报道主题与报道对象交叉分析之民主人权主题

西方三家报纸在报道民主人权主题时所持的态度又是怎样的?图28是民主人权主题与态度的交叉分析。如图28所示,西方三家报纸对于涉华民主人权主题的报道近60%是持负面态度的,这与它们对上述的四大主题的态度截然不同。可见,西方媒体对于中国的民主人权问题仍是持批评态度的。

西方三家报纸对中国民主人权主题的负面态度也反映到了他们报道框架的应用。如图29所示,三家报纸在民主人权主题的报道过程中应用冲突性框架的比例(48.01%)超过了非冲突性框架的应用(45.13%)。也就是说西方三家报纸在报道民主人权主题时所持的负面态度自然也影响到了其冲突性框架的应用,更多视中国为冲突性元素或某种威胁。

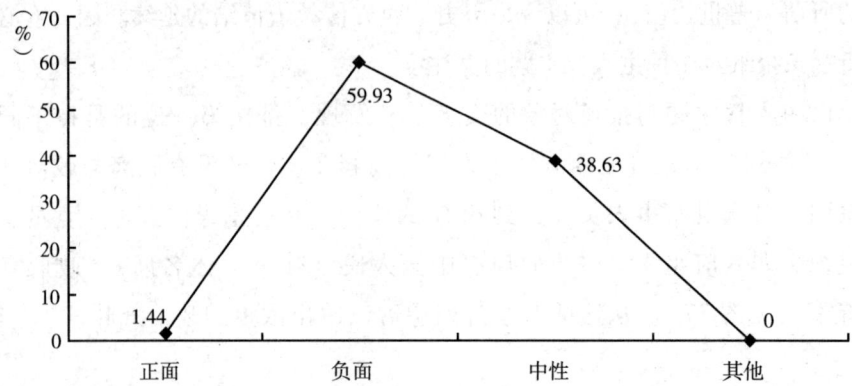

图 28　民主人权主题与态度交叉分析

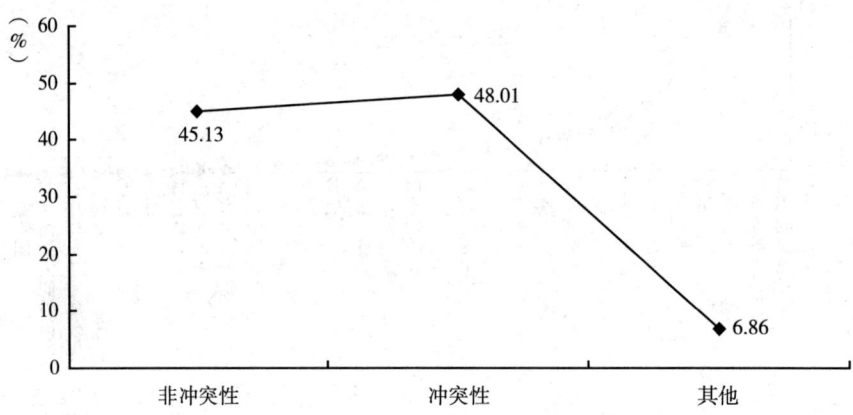

图 29　民主人权主题与冲突性框架交叉分析

此外，西方三家报纸在报道民主人权主题时有62.82%的报道只提及中国，只有27.44%的报道同时提及中国和其他国家、地区或国际组织（见图30）。这说明三家报纸仅把民主人权问题作为中国国内问题来报道，没有更多置于国际语境下来考察中国的民主人权主题。

此外，本报告还发现西方三家报纸在民主人权主题的报道中，使用的最多的消息源是国内中国人消息源，达31.05%，以及其他消息源，达29.24%（多为记者解读）。而外国人作为消息源的有20.94%的国外外国人以及9.75%的未知消息源。可见，对于民主人权问题的报道，三家报纸的消息源

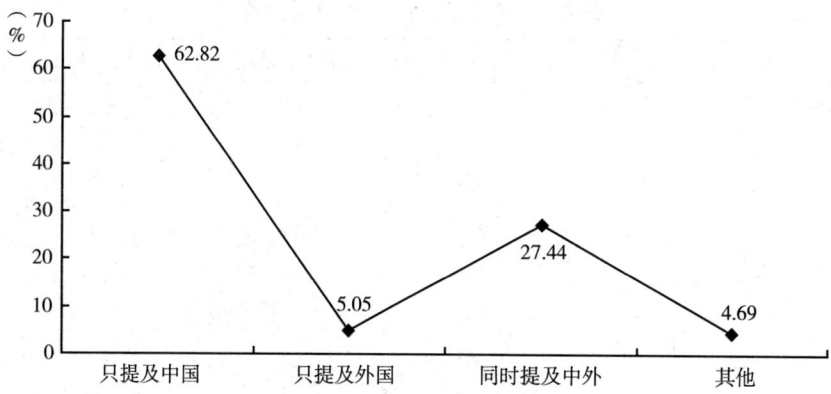

图30　民主人权主题与提及国家交叉分析

构成仍以外国人和记者自身的解读为主,尽管国内中国人作为消息源比例增加了不少。

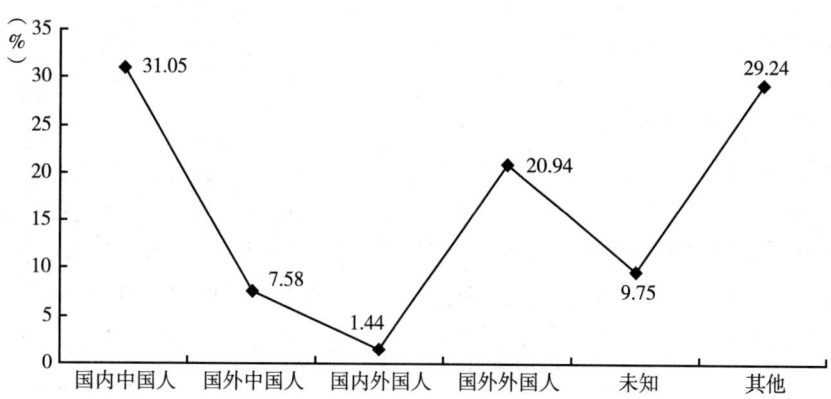

图31　民主人权主题与消息源交叉分析

三　国际舆情参与者

国际舆情参与者是三家西方报纸国际新闻报道中被报道的对象,包括人和机构。该指标可以考察什么样的人、团体或是机构以何种方式加入到国际舆情建构过程中。

表4 三家报纸新闻报道的关注对象

关注对象(人和机构)	《纽约时报》(美国)	《世界报》(法国)	《时代》周报(德国)	小计
外国人	529	62	44	635
中国人(泛指)	429	131	15	575
知识分子	250	11	62	323
政府官员	232	18	1	251
中国国家领导	136	14	16	166
商业人士	133	4	8	145
持不同意见人士	82	2	4	88
娱乐和体育人士	64	6	4	74
工人	67	1	5	73
农民工	45	0	0	45
罪犯	42	0	0	42
媒体人士	38	0	0	38
中共党员	11	8	6	25
华侨人士	14	0	0	14
警察	16	9	0	25
军方人士	4	1	0	5
其他人士(除上述外)	252	53	6	311
中央部委部门	200	18	19	237
在华有商业活动的外国商业机构	169	19	5	193
中国境内的商业机构	54	15	10	79
中国境外的商业机构	76	0	2	78
省市地方政府	58	3	4	65
媒体机构	39	18	2	59
国际组织(联合国)	29	16	1	46
在华无商业活动的外国商业机构	19	2	0	21
部队和国防机构	16	1	0	17
非政府组织	6	0	0	6
兴趣爱好族群	3	0	1	4
其他外国机构	301	46	69	416
不适用	191	35	17	243
总数	3505	493	301	4299

表4显示，涉华国际舆情的参与者（对象）中提及最多的竟是外国人（集体名词），超过14%，其次才是中国人（集体名词），接近14%。这一点有点令人费解，因为理论上讲涉华国际舆情的参与者应该是中国人才对。当然另一种更为合理的解释是：西方三报对涉华国际舆情的建构主要不是通过讨论中国或中国人来实现，而是通过讨论西方或西方人本身来建构涉华国际舆情的。换言之，中国或中国人在西方三报眼中永远是以一个"他者"的身份出现的。西方三报讨论涉华国际舆情不是因为中国本身的重要，而是它们认为中国有一定重要性，所以它们从自身视角来报道中国、中国人和中国社会。

除上述两大类参与者外，其他排前五位的分别为知识分子（包括学生、专家）、政府官员、中国国家领导、商业人士和持不同意见人士。可以看出，西方三报在涉华国际舆情参与者中主要关注文化、政治和商业人士以及持不同意见人士。也就是说这四类人士是被西方三报确认为涉华国际舆情的主要参与者。

表4显示，西方三报关注的前五位组织参与者分别为其他外国机构、中央部委部门、在华有商业活动的外国商业机构、中国境内的商业机构、中国境外的商业机构以及排在第六位的省市地方政府。如果剔除排在第一没有细分的其他外国机构，中央政府、在中国做生意的外国公司、国内中国企业和国外中国企业以及省市地方政府特别受到关注，也就是说中央、地方政府和中外企业是西方三报的主要报道对象，即涉华国际舆情的参与者或主角。

总体来讲，西方三报关注涉华国际舆情的参与者主要就是中央和地方政府部门和人士、中外商业机构和人士、文化人士以及持不同意见人士。尤其是持不同意见人士很有可能就是来自本报告中没有细化的其他外国机构，因为这些外国机构在组织排位中是排在第一位的。

有鉴于此，本报告关于国际舆情参与者的分析主要将围绕中央和地方政府以及企业类机构来展开。

1. 关于中央和地方政府的交叉分析

从图32可以看出，西方三报对中央政府的报道和对地方政府（包括港澳台）的报道在报道主题上侧重点有所不同。

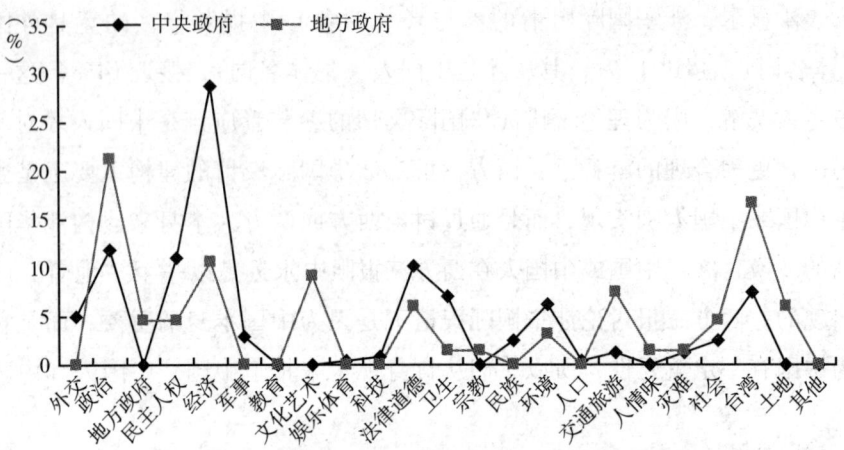

图32　中央政府和地方政府报道对象与报道主题交叉分析

首先，相对其他报道主题而言，以中央政府为报道对象的新闻报道在经济主题中出现的频率最高，高达28%；而以地方政府为报道对象的报道却是在政治主题中出现的频率最高，达21%。这说明西方三报对中央政府和地方政府的角色定位与中国国内的一般定位有差异，或者显示它们对中国政治和经济问题不同的解读方式。这种倒置的情况也出现在对台湾问题的新闻报道中，显示西方三报与国内的不同解读方式。

其次，颇有意味的是文化艺术、宗教、土地和人情味类以及地方政府事务这几个报道主题中，没有以中央政府为报道对象的报道。说明西方三报在解读中国的文化艺术、宗教事务和土地建筑等问题时非政府化的倾向性。

再次，在法律道德这一关于中国法制现状、腐败贪污等问题的报道主题中，以中央政府为报道主题和以地方政府为报道主题的报道都有一定比例，而且这一主题相对于其他主题的关注度是紧跟在经济、政治、台湾问题之后的。这说明西方三报在报道中国中央政府和地方政府时，希望与法律道德问题关联。

最后，还有一点值得注意，虽然中央和地方政府两条曲线起伏程度有所不同（如政治和台湾问题），但是总体趋势类似，没有太大出入。这说明西方三报对于中央政府和地方政府的定位总体还是比较一致的。

图33显示,西方三报在报道中央政府和地方政府时,所流露出的对中国两级政府的总体态度是较负面的,而对地方政府的倾向性态度则更为负面,把它们描绘成虚弱的、危险的、具有威胁性、不友好的、不稳定的、封闭的甚至是邪恶的。中央政府相对地方政府而言,中性比例稍微高一些(47.68%比46.97%)。这说明西方三报总体上对地方政府的态度更为负面。这可能与有些地方政府不按照国家规定处置一些外国记者的采访活动有一定关系。

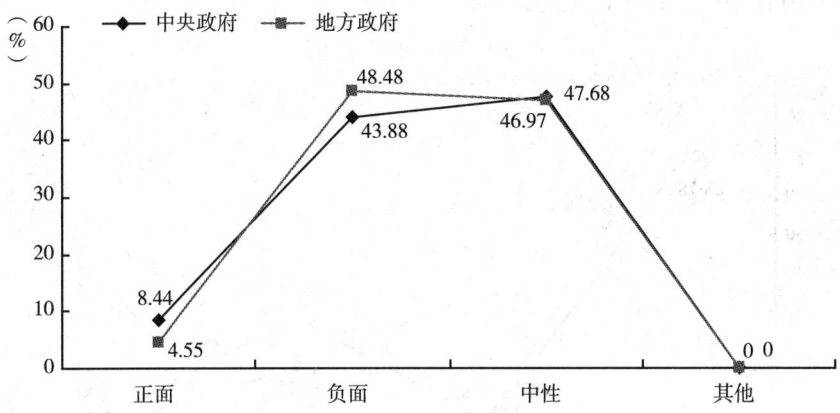

图33 中央政府和地方政府报道对象与态度交叉分析

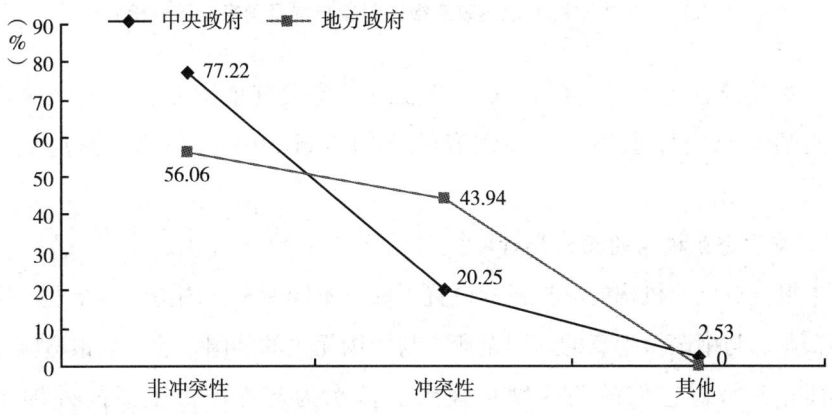

图34 中央政府和地方政府报道对象与冲突性框架交叉分析

尽管西方三报对中国两级政府采取了较为负面的倾向性,但它们在应用报道框架变量中,显示出不同趋向。西方三报对中央和地方两级政府多采用了非冲突性框架，中央政府 77.22%、地方政府 56.06%。相比之下，它们对地方政府更多应用了冲突性报道框架，接近 44%。这可能与西方三报对地方政府持更加负面的倾向性态度有关。

图 35 显示了中国两级政府与"提及国家"的指标交叉分析，总体趋势显示中央政府和地方政府为报道对象的报道态势相同。两者都是更多提及中国，分别高达 83.33% 和 68.78%，而且中央政府的比例远高于地方政府，显示出中央政府在中国报道中的强势地位。

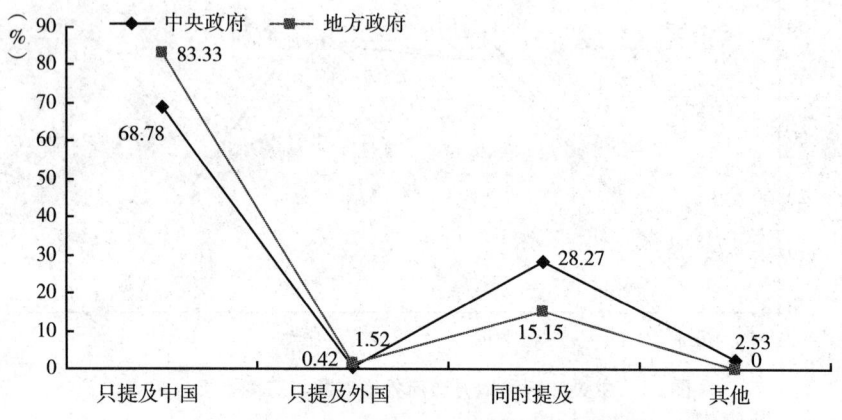

图 35　中央政府和地方政府报道对象与提及国家交叉分析

中央政府这种强势地位在西方三报同时提及其他国家、地区、国际组织中也显示出同样趋势：中央政府的比例接近 30%，是地方政府的近 2 倍。

2. 关于企业机构的交叉分析

本报告对企业机构的分析指标设置了四个不同变量：国内中国企业、国外中国企业、与中国做生意的外国企业、与中国无关的外国企业。从报道频率来看，西方三报对它们的关注度从强到弱依次为与中国做生意的外国企业（4.49%）、国内中国企业（1.84%）、国外中国企业（1.81%）以及与中国无关的外国企业（0.49%）。这个排名符合西方三报国际新闻的接近性原则。西方三报对与中国做生意的外企更关注。

图 36 提供了这四类企业机构与报道主题的交叉分析。

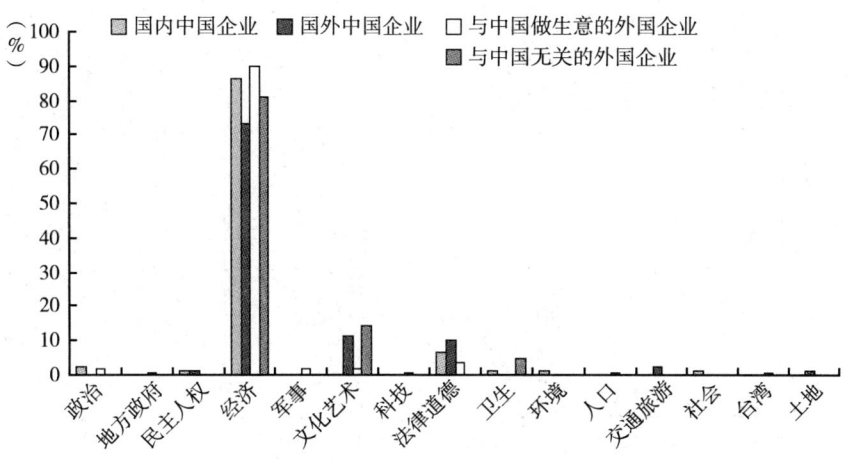

图36 企业类报道对象与报道主题交叉分析

首先，西方三报对四类企业的关注多集中在经济领域，但对于"与中国做生意的外国公司"的报道主题比较广泛，在地方政府事务、军事、科技、人口和台湾问题上都单独提及了与中国做生意的外国公司。其次，在比较意识形态化的主题中以对中国企业和与中国做生意的外国企业报道为主；在政治主题中，对国内中国企业和与中国做生意的外国公司有一定的报道；在民主人权话题中，提及的都是中国企业，包括国内和国外的；法律道德这一主题中，除了与中国无关的外国公司外都有报道。

图37展示了西方三报在报道企业机构类时的倾向性态度。看得出总体趋势与其他指标有点类似，它们对四类企业机构的总体态度集中在中性态度上，从59.49%到80.73%；而它们的负面态度次之，但相比而言对国内中国企业的负面态度是最高的，达34.18%，对其他三类企业的负面态度基本相同，均在15%左右。西方三报的正面态度偏向于与中国无关的外企，比例最高为14.29%，而最低的是与中国做生意的外企，为3.65%。总之，相比四类企业而言，三家报纸在报道"国内中国企业"时态度最为负面。

尽管总体上西方三报对四类企业机构的框架还是以非冲突性框架为主，均在55%~72%，但西方三报在报道国内中国企业时更多应用了冲突性框架(25.32%)，也许这与它们对国内中国企业持负面态度居多有关，把国内中国企业描述为具有威胁性（见图38）。

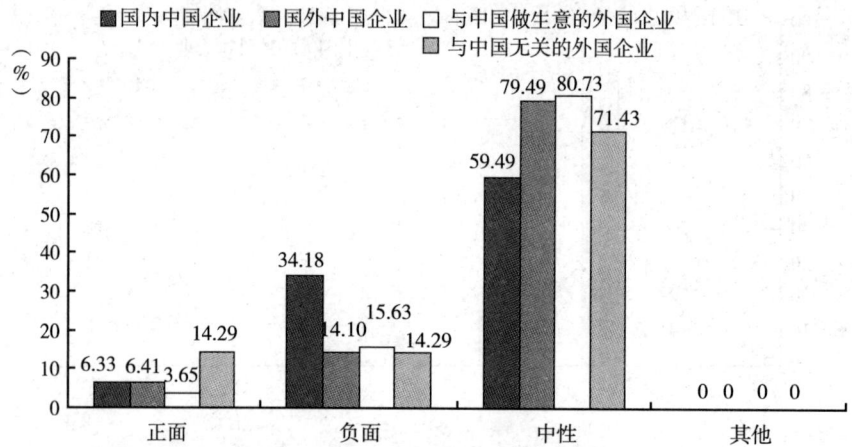

图37 企业类报道对象与感知交叉分析

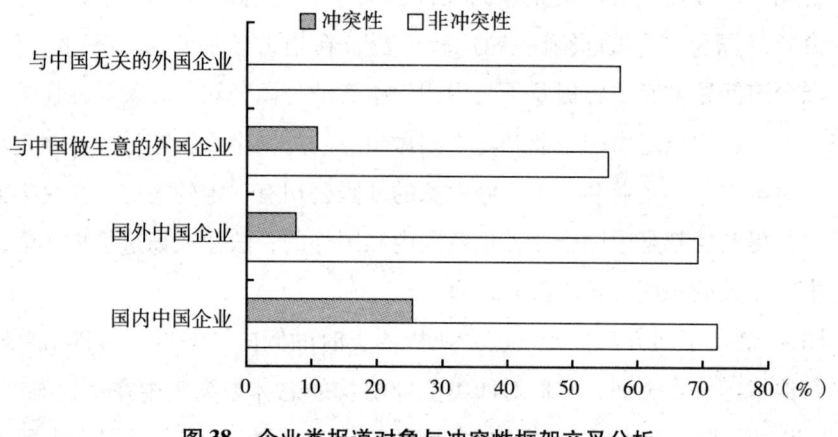

图38 企业类报道对象与冲突性框架交叉分析

此外,本报告还对西方三报对四类企业与它们的消息源进行了交叉分析。图39显示:①在对这四类企业进行报道时,西方三报多数没有应用任何消息源,四类企业机构没有消息源的比例从32%到55%。这说明西方三报主要依靠记者自身的叙事来完成新闻报道,特别是关于国外中国企业的报道有55%的报道是没有消息源的,对于国内中国企业的报道也有43%的报道没有消息源。②对于这四类企业的报道,国内中国人消息源的声音很弱。即使关于国内中国企业的报道,也只有26%的报道使用了国内中国人消息源。对于其他三类企业的报道，国内中国人消息源均在10%以内。对与中国做生意的外企报道，只有5%使用了国内中国人消息源。③相比之下，国外外国人消息源使用频率较高。特别是对与中国做生意的外国企业的报道，近40%的报道使用了国外外国人消息源。可见在对企业类报道对象进行报道时，更多的是记者自身的叙事和国外外国人消息源的使用。

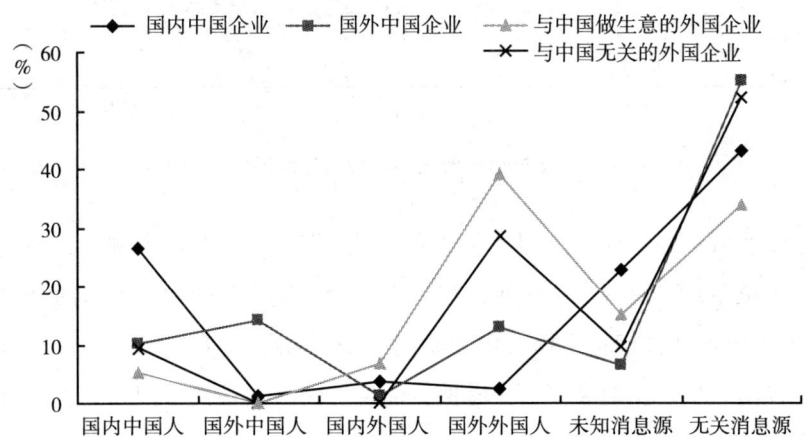

图39　企业类报道对象与消息交叉分析

四　国际舆情框架

冲突性框架是西方记者在新闻报道中经常运用的报道框架。本报告设置了冲突性框架和非冲突性框架这两个指标来分析西方三报的涉华国际新闻报道。冲突性框架除了指西方新闻报道中包含冲突和戏剧性因素之外，更多指西方三报把中国与世界对立起来或把中国描绘成对世界的威胁，即常说的"中国威胁论"。本报告设置的这一指标就是要勾勒出西方三报对中国新闻报道框架的这一重要维度。

图40显示在西方三家报纸对中国的19年国际新闻报道中，多数应用了非冲突性框架（60.55%），只有24.74%的新闻报道应用了冲突性报道框架。也就是说西方三报对涉华国际新闻报道总体还是平和的，没有包括冲突性元素，或把中国视为某种威胁；近1/4的国际新闻报道体现了冲突性因素，应用了冲突性框架。

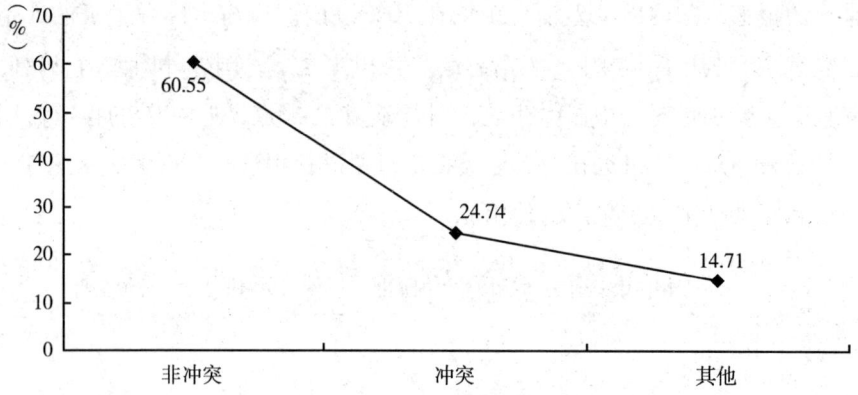

图 40　总体报道框架之冲突性报告框架频率分析

尽管西方三报整体上应用了非冲突性报道框架，但有两个例外：民主人权主题和灾难主题。这两个主题更多出现在冲突性报道框架中。除这两个主题之外，图41显示冲突性报道框架中较高的三个波峰依次是土地、人情味和军事主题。民主人权、土地和军事主题值得注意。因为灾难类新闻和人情味新闻本身就具有冲突因素和以戏剧性取胜。但是民主人权、土地问题和军事主题中的报道中应用冲突性报道框架，则是更多把中国描绘成威胁。

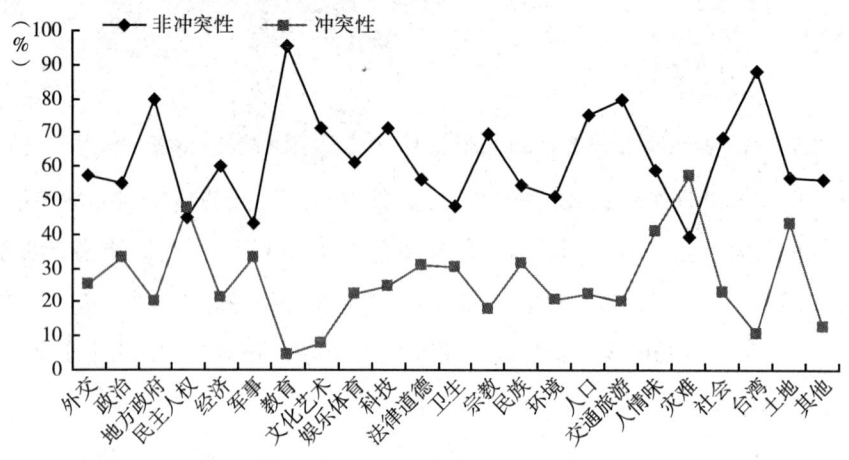

图 41　报道主题与冲突性框架交叉分析

在西方三报与报道对象的交叉分析中可见（见图42、图43），总体上非冲突性框架的应用比冲突性框架的应用更加普遍，绝大多数报道对象都是处于

美德法三国报纸涉华国际舆情研究（1992~2010年）

非冲突性框架之中。在非冲突性框架应用中，西方三报新闻报道的前五位分别是海外华人、农民、国家领导人、中央政府和政府官员，其中对于海外华人的报道，采用了100%的非冲突性报道框架。

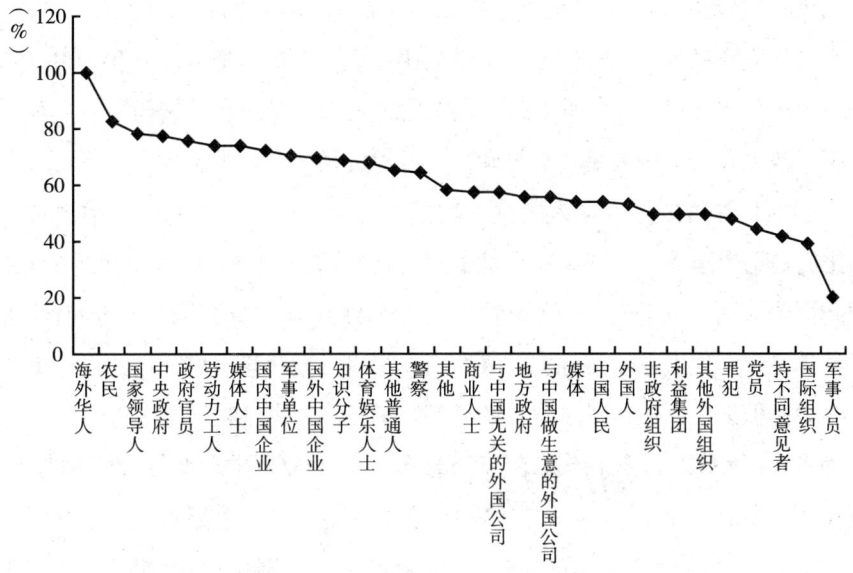

图42　非冲突性框架中的报道对象

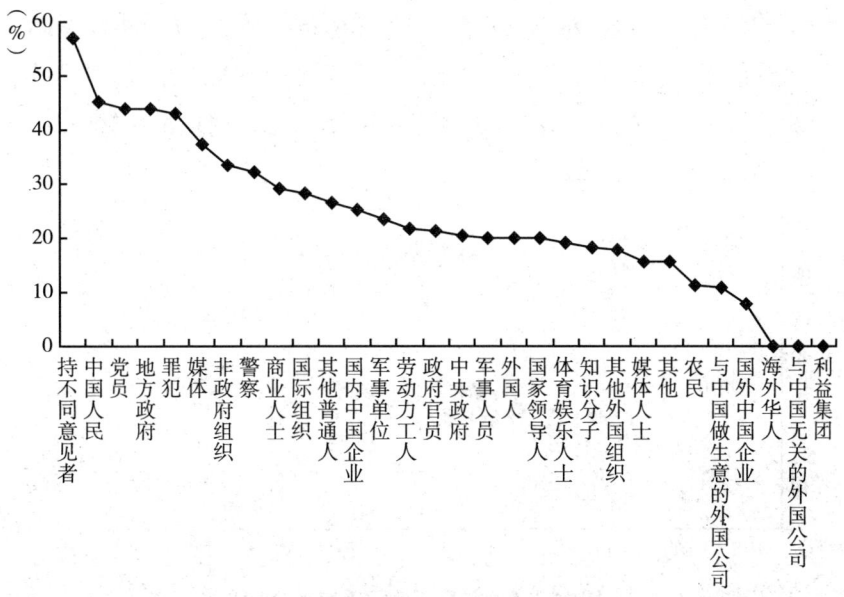

图43　冲突性报道框架中的报道对象

但有三个主题例外，其冲突性框架的比例高于非冲突性框架的比例，它们分别为对党员、持不同意见者和军事人员的报道。在报道党员、持不同意见者和军事人员三类对象时，西方三报更多采用冲突性框架，引入了冲突性的元素或者把中国描绘成威胁。由图43可见，冲突性报道框架中，排在前五位的报道对象分别为持不同意见者、以集体面目出现的中国人、党员、地方政府和罪犯。其中罪犯是由于犯罪报道本身的冲突性。而其他的报道对象则意味着西方三家报纸在对持不同政见者、中国人民、党员和地方政府的报道时将中国描绘成威胁。

特别值得注意的是中国人民这一指标。关于集体中国人的报道中，有高达45%比例是把中国人民表现在冲突性框架之中，或把中国解读成对世界的威胁。联想到历史上的"黄祸论"，可见西方三报对于中国人的新闻报道仍然沿用老套，尤其是中国人形象依然陈旧。最后，本报告发现对于政府官员的报道更多置于非冲突性框架中，但是对于党员的新闻报道仍以冲突性框架居多。

如图44所示，总体来看，在与消息源的交叉分析中，非冲突性框架占了较高比例。具体来看，当消息源模糊不清时，其报道内容更多体现为冲突。在图44中，未知消息源的报道在冲突性框架中出现比例高达35.8%。而当没有使用消息源，单纯由记者叙述时，冲突性因素是最低的。图44中无关消息源这一变量的比例是16.53%。在有明确消息源的情况下，国内外国人消息源的报道冲突性因素略高，比例为31.58%，高于其他中国人消息源或者国外外国人消息源。这个发现颇耐人寻味。在中国国内的外国人消息源在整个消息源使

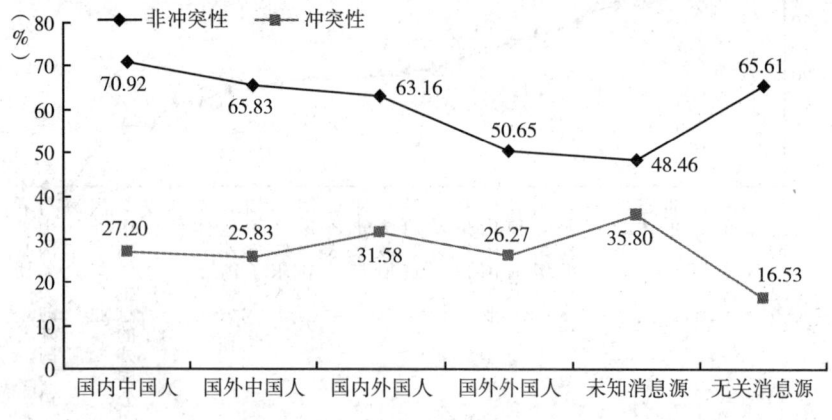

图44　消息源与报道框架交叉分析

用的比例中并不高,但是以其为消息源的报道中却有超过三成是冲突性框架,具有冲突性因素,或将中国表现为某种威胁。

总体上来说,非冲突性报道框架在每一项变量上的比例都高于冲突性报道框架。具体而言,在同时提及中国和其他国家、地区或国际组织时,冲突性报道框架应用的比例最高,32.84%同时提及中国和其他国家的报道体现了某种冲突,比例高出只提及中国的报道(26.21%)。也就是说,在西方三家的报道中,当中国与其他国家、地区或国际组织同时出现时,或者说当中国出现在国际语境中时,有超过三成的报道具有某种冲突性因素,或者将中国表现为某种威胁(见图45)。

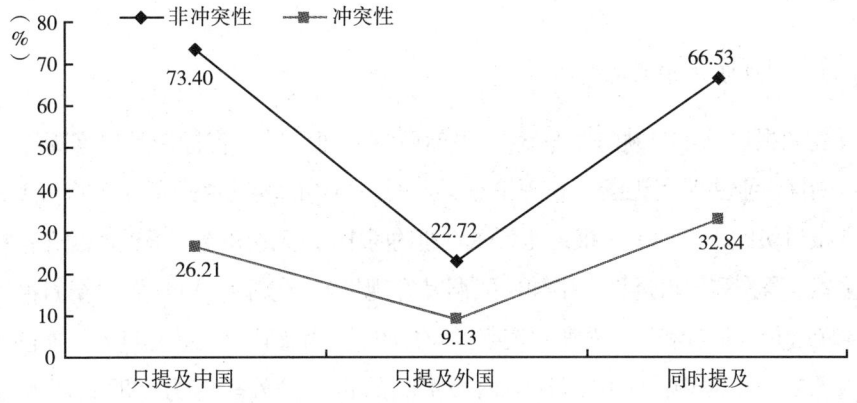

图45 冲突性报道框架与提及国家交叉分析

从冲突性报道框架和感知这一指标的交叉中可见,冲突性报道框架的应用与文本表现出来的态度感知态度有较高相关性。在应用了冲突性报道框架的文本中,71.97%的报道感知态度是负面的,只有27%的报道感知态度是中性的。当然这种相关性并不绝对。还有0.85%的冲突性报道框架的报道感知态度是正面的(见图46)。这是因为冲突性报道框架虽然很大程度上表现为"中国威胁论",但是有时只是报道中具有冲突性因素或者戏剧性因素而已。但是71.97%这一比例还是比较说明问题。冲突性报道框架与负面感知在这个比例上重合。这说明西方三家报纸在19年中对中国和中国人的报道中有七成的报道将中国描述为某种威胁。

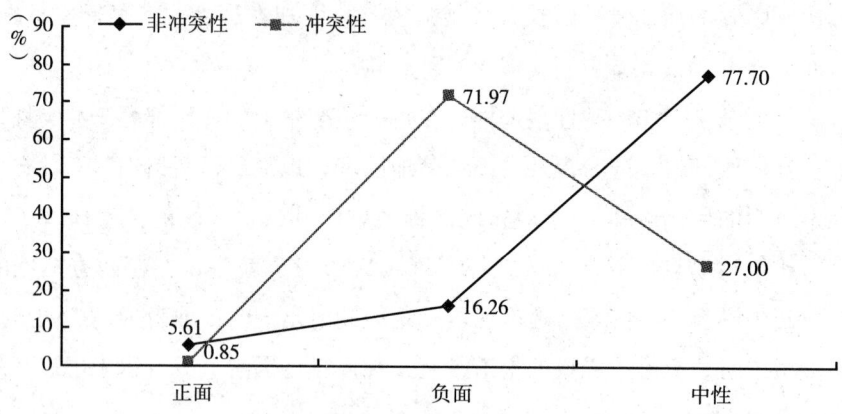

图46　冲突性报道框架与感知交叉分析

五　国际舆情态度

新闻报道总是有倾向性态度的。虽然西方新闻报道一直标榜其以客观性为核心的新闻专业主义,但这只是理论意义上的,纯粹的客观性是不存在的,尤其在新闻报道实践中。西方三报,尤其像《纽约时报》,无论在新闻报道实践(包括新闻采集、写作和编辑过程)中如何强调其客观性和真实性,但它们的新闻报道还是难免会带入记者和编辑对所报道事务隐含的观点和态度,只是程度不一而已。

西方三报对中国和中国社会的报道当然也不例外。但为了明确西方三报19年中对中国的总体报道态度,本报告区分了正面新闻、负面新闻和中性新闻三种新闻报道文本,分别讨论其正面、负面和中性的涉华态度。正面新闻、负面新闻和中性新闻之区分主要看一则国际新闻所用的词汇(或内容)是否有利于或有损于被报道对象的利益和总体形象。正面态度表示在新闻报道中将中国描绘为友好、开放、爱好和平、稳定、强大的国家;负面态度是指将中国描绘成虚弱的、危险的、好斗的、不稳定的、闭关自守甚至是邪恶的国家。本报告希望通过倾向性态度这一指标,来发现西方三家报纸在报道中国和中国人时的态度倾向。如果从一则国际新闻的用词或内容无法判断是正面还是负面,那么这则国际新闻就可以列为中性新闻。有时,一条国际新闻所报道的内容可能会引起争论,但如报道所使用的语调相对比较平和,这样的国际新闻也会被列为中性新闻。

美德法三国报纸涉华国际舆情研究（1992~2010年）

如图47所示：西方三报的涉华国际舆情态度在总体上以中性态度为主，占总量的67.05%。但是应该承认负面态度的比例也较高，达28.55%，接近三成，相比之下正面态度的比例很小，只有3.70%。整体的态度分析符合西方新闻价值观，因为西方记者认为"坏消息"才是新闻，而"好消息"则不是新闻。

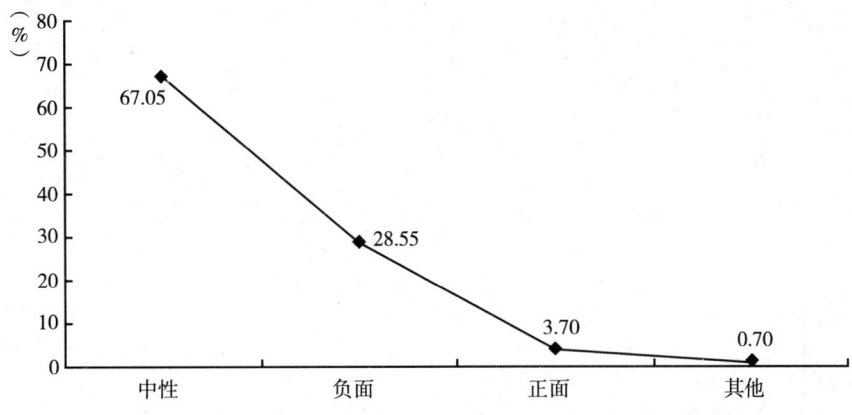

图47 总体报道框架态度频率分析

上述这种趋势分布在《纽约时报》《世界报》和《时代》周报三份报纸中均很明显。当然在程度上，《纽约时报》这种趋势分布更加明显，中性新闻是正面新闻的23倍、负面新闻的2.6倍；而《世界报》和《时代》周报的这种程度没有这么明显（见表5）。

表5 三家报纸的新闻报道涉华态度分析

态度三级值	《纽约时报》（美国）	《世界报》（法国）	《时代》周报（德国）	小计	百分比（%）
正面态度	105	25	29	159	3.70
负面态度	933	217	76	1226	28.53
中性态度	2465	234	196	2895	67.37
不相关	1	16	0	17	0.40
报道总数	3504	492	301	4297	100.00

尽管总体上西方三报对涉华新闻报道所呈现的态度是以中性态度为主，负面和正面态度为辅，但从图48、图49、图50可以看出，西方三报涉华新闻报道的这三种态度针对不同的报道主题和内容是有差异的。

331

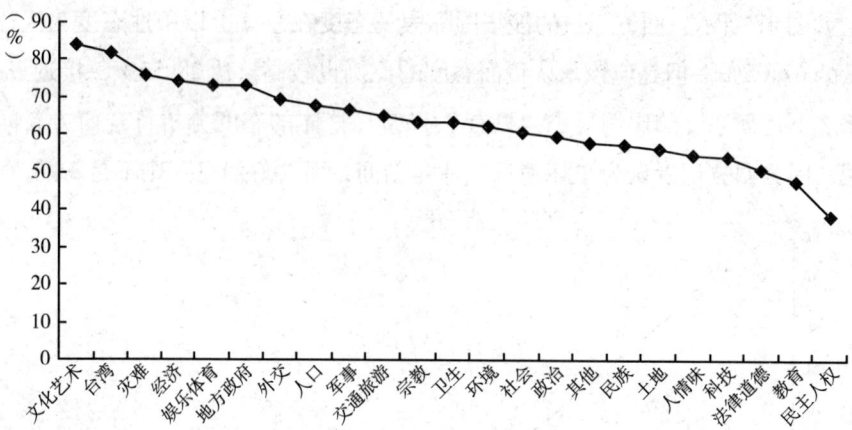

图 48　中性感知的报道主题

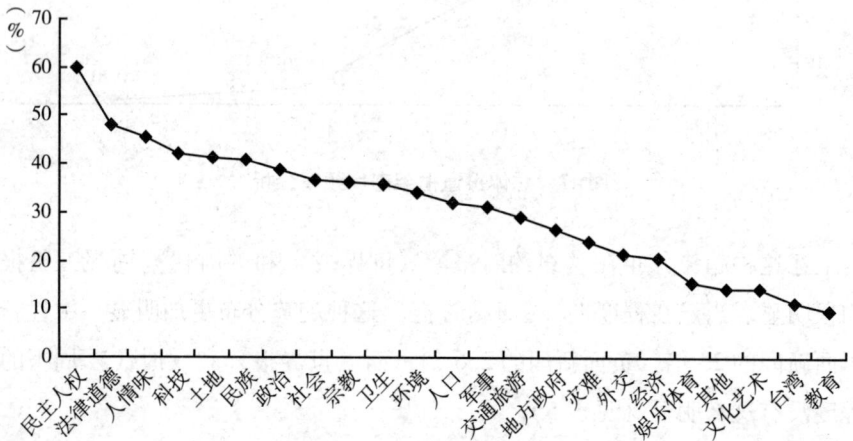

图 49　负面感知的报道主题

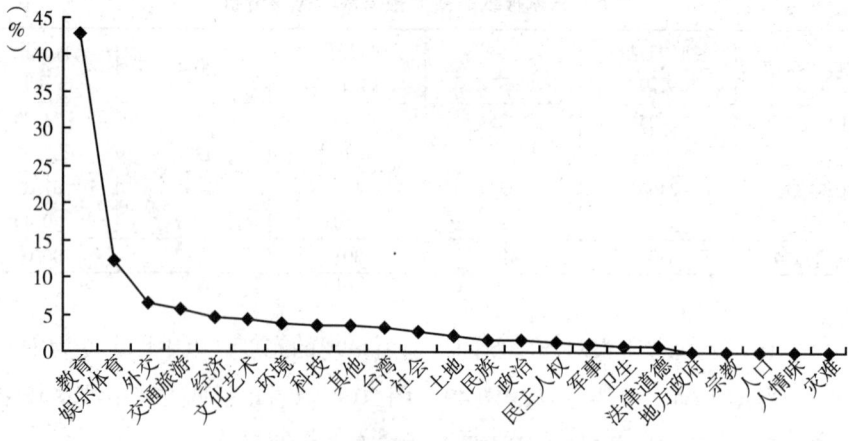

图 50　正面感知的报道主题

就中性态度而言，占西方三报前五的报道主题分别为文化艺术、台湾、灾难、经济、娱乐体育主题，其中对文化艺术主题和台湾事务的报道有超过80%属于中性态度。就负面态度而言，民主人权主题（60%）比例最大，远大于中性感知的比例（38%）。虽然超过50%的只有民主人权主题，但是法律道德、科技和土地等主题也超过了40%的比例。法律道德是由于其自身的关注点具有负面因素，但是西方三报对中国科技和土地这两个主题报道中流露出的态度是非常负面的。西方三报持正面态度的报道主题主要为教育，其次为娱乐体育、外交、交通旅游和经济。值得注意的是，这些主题的百分比分布相对都较低。另外，地方政府事务、宗教、人口、人情味和灾难等主题中没有正面感知的报道，这与上述数据的分布趋势是一致的，说明了西方三报对华的基本态度。

本报告在把西方三报的报道倾向性态度分析与其报道对象进行交叉分析时，发现了不少有意思的现象。如图51所示，以体育娱乐人士为报道对象的新闻报道中有20%是正面态度的，排在第一位。这说明娱乐和体育是可以超越倾向性态度的，也是可以超越不同国家意识形态的。其次，依次

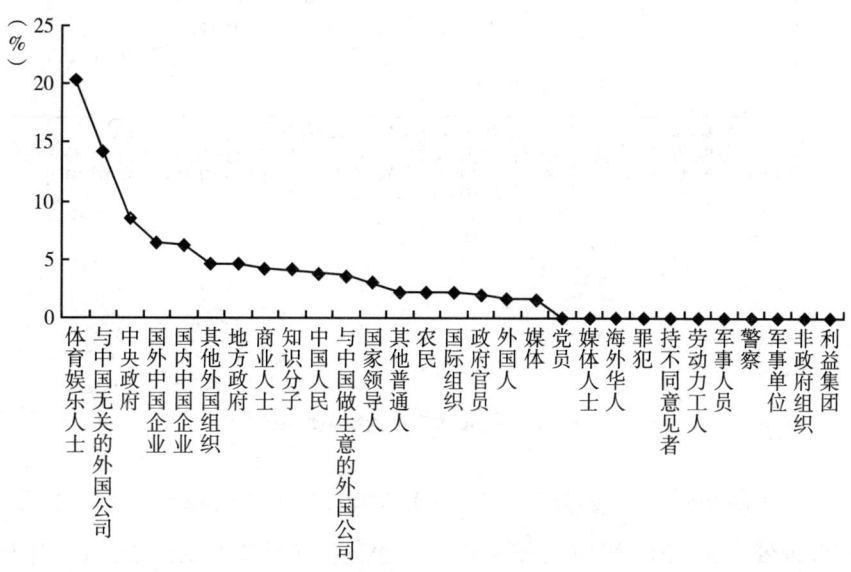

图51　正面感知中的报道对象

是与中国无关的外国公司、中央政府、国外中国企业和国内中国企业等。这些都是政府和企业类报道对象。而在以党员、媒体人士、海外华人、罪犯、持不同意见者、劳动力工人、军事人员、警察、军事单位、非政府组织和利益集团为报道对象的报道中没有正面感知。这些均表明西方三报对这些话题的态度。

图52展示了西方三报的负面态度报道对象。排在首位的是非政府组织，接近70%；接下来依次为持不同意见者、党员、军事人员、地方政府、中央政府、劳动力工人、罪犯、警察和以集体面目出现的中国人民等。需要指出的是，不能简单地把西方三报的负面态度与报道对象联系起来，但这种交叉分析能够说明西方媒体在以"持不同意见者"等为报道对象的新闻报道中所流露出的态度是整体负面的。

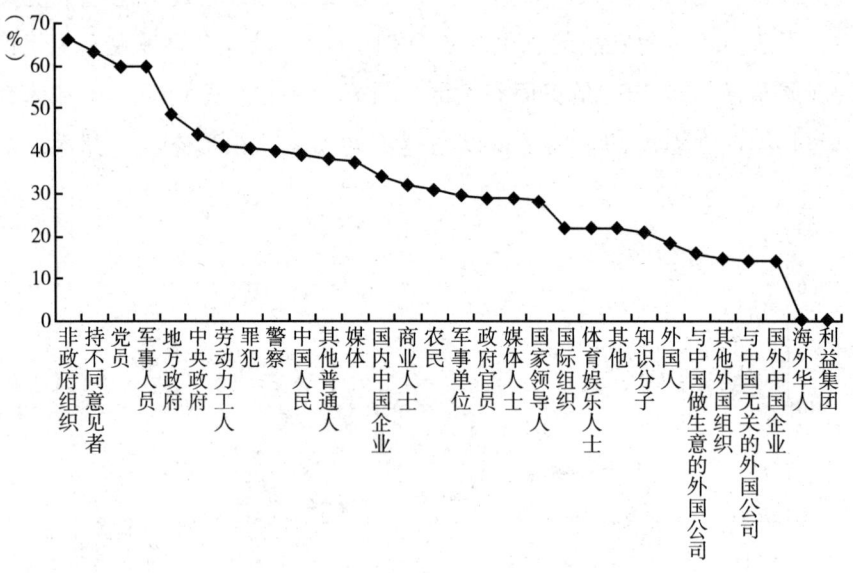

图52 负面感知中的报道对象

有意思的是西方三报对海外华人、利益集团、其他外国组织、与中国做生意的外国公司和国外中国企业等基本持中性态度（见图53）。这也从一个层面说明海外华人等概念在西方三报眼里是相对中性的。

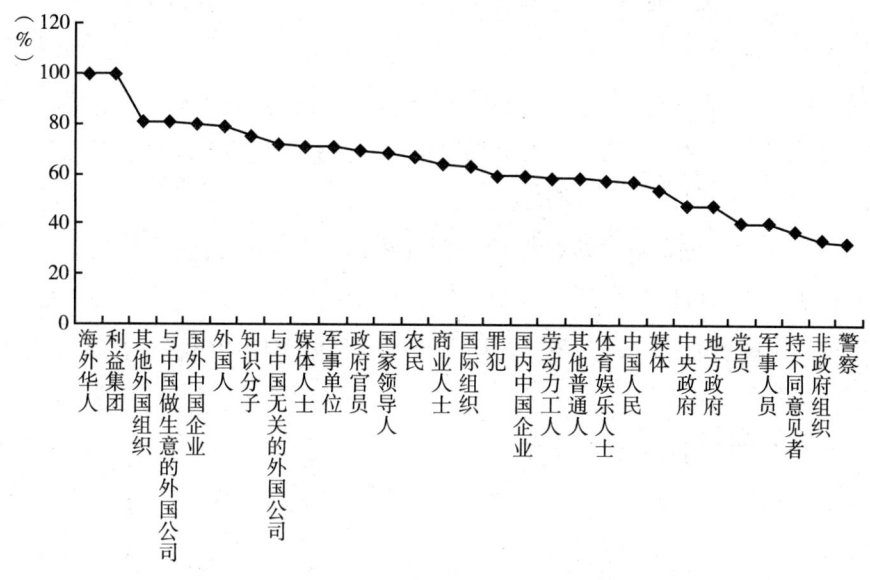

图 53　中性感知中的报道对象

六　讨论及结论

（1）通过上述数据的分析，本报告发现就国际舆情规模而言，三家西方报纸在1992～2010年的19年内总体呈现增量的趋势，这与中国的日益壮大有密切关系。此外，美国的《纽约时报》涉华新闻报道数量超过了法国《世界报》和德国的《时代》周报。这与目前国际传播中存在的英语强势是密切相关的，当然鉴于美国目前在国际传播中的强势地位，美国被消息源提及的频率也是最高的，而且是压倒多数的，这种趋势可能会延续很长一段时间。

对三家报纸消息源的考察反映出西方媒体报道对中国和中国社会的报道立场：是谁在讲述关于中国的故事。总体上看，三家报纸对外国人（包括国内外）消息源的引用比例最高，这一点可以理解：外国报纸总是要利用就近的消息源来开展新闻报道活动。当然这也可以理解为三家报纸对中国故事的塑造主要是来自它们的自身独白。在几乎所有的报道主题（除灾难之外）和报道对象（除农民和军事人员）中，国外外国人消息源是三家报纸的主要引用对象。

在关于中国的报道中，消息源不明确的情况也非常突出。尤其对于中国民族事务和科技主题的报道中，模糊消息源的比例最高。在报道中国警察时，也有较高比例是不明确的消息源。此外，数据显示消息源的国籍与报道中国时国际化的程度相关：越是引用国外的消息源，报道中国时越是更多地提及其他国家、地区和国际组织。这当中也反映出中国人对自身国家的关注，不管身处何地，也折射出中国社会的特殊性。

（2）报道主题是研究西方报道中国和中国社会的一个重要维度。一方面报道主题反映了报道的主要内容和关注度；另一方面，报道主题还反映了在西方报道中中国所处的话语语境，可以看出西方是以怎样的内容来表述和呈现中国的。

本报告发现国际舆情关注度主要集中在经贸金融、文化艺术、外交活动、政治活动和民主人权五个大类，而且重点突出了经济关注度。这与中国近20年中经济快速发展有着密切关联。

通过交叉分析，本报告还发现：①总体上西方三报在报道五大类主题内容时的态度是中性的，应用框架是非冲突性的。但是在偏意识形态的领域，如民主人权和政治等主题，西方报纸更多持其固有的负面和冲突性框架来呈现中国，仍把中国解读为某种威胁或冲突性元素。②西方三报把五大主要报道主题都置于一定的国际背景中，对中国的报道同时提及其他国家，在各类主题中都被反复提及的是美国、日本、欧洲和中国的亚洲邻国，对中国的解读更多的是来自国外消息源或者记者自己的解读。因此，从本报告的研究时间段内来看，西方报纸中涉华国际舆情的关注点仍是西方定义为主。

（3）新闻报道对象研究呈现的是西方报道中国和中国社会时具体谈及了谁（参与者）以及西方媒体在谈及这些参与者时到底谈论了哪些内容。有趣的是，涉华国际舆情的参与者（对象）中提及最多的竟是外国人，其次才是中国或中国社会，这说明中国在西方三报眼中永远是一个"他者"的形象。西方三报讨论涉华国际舆情不是因为中国本身的重要，而是它们（西方）眼里认为中国是重要的，所以它们才会从它们的视角来报道中国、中国人和中国社会。

就报道的人物来讲，西方三报在涉华国际舆情参与者中更多关注文化、政治和商业人士以及持不同意见人士。这四类人士也就构成了西方三报中的涉华国际舆情的主要参与者。但与涉华国际新闻报道的宏大叙事相对应，西方三报报道中国社会时这四类人士更多是以集体面貌出现,尤其是中国政府和政府官员、国家领导人。

就组织机构而言,中央政府、地方政府和中外企业是西方三报的主要报道对象。中央政府主要在经济主题中出现较多,而地方政府则在政治主题中居多,显示出西方三报对中央政府和地方政府的角色定位与中国国内的定位差异,也反映出中西方社会发展理念的差异。在一定程度上,也可以解释目前中西方对政府定位的差异。

(4) 冲突性报道框架考察了西方媒体在报道中国和中国人时是否将中国和中国人置于某种冲突之中,这既表示有的新闻报道本身具有的冲突性或戏剧性因素,也表示把中国解读为某种威胁。本报告通过分析发现:①整体来看,西方媒体对于中国和中国人的报道以非冲突性报道框架为主流,也就是说西方三家报纸对涉华国际新闻报道总体还是平和的,没有包括冲突性元素,或把中国视为某种威胁。②在民主人权主题和持不同意见者作为报道对象(涉及意识形态报道主题和对象)时,西方三报仍更多地负面解读中国,或把中国解读为某种威胁。③在将中国解读为某种威胁时,西方媒体倾向性态度是负面的。这个时候,它们引用的消息源也会更多趋向模糊化。④在国际语境中,冲突性框架比例高。在把中国与其他国家地区,特别是美、日、欧、俄罗斯、印度相提并论时,更多将中国描绘成某种威胁。应用国外外国人为消息源时,中国更多被解读为威胁。⑤尽管西方三报对中央政府和地方政府两类机构对象总体上是趋于中性态度,但它们对地方政府的态度更趋向负面。这也解释了为什么西方三报对地方政府更多地应用了冲突性报道框架。西方三报都关注与中国做生意的外国企业和国内中国企业,且话题集中在经济领域,较少政治化,但它们对国内中国企业的报道态度更趋负面,且更多使用记者自身叙事和国外外国人消息源。

(5) 本报告发现:①西方三报涉华国际舆情态度在总体上以中性态度为主,尤其是《纽约时报》这种趋势分布很明显。中性主题主要包括文化艺术、台湾、灾难、经济、娱乐体育等。西方三报对海外华人、利益集团、其他外国组织、与中国做生意的外国公司和国外中国企业等也基本持中性态度。②西方三报在对民主人权主题以及持不同意见者、党员等与意识形态有关的报道中,其倾向性态度总是很负面的。这说明西方三报对中国和中国社会的固化成见是较难改变的,尽管中国已经发生了巨大变化。③引用在中国国内的外国人为消息源的报道态度最为负面;同时在将中国与其他国家并提的报道中,特别是美、日、德、俄的报道中,负面态度的比例超过30%。

通过对涉华国际舆情的规模和来源、国际舆情关注度、国际舆情参与者、国际舆情框架和国际舆情态度等指标的分析,本报告发现:西方三报的涉华国际舆情尽管还保留其固有的成见,但也在不断变化之中,而且这种变化不仅与中国社会本身的发展有关联,而且与这些国家自身的社会发展也有关联。

参考文献

1. 英文部分:

Cohen, Bernard C. , *The Press and Foreign Policy*, Princeton, N. J. : Princeton University Press, 1963.

Cohen J. , A coefficient of agreement for nominal scales, *Educational and Psychological Measurement*, 1960: 37 - 46.

Dardenne, Robert, *China's Image in US Press after September 11th*, Paper Submitted to International Communication Forum Hosted by Shanghai International Studies University, 2001.

Kusnitz, Leonard A. , *Public Opinion and Foreign Policy*, Westport Greenwood Print, 1984.

Larson, Erik Sean, *Comparison of The New York Times's, The Times of London's, Science's and Nature's Coverage of the Birth of Modern Atomic Theory: 1896 - 1922*, M. A Thesis of Michigan State University, 1992.

Li Xigen, *The effect of national interest on coverage of United States - China relations: A content analysis of "The New York Times" and "People's Daily", 1987 - 1996*, Ph. D Dissertation Paper of M. A of Michigan State University, 1999.

MacBride, Sean, *Many Voices, One World Communication and Society, Today and Tomorrow*, London, Kogan Page and, UNESCO.

McCombs, Maxwell, *Setting the Agenda: The Mass Media and Public Opinion*, Polity, 2004.

Paterson, Chris A. , Sreberny , Annabelle, *International news in the 21st century*, Eastleigh, Hants, UK, 2004.

Reese, Stephen D. , *Framing Public Life: Perspectives on Media and Our Understanding of the Social World*, Lawrence Erlbaum, 2003.

Shoemaker, Pamela J. , Reese, Stephen D. , *Mediating the Message Theories of Influences on*

Mass Media Content, Longman Publishers USA, 1991.

Stimson, James A. , *Public Opinion in America*, Boulder Westview Press, 1991.

Tinsley, H. E. & Weiss, D. J. , Interrater reliability and agreement. In H. E. A. Tinsley & S. D. Brown, Eds. , *Handbook of Applied Multivariate Statistics and Mathematical Modeling*, pp. 95 – 124. San Diego, CA：Academic Press, 2000.

Yeric, Jerry L, *Public Opinion*：*The Visible Politics*, Itasca F. S. Peacock Publication, 1983.

2. 中文部分

阿瑟·阿萨·伯杰：《媒介分析技巧》，中国人民大学出版社，2005。

M. C. 奥舍罗夫等：《社会舆论与法》，王长青等译，新华出版社，1991。

蔡帼芬主编《国际传播与媒体研究》，北京广播学院出版社，2002。

陈力丹：《舆情：感觉周围的精神世界》，上海交通大学出版社，2003。

陈力丹：《舆情学——舆情学导向研究》，中国广播电视出版社，1999。

程世寿：《公共舆情学》，华中科技大学出版社，2003。

戴元光、童兵、金冠军、邵培仁：《20 世纪中国新闻学与传播学，宣传学和舆情学卷》，复旦大学出版社，2002。

董鼎山等：《〈读书〉二十周年合集》，读书杂志社，2000。

国际交流问题研究委员会：《多种声音，一个世界》，中国对外翻译出版公司，1981。

郭可：《国际传播学导论》，复旦大学出版社，2004。

胡钰：《新闻与舆情》，中国广播电视出版社，2001。

黄细云：《〈纽约时报〉对中国经济增长报道的批评性话语分析》，西南交通大学硕士学位论文，2006。

加布里埃尔·塔尔德：《传播与社会影响》，中国人民大学出版社，2005。

韩运荣、喻国明：《舆情学原理，方法与应用》，中国传媒大学出版社，2005。

康荫、雷跃捷：《社会主义市场经济与新闻舆情》，中国广播电视出版社，1995。

李良荣：《西方新闻事业概论》，复旦大学出版社，2004。

李良荣：《新闻学概论》，复旦大学出版社，2001。

李普曼：《舆情学》，华夏出版社，1989。

李希光：《妖魔化与媒体轰炸》，江苏人民出版社，1999。

李希光、周庆安：《软力量与全球传播》，清华大学出版社，2005。

李希光、赵心树：《媒体的力量》，南方日报出版社，2002。

李岩：《媒介批评：立场，范畴，命题，方式》，浙江大学出版社，2005。

廖永亮：《舆情调控学：引导舆情与舆情引导的艺术》，新华出版社，2003。

刘继南、何辉等：《镜像中国》，中国传媒大学出版社，2006。

刘建明：《舆情传播》，清华大学出版社，2001。

刘建明：《基础舆情学》，中国人民大学出版社，1988。

孟小平：《揭示公共关系的奥秘——舆论学》，中国新闻出版社，1989。

潘志高：《〈纽约时报〉对华报道分析：1993～1998》，《贵州师范大学学报》（社会科

学版）2003 年第 3 期。

秦志希、饶德江：《舆情学教程》，武汉大学出版社，1994。

搜狐新闻，http://business.sohu.com/20070417/n249502550.shtml。

王雄：《新闻舆情研究》，新华出版社，2002。

许知远、昝爱宗：《第四种权力：从舆情监督到新闻法治》，民族出版社，1999。

易重华：《雅俗共赏的百年大报——〈纽约时报〉》，《学习月刊》2006 年第 7 期。

喻国明：《解构民意：一个舆情学者的实证研究》，华夏出版社，2001。

Teun A. Van Dijk：《作为话语的新闻》，曾庆香译，华夏出版社，2003。

张国良：《现代大众传播学》，四川人民出版社，1998。

张咏华、殷玉倩：《框架建构理论透视下的国外主流媒体涉华报道——以英国卫报 2005 年关于中国的报道为分析样本》，《新闻记者》2006 年第 8 期。

郑曦原编《帝国的回忆——〈纽约时报〉晚清观察记 1854~1911》，当代中国出版社，2007。

朱怡岚：《〈纽约时报〉如何报道中国——以〈纽约时报〉对"神舟五号"成功发射的报道为例》，《当代传播》2004 年第 4 期。

Report on International Public Opinion on China in Newspapers in the United States, Germany and France (1992 -2010)

Guo Ke

Abstract: The paper explored the changing developments and trends of global public opinion on China in the past 19 years by analyzing the content of their China - related reports in three newspapers in the west: *New York Times* in the U.S.A., *Die Zeit* in Germany and *Le Monde* in France. The paper has found that the global public opinions on China as reflected in the three newspapers have been changing over the years in accordance with social developments in China and in these three countries as well, despite the fact that they still maintain their own stereotypes about China. The paper concludes that (1) The overall attitudes as connoted in the three western newspapers are neutral towards China. This is especially true for *New York Times*. Their neutral themes include cultural arts, Taiwan, disasters, economy and sports while the individuals and institutions neutrally cited consist of overseas Chinese, interest groups, foreign companies trading with China and Chinese enterprises operating outside China. (2) The three western newspapers still hold negative stereotypes when they covered topics related with democracy, human rights, dissidents and party members, indicating that it is very difficult to change their ideological stereotypes despite dramatic changes in China. (3) Foreign news sources inside China are quoted as most negative while the negative percentage exceeds 30% when China is compared with other countries (in particular the U.S.A, Japan, Germany and Russia), demonstrating their ideological superiority.

Key Words: International Public Opinion; West Newspaper; China; Content Analyzing

B.10
国际自媒体涉华舆情报告（2012年）*

相德宝　张人文**

摘　要：

本报告研究分析了2012年度国际自媒体中的涉华舆论特征。对通过Huffington Post, Reddit, Twitter, Linkedin, YouTube, Topix, Digital Journal, CNNI report 等来源采集的样本进行了内容分析。文章总结了2012年国际自媒体中涉华舆论的特征。

关键词：

国际自媒体　涉华舆情　特征

经过农业时代的精英媒体和工业时代的大众媒体，当今全球新闻传播已经进入信息时代的自媒体阶段。以电子布告栏系统（BBS）、博客（Blog）、播客

---

* 本文为上海市教委科研创新项目"国际自媒体涉华舆情研究"（批准号：13ZS043）、中国博士后科学基金项目"社会化媒体与社会管理创新研究"（批准号：2012M520805）、教育部留学归国人员科研基金前期研究成果，同时受上海外国语大学青年教师培育团队资助。本文发表于《情报杂志》2013年第9期。

** 相德宝，上海外国语大学新闻传播学院副教授，上海市浦江人才，中国国际舆情研究中心研究员，复旦大学新闻学院博士后，清华大学新闻与传播学院培养博士，美国北卡莱罗纳大学教堂山分校新闻传播学院访问学者；主持国家社科青年基金项目，教育部人文社科青年项目，教育部留学归国人员科研基金、中国博士后科研基金、上海市教委科研创新等项目。出版专著《自媒体时代中国对外传播能力建设》（人民日报出版社，2013）、《从宣传到说服：中国人口计生标语口号的历史变迁》（中国广播电视出版社，2010）；译著两部：《媒介心理学》（中国轻工业出版社，2007）、《世界简史》（安徽人民出版社，2002）；英文专著一部 *From Propaganda to Persuasion: The Evolution of Chinese Population and Family Planning Slogans and Posters*（VDM Publishing House，2010）；发表论文二十余篇。张人文，上海外国语大学中国国际舆情研究中心研究助理。课题组成员包括赵欣欣、束琳群、须双双、苏星奇、成村、高瑞梓、李珺。

（Podcasting）、掘客（Digg）、即时通讯（如 QQ、MSN）、维基百科（Wikipedia）、社交网络（SNS）、微博（Twitter）为主要形式的自媒体对当下社会产生了广泛而深远的影响。

自媒体（We-media）是以博客、播客、维客、新闻聚合、论坛、即时通讯等新媒体为载体的个人媒体的统称①，又称用户生产内容媒体（user-generated-content）、参与式媒体（participatory media）、社会化媒体（social media）。区别于传统媒体的新闻把关模式，自媒体的核心是普通公众直接生产内容。自媒体传播中，受众不再是被动的角色，而是新闻的参与者和创造者。受众作为主角，参与到新闻和信息的收集、报道、分析和传播过程中。因此在某种程度上说对自媒体涉华舆情的研究更能直接反映国际民众对华的舆论和态度，更接近涉华舆情的民意调查。

传统的涉华国际舆情研究主要关注西方发达国家，尤其是美国、英国和德国主流媒体，特别是报刊媒体对中国重大事件、突发事件等相关报道的文本分析。② 而新兴的自媒体力量则是对传统新闻传播模式的颠覆和革命，加强对以自媒体为载体的涉华舆情研究成为当前学界关注的重点。鉴于此，本文尝试对国际自媒体涉华舆情进行研究。

一 研究设计

本文选取博客、掘客、微博、社交网站、视频网站、网络论坛、公民网站七种自媒体形态对2012年国际自媒体上的涉华舆情进行研究。每种自媒体形态选取具有代表性和影响力的国际自媒体网站进行分析，具体研究对象包括博客网站 Huffington Post、掘客网站 Reddit、微博 Twitter、社交网站 Linkedin、视频网站 YouTube、网络论坛 Topix、公民网站 Digital Journal 和 CNNI report。本文通过设置"China"关键词搜索对上述八个国际自媒体网站上的涉华舆情信息进行搜索，并进行全年监测，共收集涉华舆情信息2097条，每种研究对象

---

① Dan Gillmor, We the Media: Grassroots Journalism by the People, for the People, *O'Reilly Media*, 2006.
② 张军芳：《对我国涉华国际舆情研究的解读与反思——以1998～2011年间190篇相关论文为基础的分析》，《新闻记者》2012年第7期。

样本量见表1。在此基础上，对2097条涉华舆情信息进行人工编码，并利用Spss软件进行分析。

表1 研究对象及样本量

No.	自媒体形态	具体研究对象	样本量
1	博客	Huffington Post	366
2	掘客	Reddit	326
3	微博	Twitter	174
4	社交网站	Linkedin	257
5	视频网站	YouTube	225
6	网络论坛	Topix	297
7	公民网站	Digital Journal	146
		CNNIreport	306
总 计			2097

二 研究发现

通过研究，发现2012年国际自媒体涉华舆情主要特征如下。

1. 国际涉华舆情事件和国内重大事件是国际自媒体涉华舆情焦点

根据对国际自媒体关注中国事件频次的统计，中日钓鱼岛争端成为2012年国际自媒体关注中国频次最高的事件（74次）；其他涉华重大事件包括中国南海问题（48次），薄熙来事件（43次），西藏问题（43次），中共十八大（38次），中国网络管制（35次），美国大选中国相关报道（26次），中国首艘航空母舰（20次），伦敦奥运会中国报道（20次），世界各地迎中国新年（20次），神舟九号载人飞船（18次），富士康事件（17次），陈光诚事件（16次）。国际自媒体关注中国重大事件见表2。

综合看来，国际自媒体对华重大事件关注呈现以下特点：①2012年国际涉华舆论事件推高国际自媒体涉华舆情关注度。国际自媒体是国际网民信息传播的平台，因此国际自媒体涉华舆情更注重国际视野中的中国。如2012年中日钓鱼岛争端、中国南海问题、美国大选中国相关报道、伦敦奥运会中国报道

表2 国际自媒体关注的中国主要事件及频次列表（≥16次）

No.	主要事件	关注频次
1	中日钓鱼岛争端	74
2	南海问题	48
3	薄熙来事件	43
4	西藏问题	43
5	中共十八大	38
6	中国网络管制	35
7	美国大选涉华报道	26
8	中国首艘航母辽宁号	20
9	伦敦奥运会中国报道	20
10	世界各地迎中国新年	20
11	神舟九号载人飞船	18
12	富士康事件	17
13	陈光诚事件	16

都是从国际关系、国际问题的视角审视中国角色和行为。②中国国内重大事件也是国际自媒体关注的焦点。如薄熙来事件、中共十八大、神舟九号载人飞船、中国首艘航空母舰，上述国内事件由于其国际影响力也成为国际自媒体关注的焦点。③国际争议事件也是国际自媒体关注中国的重要事件。西藏问题、陈光诚事件、中国网络管制因其符合国际自媒体国际争议性特征而备受关注。

2. 高层政治人物及新闻人物关注度高

从关注的焦点人物来看，薄熙来、习近平、胡锦涛、陈光诚、温家宝、达赖喇嘛、艾未未、林书豪、毛泽东、刘洋、莫言成为国际自媒体涉华舆情中的焦点人物。薄熙来成为2012年国际自媒体涉华舆情最受关注的中国人物（39次）。其次是中共中央总书记习近平，关注频次36次；原国家主席胡锦涛，关注频次27次；陈光诚，关注频次20次；原国务院总理温家宝18次；达赖喇嘛10次；艾未未、林书豪、毛泽东、刘洋、莫言分别为9次。国际自媒体关注的中国人物及频次见表3。

表3 国际自媒体关注的中国人物及频次列表（≥9次）

No.	人物	关注频次
1	薄熙来	39
2	习近平	36
3	胡锦涛	27
4	陈光诚	20
5	温家宝	18
6	达赖喇嘛	10
7	艾未未	9
8	林书豪	9
9	毛泽东	9
10	刘洋	9
11	莫言	9

国际自媒体对中国人物的关注表现出以下特点：①国际自媒体关注中国高层政治人物，凸显国际自媒体的政治性。包括中共中央总书记习近平、原国家主席胡锦涛、原国务院总理温家宝、已故毛泽东主席都是国际自媒体关注的重要对象。②陈光诚、达赖喇嘛、艾未未等新闻人物也是国际自媒体关注的焦点。③薄熙来、体育明星林书豪、女航天员刘洋以及诺贝尔文学奖获得者莫言都是2012年度中国新闻人物，同样也是国际自媒体关注的焦点人物。

3. 一线城市与民族地区舆情指数高

从关注的中国地区来看，北京、上海、香港、西藏成为国际自媒体涉华舆情关注度最高的地区。据统计，北京因其政治、经济、文化地位成为最受关注的中国地区，关注频次为171次。同时北京暴雨以及北京空气质量、环境也成为国际自媒体关注的焦点。上海关注度居第二位，关注频次为76次，关注的主要事件包括上海的国际经济中心地位、上海台风海葵、上海旅游和上海夜景等。香港关注频次为56次，关注的主要事件包括香港特首选举、香港回归15周年、香港对大陆客态度和钓鱼岛事件等。西藏因其民族问题以及独特的文化而成为国际自媒体关注的焦点,关注频次为47次,关注的主要事件包括藏人自焚、西藏旅游等。

其他关注度较高的省份和地区包括台湾40次,台湾大选、两岸关系、钓鱼岛事件是关注的主要事件;广东39次,钓鱼岛事件,习近平、温家宝考察广东是关注的主要事件;重庆34次,关注的主要事件是薄熙来事件;浙江30次,吴英案、宁波PX事件以及温岭幼师虐童案是关注的主要事件;四川27次,关注的主要事件是大熊猫和藏人自焚以及大学生志愿者;河南19次,关注的主要事件是河南男子刺伤22名儿童、校园安全;山东17次,关注的主要事件是陈光诚事件和莫言获诺贝尔文学奖引发山东旅游热;陕西、云南和新疆分别为15次,陕西关注的主要事件是怀孕7个月的孕妇遭当地政府官员强制引产,新疆关注的主要事件是新疆骚乱、网络管制和新疆地震,云南关注的主要事件是云南地震、山体滑坡和泥石流;江苏11次,关注的主要事件是日本名古屋市长否认南京大屠杀、江苏启东抗议活动;湖南13次,关注的主要事件是长沙欲建世界第一摩天大楼。其他省份和地区关注度整体不高。

4. 社会民生、政治、经济和外交/国际关系是国际自媒体关注的主题

从关注的主题来看,社会民生、政治、经济和外交/国际关系是国际自媒体关注中国的主要主题。其中,社会民生主题新闻关注最多,434条,占20.7%。其次,为政治主题,406条(19.4%);经济主题346条(16.5%),外交/国际关系359条(17.1%);文化142条(6.8%);科技84条(4%);环境79条(3.8%);旅游72条(3.4%);军事59条(2.8%);体育41条(2%);教育17条(0.8%);民族30条(1.4%);宗教16条(0.8%);其他12条(0.6%)(见图1)。

5. 中性报道是国际自媒体涉华舆情的主要态度

从报道态度来看,2012年国际自媒体涉华舆情报道主要以中性报道为主,共计1197条,占57.1%;负面报道也占到一定比例,其中较为负面报道共计469条,占22.4%;非常负面报道145条,占6.9%,负面报道数量总计614条,占29.3%。正面报道数量相对较少,其中较为正面报道240条(11.4%),非常正面报道46条(2.2%)(见图2)。

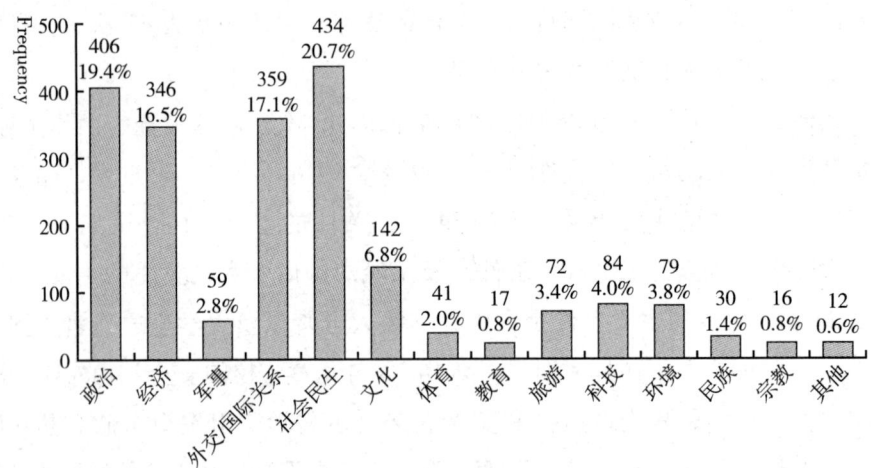

图1 报道主题

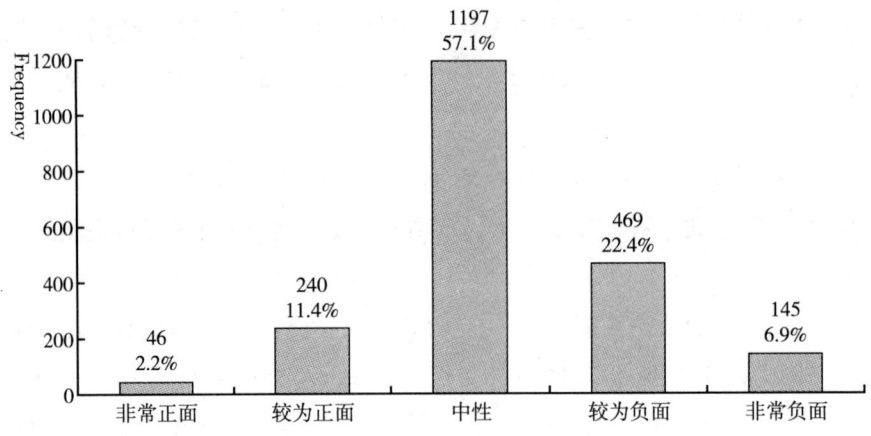

图2 报道态度

负面报道主要集中在政治、社会民生、民族、宗教领域。政治上关注中国政治改革、官员腐败、官员不雅视频、加强网络审查、香港游行、乡村选举混乱、《纽约时报》记者被驱逐出境、女记者施蓉被指间谍案等。社会民生领域的负面舆情主要关注随地大小便、中国人吃猫狗动物、群众上访、北京暴雨致人死亡、天津大火、食品添加剂、使用童工、洛阳性奴案、城市空气质量不合格、陕西孕妇遭强制引产、陈光诚案件、富士康自杀事件、校园安全、江西吉安儿童血铅超标事件、广西龙江镉污染、留守儿童、南山奶粉致癌、咸鸭蛋可能致癌、国人赴美生子、器官交易、拐卖儿童者、杨锐"外国垃圾"言辞引发的排外舆论、归真堂活熊取胆事件、校园持刀案、中国山寨货等。民族宗教领域主要关注西藏问题、新疆问题。

正面报道主要集中在文化和科技领域。文化关注的事件包括哈尔滨国际冰雪节、中国新年、香港的新年烟火、中国戏曲《牡丹亭》在林肯中心上演、莫言获得诺贝尔文学奖、上海夜景、陕北秧歌、悉尼新南威尔士大学新成立孔子学院、中国的全球大都市世界最多、中国新兴电子音乐、中国针灸、中药、中国传统文化等。

科技领域正面报道包括神九成功着陆、中国第一位女宇航员、中国发射北斗卫星、最长的高速铁路在中国开始商业运营、中国手机用户突破10亿、中国第一艘航空母舰辽宁号开始服役、蛟龙号7000米级海试首战告捷、中国发布月球照片、中国智能手机2013年底将达到5亿、中国计划在火星上种植蔬菜等。

社会民生领域的正面报道主要关注公交司机舍己为人挽救乘客、四川干胡椒广受世界人们欢迎、大学生到四川当志愿者、中国两只大熊猫"圆子"和"欢欢"送往法国、林书豪引热潮、中国将在2015年超越美国成为全球第一商务旅游大国。

6. 英美发达国家传统主流媒体依然是国际自媒体主要信息源

从国际自媒体涉华舆情来源看,转载其他媒体信源是国际自媒体涉华舆情的主要信息来源。其中,由国际自媒体用户原创涉华信息650条(31%),转载1168条(55.7%),原创+转载形式202条(9.6%),未注明来源77条(3.7%)(见图3)。

从转载的具体媒体类型来看,国外主流媒体依然是国际自媒体涉华舆情的主要来源,1451条转载信息中,转自国外主流媒体的信息929条,占64%;转自国外自媒体的涉华舆情信息154条(10.6%);国外其他来源信息105条(7.2%),国外信息来源共计1188条(81.8%);国内官方媒体56条(3.9%);国内商业媒体26条(1.8%);国内自媒体25条(1.7%),转自国内媒体的信息共计107条(7.4%);其他类型4条(0.3%);未注明转载来源的信息152条(10.5%)(见图4)。

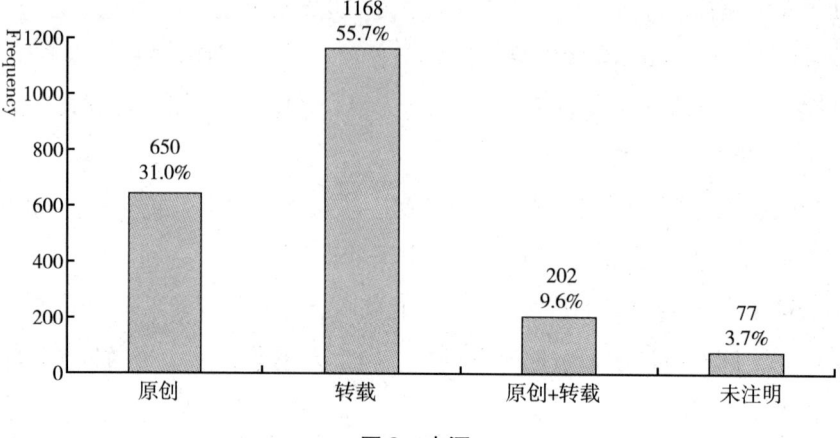

图 3 来源

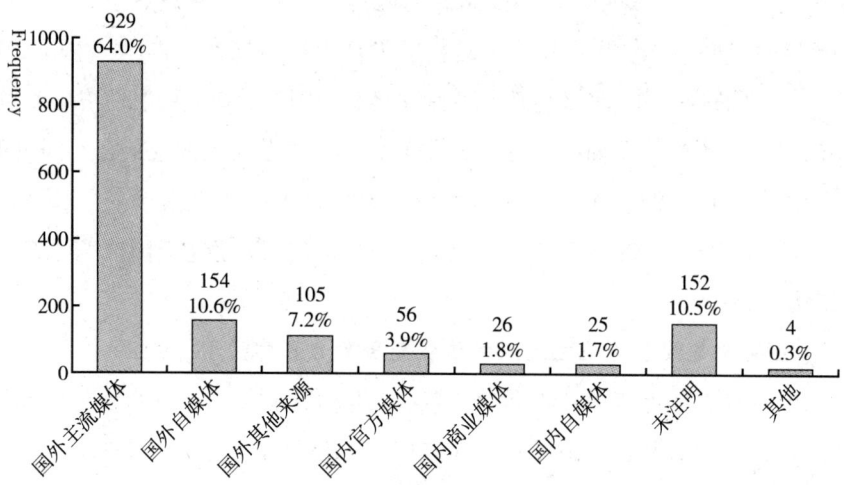

图 4 转载媒体类型来源

从转载的具体媒体来源看，国际主流媒体中转载数量较多的为美联社（161次）、路透社（141次）、BBC（79次）、半岛电视台（35次）、《纽约时报》（32次）、美国有线电视新闻网（30次）、法新社（24次）、《卫报》（21次）、《华尔街日报》（20次）、《华盛顿邮报》（20次）、彭博通讯社（16次）、加拿大通讯社（16次）、《每日电讯报》（14次）、《金融时报》（13次）、今日俄罗斯（12次）、《洛杉矶时报》（11次）、今日美国（11次）。国际自媒体转载国外主流媒体频次见表4。

表 4　国际自媒体转载国外主流媒体涉华报道频次列表（≥11 次）

No.	媒体名称	频次	国家
1	AP（美联社）	161	美国
2	Reuters（路透社）	141	英国
3	BBC	79	英国
4	Al Jazeera（半岛电视台）	35	卡塔尔
5	New York Times（《纽约时报》）	32	美国
6	CNN（美国有线电视新闻网）	30	美国
7	AFP（法新社）	24	法国
8	Guardian（《卫报》）	21	英国
9	The Wall Street Journal（《华尔街日报》）	20	美国
10	Washington Post（《华盛顿邮报》）	20	美国
11	Bloomberg（彭博通讯社）	16	美国
12	Canadian Press（加拿大通讯社）	16	加拿大
13	Telegragh（《每日电讯报》）	14	英国
14	Financial Times（《金融时报》）	13	英国
15	Russia Today（今日俄罗斯）	12	俄罗斯
16	Los Angeles Times（《洛杉矶时报》）	11	美国
17	USA Today（今日美国）	11	美国

国内媒体官方媒体中转载频次最高的是新华社（25 次），其次是《中国日报》（16 次）、《人民日报》（3 次）、中国网络电视台（2 次），《上海日报》（2 次）。国内商业媒体转载次数最高的是香港《南华早报》（4 次），其次为《苹果日报》（2 次）、《北京晨报》（1 次）、《长江商报》（1 次）。

从转载媒体的国家来源看，美国、英国是主要转载国家来源。其中转载美国的信息共计 636 条（43.7%）；英国 299 条（20.6%）。转载中国信息 117 条，占 5.6%；其他国家信息分别为加拿大 38 条（1.8%）、卡塔尔 35 条（1.7%）、法国 35 条（1.7%）、澳大利亚 16 条（0.8%）、俄罗斯 14 条（0.7%）、印度 12 条、日本 10 条、新加坡 7 条、德国 9 条、韩国 3 条、塔吉克斯坦 3 条；泰国、菲律宾、巴西分别为 2 条。

7. 国际自媒体涉华舆情用户多元，以媒体从业人员和公司职员为主

本文从发布者国籍和职业角度对国际自媒体涉华舆情的用户特征进行了统计。由于仅有部分用户注册了以上信息，本文的统计仅限于注册以上特征的

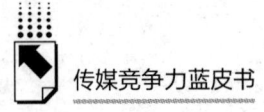

用户。

从国际自媒体涉华舆情用户的国籍来看,发布者主要来自美国、中国、英国、加拿大、菲律宾、爱尔兰、西班牙、印度、泰国、法国、德国、澳大利亚、日本等国家,涉华舆情用户多元。总计935位用户注册了国籍信息,来自美国的自媒体用户最多,357例;其次为中国,127例;再次为英国,98例;加拿大居第四位,67例;其他国家用户数分别为菲律宾28例,爱尔兰25例,西班牙26例;泰国、法国分别为23例;印度17例;澳大利亚、日本分别为16例;尼日利亚15例,德国12例。

从发布者的职业特征来看,媒体从业人员和公司职员是国际自媒体涉华舆情用户的主要职业特征。共计631位自媒体用户标注职业特征,其中,媒体从业人员359例,占56.9%;学生22例,占3.5%;公司职员134例,占21.2%;个体经营者10例,占1.9%;公务员13例,占2.1%;工人4例,占0.6%;教师32例,占5.1%;退休人员9例,占1.4%;自由职业者48例,占7.6%。

三 结语

本文对八个国际自媒体网站2012年涉华舆情进行了全年监测,通过研究,本文指出2012年国际自媒体涉华舆情的主要特征是:国际涉华舆情事件和国内重大事件是国际自媒体涉华舆情焦点;中国高层政治人物及新闻人物关注度高;一线城市与民族地区舆情指数高;社会民生、政治、经济和外交/国际关系是国际自媒体关注的主题;中性报道是国际自媒体涉华舆情的主要态度;英美发达国家传统主流媒体依然是国际自媒体主要信息源;国际自媒体涉华舆情用户多元,以媒体从业人员和公司职员为主。

Report on Global We-media Coverage on China (2012)

Xiang Debao Zhang Renwen

Abstract: The report analyzes the characteristics of public opinions on China in the year of 2012 on global we-media. A content analysis was performed on items collected from Huffington Post, Reddit, Twitter, Linkedin, YouTube, Topix, Digital Journal, and CNNI report sources. Characteristics of public opinions on China in 2012 on global we-media are concluded.

Key Words: Global We-media; Public Opinions on China; Characteristics

B.11
中国对外传播战略的现实困境与适时转向

孟建 董军*

摘　要：

本文运用国际传播的研究方法，在质化研究和量化研究结合的基础上，对对中国对外传播构成巨大障碍的"中国威胁论"进行了全球背景下的分析和研究，尤其对美国、西欧、日本、印度四个国家（地区）进行了更为深入的分析和研究。通过研究发现，在看似同样的"中国威胁论"论调下，隐藏的其实是各个国家（地区）的不同想象和各种诉求。如美国的"政冷民热"、西欧的"失落心态"、日本的"政冷经热"、印度的"竞争情结"等。为此，本文认为：我们要迅速改变以往"大一统"的对外传播格局，立即实施区别化、区域（国别）化、精准化的对外传播战略。通过迅速实施这一战略，大大提升我国对外传播的针对性和有效性，从而为中华民族的伟大复兴营造良好的国际舆论环境。

关键词：

　　中国对外传播　现实困境　适时转向

1990年5月，就在冷战时代即将告终之际，日本防卫大学副教授村井友秀却在《诸君》月刊上就"未来的中日关系走向"发表了《论中国这个潜在

---

* 孟建，复旦大学新闻学院教授，博士生导师，国家社科基金重大项目"国家形象建构与跨文化传播战略研究"（批准号：11&ZD027）首席专家。董军，复旦大学博士，上海师范大学人文与传播学院讲师，师资博士后，国家社科基金重大项目"国家形象建构与跨文化传播战略研究"办公室主任。

的威胁》一文。在该文中，村井友秀认为，"中国是一个有着巨大潜力的国家，它作为一个完全有条件给世界带来影响的大国而存在于国际社会"，而当前，它"正希望通过实现四个现代化重新登上世界政治大舞台"，其不断增长的军事实力和迅速推进的现代化进程，对于未来的日本而言，很可能是个"潜在的威胁"。① 因为这个"著名"的推断，该文被国内很多学者冠为诱发世界"中国威胁论"的滥觞之作。

然而事实上，村井友秀在该文中却明确表示，"中国威胁"观在日本影响甚微。他发现，"在今天的日本，过去那种'先进的日本与落后的中国'的观念进一步发展成'富裕的日本与贫穷的中国'的意识。在中国面前，日本的先进国家意识和优越感反而越来越强了"。因此，"在当今日本，将中国看成是日本的威胁的人，数量极少。即使从各种舆论调查来看，也只有百分之几的人认为中国是威胁，而且，同北朝鲜相比，来自中国的威胁更小"。② 而他之所以得出"中国是个潜在的威胁"，很大程度上是基于现实主义国际关系理论对未来的推断。这集中体现在他对戈尔巴乔夫观点的引用上——"在国与国的关系方面，没有永恒的敌人，也没有永恒的朋友，有的只是永恒的国家利益"。③

当时还是人微言轻的村井友秀，对"中国是个潜在的威胁"的推断，显然在当年并没有引起日本学术界和新闻界的太多关注；同样，在中国也只有同年 8 月的《参考资料》摘译了该文，但并没有作太多评述。

真正将"中国威胁"话语引入国际学术界和国际舆论场的是 20 世纪末的美国知识界。1992 年秋，费城外交政策研究所亚洲项目主任罗斯·芒罗在美国保守派"传统基金会"主办的《政策研究》（Policy Review）上发表了《正在觉醒的巨龙：亚洲真正的威胁来自中国》一文，宣称"由于中国的军事力量正在迅速扩大，而且还是世界上屈指可数的共产主义国家，现在虽然还不能

---

① 〔日〕村井友秀：《论中国这个潜在的威胁》，《诸君》1990 年 5 月。见《参考资料》1990（23480），第 67~69 页。
② 〔日〕村井友秀：《论中国这个潜在的威胁》，《诸君》1990 年 5 月。见《参考资料》1990（23480），第 65 页。
③ 〔日〕村井友秀：《论中国这个潜在的威胁》，《诸君》1990 年 5 月。见《参考资料》1990（23480），第 70 页。

断定中国将取代前苏联而成为美国的'新敌人',可是,无论在经济方面还是在战略方面,中国都将对美国至关重要的利益构成一种越来越大的威胁"①。该文发表后立即在国际学术界激起了回音,如英国学者西格尔(Gerald Segal)、罗伊(Denny Roy)也随后抛出了《即将到来的中国和日本的冲突?》《中国经济增长对亚太安全的后果》等文。

在国际新闻界,相关的报道和评论也纷纷涌现,如《北京正在狂热地购买武器,其邻国感到不安》(《商业周刊》,1992.6)、《"大中国"可能成为最大的一只虎》(《商业周刊》,1992.9.28)、《中国谋求得到俄罗斯武器以便军队现代化》(《纽约时报》,1992.7.18)、《中国正在成为破坏亚洲军事均势的不稳定因素》(《朝日新闻》,1992.8.3)、《韩国出现中国经济威胁论》(《产经新闻》,1992.9.7)、《中国的海洋霸权》(《产经新闻》,1992)、《中国的崛起》(《外交季刊》,1993.11)、《东亚的新安全议程》(《华盛顿季刊》,1994年冬季号)等文都曾在国际舆论界引起较大反应。据郭隆隆和赵念渝的统计,1992年初至1994年底,美、日、英、法等国的报刊上先后出现了70多篇有关"中国威胁论"的文章。②

然而,"中国威胁论"的影响还不仅仅囿于国际学术界和新闻界,事实上也成为国际政经界的一个常用话语。比如说,1992年10月27日,印尼政治和安全事务统筹部长苏多莫在答记者问时,就公开"劝告"访问中国的人要保持警惕,因为共产主义在那里仍然是"潜在的危险"。同年11月13日,印尼国防部长本尼·穆达尼在"南沙问题"研讨会上也直截了当地表示了对中国"威胁"的担心,并要求中国增大国防政策的"透明度",以"使邻国了解目前正在加强军事力量的原因"③。1993年5月,时任日本首相宫泽喜一在会晤克林顿时同样也是直言不讳,"中国的经济一经发展,就可能在军事继续抱有野心"④。到了1996年,克林顿政府在就"建立亚太安全机制"问题致函东盟各国时,则

---

① 转引自解本亮《凝视中国:外国人眼里的中国人》,民族出版社,2004,第51页。
② 郭隆隆、赵念渝编著《世纪之交的大国关系》,上海教育出版社,1998,第83页。
③ 唐希中等:《中国与周边国家关系(1949~2002)》,中国社会科学出版社,2003,第112页。
④ 转引自王联、史哲、叶海林《南亚上空的蘑菇云——印巴核试验前前后后》,新华出版社,1998,第133页。

中国对外传播战略的现实困境与适时转向

干脆声称"中国已有取代前苏联在亚洲构成主要安全威胁的迹象"①。

由此可见,"中国威胁论"的出现,虽然源于日本学术界的"发现",但是其真正成为一个国际性的"统治"话语,却是源于西方学术界、新闻界和政经界的共同推动。Yi Edward Yang 和 Xinsheng Liu 就曾发现,"虽然中国的改革开放自上世纪 70 年代末就已开始,但是之前美国并没有将其视作一个潜在的威胁。直到 90 年代初,一小部分美国政府官员才公开指责中国致使亚太地区的安全恶化。一些政策分析师、学者、政治人物等也随之作出反应,并开始一起攻击中国是一个潜在的威胁。到了 90 年代后期,'中国威胁'业已成为美国不同领域讨论中美关系的一个重要批评框架"②。

一个不争的事实是,20 世纪 90 年代以后,美国的知识界与政经界就一直主导着世界"中国威胁"形象的生成与传播,并直接左右了世界不同地区的"威胁"论述。国内学者周宁认为,自现代性发生以来,西方的中国形象就一直是世界中国形象的建构起点,"即使该国家地区具有自身的中国形象传统,也难以拒绝西方的中国形象的'规训',而且,在绝大多数情况下,这些国家地区中的中国形象,不过是掺杂着本土想象的西方的中国形象的再生产形式"③。仅从"中国威胁论"的世界话语体系来看,似乎又一次佐证了周宁的判断,但是真正走进每个国家的舆论场域,我们通过研究却又发现,"同样的威胁"背后隐藏的其实是"不同的想象"。

从"中国威胁"形象的空间维度来看,不同国家的"威胁"想象明显存在着较大差异。美国皮尤研究中心(Pew Research Center)2012 年的一份最新调查数据显示,大部分的美国民众并不认为中国是个"讨厌的国家",真正将中国视为一个"讨厌国家"的只是部分西欧国家和个别邻国,在这其中又以日本对中国的印象最差。不过,尽管有些西欧国家对中国印象不佳,但是多数西方国家仍然认为中国是个"不错的国家"。也就是说,在对待中国的态度上,并不存在着一个统一的西方(见图 1、图 2)。

---

① 王子昌:《解构美国话语霸权——对"中国威胁论"的话语分析》,《东南亚研究》2003 年第 4 期。
② Yi Edward Yang, Xinsheng Liu. The "China Threat" through the Lens of US Print Media: 1992 - 2006, *Journal of Contemporary China* (2012), July.
③ 转引自李勇《西欧的中国形象》,人民出版社,2010,总序。

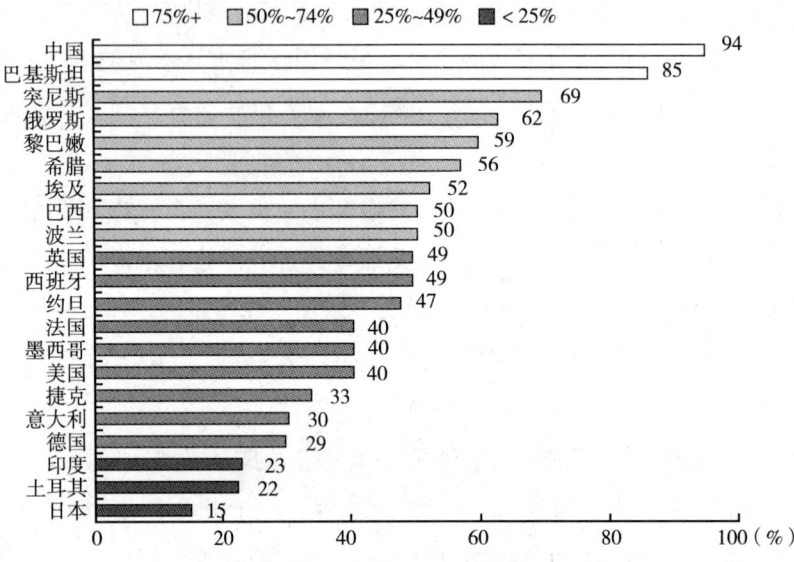

图1　2012年世界不同国家对中国的好感度 *

* 该项目自2002年启动，至今已历经11年，项目跨域59个国家，调研样本近30万人。该文所引用的相关数据均来自皮尤研究中心（Pew Research Center）的官方网站：http：//www.pewglobal.org/database。

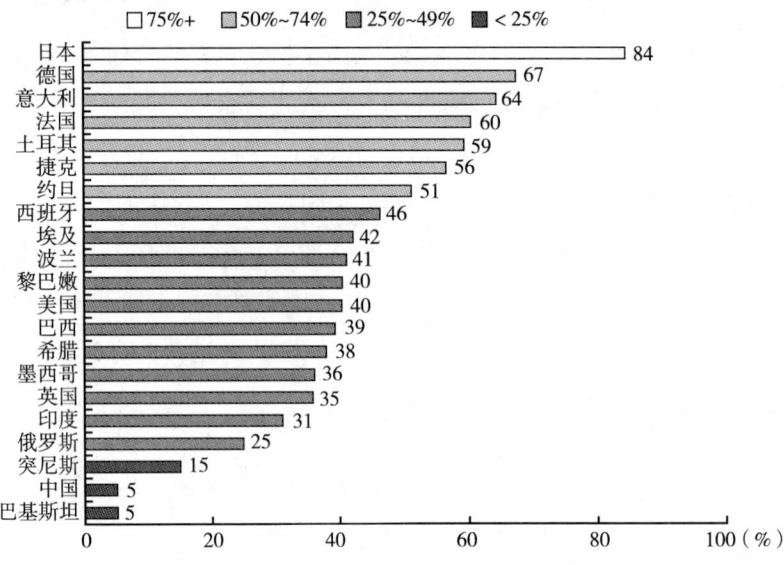

图2　2012年世界不同国家对中国的反感度 *

* 皮尤研究中心，http：//www.pewglobal.org/database。

2013年，受南海危机等问题影响，虽然美国民众和日本民众对中国形象的好感度明显下降（美国只有37%，日本更是低至5%），均为近年来最低值，但依然不能代表绝大多数国家。事实上在西方内部依然存在着较大的分歧，如英国和西班牙民众在2013年对中国的好感度均依然高达48%（见图3、表1）。

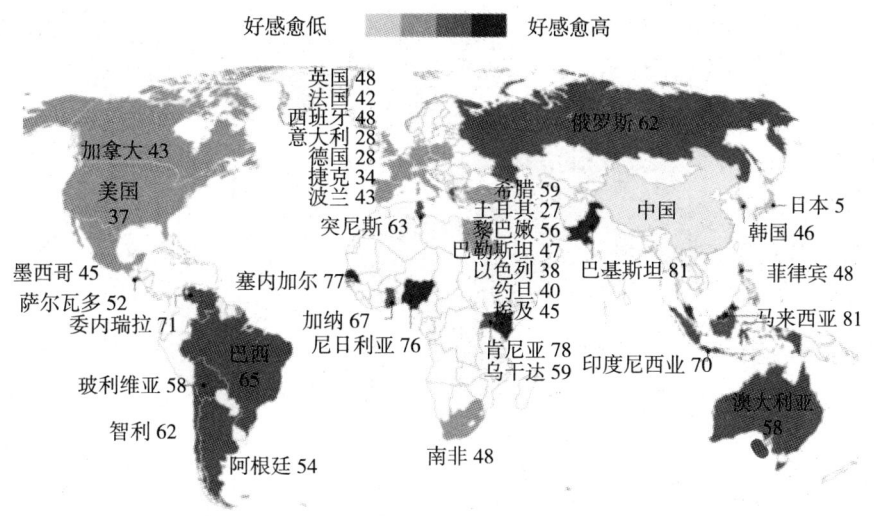

图3　2013年中国的国际形象＊

＊ 皮尤研究中心，http://www.pewglobal.org/database。

表1　2013年中国的国际好感度

单位：%

	中国作为伙伴，而非敌人		
	中国倾向于……		
	伙伴	敌人	非敌非友
加拿大	20	8	67
美国	20	18	58
俄罗斯	53	11	28
希腊	36	11	51

续表

	中国作为伙伴,而非敌人		
	中国倾向于……		
	伙伴	敌人	非敌非友
捷克	30	6	61
德国	28	10	61
西班牙	25	8	65
波兰	24	13	57
法国	21	10	69
英国	18	7	72
意大利	12	39	44
突尼斯	51	9	27
约旦	48	13	34
黎巴嫩	36	18	44
埃及	28	18	46
巴勒斯坦	26	12	51
土耳其	16	36	30
以色列	15	13	67
巴基斯坦	82	1	2
马来西亚	78	3	10
印尼	53	3	36
澳大利亚	36	6	56
韩国	27	17	53
菲律宾	22	39	35
日本	11	40	47
委内瑞拉	74	9	9
智利	62	6	26
萨尔瓦多	58	6	33
阿根廷	52	6	30
巴西	50	10	36
玻利维亚	42	9	35
墨西哥	41	24	27
塞内加尔	78	4	7
肯尼亚	77	8	12
尼日利亚	71	4	9
加纳	70	11	13
乌干达	58	5	9
南非	52	11	25

资料来源：皮尤研究中心，http://www.pewglobal.org/database。皮尤研究中心 Q119。

值得注意的是，虽然很多非洲和拉丁美洲国家对中国的崛起持乐观态度，但是大多数民众依然认为中国的软实力弱于美国，尤其是在文化和政治制度层面（见表2）。

表2 美国、中国的软实力认可度

单位：%

正面看法	美国与中国软实力对比			
	拉丁美洲		非洲	
	美国	中国	美国	中国
科学与技术进步	74	72	83	75
音乐、电影和电视	63	25	58	34
做生意的方式	50	40	73	59
民主思想	43	—	73	—
观念和习俗传播	32	30	56	46

注：拉丁美洲国家包括：阿根廷、玻利维亚、巴西、智利、萨尔瓦多、墨西哥、委内瑞拉。
非洲国家包括：加纳、肯尼亚、尼日利亚、塞内加尔、南非、乌干达。
资料来源：皮尤研究中心，http://www.pewglobal.org/database。皮尤研究中心Q48－Q52，Q60－Q63。

从"中国威胁"形象的历史维度来看，不同国家的"中国威胁"想象也并不是一成不变的，而是存在着较大的起伏。这其中又以法国、德国、意大利、日本等国的"威胁"想象变化幅度最大。以日本为例，2002年，超过一半以上的被调查者都对中国的印象趋向积极和正面，但是到了2008年，这一数据已下降至14%（见表3）。

从"中国威胁"的具体指向来看，"中国经济威胁"的认可度在各个国家普遍较低，但是"中国军事威胁"的认可度却在大部分国家都占有较高比例。皮尤研究中心2005～2011年的一份调查显示：美国和部分西欧国家面对中国经济的崛起普遍有一种担忧情绪，而日本虽然和中国在领土、历史等问题上龃龉不断，也是"中国军事威胁论"的主要传播地，但是却普遍认为中国经济的崛起于己有利。可是同样是邻国，在印度却只有29%的被调查者认为中国的经济崛起于己是个"好事"，他们反而对中国的"军事威胁"普遍持乐观态度（见表4）。

表3 2002～2011年世界不同国家对中国好感度的变化趋势

单位：%

	对中国的好感度的变化趋势								
	2002年	2005年	2006年	2007年	2008年	2009年	2010年	2011年	2010～2011年 Change
美国	—	43	52	42	39	50	49	51	+2
英国	—	65	65	49	47	52	46	59	+13
法国	—	58	60	47	28	41	41	51	+10
德国	—	46	56	34	26	29	30	34	+4
西班牙	—	57	45	39	31	40	47	55	+8
立陶宛	—	—	—	—	—	—	—	52	—
波兰	—	37	—	39	33	43	46	51	+5
俄罗斯	71	60	63	60	60	58	60	63	+3
乌克兰	—	—	—	—	64	—	—	63	—
土耳其	—	40	33	25	24	16	20	18	−2
埃及	—	—	63	65	59	52	52	57	+5
约旦	—	43	49	46	44	50	53	44	−9
黎巴嫩	—	66	—	46	50	53	56	59	+3
巴勒斯坦	—	—	—	46	—	43	—	62	—
以色列	—	—	—	45	—	56	—	49	—
印度	—	—	—	—	—	—	—	25	—
印尼	68	73	62	65	58	59	58	67	+9
日本	55	—	27	29	14	26	26	34	+8
巴基斯坦	—	79	69	79	76	84	85	82	−3
巴西	—	—	—	—	—	—	52	49	−3
墨西哥	—	—	—	43	38	39	39	39	0
肯尼亚	—	—	—	81	—	73	86	71	−15

资料来源：皮尤研究中心，http：//www.pewglobal.org/database。皮尤研究中心Q3c。

虽然各个国家的"威胁"想象不尽相同，但是在这些国家中，又以美国、日本、印度以及德、法等部分西欧国家对中国的情感最为微妙，表现更为典型。它们既是"中国威胁论"的主要发源地，也是"威胁论"的重要传播场域。美国的"政冷民热"、日本的"政热经冷"、德法的"失落心态"、印度的"竞争情结"都在它们对中国的"威胁"想象中完全呈现了出来。

表4 2005～2011年不同国家对中国经济、军事崛起的态度

单位：%

不同国家对中国崛起的态度				
	军事增长		经济增长	
	好事	坏事	好事	坏事
美国	11	79	37	53
英国	13	71	53	32
法国	16	83	41	59
德国	12	79	46	50
西班牙	12	74	52	40
立陶宛	11	62	47	27
波兰	13	68	32	46
俄罗斯	12	74	37	41
乌克兰	12	57	37	33
土耳其	9	66	13	64
约旦	28	52	65	28
黎巴嫩	24	57	57	29
巴勒斯坦	62	29	66	24
以色列	19	66	53	30
印度	22	50	29	40
印尼	44	36	62	25
日本	7	87	57	35
巴基斯坦	72	5	79	5
巴西	29	51	53	30
墨西哥	26	55	39	43
肯尼亚	62	29	85	12

注：未问及埃及。

资料来源：皮尤研究中心，http：//www.pewglobal.org/database。皮尤研究中心Q63 & Q64。

"中国威胁形象"的形成和传播，不仅直接影响了中国的国际舆论环境和外交关系，也间接导致了各种现实问题的频繁发生，如地缘危机的激化、贸易冲突的爆发等。因此，如何向世界正确地说明中国，如何实现我们对外传播的转向，就成为中国当下一个非常迫切的重大战略问题。正如前文所述，在看似同样的"中国威胁"论调下，隐藏的其实是各个国家的不同想象和诉求。如美国的"政冷民热"、日本的"政冷经热"、西欧的"失落心态"、印度的"竞争情结"等，各不相同。

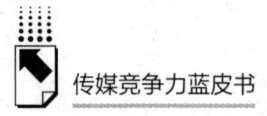

因此，针对国际社会面对中国崛起的不同态度和不同心理，我们除了要通过更为深刻、深入、科学的方法对重点国家和重点地区进行传播对象的研究外，还要迅速改变以往"大一统"的对外传播格局，立即实施区别化、区域（国别）化、精准化的对外传播战略。这无疑可以大大提升我国对外传播的针对性和有效性，从而为中华民族的伟大复兴营造良好的国际舆论环境。

具体而言，我们认为应当特别注重以下区域（国家）的对外传播战略。

（一）面向美国的对外传播战略

美国民众对中国的担忧很大程度上并不是源于现实利益的冲突，而是源于对美国"领导"地位的担忧。但是由于美国不仅是当今世界的头号经济、军事强国，而且也是当今世界最大的知识生产基地和信息传播中心，所以它在世界"中国威胁论"的生产和传播方面一直具有无与伦比的影响力。因此，未来面向美国的对外传播要立足以下几个方面：其一，加大中外学者的对话与交流，从知识生产的源头向世界说明中国的崛起，并在此基础上形成科学的阐述框架和理论范式。诚如新加坡学者郑永年教授所提醒的"当中国现在还未成为知识体系的建构者时，我们的话语就难免软弱无力"。其二，加强中国媒体的信息生产和传播能力，推动中国媒体成为"世界中国信息"（特指在世界信息体系中，中国信息所占有的百分比和影响力）的第一信息源和第一定义者。其三，加强与外国驻华记者，特别是美国记者的多方合作，为国际媒体，特别是美国媒体向世界传递一个真实的中国提供各种帮助。其四，大力推动公共外交和经济合作，消弭美国民众对中国的疑虑心理。

（二）面向西欧的对外传播战略

民意上普遍将中国视作一个"威胁"的，主要有两类国家，其中一类就来自西欧诸国。不过它们和中国的冲突与美国有着很大的不同。中国与西欧诸国的冲突并不是源于国家利益的根本冲突，很大程度上是源自价值观的冲突，特别是文化价值观的冲突。因此，面向西欧诸国的传播战略，要着重加强以下几个方面：其一，加强各种形式的文化对话，不断挖掘并发现中西文化中的共通之处，强调"世界文明"的共生理论，并在人类的共有价值上争取获得与它们更多的理论共识和情感共鸣。其二，通过大众传播、公共外交等多种方式，向西方世界巧妙地传递中国核心价值观中已呈现出的"富强、民主、文明、和谐""自由、平等、公正、法治"等理念（党的十八大从国家、社会、个人三个层面提出的三个倡导中，有相当的部分是与世界文明价值体系一致的，这是十分值得我们与世界，特别是与我们有着很多社会价值和文明价值差异的国家全力进行沟通的）。其三，充分注重欧洲诸国"文化相当丰厚"以及"崇尚多元文化"的特点，进行东西方文化的深度交流，以期进一步"唤起"它们对东方文明和智慧的向往，促使这些国家及其民众从"现代化多元发展模式"的理解中，体悟中国选择特色社会主义的必然性和优越性。

（三）面向日本、印度等国的对外传播战略

除了部分西欧国家之外，对中国的"敌视"和"猜忌"主要来自日本、印度、菲律宾等邻国。我们的研究表明，在这些"敌视"和"猜忌"中，以日本对中国的敌视和疑虑最深，印度虽然也存在着相当的敌视现象，但是印度却是嫉妒心理最为突出的国家。一个不能忽视的现象是，美国的"中国威胁论"在本国并没有引起真正的焦虑（美国政客在竞选活动期间拿中国说事等情况尚属例外），却在这些国家发挥了巨大影响，并成为一些政党和利益群体采取不当行为的重要借口。事实上，这些国家与中国的经济并没有根本的冲突，文化上更是有很多共通之处，但是由于领土相邻，面对中国的重新崛起，它们难免产生不信任和焦虑心理。因此，面向这些邻国的传播战略，我们要注意以下几个方面：其一，发挥地缘和人际传播优势，加强民间的交流和对话，增强邻国民众对中国的信任感和好感度。其二，注重政治话语传播的科学性，避免对邻国"小国寡民"心态的刺激，如在提及"海洋强国"等问题时，要注意其运用的特殊语境。其三，推进公共媒体和商业媒体的建设，提升中国媒体在邻国的影响力，化解美国"中国威胁论"在亚洲的话语霸权。总之，疏导邻国民众的焦虑、怀疑心理，是未来我们面向邻国实施传播战略的很大挑战，其间，日本问题将会显得特别棘手。

（四）面向非洲和拉丁美洲的对外传播战略

长期以来，在一些非洲民众眼里，中国一直是一个"超好"的国家。在拉丁美洲，大部分的民众对中国的印象也一直趋于正面。但是，近年来，由于受西方主流媒体的影响，"中国威胁论"在非洲、拉丁美洲的一些国家也逐渐有了市场。一个重要原因就是中国媒体在这些国家的"失声"和西方主流媒体的强大生产能力和影响力。此外，由于受经费和技术的限制，非洲、拉丁美洲媒体上的中国信息不得不采借西方主流媒体，这也是"中国威胁论"在这些国家逐渐泛滥的一个主要原因。因此，面向非洲、拉丁美洲，未来的传播战略要注意以下几个方面：其一，改变过去片面重视西方的传播战略，加强对非洲、拉丁美洲的传播力度，使中国成为在非洲、拉丁美洲的中国信息主要定义者。其二，以民间赞助的方式加强对非洲和拉丁美洲驻华记者的支持力度，使得他们成为中国信息的真正传播者，从而将一个真实的中国传播到非洲和拉丁美洲，以消除西方报道的负面影响。其三，面向非洲和拉丁美洲开展各种形式的文化对话、公共外交，使它们成为中国形象的国际代言人。

简而言之，解构美国政经界、知识界和媒体界的话语霸权，寻求和西欧国家在人类共有价值上的文化共识，消除日本、印度等邻国的疑虑心理，推进非洲、拉丁美洲的传播"去中介化"，是当下提高我国对外传播效果的必要路径。只有充分认识到我们对外传播面临的这些现实困境，并尽快实施区域化、差别化、精准化的对外传播战略，才能真正提升我国对外传播力和传播效果，消弭"中国威胁形象"在世界范围的负面影响，大大提升中国的软实力。

The Dilemma and Transformation of China's International Communication Strategy

Meng Jian   Dong Jun

Abstract: This paper applies methodology from international communication based on combination of qualitative and quantitative research. It analyzes and studies the huge barrier of China's international communication—"China Threat" in the context of global communication. Four countries/regions are particularly focused on, including the US, western Europe, Japan and India. What hide behind the identical tone of "China Threat" is actually the different imaginations and appeals of various countries, such as the "political indifference and mass concern" in the US, the "depressed emotion" in west Europe, the "political indifference and economic fever" in Japan, the "competition complex" in India and so on. This paper later points out that we should rapidly transform China's international communication format of "all-in-one" in the past. Differentiated, regional and precise international communication strategies should be adopted in no time. China's international communication can be more specific and effective with this strategy. A better international circumstance will thus be created to realize the great rejuvenation of the Chinese nation.

Key Words: China's International Communication; Realistic Dilemma; Timely Transformation

国际经验借鉴
Global Media Experience

B.12
世界主要国家出版业"走出去"政府推动因素研究

崔斌箴*

摘　要：

　　一国政府在出版图书输出方面的推动作用很大程度上决定着出版业"走出去"的强度与速度。在世界主要国家出版业"走出去"政府推动因素中，美国政府通过间接机构来实施隐性政策推动图书出口，运用调控、图书进出口免税、投资和基金等法律、税收和财政方式鼓励图书贸易。其主要特点是政府很少直接进行干预。英国政府主要是借助语言优势，倡导"出版无国界"观念，并设多个机构合力支持图书国际版权交易。此外，英国政府和出版商还非常重视出版业网络国际营销。法国政府在推进图书出口中发挥独特作用。其专门设立出版业管理部门以及通过出版协会来积极推动图书出口。同时利

---

* 崔斌箴，汉族，1971年生，哲学博士研究生。现为五洲传播出版社副编审、党委副书记。专著有《影视评论与创作》《出版与国际传播散论》《云上的日子》《从士兵到导演——李俊传》等。在《社会科学》《中国出版》《当代电影》等报纸杂志上发表论文100多篇。

用拨款资助、减免税收和低息贷款及海外知识产权维权来推动图书出口。加拿大政府通过立法渠道限制外资进入加拿大出版业，并通过资助激励扶持项目、图书海外推广和版权贸易及知识产权保护等举措，在英美夹缝中扶持出版"走出去"。日本政府主要扶持漫画出版业，将动漫作为一项重要的出口产业。在扶持政策上，政府把漫画出版和动漫业列为文化产业发展的核心。在法律保护上，日本政府起步较早且工作细致。在资金扶持上，日本政府重点突出、富有远见。在机构设立和人才培养上，日本政府具有务实精神以及全球意识。以上对世界主要国家出版业"走出去"政府扶持因素的研究，对推进中国图书"走出去"具有重要理论价值和实践意义。

关键词：

"走出去" 世界出版业 政府推动

国家政府在出版图书输出方面的推动作用，很大程度上决定着出版业"走出去"的强度与速度。那么，中国出版业"走出去"过程中，政府发挥什么作用？怎样发挥作用？研究世界主要国家出版业"走出去"政府扶持因素，对推进中国图书"走出去"无疑具有重要的理论价值和实践意义。

政府推力，美国成为图书出口大国

一如美国是世界经济军事超级强国，美国图书出口在全球出版行业中地位也是举足轻重。早在20世纪90年代初，美国每年出口图书已达17亿美元，占出版业总销售额的7%左右，占世界图书出口总量的22%，居世界第一位。在号称市场经济主导一切的美国，政府仍然是推动美国成为图书出口大国不可或缺的力量。

第一，美国政府推动图书出口的重要特点是政府很少直接进行干预，而是通过间接机构来实施隐性政策。尽管美国没有设立专门管理版权贸易和图书出口事务的机构，但美国原来的新闻总署实际上就是美国政府的对外文化传播机构。后来，美国新闻总署在机构重组中归并到国务院。美国国会中也专门设立了登记、保护版权的机构——美国版权局和负责解决版权纠纷的机构——版税裁判所。此外，美国有很多出版行业协会，如美国出版商协会、美国书商协会、全国图书委员会、美国大学出版商委员会等。美国这些出版行业协会的作用非常广泛，其中推动图书出口是其重要职责。如美国出版行业协会通过举办图书国际展览，运用各种媒体扩大美国图书和其他出版物的国际市场，提高美国出版物在世界上的发行量；通过参加书业国际活动，增加会员的图书或其他出版物的出口。正是美国这些看似间接的机构，通过法律、财政、税收、战略导向等方式，对美国图书出口客观上起到了促进和支持作用。

第二，法律方面，美国政府通过调控手段来促进图书出口。在美国，政府对出版物市场的管理主要通过法律管理来完成。而其法律管理主要体现在对市场竞争和垄断、市场秩序以及销售渠道等的调控和管理方面。基于保护出版自由、保护竞争、制约垄断，美国制定了一系列的法律规定，如《克莱顿法》和《联邦贸易委员会法》等。美国这些法律实际上是鼓励书刊出口和国际版权贸易。因此，美国法律客观上起到了促进和支持图书出口的作用。

第三，税收方面，美国政府实行图书进出口免税。税收是美国政府管理出版业的重要手段，通过对不同出版企业、不同出版物规定不同的税率，可以起到调节出版资源配置、引导出版业向着符合国家利益方向发展的作用。美国的出版机构按经营性质可以分为营利性和非营利性两大类。对营利性的出版机构，联邦政府不仅没有特殊的优惠政策，而且还要像其他企业一样征税。对非营利性出版机构和图书出口业务，联邦政府不仅不征税，而且给予许多资助。美国尤其鼓励本国出版物的出口，因此对出口图书免征增值税和营业税，实行先征后退的办法。在美国，税收这一调控手段对图书出口所发挥的作用最为明显。

第四，财政方面，美国政府通过投资和基金等方式鼓励图书出口。投资是美国对出版业的直接经济投入手段，其目的是对图书出口从经济上予以扶持。如美国国会往往直接资助美国政府印刷局的出版和图书对外传播活动。美国政府各部除对科学研究资助外，还直接参与国际版权和图书出口活动。国际版权产业这个概念最早是由美国提出来的。早在1959年，美国就发表了《美国版权产业的规模》研究报告，揭开了国际上重视版权产业研究的序幕。从1990年起，美国国际知识产权联盟（IIPA）每隔一年或两年就发布一份版权产业报告，迄今为止已经发表了20多份系列报告，借以推动美国图书出口。美国政府还通过财政拨款、财团资助、社会捐赠部门统筹等建立出版基金，成为推动图书出口发展获得经济后盾的一种手段。据不完全统计，美国对出版业提供直接和间接资助的基金会不下 100 个。其中，由政府设立并对出版业直接资助的是国家科学基金会（NSF）和国家人文基金会（NHF）。国家科学基金会长期与一些国家科技期刊签订资助合同，以推动美国报刊走出去。国家人文基金会则主要资助人文科学研究和科研成果的出版与发表。

英国政府力促"出版无国界"

英国拥有近 3000 家出版社，年度出书 10 多万种，是世界上出版业最发达的国家之一。其中，英国图书出口金额占整个出版行业总额的 36%，出口销售数量为总册数的 40%。可见，英国也是世界上图书出口额最大的国家之一。英国出版物之所以能走向世界，除了借助英语强势语言地位外，与其政府大力倡导"出版无国界"，积极鼓励图书出口和实施具体措施不无关系。

第一，英国政府借助语言优势，倡导"出版无国界"观念。目前，英语已成为全球性商业和科技语言。据统计，每年全世界出版的图书中约有 1/4 是英文图书。随着世界经济全球化的进一步发展，英文图书需求量还在扩大。因此，英国作为拥有悠久出版历史并以使用英语语言为主的国家，在英文图书出口方面有其得天独厚的优势。英国历史上又有良好的文化教育传统，加之英国和英联邦成员以及它过去殖民地国家的传统关系，这些国家基本沿用了英国的教育系统，从而使英国的英文图书在这些国家拥有良好的市场。如英国最主要的贸易伙伴是美国，两国的贸易虽然不完全平衡，但是却始终在英语书籍、翻译等方面保持着稳定的贸易关系。英国每年约 39% 的图书销往西欧、澳大利亚、新西兰、非洲和南亚国家。牛津大学出版社为了进军美国图书市场和以使用美式英语为主的南美市场，在美国设立了牛津大学纽约分部，出版以美式英语为主的图书。世界著名的多林·肯德斯利出版公司从 1974 年成立起，就树立了为国际市场出版英文图书的出版理念，将出版主要定位于国际市场。英国政府正是利用并扩大了这种先天优势，提出"出版无国界"观念，大力推动图书走向世界。

第二，政府设有多个机构合力支持图书国际版权输出。英国政府设有专门的英国文化委员会，大力支持英国出版业的图书出口和版权输出。英国文化委员会每年都有一笔上百万英镑的图书推广费，鼓励与资助英国出版公司在海外举办和参加各种图书展览。此外，英国海外贸易局每年会向一些英国出版公司提供几十万英镑的图书出口补贴。当然，英国出版商本身也注意保持与政府相关部门的密切联系。如在图书出口方面，英国新闻集团、培生集团、励德·爱思维尔集团、汤姆森集团、联合新闻与媒介集团、牛津大学出版社和剑桥大学出版社等出版商，每年都会与政府相关机构召开专题会议，共同探讨出版"走出去"。

第三，英国政府和出版商重视进行出版业网络国际营销。从2004年开始，网络国际销售在英国取得很大进展，主要原因是读者对网络支付是否安全方面的担忧大大减少，而且宽带上网使购买流程变得简单、快速。现在，连锁书店等传统图书销售渠道在英国图书零售市场所占份额已从原来的42%下滑到38%，而网络书店的份额从10%左右上升到20%。近来，英国在图书网络国际营销方面也大胆创新，与时俱进。如通过群发电子邮件或手机短信预告新书，邀请作者开通博客、微博向海外推销图书，在亚马逊网站上做新书广告，与Google公司合作使自己的产品能够让世界读者轻易通过Google搜索到，等等。

法国政府在推进图书出口中发挥独特作用

相对于英语和英美文化，法语和法国文化显然处于劣势，而法国政府给予出版业出口一整套保护和支持措施，使得法国成为图书出口大国。目前，在世界图书市场中，虽然法国人口仅有5000多万，但其图书销售额和版权贸易量却占到了全世界的14.7%。

第一，法国政府中专门设立出版业管理部门，并通过出版协会来积极推动图书出口。法国人向有"文化例外"之说，意思是任何文化产品均不应被视同一般商品。因此，法国政府没有像英、美那样将出版业完全交给市场来选择，而是成立专门的管理部门并给予整个出版产业链连续和一贯的支持，甚至是直接的资助，尤其是对于出版"走出去"更是格外给力。法国政府文化和通讯部下设的图书与阅览司的主要任务就是保护和支持创作和出版，扩大图书的出口，帮助图书和阅读活动的开展。

通过行业协会进行图书出口和管理也是法国出版管理的一个重要特点。法国文化和通讯部的图书与阅览司主要通过资助法国出版业国际署对法国图书销售和出口进行支持。法国出版业国际署是一个协会性的组织，旨在帮助法国出版商进行对外宣传，扩大法国图书出口。该机构在图书阅览司和外交部国际合作和开发总局的帮助下，采取各种措施全方位、多领域地促进法国图书在全世界的销售和影响。除了组织出版商参加在伦敦、法兰克福和其他地方组织的国际性展览外，每年该协会还在法国举办法国图书沙龙和其他活动以推广和宣传法国图书。为了帮助小出版社克服因为租金太贵而无法参展的难处，法国政府也通过协会来资助小出版社联合参加国际书展。

第二，法国政府通过拨款资助的方式鼓励图书出口。法国图书与阅览司掌握着一笔资金，用于资助作者、出版商、书商和图书馆等。但法国图书的出版、发行和销售大多由私人企业经营，图书与阅览司一般不直接对法国出版企业进行资助，而是通过国家出版中心对出版业给予扶持。因此，法国政府于1990年拨款1.11亿法郎设立了"图书文化基金"。这笔款项主要用于对出口图书补贴、资助出口图书的专门组织参加国际书展、鼓励出版商开展国际合作业务、资助将法国著作翻译成外文。正是法国政府"图书文化基金"的推动，才使得法国图书得以较快地在世界范围内引起关注。法国政府还通过外交部的各种计划项目对图书（尤其是当代图书）的翻译进行资助，如设在法国驻伦敦使馆的伯吉斯计划。将法文著作翻译成其他文字的译者可以每个月申请1525欧元的补助，为期最多为3个月。另外，外国书商根据购买发票（对购买单本的数量和对购买额有所规定），可以获得购买额50%的补助，其目的是鼓励外国书商多库存法国图书。要得到这些补助，像对外国出版商一样，当地大使馆的建议将作为对补助申请进行评估和审定的参考。

第三，法国政府利用减免税收和低息贷款的方式鼓励图书出口。税收政策是法国政府管理引导出版业"走出去"的重要手段，通过对不同出版企业、不同出版物征收不同税率的税，可以起到调节出版资源配置、引导出版业走出去的作用。20世纪80年代，法国政府对图书、期刊、报纸征收7%的增值税，已属于比较低的税率了。在这一级税率中，政府又运用降低计税基数的办法，对报纸等的增值税又打了70%的折扣。从20世纪90年代开始，法国政府把图书的税率由原来的7%下调至5.5%，比一般商品的18.6%的税率要低2/3还多。目前，法国对出口书报刊出版物不仅不征税，而且实行出口补贴。法国对图书实行的是统一书价制度，分为完税价和非完税价两种，出口图书则可享受非完税价。

法国还根据国家的有关政策创造必要的条件，比如建立担保基金，设立专门的文化基金银行等，来推进图书出口。法国政府还建立了特殊担保基金会，以保证出版商和书商能从银行获得贷款，尤其对于出口型出版商更是加大倾斜力度。法国于1983年成立了电影及文化工业投资委员会，由政府拨款作为保证金，来保证包括出版业在内的文化业能从银行获得贷款。这样，法国出版业从银行贷款就有了双重保证。法国政府还为出版业的贷款给予优惠条件，比如，优先贷款、放宽贷款期、低利率等。

第四，法国政府还通过海外知识产权维权来推动图书出口。法国政府为了支持本国出版企业的海外知识产权维权活动出台了一系列措施，积极帮助出版企业解决实际困难。目前，法国海外出版业知识产权保护的法律法规基本和欧盟的相关规定相符，并与其他国际条约保持一致，如《伯尔尼公约》及世贸组织对知识产权的规定。在法国，商业性印刷品海外侵权事件会受到严厉的法律制裁，对数字资料的海外盗版行为更是重点维权。另外，法国海外知识产权保护还包括一些其他事务，比如免费开放公共资金支持的研究成果，维护国家版权，特别针对那些版本不同但内容相同的法国出版物。当法国的出版企业或者个人的图书财产权和知识产权在海外遭侵权时，法国还为他们提供一定侵权调查费、审判及诉讼费等费用方面的补贴。

此外，法国政府近年来在数字化出版"走出去"和新媒体海外推广工作上也加大了扶持力度。正是因为法国政府在图书出口上扮演了重要角色，法国出版业"走出去"才呈现出一派繁荣的景象。

加拿大政府在英美夹缝中扶持出版"走出去"

面临来自英国、美国等出版强国的竞争，加拿大政府提出"让世界听到加拿大声音"，积极保护本国出版业，通过对出版商采取直接资金投入、减免税收，间接资助作家与翻译家等政策，鼓励出版业"走出去"，在夹缝中实现反击。

第一，政府通过立法渠道限制外资进入加拿大出版业，并鼓励出版业出口。为了保护本国出版业，保持加拿大文化相对的独立与完整性，加拿大国会通过了多部法律来控制外资出版业在本土发展。尤其是从20世纪80年代开始，加拿大先后制定、修改了一系列有别于其他国家的法律制度，如《投资法》中明确规定要限制外资进入加拿大出版业；《外国期刊出版商广告服务法》提出在保证国内期刊能够得到足够广告收入的前提下，外国期刊出版商才可以获得加拿大广告资源；《所得税法》则明确规定鼓励出版出口，并可以享受一系列的税收减免待遇。

第二，政府通过出版资助激励扶持出版业出口，并做好图书海外推广工作。加拿大政府向来奉行本土文化保护主义，并设立各种出版业发展项目来扶持出版业出口。"图书出版产业发展项目"（BPIDP）是加拿大最为出名的扶持出版业出口的资助项目。该项目成立于1979年，努力使出版业在"加拿大国内和海外反映加拿大语言和文化方面的多样性"，并对于致力于开发国际市场的加拿大出版商给予扶持。该项目大力鼓励出版业"自主国际市场营销"，奖励图书发行商扩大图书出口，向海外销售版权，鼓励参加国家书展和其他广告宣传活动，积极编写《国际市场指南》为出版商服务。这部分资金由加拿大文化遗产部委托加拿大图书出口协会具体管理。该协会以资金投放与提供国际图书市场知识与经验作为手段，协助加拿大出版商开发国际市场，向海外销售图书与版权。该协会已连续成功组织多家加拿大出版商参加北京国际图书博览会（BIBF），促进了加拿大图书进入中国市场。

加拿大文化艺术理事会是另一个重要的政府出版资助机构，旨在扶持与发展加拿大本土文化。其中的翻译基金为海外出版商翻译出版加拿大作家的诗歌、小说、戏剧、儿童文学以及非虚构作品提供经济资助，负责提供翻译费用的50%。除此之外，加拿大政府还有多项扶持本国文化产业发展的计划适用于出版业。这些计划对于出版加拿大图书的海外出版商也有间接帮助，如加拿大国外事务与国际商务部的"海外推广项目"。海外出版商如购买了由加拿大出版商出版的加拿大作家的图书，该项目将提供一半的经济资助，帮助该作家前往海外出版国宣传推广自己的作品。

第三，政府注重版权贸易和知识产权保护，以促进出版业出口。在英国、美国等国出版商全面进入的压力下，加拿大许多出版社惨淡经营。为扭亏增盈，加拿大政府和本土出版社相当注重版权贸易和知识产权的保护，以增加收入，改善经营状况。政府鼓励出版社积极参加世界各大书展，与各方接洽，争取多卖出版权。同时，加拿大版权协会与世界各大学、各学术机构签订著作使用保护协定，每年收取一定的著作使用费，然后按一定比例返还出版社和作者。在近年来的伦敦书展上，加拿大出版商不断与英国出版商洽谈图书合作项目，以及进行版权交易。加拿大图书出口协会还在魁北克举办了"加拿大就是凉爽"的周末宣传活动，大大推动了加拿大国际版权贸易。加拿大还通过举办书市、书展等活动来推动国际版权贸易。目前，加拿大有三大书市书展影响较大。一是每年6月在多伦多举办的加拿大书展，是加拿大书业最大的盛事；二是魁北克的国际图书沙龙和蒙特利尔书展。

此外，加拿大政府还通过投资税收调节政策来推动本国出版业出口，限制外国资本投资图书出版业。加拿大政府提出，不允许外国公司兼并加拿大人拥有的出版公司；也不允许外国公司控股加拿大出版公司，只允许外国出版商以合资方式存在。

过去十几年间，由于政府的大力扶持，并践行"让世界听到加拿大声音"，加拿大图书出口呈现增长的趋势。目前，图书出口已经成为与加拿大电影、电视并列的三大出口文化产品。美国因为地缘、语言文化关系，是加拿大图书的最大海外市场。加拿大出版商一般直接将成品图书销往美国。第二大出口市场是西欧诸国，其中，法国、英国与德国是加拿大最大的三个出口市场。加拿大图书在国际市场上最具声望的是小说，已有多部作品获得英国布克奖。同时，该国的儿童文学、青少年图书、环保类图书、北美土著人研究图书等，都开始在国际市场上声名鹊起。

日本政府扶持漫画出版"走出去"值得关注

漫画出口一直是日本出版行业盈利的支柱。日本政府不但将动漫作为一项重要的出口产业，而且还将其作为一种独立的文化来培养，在政策、法律、资金和机构设立及人才培养上都给予极大扶持。

第一，在扶持政策上，日本政府把漫画出版和动漫业列入文化产业发展核心。日本历届政府首相都高度重视动漫产业，并竭力将日本动漫的魅力推广到全世界。日本前首相麻生太郎就是一个狂热的动漫爱好者。据称，他的专用车后备箱每天都装着刚出版的漫画，每周不论多忙都要精读几十本漫画杂志。2006 年，麻生提出"文化外交新构想"，主张通过动漫艺术"打磨日本的形象，推销日本的梦想"，使外国观众一听到日本动漫就立刻联想到"明快、温暖、漂亮和酷"。日本在文化战略规划上，也把动漫放到重要位置。如日本政府公布实施《21 世纪文化立国方略》，明确提出要从经济大国转变为文化输出大国。2007 年，日本政府又提出文化产业发展战略，并把动漫文化产业确定为国家重要支柱产业。为落实这些战略规划，日本政府相继出台了一系列配套政策，通过推行工业化大生产、建立文化产品产业链、扩大文化产品出口等，积极推动漫画出版及动漫文化产业发展。现在，动漫产业作为日本文化产业的代表，已经和日本电器、日本汽车并列，成为影响世界的三大日本制造。与此同时，日本动漫产品已成功走向世界，成为日本最有价值的出口产品之一，在全球传播日本文化，彰显日本的影响力。

　　第二，在法律保护上，日本政府起步较早且工作细致。早在 20 世纪 50 年代，日本政府在制定《邮政法》的时候，就把包括报纸、杂志、图书在内的出版物认定为"第三种邮件"。按照"第三种邮件"的定义及其规定，出版物无论是在国内邮寄或向国外邮寄，收费上都有优惠。受《邮政法》的启发，为加快漫画的流通，后来日本的超级图书交易（批发）公司日贩、东贩在批发漫画杂志的同时，也以批发杂志的形式批发漫画图书。按照"第三种邮件"的定义及其规定，遭遇类似大地震这样的天灾时，出版物的邮寄还要优先。同样是在 20 世纪 50 年代，日本政府在制定《反垄断法》的时候，把报纸、杂志、图书在内的出版物认定为"非竞争商品"，在价格上给予保护。这种图书在国内的零售价既影响到图书向国外的出口价，也影响到关联产品的零售价及出口价。日本出版界认为，日本的书价虽然至少高于中国的书价 5 倍以上，但欧美的书价也至少高于日本的书价 5 倍以上。所以，德国、美国之所以能成为日本漫画的进口大国，除了其他因素以外，书价无疑是重要因素之一。

　　第三，在资金扶持上，日本政府重点突出、富有远见。日本政府已经出台了一系列税收优惠和资金补助措施来扶植动漫产业的发展，比如为其出口提供商业保险，设立 460 万美元的小型基金来支持小型动漫和游戏工作室的发展。更富有远见的是，日本外务省利用"政府开发援助"中的 24 亿日元"文化无偿援助"资金,从动漫制作商手中购买本国动漫片播放版权,并将这些购来的动漫片无偿地提供给发展中国家的电视台播放,使不能花巨资购买播放权的发展中国家也能够播放日本的动漫片。对这些发展中国家来讲,这种"免费的午餐"只是暂时的,等到其对日本动漫产品形成依赖后,从免费到低价位再恢复到正常价位,这一营销策略将会逐步实施。如日本卡通产业在20世纪90年代后期制作的《龙球》《宠物小精灵》在美国和东南亚等国掀起了日本卡通热潮,《宠物小精灵》系列在全球45个国家公开播映,为日本带来了380亿日元的收入,约为日本本土的2倍。仅卡通电影、电视的制作销售额这一项,在2002年就达到了约1860亿日元,具有形象专利产品的总生产额达到约2兆日元。

第四,在机构设立和人才培养上,日本政府务实并具有全球意识。日本贸易振兴机构是日本政府为促进国际贸易发展特别建立的公共机构,对动漫业特别给予关注。该机构在上海代表处单独成立了一个文化产品促进中心,专门帮助日本动漫、玩具、图书以及音像制品的制造企业应对在中国市场的仿制和盗版行为,促进日本文化产品在中国的销售。在机构设置上,日本政府注意虚心向别国学习,如模仿韩国的首尔动画中心,在东京设立了东京动画中心(Tokyo Animation Center)。目前,日本的漫画出版和卡通制作公司已有500多家,其中359家集中在东京动画中心,特别是JR中央线、西武新宿线及西武池袋线等各铁路沿线,东京已成为世界上屈指可数的一个卡通产业集群地。

近年来,日本政府也加强了对动漫产业人才的培养,如在东京大学开设培养动漫人才的研究生课程,培养具有商业头脑的制片人和创意师;鼓励留学、研修等。动画是个劳动密集型的产业,日本劳动成本相当高。在全球化背景下,日本正悄悄把一些动漫低端工作流向成本低廉的亚洲国家,如印度和菲律宾。

Government Promotion:"Go Global" of Overseas Publishing Industries

Cui Binzhen

Abstract: The support from the government is vital in deciding the strength and speed of exporting book publications. Within the "go global" incentives of major publishing countries, the United States conducted invisible policies through second-hand organizations so as to promote book exportation. It also applies regulations, such as the duty-free policy for the import and export of books, investment and funding laws, tax revenue and financial polices to encourage book trades. The key feature of these regulations is the indirect control of government. The British government, due to its language advantage, advocates the concept of "publishing across borders". A number of institutions are also established to jointly support international copyright issues of book trading. In addition, the British government and publishers attach great emphasis on online international marketing. The French government also plays a unique role in supporting book exports. Managerial organizations in publishing industry are specially established. Publishing associations are also invited to promote book exportation. Besides governmental subsidies, a number of policies are adopted to help export books, including reduction of tax, low-interest loan and protection of intellectual property abroad. The Canadian government sets up laws to restrict foreign capital in Canadian publication industry. It wishes to help the publishing industry "go global" aside the UK and the US by subsidizing supporting projects, international promotion of Canadian books, copyright trading and protection of intellectual property. The Japanese government mainly supports comics industry and considers comic and animation industry the core one within its cultural industry. In the field of law protection, the Japanese government starts early and is very thoughtful. It is also quite prudent in capital subsidization. In terms of establishment of organizations and training of talents, the Japanese government is practical and full of global awareness. The study of governmental support incentives for "going global" in major publishing countries can provide valuable theories and practical significance for Chinese books to "go global".

Key Words: "Go Global"; World Publishing Industries; Government Promotion

B.13
英国支持数字文化产业发展的政策与实践

〔英〕约翰·唐尼*

摘　要：

　　英国堪称全球文化政策的先驱，以其在文化创意产业不断推陈出新的政策措施闻名于世。英国政府最早的文化政策始于1997年新工党执政期间，英国正处于繁荣强盛的"后工业时代"，在世界经济中居于领先地位。时任英国首相的布莱尔推动成立了"创意产业特别工作小组"，将创意经济、传媒业和文化产业纳入产业化领域，并研究其发展战略，旨在寻求更好的国家支持政策。

　　随后应运而生的《创意产业专题报告》，指出了文化产业对英国经济发展的重要作用，文化产业通过提高国民收入，增加就业机会，促进整个经济的发展。为此英国制定各种政策支持文化产业发展，这些政策措施同时吸引了其他国家的学习效仿，包括东亚和中国。与以往不同的是，这些政策的核心思想是将文化产业和文化产品都视为具有经济属性的元素，并寻求一条通过跨部门合作和鼓励私人企业促进文化产业发展的道路，以此向社会提供更多就业机会、拉动国民收入增长。

　　随着英国经济在2008年金融危机之后的艰辛复苏，创意产业越来越被看成未来经济发展的重要因素，2013年"创意经济"成为最受瞩目的热点领域。尽管如此，但是众所周知的是，直到目前为止英国国家政策和实践对数字创意、传媒和文化产业领域的重视和支持力度还远远不够。毫无疑问，在未来几年国家产业政策和实践必须紧紧围绕数字创意经济，因为这将是未来经济发展的引擎，并可能在其他经济领域引发积极的"溢

---

* 约翰·唐尼，英国拉夫堡大学教授。

出效应"。

本文的目的在于总结、回顾和评估英国在数字创意经济领域最新的战略思维和政策实践的最新进展。

关键词：

国家政策　数字文化产业　英国

数字文化产业的新思维

英国国家科技艺术基金会（NESTA）自1998年成立起，一直具备强大的社会影响力，其提出的想法与观点一度成为英国政府政策制定和实践的思想核心。2013年英国国家科技艺术基金会出台了《创意经济宣言》，该文展现了当前关于英国政府支持数字文化产业发展的做法的最新思考和见解。虽然这些思想大多数还有待于转变为具体的政策措施，但可以预见，未来这些思想和意见在某种程度上都终将被采纳和接受。因此，对中国来说，考虑这些新思维在中国环境下的适用性是明智之举，中国应当思考如何利用这些新思维带动中国创意产业乃至整个经济的发展。

这个宣言针对英国政府如何更好地支持创意产业在经济领域和文化领域的双重发展，提出了以下10条建议。

建议1

政府应该采用国家科技艺术基金会对"创意产业"和"更广泛的创意经济"拟定的新定义。这两个新定义简洁有力，同时肯定了数字技术的核心作用。

国家科技艺术基金会关于"创意产业"的新定义，聚焦于"创造性劳动"。"创造性劳动"的定义遵循以下标准：

1. 创新的过程——这个工作是不是采用创新的方法来解决问题或者实现目标，哪怕这个目标已经通过其他方法实现过？

2. 抗机械化——这个工作角色是否对社会有着不可用机械替代的贡献？

3. 不可重复性和功能多样化——这个工作是不是会随影响因素、技能水平、创造冲动与学习过程的相互作用而变化不一？

4. 对价值链的创造性贡献——这个工作的成果是不是具备创新性和独特性不论其诞生环境如何？

5. 解释而非单纯的转变——这个工作是不是不止在服务或产品的形式、地点或时间上进行转变？（Nesta，2013：29）

遵从这个逻辑，创意产业就是那些专注于创造性劳动就业的行业。但是，创意经济的概念要比创意产业更广泛，它包含更广泛的经济领域内的创造性职业（例如，其他产业领域内的市场营销或公关人员）。

按照这些定义，不难想象，创意经济对国家收入和就业方面的贡献就较之前扩大了许多。根据国家科技艺术基金会2010年发布的数据，创意产业的从业人数为140万，其他领域内从事创造性劳动的从业人数为110万，合计250万。这个数目占英国劳动力总数的10%，这些创造性工作者创造的产值占国民收入的9.7%。值得一提的是，这些经济领域的发展速度远远超过其他，其重要性也可想而知。

国家科技艺术基金会指出，这个对创造性劳动的定义是简单有力的，同时精确了创意产业对国家就业和收入整体水平的贡献率，尽管这个说法还将长期受到争议。很明显，能否正确规划创意产业发展战略对判定国家文化政策是否有效起着至关重要的作用。目前，英国政府正在举行磋商会议讨论这个新的文化产业分类方法是否合适，结果尚未公布。

建议2

政策制定者要建立一个"创意创新体系"框架，其中战略重点问题将得到全面并有效的解决。

国家科技艺术基金会建议国家应当建立一套综合的覆盖所有创造性产业的有机政策体系，来支持创意经济。这些政策涵盖以下几个方面：

- 加强学校教育，培养数字技术和创意产业方面的人才
- 通过税务系统建立研发激励机制，鼓励私人企业加入

- 增加对小企业风险融资或风险资本的投入
- 加强竞争策略，防止少数企业垄断控制市场
- 加强知识产权保护，鼓励创新
- 制定向中小企业开放的政府采购政策
- 加强基础设施建设，为数字文化产品的传播提供技术支持（如超高速宽带）
- 推进各部门协调合作，加强政策制定者、教育机构、监管机构和企业之间的沟通，共同促进政策制定

建议3

政府应当减免创意经济领域的研发税额，技术战略委员会应当发展更多项目进一步满足创意经济的需求，公共采购应当转向中小型数字企业，为其提供更多机会，跨学科研究委员会的知识交流活动应当接受严格的评估，新一轮的资金投入要吸取以往的经验教训，鼓励和加强与国际领先研究中心的合作（Nesta，2013：62）。

- 扩展对研发的定义，以适用于创意产业，使其享受税收抵免的政策
- 为小规模企业提供较高的税后减免率
- 加强竞争，促进企业与学校之间的合作
- 减少以授予国家合同为中心的官僚行为，鼓励小规模企业参与公共项目的竞争
- 鼓励商学经济学领域的大学学者参与，为创意经济发展提供咨询服务
- 鼓励高校建立产业园区，寻求与私营企业之间的知识转化、交流与合作
- 推进创意产业集群的发展，以加快创新的速度

建议4

当地政策制定者应当遵循我们的"7点指南"来指导创意产业集群的发展。分别是：

- 以现有实力为基础，发挥优势，避免从零开始
- 以数据为指导，分析潜在优势

- 整合一条综合性的政策，覆盖教育、培训、地方补贴和税收优惠各个方面
- 听取行内外专家意见
- 采取有效的市场举措，形成网络系统
- 不仅投资人文领域，也要投资建筑等实用领域
- 建立公益慈善组织，吸引其他组织的参与

建议5

政府要确保创意产业不受到一般商业融资计划的歧视，并确立法规支持网络募资平台的建立（如群众募资网站crowdfunding）。如果没有确凿的可以证明其效果的证据，政府应该抵制引入个别新兴部门的融资项目。更重要的是，创意产业委员会要做好协调工作，收集和发布服务于投资者的数据信息，从而开拓更大的风险融资的市场（Nesta，2013：70）。

由于创意产业存在高度的不确定性，且创意产业的创业者通常缺乏基本的商业技能，导致他们总是向传统的融资渠道寻求帮助，例如银行贷款和发行股份。这便致使英国大部分颇具潜力的创意公司被美国的大企业收购。由于融资困难，英国的创意公司不得不向国外出售它们的知识产权以赢得资金完成自己的项目计划。

为此，国家科技艺术基金会建议政府应当采取以下干预行为：

- 降低创意公司的贷款利率
- 允许创意公司的投资者享受税收减免的优惠政策
- 政府直接提供创业资本，或与私人资本家合作
- 为创意公司提供产品税收抵免优惠
- 通过发行彩票为文化产品提供有力的资金支持
- 为文化生产者提供有力的资金补贴
- 整合全面的创意产业投资信息，推进私人投资
- 鼓励新型的私人投资方式，例如点对点网站和群众募资网站

建议6

英国财政部和文化媒体体育部（DCMS）对英国公共艺术和文化消费的价

英国支持数字文化产业发展的政策与实践

值评估应当建立在更广泛的基础上,并借鉴自然环境领域类似的工作内容,参考艺术人文研究理事会承接的文化项目的评估标准。按照以上标准对融资决策加以合理调整(Nesta,2013:78)。

一个基本的观点是:通常的创意产业价值的评估方法只考虑其对经济的影响,往往不仅低估了艺术和文化的经济价值,同时忽略了其文化价值,因为文化创意产品带来的利益是很难用货币来衡量的。

建议7

资助者应当鼓励艺术文化组织开展数字技术的实验,并分配固定比例的资源给数字技术研发,并确保这些工作的透明度和公开度。在新的领导下,英国广播公司(BBC)应当发表战略声明,尤其是通过雄心勃勃的数字公共空间计划,来表明其2013~2018年这一阶段内的数字公共目标(Nesta,2013:78)。

- 更好地利用互联网进行网上展览,吸引人们到博物馆和画廊参观
- 英国广播公司应当首开先河,开辟录音资料的数字公共空间
- 通过现场直播的表演方式增加出席戏剧歌剧演出的观众人数,并拉近人与艺术的距离
- 为数字艺术和文化项目提供有竞争力的资金支持
- 应做出更大努力吸引私人资金通过捐赠的方式投入艺术与文化产业

建议8

英国通信管理局(Ofcom)应当有权收集互联网市场的全部信息,以便最大可能地预见市场内潜在的权力滥用等问题(即前期预警系统)。英国通信管理局要加强同英国资讯委员会、知识产权委员会、市场竞争管理委员会及其他相关部门的合作,定期更新这些问题的战略性总结。同时,英国通信管理局应有权向政府提供建议和号召,使其致力于打造一个繁荣开放的互联网环境,实现消费者和公民利益的平衡,鼓励创新并保证其蓬勃发展。这些改变都应当成为英国2013/2014年通信法草案修订的重要内容(Nesta,2013:89)。

关于扶持创意产业的政策,目前越来越被关注的一个问题是,如何通过竞争最大限度地刺激创新,同时又避免某些企业对市场形成垄断和控制。截至目

前，英国通信管理局（负责管理英国电视广播和无线电通信）尚未获得掌管互联网市场的权力。《创意经济宣言》提出其权力应当拓展至互联网，因为让一些企业（谷歌、苹果、亚马逊）掌握过多的权力，会对互联网市场造成威胁，同时会扼杀创新与创意经济在未来的增长。有充分的理由显示互联网市场很可能出现少数权力垄断的现象：

- 由于数字商品的首次复制成本很高，大公司有能力生产更多数量的产品
- 由于市场的不确定性，无法确保产品的成功，大公司较之小公司更有能力承担失败的风险
- 存在网络效应——比如拥有更多成员的社交网站可以吸引更多的人，因为他们可以接触到更多的其他人
- 互联网市场容易形成"市场倾翻"或"赢家通吃"的局面，例如希望通过搜索引擎投放广告的企业将最有可能选择谷歌，因为它是目前最流行的搜索引擎
- 消费者容易被锁定于某些特定服务，因为更换供应商的成本太大
- 兼容并包——数字经济领域的大规模企业一般都会采取"包抄"的战略，即超越自己最初开始的领域攻占其他领域。例如，苹果转向内容行销，谷歌转向手机操作系统，亚马逊转向普通零售和阅读设备。

大集团力量的发展就意味着价格垄断（提高消费者购买价格）的可能，从而新企业将很难进入市场（因为大企业可以买断竞争）。尽管目前大企业之间也还存在竞争，但是毫无疑问，其竞争趋势是越来越弱，而且企业的寻租行为必将导致更高的价格垄断、更低的创新速率和更少的经济收益。因此，有足够的理由相信英国有必要加强对互联网市场的管理和规范。

建议9

应按照英国政府提出的方针，重新平衡关于版权规则与特例的关系，把它放在整个欧洲的高度上，推动欧洲数字单一市场的建立。在2013年间，要进一步建立健全新的版权机制，提高版权许可贸易（通过英国版权中心进行）的数量和效率，这种机制可能再次引发整个欧洲的效仿复制（Nesta, 2013：95）。

关于英国和西欧国家的版权保护问题,存在两大对立阵营:一方是谋求版权所有权并游说政府严格版权立法的大型媒体集团,它们希望以此对抗由互联网造成的广泛的侵权行为;另一方则拥护自由开放的网络环境,主张减少版权立法,它们认为这样更有助于创新和创造力的产生与成长。《创意经济宣言》的起草者认为,英国政府的文化政策错误地受到了公司集团的过多影响,应当将更多的注意力转移到拥护互联网开放一方的立场和观点上。

《创意经济宣言》主张建立更快捷更简单的版权许可过程。此外,它还认为对于只是将版权产品用于非商业目的行为,其惩罚措施应另当别论,相反对于大规模的商业盗版行为要予以起诉检举。该宣言还指出应当建立新的商业模式发展文化产业,引导广大消费者杜绝侵权行为。

建议 10

英国政府应当与学校制定《校园数字化承诺》,保证学校将艺术、设计、技术与科学等学科全部纳入课程设置,包括其毕业生考核体系,并确保年轻人在校内外充分享有利用科技进行创造性学习的机会。采取措施解决市场需求与人才供应之间的脱节,大学教育要教授年轻人从事创意产业所需的技能和知识。调整政策提高毕业生就业率,满足新兴创意产业(包括备受业界认可的质量认证体系)的用人需求(Nesta,2013:106)。

《创意经济宣言》指出,英国在互联网产业方面存在严重的技术缺口,包含技术能力到管理技巧和创业能力的不足。在英国创意产业领域中,50%的企业在工作中存在技术短缺,30%存在管理或领导能力的不足,或它们二者都不足。

充分的证据显示英国高等院校毕业的学生未能掌握创意产业所要求的技能,为此,相关组织试图为某些课程提供认证体系,向具备潜能的学生和雇主表明这些课程的确是符合创意产业发展需要的。

英国支持数字技术创新的发展战略

英国技术战略委员会(TSB)是为数字技术创新提供实际支持的机构,该组织成立于2008年,旨在帮助包括数字经济在内的正在快速增长和具有增长潜力的经济领域进行技术创新。英国政府采取了许多措施通过公共资金扶持产业创新和推动行业竞争力的加强，其主要目的在于缩短创新计划从概念诞生到商业化生产的转换时间。委员会提供的大多数扶持资金要在竞争的基础上赢得，争取更多的资金扶持则依赖于创新项目的成功完成。英国技术战略委员会通过以下项目计划扶持创意产业发展：

• 催化基金项目（Catalyst）：这个项目通过公共投资为技术创新的早期阶段提供支持，加快了科技创新从思想到产品的商业化进程。同时，它还为大学与中小企业之间的合作提供资金支持

• 外射科技创新研发中心（Catapult）：这个由政府资助的研发中心，为企业提供最新的学术知识、研究成果和技术应用。现有企业若想在数字科技领域有所创新都会向催化基金会寻求专业意见

• 合作研发项目（Collaborative Research and Development）：鼓励大学与企业合作，促进知识转化和交流

• 示范项目（Demonstrators）：通过资助大学与企业的合作，检验未来创新科技的可行性，比如5G技术

• 参与行动和联络活动（Engagement and Networking Events）：邀请学术专家与企业家共同探讨知识转换和交流

• 可行性研究补助基金（Feasibility Studies）：为新产品研发提供小额赠款

• 创新奖券计划（Innovation Vouchers）：鼓励中小型企业创新

• 启动平台项目（Launchpad）：支持创意产业集群发展，鼓励企业间合作

• 智慧计划（Smart）：为新创小企业提供启动资金

2010年英国成立了数字经济技术与创新中心（Connected Digital Economy Catapult），专门支持数字产业的科技创新，每年的扶持基金款额达150万英镑。其资助的项目涉及较广，从小额的科技可行性研究到新产品研发等高级项目。所有这些扶持资金和奖励都要通过竞争赢取，而且对于一些大型项目，还需要相应的私人资金支持。然而，有一些不良企业家看好基金的升值前景，进行投机倒把，将私人领域的资金以天使投资或者风险融资或银行贷款的方式转入公共基金。

外射研发中心（Catapult）目前为止最重要的举措就是开启数字版权交易计划，这个活动大大加快了数字版权许可的进程，降低了版权许可交易的成本，从而有助于抵制消费者不法行为的发生。

投资新的商业发展模式。随着音乐、电影和电视等文化内容生产的商业化，开创传媒产业和文化创新产业全新的商业发展模式成为新数字经济面临的最大挑战之一。如今，消费者对文化产品的购买变得十分勉强，因此迫切需要新的商业模式挽救传媒产业在数字时代的生存困境。

创意科技城：2008~2013年伦敦东区数字创意产业的增长

自1990年开始，一些数字创意公司入驻东部伦敦，并在经历了20世纪末的互联网泡沫及随后出现的全面崩溃之后幸存下来。这15家数字公司作为一支集群力量出现在人们的视野则是在2008年，科技新闻记者开始将伦敦东区这一靠近老街（Old Street）拐角的区域叫作"小硅谷"。尽管处在金融危机和经济萧条的时期，这一区域内的数字企业数量还是在2009年增至40家。2013年，预计将有近1500家数字创意公司落户东区伦敦。2012年4月谷歌开放了一个7层楼的校园，为新兴高科技公司提供一张温床。其他的大型高科技集团如思科和亚马逊也都搬进东区伦敦。"小硅谷"的迅速发展是多种因素综合影响下形成的，但是它的成功，和世界上许多其他国际级的创意科技区一样，离不开一些共同的因素。

从新兴高科技公司的总裁们对企业进军伦敦东区给出的合理解释中，可以看出以上这些创意产业集群的发展都宣扬一些共同的主题：相似性和互补性企业的集聚，隐性知识接入网络化的形成，通过共享被降低的空间成本，寻求企业间合作项目的机会，充足的熟练劳工资源，源源不断的人才与创新思维，本不相关部门实现的地理定位一致。（Foord，伦敦城市大学研究院教授，2013：55）

英国政府的这些扶持政策本是为了促进这一地区经济的发展。但是，值得指出的是，实际上这一地区的发展并无任何起色，直至2010年政府开始扶持现有的数字创意产业集群发展。目前为止，伦敦东区发展的最重要的两项成果就是创意科技城投资组织的建立和举办奥运会留下的奥运遗产。

创意科技城投资组织致力于通过建立世界联系，鼓励风险资本家（主要是美国资本家）投资和吸引外商直接投资来促进东区伦敦数字创意经济的发展。目前来看，这一目标基本顺利完成。

在取得成果的同时，也要看到问题的存在，2012年伦敦中心发布的报告指出了为促进经济进一步发展所需解决的几方面问题。

1. 创意科技城负责人指出了企业从专业技术到营销管理等方面存在的能力差距。报告中号召高等院校要同企业密切合作，培养出更加符合需要的毕业生。报告还主张为高技能员工、企业家和国外留学生提供更开放的工作签证，允许他们在英国境内工作并继续攻读科学技术专业两年的硕士学位。

2. 吸引更多融资对新兴企业和发展到第二阶段的公司来说都必不可少。在企业家被指责缺少建立大公司的雄心和专业技能的同时，银行也被指责对创新产业的理解不足和投资意识的匮乏。这就是为什么许多英国颇具潜力的年轻企业，被谷歌这种大企业所收购，而实际上这些大企业对英国经济的发展并不是最重要的。英国政府应当鼓励天使投资人亲身入驻伦敦东区，并探索新的资金招募方式（如群众募资）。

3. 东区伦敦经济的繁荣发展抬高了这片区域的租赁费用，这将阻碍更多新企业的加入，报告主张政府要为这些新企业寻找成本更低的办公空间。

4. 报告强调指出连接的重要性——要在短时间内向企业提供低成本的快捷的宽带服务。

5. 报告批评了伦敦数字创新部门管理技能的缺乏，并主张大学院校介入进来帮助提供更好的管理技能培训，同时主张建立一个指导机制，实现大企业带小企业的互助模式。

6. 报告指出尽管英国拥有丰富的思想源泉和充足的年轻企业，但是缺乏建立大规模国际级高科技集团的能力。

英国支持数字文化产业发展的政策与实践

7. 报告指出，政府在创意科技城战略中缺乏明确性，应当付出更多的时间和努力在发展东区伦敦已有的产业集群上，而不在于吸引外商直资，也不在于劝导企业向更东部地区的奥运公园迁移。报告还指出，与其在全新的基地重新建立科技产业集群，不如支持原有产业集群所在地的发展，这些已有的产业集群在政府的干预下能够得到更好的发展。报告认为，尽管奥运园区更接近一些科技热点项目，但它不是发展创新产业集群最好的选址，因为它很难达到口碑传播的效应，缺乏吸引新兴科技公司的文化氛围。但是不得不承认，奥运园区确实可以提供廉价的土地租金和良好的连通性。投资奥运园区的风险尚不得而知。

爱城市（iCity）：伊丽莎白女皇公园里的科技区

伦敦东区曾是英国经济最贫困的地区之一，但英国竞选2012年奥运会举办权的成功，为它实现复兴提供了良好契机。因为奥运会期间将出现许多就业和培训机会，直到奥运结束后一段时期内也长期存在。在奥运公园内的大部分建筑保留了其体育功能的同时，两座在奥运会期间曾被广播和印刷传媒起诉的大厦，即将成为英国数字创意产业的发展中心。

伊丽莎白女皇公园靠近英国数字经济发达的肖迪奇区（Shoreditch），交通便利。目前，在英国数字公司开始抱怨伦敦东区的可用空间资源不足且租金昂贵、网速太慢等情况下，伊丽莎白女皇公园作为奥运公园建筑的一部分，恰恰弥补了这些不足，不仅向大小企业提供充足且廉价的空间资源和高速的宽带网络，它还将成为大规模教育机构的基地，为数字创意产业培养兼具技术能力和商业才能的人才。

总　　结

在处于后工业时代和后金融危机阶段的英国，数字创意产业是少数能够带动就业增长和国内生产总值提高的产业之一。这些产业所创造的的产值占国民收入总量的10%，这个比值预计将在未来几年内翻一番。近年来英国的政策路线和实践经验都越来越聚焦于数字创意产业，以及如何通过政府干预更好地促进其发展。虽然这些政策措施的正确性尚不可定论，但是其发展道路上存在的问题和需要解决的困难却非常明确。

1. 企业启动阶段和发展阶段的融资问题。银行总是规避风险且对高新技术领域缺乏了解，因此需要更多的风险资本家和其他融资形式（如群众募资）的支持。

2. 大多数数字创意公司规模较小，缺乏有力的领导机制，管理效能较低，使其不足以成长为大规模的数字集团。

3. 在缺乏管理技能的同时专业技术能力也有待提高，学校和大学应当对此予以重视并采取回应措施。

4. 政府要为数字创意公司的创新研发活动提供资金扶持，并鼓励大学与企业加强合作，加快知识转型。

5. 政府对互联网市场加强干预，防止谷歌、苹果等少数国际企业垄断市场。

6. 进行版权改革，鼓励创新与理解。

7. 政府要重新衡量扶持数字创意产业发展的策略。建立新的工业园区并不是明智之举，因为它对新兴企业缺乏吸引力，更好的办法是使用政府资金支持已有产业集群的发展。

8. 政府向具备高素质技能和创新天赋的优秀大学生和企业家发放工作签证，为数字创意产业吸引更多人才。

9. 政府要确保向数字创意企业提供快捷的网络服务、充足的空间资源和价格低廉的租金。

参考文献

Centre for London (2012), *A Tale of Tech City: the future of inner East London's digital economy*, www.centreforlondon.co.uk.

Foord, J. (2013), "The new boomtown? Creative city to Tech City in east London," *Cities*, volume 33, pp. 51 – 60.

Nesta (2013), *A Manifesto for the Creative Economy*, www.nesta.org.

State Policy and Practice in the Digital Cultural Industries in the United Kingdom

John Downey

Abstract: The UK is known as the pioneer of global cultural policies and has a name for its constant updating governmental measurements. This paper aims to recapitulate, reflect and evaluate the latest progress of strategic ideology and state policy in Britain's digital creative economy. It also hopes to inspire China's digital creative industries to a certain extent. In the beginning of this paper, the author elaborates on the new ideology of Britain's digital cultural industries especially *A Manifesto for the Creative Economy* published by NESTA in 2013. The Manifesto shows the latest understanding and perception of governmental support to the UK's digital cultural industries. Moreover, it especially points out ten feasible suggestions on how to better realize the development of creative industries in economic and cultural fields. This research report also summarizes strategies of supporting digital innovation in the UK including programmes and projects such as Catalyst, Catapult, Collaborative Research and Development, Demonstrators, Engagement and Networking Events, Feasibility studies, Innovation vouchers, Launchpad, Smart and so on. In addition, the author draws on case studies on creative technology cluster: the increase of east London digital creative industry from 2008 to 2013 and iCity: the technology zone in Queen Elizabeth Park. Nine beneficial recommendations concerning the development of digital creative industries are made in the end of this paper.

Key Words: State Policy; Digital Cultural Industries; United Kingdom

B.14
创意无国界：诺丁汉大学影视产业研究中心产学研国际合作新形式

〔英〕詹卢卡·塞尔吉　〔英〕朱利安·斯金格*

摘　要：

　　产学研结合是创意产业发展的最佳模式之一。该文通过总结英国诺丁汉大学影视产业研究中心与产业界、国际化合作经验，为中国高校产学研发展提供了有益的经验。

关键词：

　　创意产业　新平台　产学研　中国和英国

近年来，活跃在学术界，针对英文电影电视的研究几乎都强调了媒体产业分析的重要性。从研究媒体产业工作模式和出品文化再到提出分析受众和市场的严谨方法论，学术与产业的结合不断在业界的持续稳固发展中起到中心作用。20世纪70~80年代，由英国、美国、澳大利亚和世界其他一些国家做出的电影研究很大程度上是基于理论的。自20世纪90年代以来，历史性的转折将研究和教学转向编年史和档案调查，同时更正了理论研究中的一些抽象概

---

* 詹卢卡·塞尔吉，英国诺丁汉大学电影和电视研究副教授。他是影视产业研究中心的发起人和负责人。该中心在英国是独一无二的，它的目标是与领先的媒体从业机构，包括工作室，电影制作机构和独立电影制作人开展学术合作建立合作伙伴关系。已建立的合作伙伴包括福克斯电影工作室、狮门电影工作室、杜比实验室、红蜂媒体和其他的领先机构，包括美国导演协会和杰出个人，包括艾美奖和奥斯卡奖获得者。
　朱利安·斯金格，英国诺丁汉大学电影和电视研究副教授。他是影视产业中心国际部的负责人。他在中国和亚洲其他国家有丰富的工作经验，主办或协办的学术会议有：上海（2010、2013）、北京（2011）、吉隆坡（2013）。他也是诺丁汉大学在线期刊《视角：电影和电视研究在线期刊》（www.scope.nottingham.ac.uk）的编辑之一。其产业合作伙伴包括杜比实验室（中国）和直播频道 Live Tone（韩国）。

创意无国界：诺丁汉大学影视产业研究中心产学研国际合作新形式

念。然而到了2013年，理论和历史明显不足以使得学术界的影响力扩大到其外的领域。因此就需要新形式的批判性视角来理解和分析当今社会中瞬息万变的、后国家化的、多媒体交错的影视产业。

在这种形势的驱动下，近期出现了一个新的研究模型来实现学者和影视产业合作，特别是在全球媒体错综复杂的今天。近几年来，跨国金融和投机资金以及电子运输系统和其他通信网络的重组，改变了媒体企业在全世界范围内的角色，同时给地方行政单位和跨国公司带来了新的挑战。从另一个角度看，这也刺激了公司之间的全球竞争，吸引了前所未有的流动投资。在这种大环境下，电影、电视和游戏产业之间同时存在竞争与合作关系来获取从前的资源，比如创造性人才和金融动力。

要理解这些变化中的本质、目的和运行模式则需要深入的知识和了解。正因如此，学术界的研究者们要能够在帘幕后面获取一席之地。与媒体产业通过合作项目形式的互动是一个非常有效的途径，这不仅仅是紧跟当下的挑战与机遇，更可以影响彼此行业未来的发展方向。当学者能够自己获取影视产业的内部视角时，他们就可以更好地找到未来发展方向，并且可以在事情发展到显而易见之前预测到发展趋势。这能够帮助设计新的研究问题，加速研究计划的成型。这些研究计划更加强调现实世界中的问题和情景。

这些新的研究视角不可避免地提出了艰难的挑战。艺术与人文学科的学者受到的传统训练是以史为鉴，也就是查阅档案来仔细研究过去的文件和原始一手资源从而发现并理解其中的秘密。相反的，那些产业和学界之间新兴的研究合作需要先有意识的指导，也就是脑力革命。对于一直用另一种方式理解问题的学者们来说，寻求有意义的合作伙伴关系从而产生新鲜而强烈的视角可能会感到不是很顺手。对于应对这个挑战并没有捷径，成功的解决方式将取决于一系列的因素，包括机构自愿承担个人能力的风险并对改变带来的益处持开放态度。对于这个视角最富有成效的理解方式是接受以下两个重要前提。第一，这个途径中的转变是可以管制的。第二，潜在的益处远远高于风险。我们有理由相信，这种视角能够产生出对中国电影和其他传媒非常有意义的研究。

下面的报告将会从英国的角度来概述并解释一些媒体产学结合的益处。具体来说，我们将会对诺丁汉大学影视产业研究中心的近期发展进行阐述。我们将把这些发展置于英国当前研究方向的环境中并结合中国等国家个别学者、高等教育机构和媒体产业的观点。我们希望本报告能够帮助中国同仁理解英文语境下研究活动的发展,同时也为新的合作和研究计划铺路。

在这种精神的指导下,我们肯定也迫切渴望从中国的经验中有所学习。我们希望与感兴趣的中国同仁就该问题进行深入探讨。国际合作研究机会的成型可能会带来双方互相学习的机会以及共同利益。在全球媒体互通有无的年代,对于中国和英国双方这些都是非常有价值的资源。

影视产业研究中心:诺丁汉大学产业与学术相遇

在英国的学术界,社会关联性和社会利益对于项目资金的申请越来越重要。比如,艺术与人文部门学者核心资金的主要来源,也就是艺术与人文研究委员会(AHRC),明确规定所有提交的资金申请中必须涵盖一个中心环节,那就是阐述该项目的"影响力"。那到底什么才是"影响力"呢?

英国资金申请制度现在已经固定地将研究对于潜在受益人的影响纳入研究价值审核标准。审核标准包括:具体问题的重要性或者现实世界将面临的挑战;该研究与大环境相互影响的潜力;该研究是否与公共机构还有其他外界组织共同计划并合作;受益人如何被研究结果影响并改变。近年来这个"影响力计划"对于"研究"的定义也带来了改变,并且改变了方法论的成型以及资源的衡量和分配。

人文学科的学者们,包括电影和媒体研究者都曾经或多或少地认为"影响力计划"对于学术自由来说是一个不请自来的干扰。这样的声音认为该计划预先设定了可能得到资金的或者被重视的(也就是有社会参与的)研究性质,从而僵化创造力。而且,他们还认为当前在这个问题上的核心指导方向削弱了个别研究的重要性,这些研究鼓励的合作项目在它们的定义中,超越了个体的观点和能力。

英国学术界的其他一些人则认为对学术的社会关联要求以及学术与"现实世界"联系的环节可以在很长时间内缓解人们对学术研究的普遍指责。也就是说,大部分学者只和彼此交谈,通常在封闭的环境中,比如专业期刊和会

创意无国界：诺丁汉大学影视产业研究中心产学研国际合作新形式

议中用晦涩的语言发表自己的观点，而不与学术界之外更广阔的世界交流。"影响力"这个概念有时会被狭义地理解（或误解），比如通过数量来衡量，像书本销售量和学术引用的数量，这样也会使得对产学结合的讨论更加两极化。很明显，其他解读也是存在的，比如在某种情况下文化影响、产业支持和研究的学术质量并不是通过数字来衡量，而是通过一些既定目标的视角和诉求。简而言之，研究的参与方、参与的目的以及具体获益应该是主要考虑因素而不是额外的好处。

自2011年以来，诺丁汉大学英国本部的影视产业研究中心（ISIR）就开展了一个独特的研究项目来找到学术与电影和媒体产业高效深入合作的新方式。该中心为电影、电视和电脑游戏提供学术支持来促进它们长期持续高效的发展。为了达到这个目的，该中心与产业在多层次上都有紧密合作，从主要的好莱坞工作室到英国和其他国家的年轻电影制作者。

影视产业研究中心（ISIR）的研究项目由它现阶段负责人詹卢卡·塞尔吉博士成立。塞尔吉博士同时也是诺丁汉大学电影与媒体研究副教授和被广泛引用的杜比实验室（Dolby Laboratories）历史的作者。影视产业研究中心将业界领先的从业者和学者聚集起来，通过提出创新解决方式和生产机会来共同应对影视产业当前面临的挑战与机遇。另外，影视产业研究中心的目标是成为产业发展的催化剂，将诺丁汉城市转变为一个为产业提供创意温床，为研究和企事业提供动力引擎的新型城市。现在它已促成了前所未有的城市范围内的研究中心、当地政府和媒体产业，还有教授之间的广泛合作。

影视产业研究中心将不同学术界的人员（艺术、商业、计算机等）在影视产业共同学术兴趣的指导下聚集起来，提供一个有效的支持平台，从而开展产业咨询和合作中前沿的创新研究计划。

通过与欧洲、美国和其他国家主要媒体运营者以及工作室，还有一些公共机构，比如英国电影学会（BFI）和创意英格兰（Creative England）的合作，影视产业研究中心正在进行有着产业意识的学术活动。通过影视产业研究中心，学者们摒弃了理论和实践的历史分歧，他们采用了第三种方式结合理论与实践，在真正意义上的全球视角中通过产业动力，对话工作室与电影制造者来得到主要信息。

影视产业研究中心有很多维度。第一，它是想法的孵化器（确实，它是基于英国领先大学的第一个想法孵化器和创新制造器）。在这点上，该中心得益于诺丁汉大学在数据保密环境中广泛的企业合作经验。

第二，影视产业研究中心同时也扮演着性价比高、功能强大的研究合作者。它基于很多相关学科，包括电影和电视研究、商业和计算机的员工，还有学者们的研究能力和专业水平。

第三，该中心是未来人才的聚集地。它在英国、中国和马来西亚校区的43000名学生，为人才发展和受众测试提供了不可比拟的资源。

第四，它也是技能升级和专业发展的资源。该中心（2013年推出的）全新的电影、电视和影视产业研究生项目和执行教育订制课程都是为学生和专业人士设计的，为他们提供描绘当今产业蓝图的工具箱。

最近完成的与美国福克斯广播公司（FOX）在洛杉矶的合作试点项目（2013年2月）显示，影视产业研究中心的加入是可以带来许多好处的。比如，福克斯项目的研究问题就以企业的更大获益为出发点。研究问题的选择与研究成果是息息相关的。确实，正确定义的问题能够收集到更多更好的数据，研究分析也能有效展开。这也能给企业指明机遇，让其选择更有利的方案并实施更高效的修正措施。与福克斯合作的经验表明，确保公司面临的问题清晰明确地表述出来，能够带来更好的解决方式。影视产业研究中心与企业合作，保证这些问题尽可能更全面更成功地表达出来。

影视产业研究中心与世界领先公司比如福克斯和杜比的合作同时也表明，后者更有能力获得新的人才和创意。这些主要的企业非常希望在当下就能够获得明日之才。诺丁汉大学在英国、中国和马来西亚校区有着43000人的生源，影视产业研究中心更有优势来帮助全球企业从它们的角度发现新的人才和想法。诺丁汉大学的学生都非常年轻，有才并且极具上进心。他们来自不同的学科，带来多种多样的观念和才能。他们能够担任实习岗位、工作岗位；也可以从创意内容到市场营销提供新鲜的想法；同时也能够为新的企业方案做出多种多样的有效尝试。

另一个影视产业研究中心与企业合作的创新益处是它能给职业升级和职工训练提供机会。影视产业研究中心在业界有着得天独厚的条件，能够提供多种灵活的选择,从全职学习项目到为忙碌的专业人士设计的短期集中培训。比如新推出的电影电视和影视产业研究生项目覆盖包括出品、市场和推广、受众以及市场准则在内的课程,在国际媒体语境中定位电影和电视产业。另外,专业的短期课程和订制的职工培训机会也能为行业提供重要补给。所有这些机会都是为了让企业更好地参与进来,达成更好的合作伙伴关系。

影视产业研究中心现有的主要企业合作关系可以确保英国自身的海外发展以及该中心其他国际合作伙伴都能共同获益。一方面,该中心的研究项目让企业和学术伙伴接触到影视产业研究中心核心的研究项目、博士生项目和订制的研究计划(通过产学合作开发的课题)。另一方面,人才培养项目让合作企业可以在拥有亚洲和英国校区的国际化的竞争力强大的诺丁汉大学挑选人才。当然,要提到的是,这种前所未有的资源对好莱坞和英国本地企业都很有吸引力,它们也非常渴望通过诺丁汉大学独特的中国和马来西亚校区,在其新兴市场,特别是中国和其他东亚国家拥有更强的专业能力和知识型人才。

下面将介绍研究中心工作人员开展的一个项目,作简单示范,进一步说明影视产业研究中心对于创意和研究的独特视角。与企业合作项目的主要研究和专业领域包括:盗版研究(合法和非法的下载文化)、新受众(新形式购买方式,互动收看线上和社交电视节目)、多平台内容(创意分配,品牌/市场,购买)、移动电视和电影观看、新兴市场(管理力度,理解不同国家背景);全球生产趋势(工作室,电影制作,实践,资金,创新机会);品牌概念(在不同的平台和媒体间传递品牌忠诚度)、组织和资产(工作室协会,组织化的人力资源,观众资源,档案室)、电影政策和文化(政府媒体政策和实施,政策框架,电影委员会)。

总的来说,自2011年影视产业研究中心成立以来,短短两年时间它就已经和好莱坞还有英国的企业共同取得了很大成就。它现在仍然在寻觅与其他国际领先企业的合作,特别是中国和亚洲其他地区。

诺丁汉大学在中国:过去、现在和未来

影视产业研究中心现任的国际部负责人朱利安·斯金格博士,同时也是诺

丁汉大学电影与电视研究副教授。他在中国和东亚国家都有丰富的工作经验。2010年10月，他在上海世博会组织了一个名叫"动态影像和数字生态城市"的国际研讨会，该研讨会由诺丁汉大学和英国电影学会共同承办，主题是中国早期的电影院。2011年1月，他作为组织者之一（与清华大学尹鸿教授合作）在北京的中国电影博物馆开展了一个关于3D时代电影院和电视艺术的国际研讨会，由英国研究理事会（RCUK）中国分部赞助，名叫"新科技，新美学，新市场，新体验"。

2013年5月，塞尔吉和斯金格作为诺丁汉大学专家代表团中的成员来到电影和电视产业兴起的中国寻找新的潜在国际合作机会。这个专家代表团（包括中国、马来西亚和英国的职员）由诺丁汉大学分管知识交流和商业合作的副校长克里斯·鲁德教授以及来自机械工程专业的教授带队，一行16人与中国业界领先的创意企业和部门见面洽谈，并且探讨影视产业研究中心硕士项目的合作机会。

本次影视产业研究中心的创意产业中国行的任务是将目光聚集在中国这颗"新起的好莱坞之星"上，以寻求合作机会。诺丁汉大学意识到国际电影业正经历转折期，中国的发展为其提供了振奋人心的机会开展区域合作。同时中国影视产业在过去的几年中发展势头也是不容小觑，在不久的将来，中国将成为业内主要力量之一，而好莱坞依旧是电影工作者和工作室的全球向导。

诺丁汉代表团为期一周的访问从上海交通大学于2013年5月13日主办的全球影视产业国际竞争力论坛开始，诺丁汉大学也是该论坛的共同承办人。论坛是一次特别的机会，为中国影视产业的未来发展指明方向，同时也建立了好莱坞与中英两国领先高校的合作伙伴关系，以增强各自的全球竞争力。该活动同时也给学术和产业领导者提供了"1-2-1"的合作机会，在出品文化、工作实践和创意合作等领域中建立全球领先的研究项目。鲁德教授和他的同事们为了建立学术交流，与上海交通大学等一些中国高等学府签署了未来学术合作的协议书。同样的合作活动于5月15日由南京大学举办。5月18日，影视产业研究中心的成员在诺丁汉大学宁波校区举办的"创意无国界"学术论坛上集合。此次任务的主要目标之一就是鼓励和促进有才华的中国毕业生进入全球影视企业工作。

创意无国界：诺丁汉大学影视产业研究中心产学研国际合作新形式

代表团虽然规模不大（代表诺丁汉大学的重要组成部分），但它尤其值得提出的成员是托马斯·沃尔什先生。他是美国好莱坞的金牌出品人，为美国广播公司（ABC）的热门电视剧《绝望的主妇》担任出品设计，也是美国导演公会的前任主席。他愿意加入影视产业研究中心的中国行证明了该中心无可匹敌的能力：原创想法的孵化器以及全球电影和电视产业的创新驱动机。作为诺丁汉大学的名誉教授，沃尔什同意与影视产业研究中心在其新推出的电影、电视和影视产业研究生项目中合作。有这样的专业人才加入，这个新的学位项目必定能够培训出未来行业内的领军人物，因为学习期间他们会接触到电影行业的很多深入的专业工作知识，包括工作室运营、出品发展、市场和品牌、受众情报和国际市场。

2013年5月的创意产业中国行是诺丁汉大学与中国产业合作的最新动态，在诺丁汉大学亚洲商务中心也能看到该计划近年来的成型过程。它的前瞻性为未来国际合作，还有媒体产业与学术合作提供保障。同时它能够加快诺丁汉大学2010～2015年战略计划的开展实施。

> 在诺丁汉大学中，我们致力于提供真正的国际教育，激励学生，做世界领先学术研究，同时也为英国、中国和马来西亚校区谋求福利。我们的宗旨是在全球范围内为个人和社会创造更好的生活。通过大胆创新和精益求精，我们让知识和探索绽放光芒。（摘自诺丁汉大学2010～2015年战略计划）

诺丁汉大学的影视产业研究中心有很多的合作机会。它的灵活性确保产业合作伙伴的需求、资源和专业性都能够得到满足。在影视产业这个主题指导下，作为英国高等学术研究中心，影视产业研究中心的每一个项目都和该项目参与者详细交流，了解需求。正因为这种专业的专注力和服务，才使得影视产业研究中心成为全球激烈竞争的媒体产业中完美的高层次合作伙伴。

这个特殊时期，可能是中国媒体产业历史上最辉煌的年代，与中国的学术和产业伙伴合作是我们影视产业研究中心非常期待的事情。我们开展的所有研究项目都可以根据产业合作伙伴的需要，根据每一个项目的属性、视角和可行性，签署保密合约以及知识产权合同。我们可以为好莱坞和中国建立桥梁，也非常期待为中国和亚洲其他市场订制合作和培训计划并提供其在英国发展的机会。

Creativity across Borders: China, the United Kingdom, and New Forms of Collaboration between Media Practitioners and Academics at the Institute for Screen Industries Research

Gianluca Sergi   Julian Stringer

Abstract: One of the best modes of developing creative industry is combining universities with industries. This paper summarizes the successful experiences of international collaboration between Nottingham University in the UK with creative and cultural industries. Chinese universities can also draw lessons from their success and collaboration models.

Key Words: Creativity Industries; New Forms; Collaboration; China and UK

权威报告　热点资讯　海量资源

当代中国与世界发展的高端智库平台

皮书数据库 www.pishu.com.cn

皮书数据库是专业的人文社会科学综合学术资源总库,以大型连续性图书——皮书系列为基础,整合国内外相关资讯构建而成。包含七大子库,涵盖两百多个主题,囊括了近十几年间中国与世界经济社会发展报告,覆盖经济、社会、政治、文化、教育、国际问题等多个领域。

皮书数据库以篇章为基本单位,方便用户对皮书内容的阅读需求。用户可进行全文检索,也可对文献题目、内容提要、作者名称、作者单位、关键字等基本信息进行检索,还可对检索到的篇章再作二次筛选,进行在线阅读或下载阅读。智能多维度导航,可使用户根据自己熟知的分类标准进行分类导航筛选,使查找和检索更高效、便捷。

权威的研究报告,独特的调研数据,前沿的热点资讯,皮书数据库已发展成为国内最具影响力的关于中国与世界现实问题研究的成果库和资讯库。

皮书俱乐部会员服务指南

1. 谁能成为皮书俱乐部会员？
- 皮书作者自动成为皮书俱乐部会员；
- 购买皮书产品(纸质图书、电子书、皮书数据库充值卡)的个人用户。

2. 会员可享受的增值服务：
- 免费获赠该纸质图书的电子书；
- 免费获赠皮书数据库100元充值卡；
- 免费定期获赠皮书电子期刊；
- 优先参与各类皮书学术活动；
- 优先享受皮书产品的最新优惠。

卡号：6521445192557216
密码：

(本卡为图书内容的一部分,不购书刮卡,视为盗书)

3. 如何享受皮书俱乐部会员服务？

(1)如何免费获得整本电子书？

购买纸质图书后,将购书信息特别是书后附赠的卡号和密码通过邮件形式发送到pishu@188.com,我们将验证您的信息,通过验证并成功注册后即可获得该本皮书的电子书。

(2)如何获赠皮书数据库100元充值卡？

第1步：刮开附赠卡的密码涂层(左下)；

第2步：登录皮书数据库网站(www.pishu.com.cn),注册成为皮书数据库用户,注册时请提供您的真实信息,以便您获得皮书俱乐部会员服务；

第3步：注册成功后登录,点击进入"会员中心"；

第4步：点击"在线充值",输入正确的卡号和密码即可使用。

皮书俱乐部会员可享受社会科学文献出版社其他相关免费增值服务
您有任何疑问,均可拨打服务电话：010-59367227　QQ:1924151860
欢迎登录社会科学文献出版社官网(www.ssap.com.cn)和中国皮书网(www.pishu.cn)了解更多信息

法律声明

"皮书系列"(含蓝皮书、绿皮书、黄皮书)由社会科学文献出版社最早使用并对外推广,现已成为中国图书市场上流行的品牌,是社会科学文献出版社的品牌图书。社会科学文献出版社拥有该系列图书的专有出版权和网络传播权,其LOGO( )与"经济蓝皮书"、"社会蓝皮书"等皮书名称已在中华人民共和国工商行政管理总局商标局登记注册,社会科学文献出版社合法拥有其商标专用权。

未经社会科学文献出版社的授权和许可,任何复制、模仿或以其他方式侵害"皮书系列"和LOGO( )、"经济蓝皮书"、"社会蓝皮书"等皮书名称商标专用权的行为均属于侵权行为,社会科学文献出版社将采取法律手段追究其法律责任,维护合法权益。

欢迎社会各界人士对侵犯社会科学文献出版社上述权利的违法行为进行举报。电话:010-59367121,电子邮箱:fawubu@ssap.cn。

社会科学文献出版社